लागत लेखांकन

लागत लेखांकन

VOLUME–I

डॉ॰ दर्याब सिंह
रीडर, वाणिज्य विभाग,
शिवाजी कॉलिज,
दिल्ली विश्वविद्यालय, दिल्ली

ATLANTIC
PUBLISHERS & DISTRIBUTORS

प्रकाशक :

एटलांटिक पब्लिशर्स एण्ड डिस्ट्रीब्यूटर्स

बी-2, विशाल एन्क्लेव, राजौरी गार्डन के सामने,

नई दिल्ली-110 027

दूरभाष : 25413460, 25429987, 25466842

विक्रय केन्द्र :

7/22, अन्सारी रोड, दरियागंज, नई दिल्ली-110 002

दूरभाष : 23273880, 23275880, 23280451

फैक्स : 91-11-23285873

e-mail : info@atlanticbooks.com

web site : www.atlanticbooks.com

ISBN 81-269-0476-3 (Vol. I)
ISBN 81-269-0477-1 (Vol. II)
ISBN 81-269-0478-X (Set)

मुद्रक : नाईस प्रिन्टर्स, दिल्ली

LĀGAT LEKHANKAN (In Hindi)

By Dr. Daryab Singh

भूमिका

निरन्तर बढ़ती हुई प्रतियोगिता के इस युग में लागत लेखांकन एक महत्वपूर्ण विषय के रूप में उभरकर सामने आया है। इसका प्रयोग व्यापक रूप से वस्तुओं व सेवाओं की लागत निर्धारण करने, लागत का नियंत्रण करने, तथा उत्पादन व विक्रय से सम्बन्धित अन्य अनेक महत्वपूर्ण प्रबन्धकीय निर्णयों को लेने के लिए किया जाता है। इस विषय के महत्व को ध्यान में रखते हुए भारत के विभिन्न विश्वविद्यालयों द्वारा लागत लेखांकन को वाणिज्य के स्नातक व स्नातकोत्तर के पाठ्यक्रमों में सम्मिलित किया गया है। इस विषय पर हिन्दी भाषा में उत्कृष्ट पुस्तकों का अभाव रहा है। प्रस्तुत पुस्तक *लागत लेखांकन* के माध्यम से लेखक ने इसी अभाव को दूर करने का सार्थक प्रयास किया है।

पुस्तक में सरल व सुबोध भाषा का प्रयोग किया गया है। पाठकों की सुविधा के लिए विभिन्न तकनीकी शब्दों व परिभाषाओं का अंग्रेजी रूपान्तर यथास्थान कोष्ठकों में दिया गया है। इस पुस्तक में केवल "चार्टर्ड इंस्टीट्यूट ऑफ मैनेजमैन्ट एकाउन्टेन्ट्स, लन्दन" द्वारा दी गई परिभाषाओं को ही सम्मिलित किया गया है। पुस्तक में 'लागत लेखांकन' के विभिन्न सिद्धान्तों व विधियों पर समुचित प्रकाश डाला गया है। पुस्तक को अधिक उपयोगी बनाने के उद्देश्य से इसमें पर्याप्त संख्या में क्रियात्मक प्रश्न हल सहित सम्मिलित किये गये हैं तथा अभ्यास के लिये बिना हल किये हुए क्रियात्मक प्रश्न प्रत्येक अध्याय के अन्त में दिये गये हैं, जिनमें विभिन्न विश्वविद्यालयों की बी॰ कॉम॰ तथा एम॰ कॉम॰ की परीक्षाओं में पूछे गये प्रश्न भी सम्मिलित हैं।

लागत लेखांकन जैसे तकनीकी विषय में, जिसमें संख्याओं (Figures) तथा गणितीय क्रियाओं का अत्यधिक समावेश होता है, कुछ अशुद्धियों का रह जाना स्वाभाविक है। अतः इस सम्बन्ध में लेखक का पाठकों से अनुरोध है कि वे इस प्रकार की अशुद्धियों की ओर मेरा ध्यान आकर्षित करायें ताकि पुस्तक के आगामी संस्करण में उसी के अनुरूप सुधार किया जा सके। पाठकों द्वारा भेजे गये रचनात्मक सुझावों का सदैव सहर्ष स्वागत है।

लेखक अपने परम् पूज्य पिताजी स्वर्गीय तिरखाराम जी के हृदय से आभारी हैं जो इनके शिक्षक भी थे।

मुझे विश्वास है कि यह पुस्तक लागत लेखांकन विषय का अध्ययन करने वाले विद्यार्थियों, शिक्षकों तथा अन्य पाठकों के लिये अत्यन्त उपयोगी सिद्ध होगी।

दर्याब सिंह

विषय सूची

भूमिका *v*

VOLUME I

1. **लागत लेखांकन का स्वभाव एवं क्षेत्र** 1
लागत लेखांकन की आवश्यकता; वित्तीय लेखों की कमियां; लागत लेखाकर्म का अर्थ एवं परिभाषा ; लागत लेखाकर्म का क्षेत्र; लागत लेखांकन के उद्देश्य; लागत लेखांकन के कार्य; लागत लेखांकन के लाभ; लागत लेखांकन के विरुद्ध आक्षेप; लागत लेखांकन की वित्तीय लेखांकन से तुलना; लागत निर्धारण प्रणाली का प्रतिस्थापन; लागत लेखांकन के कुछ पारिभाषिक शब्द; लागत लेखांकन की विधियां; प्रश्न

2. **लागत का वर्गीकरण एवं तत्व** 24
लागत का वर्गीकरण; लागत के तत्व; कुल लागत के अंग; लागत पत्र या लागत का विवरण; प्रश्न

3. **सामग्री** 39
सामग्री का महत्व एवं सामग्री नियंत्रण का अर्थ; सामग्री नियंत्रण की आवश्यकता; सामग्री नियंत्रण के लिये आवश्यक तत्व; सामग्री नियंत्रण के लाभ; सामग्री नियंत्रण के लिए सामग्री विभाग का संगठन; सामग्री का क्रय व प्राप्ति; सामग्री का संग्रहण; बिन कार्ड तैयार करना; सामग्री की विभिन्न सीमाओं का निर्धारण; सामग्री के स्टॉक की निरन्तर गणना विधि; सामग्री का ए.बी.सी. विश्लेषण; सामग्री का फेर; सामग्री के सम्बन्ध में पुस्तकें; सामग्री का निर्गमन; निर्गमन सामग्री का मूल्यांकन; प्रश्न

4. **श्रम** 112
श्रमिकों का चुनाव; श्रमिकों का प्रबन्ध व निरीक्षण; श्रम के समय रखने की पद्धतियां; श्रमिकों के समय का दोहरा लेखा;

व्यर्थ समय; अतिरिक्त समय; समय का लेखा करना; श्रम का नियन्त्रण; श्रम को भुगतान करने की विधियाँ; समूह बोनस योजना; लाभ विभाजन योजना; श्रमिकों का परिवर्तन; मजदूरी सूची तैयार करना; विविध उदाहरण; प्रश्न

5. उपरिव्यय 171

उपरिव्यय का अर्थ; उपरिव्ययों का वर्गीकरण; उपरिव्ययों का संग्रहण; उपरिव्ययों का वितरण तथा अभिभाजन; उपरिव्ययों के संविलयन का अर्थ; उपरिव्ययों का विभागीकरण; सेवा विभागों के उपरिव्ययों का उत्पादन विभागों में अभिभाजन; कारखाना उपरिव्ययों का संविलयन; प्रशासन उपरिव्यय; विक्रय एवं वितरण सम्बन्धी उपरिव्यय; उपरिव्ययों की दर; उपरिव्ययों का अधिक व कम संविलयन; सम्पत्तियों की क्षमता; कुछ विशिष्ट व्यय; लागत लेखों में सम्मिलित नहीं किये जाने वाले मद; प्रश्न

6. इकाई लागत विधि 248

लागत पत्र; लागत पत्र के उद्देश्य; प्रयुक्त सामग्री के मूल्य की गणना; प्रतिशतों का प्रयोग; चालू कार्य; विक्रय मूल्य तथा लाभ की गणना करना; उपरिव्ययों का बंटवारा; अवशेष की बिक्री का समायोजन; अस्वीकृत व दोषयुक्त उत्पादन का समायोजन; अनुमानित लागत तथा टेन्डर मूल्य की गणना; उत्पादन खाता; प्रश्न

VOLUME II

7. उपकार्य, समूह एवं ठेका लागत विधि 311

उपकार्य लागत विधि; उपकार्य लागत विधि के लाभ; उपकार्य लागत विधि की प्रक्रिया; उपकार्य लागत पत्र; समूह लागत विधि; ठेका लागत विधि; ठेका लागत विधि की प्रक्रिया; ठेका खाता; चालू कार्य खाता; प्रमाणित कार्य का मूल्य; अपूर्ण ठेकों पर लाभ की गणना; अप्रमाणित कार्य की लागत की गणना; ठेके के टेन्डर मूल्य की गणना; लागत-योग ठेका; प्रश्न

8. प्रक्रिया लागत विधि 381

प्रक्रिया लागत का अर्थ; प्रक्रिया लागत विधि के लाभ; प्रक्रिया लागत विधि के अन्तर्गत लागत का निर्धारण; प्रक्रिया खाता; भार में हानि व क्षय; उप-उत्पाद; अन्तः-प्रक्रिया लाभ सहित; हस्तांतरण प्रक्रिया लागत विवरण पत्र; विभिन्न प्रक्रियाओं में चालू कार्य; प्रश्न

9. **परिचालन लागत विधि** 437
परिचालन लागत विधि का अर्थ; परिचालन लागत विधि के अन्तर्गत इकाई का निर्धारण; परिचालन लागत पत्र; प्रश्न

10. **लागत लेखों का वित्तीय लेखों से मिलान** 454
लागत लेखों तथा वित्तीय लेखों की लाभ की राशि में अन्तर के कारण; लाभों के समाधान का विवरण; समाधान विवरण बनाने की विधि; स्मरण समाधान खाता; प्रश्न

11. **लागत नियंत्रण लेखे** 481
अएकीकृत लेखांकन विधि; अएकीकृत लेखांकन विधि के अन्तर्गत खाता बहियाँ; लागत नियंत्रण खाते; पुस्तकों में प्रविष्टियां; प्रश्न

12. **एकीकृत लेखे** 504
एकीकृत लेखांकन विधि का अर्थ; एकीकृत लेखांकन विधि के लाभ; एकीकृत लेखांकन विधि के अन्तर्गत खाता बहियाँ तथा नियंत्रण खाते; सांकेतन; जनरल प्रविष्टियां; प्रश्न

13. **प्रमापित लागत विधि** 519
प्रमापित लागत विधि का अर्थ; प्रमापित लागतों का अर्थ व उनका निर्धारण; लागत विचरण व उनका विश्लेषण; सामग्री लागत विचरण; प्रत्यक्ष श्रम लागत विचरण; परिवर्तन उपरिव्ययों के विचरण; स्थायी उपरिव्ययों के विचरण; विक्रय विचरण; संशोधित विचरण; प्रमाणित लागत विवरण; प्रश्न

14. **बजटरी नियंत्रण** 566
बजटरी नियंत्रण का अर्थ; बजट का अर्थ; बजटरी नियंत्रण के लाभ; बजट बनाना; बजट कमेटी; बजट से सम्बन्धित कुछ महत्वपूर्ण तथ्य; बजटों के प्रकार; विक्रय बजट; विक्रय तथा वितरण लागत बजट; उत्पादन बजट; उत्पादन लागत बजट; सामग्री बजट; श्रम बजट, प्लान्ट उपयोगिता बजट; पूंजीगत व्यय बजट; रोकड़ बजट; मास्टर बजट; स्थायी तथा परिवर्तनशील बजट; प्रश्न

15. **सीमान्त लागत विधि** 594
सीमान्त लागत विधि का अर्थ; सीमान्त लागत का अर्थ; सीमान्त लागत लेखांकन के लाभ; सीमांत लागत लेखांकन की सीमाएँ; अर्द्ध–परिवर्तनशील व्ययों के स्थायी तथा परिवर्तनशील भाग का पृथक्कीकरण; अशदान; लाभ परिणाम अनुपात; सम विच्छेद

विश्लेषण; सम-विच्छेद बिन्दु; सम-विच्छेद विश्लेषण की मान्यताएँ; सुरक्षा की सीमा; संयोग का कोण; सीमान्त लागत लेखांकन प्रबन्धकीय निर्णयों के लिये एक साधन के रूप में; प्रश्न

16. **लागत अंकेक्षण** 646

लागत अंकेक्षण का अर्थ; लागत अंकेक्षण तथा वित्तीय अंकेक्षण में अन्तर; लागत अंकेक्षण के लाभ; लागत अंकेक्षण की तकनीकियाँ तथा प्रक्रिया; लागत अंकेक्षण का कार्यक्रम; प्रश्न

1

लागत लेखांकन का स्वभाव एवं क्षेत्र
(Nature and Scope of Cost Accounting)

लागत लेखांकन की आवश्यकता
(Necessity of Cost Accounting)

आधुनिक काल में वस्तुओं का बाजार अन्तर्राष्ट्रीय हो गया है। आजकल एक ही प्रकार की वस्तुओं का उत्पादन करने वाली संस्थाएँ भी अनेक होती हैं। ऐसी परिस्थिति में वस्तुओं तथा सेवाओं के विक्रय के लिए उत्पादक को बहुत कठिन प्रतियोगिता का सामना करना पड़ता है। यदि उत्पादक अपनी वस्तुओं को बाजार में बेचना चाहता है तो उसे अपने उत्पादन की किस्म अच्छी से अच्छी तथा कीमत कम से कम रखनी पड़ती है। यदि उसकी वस्तु की कीमत उचित नहीं है तो वह प्रतियोगिता के बाजार में अपनी वस्तुएँ नहीं बेच सकेगा, जिससे उसके व्यापारिक कार्यकलाप असफल हो जायेंगे। वस्तुओं को उचित कीमत पर तथा प्रतियोगियों की कीमत के अनुसार बेचने के लिए उत्पादक के लिए यह आवश्यक हो जाता है कि उसे अपनी उत्पादित वस्तु की वास्तविक लागत पता हो अर्थात् उसे इस बात का ज्ञान होना चाहिए कि उसके द्वारा निर्माणित वस्तु की लागत क्या है? वास्तविक लागत ज्ञात होने पर ही निर्माता उचित लाभ शामिल करके उचित कीमत निर्धारित कर सकता है। इसके अतिरिक्त वह अपने द्वारा निर्माणित वस्तु की लागत की तुलना अन्य प्रतियोगी उत्पादकों की लागत से कर सकता है और यदि उसकी लागत प्रतियोगियों की लागत से अधिक है तो वह इस बात के सम्बन्ध में छानबीन कर सकता है कि लागत अधिक क्यों है? अधिक लागत के क्या कारण हैं ? लागत के किन तत्वों पर अधिक खर्चा या बर्बादी हो रही है। इस ढंग से वस्तु की लागत का ज्ञान वित्तीय लेखों से नहीं किया जा सकता है। क्योंकि वित्तीय लेखों में खर्चों का विश्लेषण नहीं किया जाता है, बल्कि उनमें तो खर्चों से कुल योग को लिखा जाता है। यह कार्य केवल लागत लेखा के द्वारा ही सम्भव है। वास्तव में लागत लेखों की आवश्यकता भी इसी प्रकार से वस्तु की लागत निकालने के लिये हुई। दूसरे शब्दों में यह कहा जा सकता है कि वित्तीय लेखों की कमियों के कारण ही लागत लेखा की आवश्यकता हुई। वित्तीय लेखों से बहुत सी महत्वपूर्ण बातें व्यापारी को पता नहीं लग पाती हैं जो कि उसकी संख्या के सफल संचालन के लिये बहुत ही आवश्यक है।

वित्तीय लेखों की कमियाँ
(Limitations of Financial Accounts)

वित्तीय लेखों की कमियों का अध्ययन करने से पूर्व वित्तीय लेखों का अर्थ समझना आवश्यक है। साधारणतया वित्तीय लेखों का आशय उस लेखा पद्धति से है जिसमें व्यापार से सम्बन्धित सभी वित्तीय व्यवहारों का लेखा इस प्रकार किया जाता है जिससे उस संस्था का लाभ या हानि तथा वित्तीय स्थिति का पता लगाया जा सके। इस पद्धति के अन्तर्गत व्यवहारों को उक्त उद्देश्य की पूर्ति के लिये लिखा जाता है। वित्तीय लेखों में उन व्यवहारों का लेखा ही किया जाता है जो कि व्यापार की स्थिति से सम्बन्धित होते हैं तथा जिनके द्वारा व्यापार का लाभ-हानि ज्ञात होता है। इन लेखों में निर्माण के सम्बन्ध में होने वाले व्ययों का कोई विश्लेषणात्मक लेखा नहीं किया जाता है। निर्माता को वित्तीय लेखों से निम्नलिखित महत्वपूर्ण बातों का ज्ञान नहीं हो पाता है :

1. वस्तु की लागत के ज्ञान का अभाव (Lack of knowledge of cost of production)–वित्तीय लेखों के द्वारा किसी वस्तु की लागत ज्ञात नहीं की जा सकती है जिसके फलस्वरूप निर्माता विक्रय मूल्य भी ठीक प्रकार से निश्चित नहीं कर सकता है।

2. उत्पादन की लागत का विभिन्न क्रियाओं में वर्गीकरण का अभाव (Lack of classification of cost)–वित्तीय लेखों से केवल किसी मद पर होने वाले कुल खर्चे का पता लगाया जा सकता है। लेकिन इससे यह पता नहीं लग सकता कि किसी वस्तु, कार्य या क्रिया पर कितना व्यय उस मद के सम्बन्ध में हो रहा है। उदाहरण के लिये यदि कपड़ा निर्माण करने वाली संस्था के क्रय खाते से यह ज्ञात होता है कि गत वर्ष में 5,000 रु० का सूत कपड़ा निर्माण करने के लिये प्रयोग किया गया तो इससे यह पता नहीं लग सकता कि सूटिंग, शर्टिंग तथा साड़ी आदि के निर्माण पर कितना खर्च सूत के लिये किया गया है।

3. विभिन्न समयों की लागत के अन्तर के कारणों की जानकारी का अभाव (Lack of knowledge of causes of difference in cost of two periods)–वित्तीय लेखों से दो विभिन्न समयों पर वस्तु की लागत में अन्तर का कारण ज्ञात नहीं किया जा सकता है।

4. अनुमानित लागत के ज्ञान का अभाव (Lack of knowledge of estimated cost)–वित्तीय लेखों की सहायता से किसी ठेके के कार्य के सम्बन्ध में पहले से कार्य की लागत का अनुमान लगाना सम्भव नहीं है।

5. उत्पादन के विभिन्न व्ययों पर नियंत्रण का अभाव (Lack of control on cost)–निर्माता वित्तीय लेखों के द्वारा सामग्री, श्रम तथा अन्य व्ययों का वैज्ञानिक विधियों के आधार पर नियंत्रण नहीं कर सकता है। इन लेखों में इन उत्पादन तत्वों के ठीक प्रयोग के लिये किसी प्रकार की व्यवस्था नहीं है।

6. न्यूनतम उत्पादन मात्रा के निर्धारण का अभाव (Lack of determination of minimum production)–वित्तीय लेखों से उत्पादक यह निश्चित नहीं कर सकता है कि उसे वस्तु का कितनी मात्रा में निर्माण करना चाहिए जिससे कि उसे अधिक से अधिक लाभ प्राप्त हो सके।

7. प्रमापित लागत के ज्ञान का अभाव (Lack of knowledge of standard cost)–वित्तीय लेखों के द्वारा किसी उत्पादन की प्रमापित लागत निकालना सम्भव नहीं है। जिससे वह अपनी वास्तविक क्रियाओं की क्षमता की तुलना नहीं कर सकता है।

8. उत्पादन के वैकल्पिक साधनों के प्रयोग के निर्णय लेने में कठिनाई (Difficulty in decision for use of alternative resources of production) –यदि कोई निर्माता किसी साधन को उत्पादन के लिये बदलना चाहता है और उसके वैकल्पिक साधन का उपयोग करना चाहता है तो उसे वित्तीय लेखों से यह ज्ञान नहीं हो सकता कि उसका परिवर्तन का यह निश्चय संस्था के लिये लाभप्रद है या नहीं। उदाहरण के लिये एक उत्पादक यदि किसी कार्य को श्रमिकों के स्थान पर मशीन से करवाना चाहता हो तो वह वित्तीय लेखों की सहायता से यह ज्ञात नहीं कर सकता कि मशीन का उपयोग उसके लिये लाभदायक होगा या नहीं।

9. दूसरे उत्पादकों से अधिक लागत के कारणों के ज्ञान का अभाव (Lack of knowledge of excess cost compared to other producers)–वित्तीय लेखों की सहायता से निर्माता अपने द्वारा निर्माणित वस्तु की लागत दूसरे निर्माताओं की लागत की तुलना में अधिक होने पर वह यह पता नहीं लगा सकता है कि इस आधिक्य के क्या कारण हैं।

वित्तीय लेखों की उपरोक्त सभी कमियों को लागत लेखों के द्वारा दूर किया जा सकता है और इन कमियों के कारण ही लागत लेखों का विकास हुआ है।

लागत लेखाकर्म का अर्थ एवं परिभाषा
(Meaning and Definition of Cost Accountancy)

लागत लेखों का विकास वस्तु के निर्माण पर होने वाले व्ययों को इस प्रकार से लिखने की पद्धति के रूप में हुआ है जिससे कि निर्माण की गई एक वस्तु, इकाई, कार्य या ठेके की लागत ज्ञात की जा सके। इस प्रकार यह कहा जा सकता है कि लागत लेखाकर्म का आशय निर्माण के सम्बन्ध में होने वाले व्ययों के लिखने के वैज्ञानिक ढंग से होता है। वैसे लागत लेखाकर्म की अधिकाधिक परिभाषा चार्टर्ड इंस्टीट्यूट ऑफ मैनेजमैन्ट एकाउन्टेन्ट्स, लन्दन (Chartered Institute of Management Accountants, London) ने दी है जो कि निम्नलिखित है :

"लागत निर्धारण तथा लागत लेखांकन के सिद्धान्तों, विधियों तथा तकनीकों को लागत नियंत्रण के विज्ञान, कला व प्रयोग एवं लाभकारिता के निर्धारण पर लागू

करना लागत लेखाकर्म कहलाता है। इसमें प्रबन्धकों के निर्णय लेने के उद्देश्य के लिए उपरोक्त क्रियाओं से प्राप्त सूचनाओं का प्रस्तुतीकरण सम्मिलित है।"[1]

उपरोक्त परिभाषा में 'लागत निर्धारण' (Costing) तथा 'लागत लेखांकन' (Cost Accounting) दो शब्दों का प्रयोग किया जाता है जिसकी परिभाषाएँ चार्टर्ड इंस्टीट्यूट ऑफ मैनेजमैन्ट एकाउन्टेन्ट्स, लन्दन (C.I.M.A., London) के द्वारा निम्नलिखित रूप में दी गई हैं।

लागत निर्धारण की परिभाषा (Definition of Costing)–"लागत निर्धारण का आशय लागत ज्ञात करने की तकनीक व प्रक्रिया से होता है।"[2]

लागत लेखांकन की परिभाषा (Definition of Cost Accounting)–"उस बिन्दु से, जहाँ पर व्यय किया गया है अथवा किया गया माना गया है, लागत केन्द्रों तथा लागत इकाइयों से अन्तिम सम्बन्ध स्थापित करने की लागत के लिये लेखा करने की विधि को लागत लेखांकन कहते हैं। इसके विस्तृत प्रयोग में, सांख्यिकीय समंकों की तैयारी, लागत नियंत्रण पद्धतियों का प्रयोग तथा कार्यान्वित क्रियाओं अथवा नियोजित क्रियाओं की लाभकारिता का निर्धारण आदि सम्मिलित है।"[3]

इंस्टीट्यूट की उपरोक्त परिभाषाओं को देखने पर यह ज्ञात होता है कि ये परिभाषाएँ बहुत ही कठिन व तकनीकी प्रकृति (Technical Nature) की हैं। लागत लेखांकन की एक परिभाषा हेराल्ड जे॰ ह्वेलडन ने भी दी है जो कि सरल तथा लागत लेखांकन की सभी विशेषताओं पर प्रकाश डालने वाली है।

"लागत लेखांकन का आशय व्ययों का इस प्रकार वर्गीकरण, आलेखन तथा उपयुक्त विभाजन करने से होता है, जिससे उत्पादित वस्तुओं तथा सेवाओं की लागत निश्चित की जा सके। इसके द्वारा इन लागतों का विक्रय मूल्य से सम्बन्ध स्थापित किया जाता है तथा लाभदायिकता को निर्धारित किया जाता है।"[4]

---

1. "Cost Accountancy is the application of costing and cost accounting principles, methods and techniques to the science, art and practice of cost control and the ascertainment of profitability. It includes the presentation of information derived therefrom for the purpose of managerial decision making."
—Chartered Institute of Management Accountants, London

2. "Costing : The techniques and processes of ascertaining costs."
—Chartered Institute of Management Accountants, London

3. "Cost Accounting is the process of accounting for cost from the point at which expenditure is incurred or committed to the establishment of its ultimate relationship with cost centres and cost units. In its widest usage, it embraces the preparation of statistical data, the application of cost control methods and the ascertainment of the profitability of activities carried out or planned."
—Chartered Institute of Management Accountants, London

4. "Costing is the classifying recording, and appropriate allocation of expenditure for the determination of the costs of products or services; the relation of these costs to sales values; and the ascertainment of profitability."
—Wheldon

उपरोक्त परिभाषाओं के अध्ययन के पश्चात् यह कहा जा सकता है कि लागत लेखा उस लेखा विधि को कहते हैं जो वित्तीय लेखों की पूरक होती है तथा जिसमें उत्पादन सम्बन्धी व्ययों को इस प्रकार व्यवस्थित व वर्गीकृत ढंग से लिखा जाता है जिससे उत्पादन की प्रति इकाई, कार्य, या प्रति ठेका (जो भी उपयुक्त हो) की लागत ज्ञात की जा सके।

लागत लेखाकर्म का क्षेत्र
(Scope of Cost Accountancy)

लागत लेखाकर्म की चार्टर्ड इंस्टीट्यूट ऑफ मैनेजमैन्ट एकाउन्टेन्ट्स, लन्दन की परिभाषा से यह ज्ञात होता है कि लागत लेखों के अन्तर्गत निम्नलिखित विषयों को सम्मिलित किया जाता है।

(अ) लागत लेखांकन (Cost Accounting)–लागत लेखांकन का आशय उस लेखांकन क्रिया से होता है जिसके द्वारा उत्पादन से सम्बन्धित व्ययों को पुस्तकों में लिखा जाता है। इसमें उत्पादन के आय-व्ययों को इस प्रकार लिखा जाता है जिससे उत्पादन की कुल लागत तथा प्रति इकाई लागत ज्ञात की जा सके। वास्तव में लागत लेखांकन वस्तुओं तथा सेवाओं की लागत को ज्ञात करने तथा नियंत्रित करने की क्रिया होती है।

(ब) लागत निर्धारण (Costing)–'लागत निर्धारण' के अन्तर्गत वे सभी क्रियाएँ व तकनीकियाँ (Techniques) सम्मिलित होती हैं जिनके द्वारा किसी वस्तु अथवा सेवा की लागत का निर्धारण किया जाता है।

(स) लागत नियन्त्रण (Cost Control)–इसके अन्तर्गत लागत को नियन्त्रण करने की क्रियाएँ सम्मिलित होती हैं। आजकल लागत लेखों का उद्देश्य केवल लागत ज्ञात करना ही नहीं है बल्कि उन सभी प्रतिवेदनों को तैयार करना भी है जिनकी सहायता से प्रबन्धक लागत पर नियन्त्रण करके उत्पादन की लागत कम से कम कर सकें। इसके द्वारा साधनों के अपव्यय को रोक कर उनमें अधिक से अधिक कार्यक्षमता लाने की क्रियाओं का समावेश किया जाता है।

(द) बजटरी नियन्त्रण (Budgetary Control)–बजटरी नियन्त्रण के अन्तर्गत उत्पादन से सम्बन्धित विभिन्न तत्वों के सम्बन्ध में बजट तैयार करके लागत को नियंत्रित करने की क्रियाएँ सम्मिलित होती हैं। इसमें पहले विभिन्न प्रकार के बजट तैयार किये जाते हैं इसके पश्चात् वास्तविक क्रियाओं को बजटीय आँकड़ों से तुलना की जाती है और उत्पादन का लक्ष्य यह होता है कि उत्पादन की विभिन्न क्रियाएँ बजट के अनुसार ही क्रियान्वित हों। इस प्रकार बजटरी नियन्त्रण के अन्तर्गत उत्पादन क्रियाओं का बजट बनाकर नियन्त्रण किया जाता है।

(य) लागत अँकेक्षण (Cost Audit)–लागत अंकेक्षण के अन्तर्गत लागत लेखों की शुद्धता की जाँच व उसका सत्यापन तथा लागत लेखांकन योजना की जाँच सम्मिलित होती है।

लागत लेखांकन के उद्देश्य
(Objects of Cost Accounting)

लागत लेखों का मुख्य उद्देश्य उत्पादन की जाने वाली वस्तुओं की लागत ज्ञात करना तथा उसे नियन्त्रित करना होता है जिससे कि वस्तु का विक्रय मूल्य ज्ञात किया जा सके तथा लाभोपार्जन किया जा सके। लागत लेखों के मुख्य उद्देश्य निम्नलिखित हैं :

1. लागत का निर्धारण (Ascertainment of cost)–लागत लेखों का पहला उद्देश्य उत्पादन की प्रत्येक इकाई, प्रत्येक कार्य, प्रक्रिया या ठेके की वास्तविक लागत ज्ञात करना है।

2. लागत का नियन्त्रण तथा तुलना (Control and comparison of cost)–इसके अन्तर्गत विभिन्न समयों की लागत तथा दूसरे उत्पादकों की लागत से अपनी लागत की तुलना करना, यदि वर्तमान लागत पहली लागत से अधिक है या दूसरे उत्पादकों से अधिक है तो उसके कारणों पर प्रकाश डालना, यदि अधिक लागत का कारण संस्था में होने वाली लापरवाही, गलत नीति या साधनों का दुरुपयोग है तो उसको नियमित करना सम्मिलित होता है।

3. लाभदायकता का निर्धारण (Ascertainment of profitability)–प्रत्येक उत्पादन तथा कार्य की लाभदायकता को ज्ञात करना तथा अलाभदायक उत्पादनों का पता लगाना लागत लेखों का उद्देश्य होता है।

4. विक्रय मूल्य का निर्धारण (Ascertainment of selling price)—लागत के आधार पर उत्पादन का विक्रय मूल्य निश्चित किया जाता है।

5. नीति तथा निर्णयों के लिए पथ-प्रदर्शन (Guidance for policies and decisions)–प्रबन्धकों को निम्नलिखित महत्वपूर्ण प्रबन्धकीय मामलों पर प्रकाश डालना भी लागत लेखों का उद्देश्य होता है :

(अ) उत्पादन के सम्बन्ध में किसी सामग्री को बाहर से खरीदा जाए या स्वयं उत्पादित किया जाए। उदाहरण के लिए सूती कपड़े का निर्माता सूत बाहर से खरीदे या कपास द्वारा स्वयं निर्माण करे। इस बात का निर्णय प्रबन्धक लागत लेखों की सहायता से ही कर सकते हैं। यदि, उन्हें सूत अपने यहाँ निर्माण करने में सस्ता पड़ता है तो वे स्वयं निर्माण करेंगे और उसके विपरीत मंहगा पड़ने पर बाहर से खरीदने का निर्णय लिया जा सकता है।

(ब) उत्पादन की प्रमापित लागत ज्ञात करने में सहायता प्रदान करता है।

(स) उत्पादन में विभिन्न साधनों में से कौन-सा साधन प्रयोग किया जाए, इस बात का निर्णय लेने में भी लागत लेखा उत्पादकों की सहायता प्रदान करता है।

(द) सामग्री को कितनी मात्रा में क्रय किया जाए। सामग्री की न्यूनतम तथा अधिकतम मात्रा कितनी होनी चाहिए तथा सामग्री का आदेश स्तर क्या होना चाहिए।

(य) भविष्य में किस वस्तु का उत्पादन कितना करना चहिए।

लागत लेखांकन के कार्य
(Functions of Cost Accounting)

लागत लेखांकन के निम्नलिखित कार्य होते हैं :

(अ) लागत का निर्धारण व विश्लेषण करना (Determination and analysis of costs)–लागत लेखों का सबसे प्रमुख व महत्वपूर्ण कार्य उत्पादन की लागत निर्धारित करना व लागत का विश्लेषण करना है जिससे कि विभिन्न समयों व विभिन्न विभागों की लागत को ज्ञात करके संस्था की कार्यकुशलता को मापा जा सके। लागत लेखों में विभिन्न कार्यों, विभागों तथा प्रक्रियाओं की अलग-अलग लागत को लिखने का कार्य किया जाता है।

(ब) लागत का नियन्त्रण करने के लिए लागत आँकड़ों को एकत्रित व प्रयोग करना (Accumulation and utilization of cost data for the purpose of controlling costs)–लागत लेखों का दूसरा कार्य उत्पादन सम्बन्धी आँकड़ों को एकत्रित करके इस प्रकार उनका प्रयोग करना होता है जिससे कि वस्तुओं की लागत का नियन्त्रण किया जा सके। इसके अन्तर्गत प्रमापों को निश्चित करने का कार्य सम्मिलित है।

(स) प्रबन्धकों को बहुत सी महत्वपूर्ण बातों के सम्बन्ध में सहायता प्रदान करना (Aid to management on various important matters)–लागत लेखों का कार्य केवल उत्पादन की लागत निर्धारित करना ही नहीं है बल्कि इन लेखों का कार्य प्रबन्धकों को उत्पादन तथा विक्रय से सम्बन्धित बहुत-सी महत्वपूर्ण बातों के सम्बन्ध में निर्णय लेने व नीति निर्धारण करने में सहायता प्रदान करना भी है। इन लेखों की सहायता से प्रबन्धक उत्पादन की मात्रा, साधनों का प्रयोग, साधनों के परिवर्तन, श्रमिक मजदूरी नीति तथा वस्तु के वितरण के सम्बन्ध में निर्णय लेते हैं।

लागत लेखांकन से लाभ
(Advantages of Cost Accounting)

लागत लेखों का आधुनिक युग में निर्माणी-संस्थाओं के लिये बहुत महत्व है। इसकी सहायता से निर्माणी-संस्थाएँ उत्पादन से सम्बन्धित बहुत-सी महत्वपूर्ण बातों का नियन्त्रण एवं नियमन कर सकती है। प्रबन्धकों को लागत लेखों से बहुत-सी प्रबन्धकीय क्रियाओं में सहायता मिलती है जिससे प्रबन्धक अपने कार्यों को लाभप्रद ढंग से व कुशलतापूर्वक कर सकते हैं। लागत लेखों से न केवल व्यवसायी व प्रबन्धकों को लाभ होता है बल्कि इससे उपभोक्ताओं, श्रमिकों, सरकार व ऋणदाताओं को भी लाभ होता है। विभिन्न व्यक्तियों व संस्थाओं को इससे निम्नलिखित लाभ होते हैं :

[I] उत्पादकों व प्रबन्धकों को लाभ (Advantages to Producers and Management)–उत्पादक व प्रबन्धक लागत लेखों की सहायता से अपने उत्पादन

की लागत निर्धारित तथा लागत पर नियन्त्रण कर सकते हैं। इसके अतिरिक्त इनको लागत लेखों से निम्नलिखित लाभ होते हैं :

1. विक्रय मूल्य के निर्धारण में सहायक (Determination of sales price)–लागत लेखों से उत्पादक वस्तु की लागत ज्ञात करके विक्रय मूल्य निर्धारित कर सकता है।

2. लाभदायक व अलाभदायक क्रियाओं का ज्ञान (Knowledge of profitable and non-profitable activities)–लागत लेखों के द्वारा उत्पादकों को यह ज्ञात हो सकता है कि किस उत्पादन से उसे लाभ हो रहा है तथा किस उत्पादन से हानि। हानि या कम लाभ वाले उत्पादनों के सम्बन्ध में प्रबन्धक उसके कारणों को खोजकर उसको लाभदायक बना सकते हैं अथवा उस प्रकार के उत्पादन को बन्द करके संस्था को हानि से बचा सकते हैं।

3. सामग्री पर नियन्त्रण (Control of material cost)–इन लेखों में सामग्री के सम्बन्ध में एक विस्तृत लेखा रखा जाता है जिससे कि सामग्री के क्रय व निर्गमन इत्यादि की नीतियों को निर्धारित किया जा सकता है तथा सामग्री में होने वाले अपव्यय को बचाया जा सकता है।

4. श्रमिकों पर नियन्त्रण (Control of labour)–श्रम के कार्य-कलापों को भी लागत लेखों की सहायता से नियन्त्रित किया जा सकता है। इन लेखों से यह पता लगाया जा सकता है कि श्रमिक कुशलतापूर्वक कार्य कर रहे हैं अथवा नहीं। अकुशलता से काम करने की दशा में श्रमिकों को निर्देश देकर कुशलता में सुधार किया जा सकता है।

5. विभिन्न लागतों की तुलना (Comparison of different costs)–विभिन्न समयों की लागत की तुलना की जा सकती है तथा उनमें होने वाले अन्तरों के कारणों पर प्रकाश डाला जा सकता है।

6. प्रमापित लागत का ज्ञान (Knowledge of standard cost)–इन लेखों की सहायता से प्रमापित लागत ज्ञात की जा सकती है जिससे संस्था की कार्यकुशलता की तुलना सम्भव है तथा कार्यकुशलता कम होने पर सुधार किये जा सकते हैं।

7. वित्तीय लेखों का आन्तरिक निरीक्षण (Internal check on financial accounting records)–यह वित्तीय लेखों के आन्तरिक निरीक्षण का कार्य भी करता है। वित्तीय लेखों द्वारा निकाले गए लाभ-हानि को लागत लेखा द्वारा निकाले गए लाभ-हानि से तुलना करके वित्तीय लेखों की गणितीय शुद्धता की जाँच की जा सकती है। यदि लेखों के लाभ-हानि की राशि समायोजन के पश्चात् एक होती है तो यह माना जा सकता है कि वित्तीय लेखे गणितीय दृष्टिकोण से ठीक हैं।

8. साधनों के परिवर्तन के निर्णय में सहायक (Helpful in decision for change of resources)–प्रबन्धकों को लागत लेखों से यह लाभ होता है कि वे

किसी साधन को किसी अन्य साधन से परिवर्तित करने के निर्णय को ठीक प्रकार से ले सकते हैं। यदि दूसरा साधन संस्था के लिए मितव्ययी है तो प्रबन्धक पहले साधन को परिवर्तित कर सकते हैं। उदाहरण के लिए श्रमिकों के स्थान पर यदि मशीनरी को लगाना है तो यह परिवर्तन संस्था के लिए लाभदायक होगा या नहीं, यह बात लागत लेखे से पता लगा सकते हैं।

9. उत्पादन की मात्रा का निर्धारण (Determination of production quantity)–लागत लेखों में उत्पादन सम्बन्धी समस्त व्ययों को स्थायी व परिवर्तनशील व्ययों के रूप में वर्गीकृत कर लेते हैं जिससे उत्पादकों को इस बात का निर्णय लेने में सुविधा होती है कि वे उत्पादन की मात्रा कितनी रखें जिससे कि स्थायी व्ययों का पूर्ण उपयोग किया जा सके। इन लेखों की सहायता से उत्पादक सम-विच्छेद बिन्दु[5] (Break-Even Point) भी निर्धारित कर सकता है।

10. टेन्डर मूल्यों का निर्धारण (Determination of tender price)–उत्पादक किसी ठेके या टेन्डर का मूल्य एक वैज्ञानिक अनुमान के आधार पर निश्चित कर सकता है।

11. विभिन्न प्रक्रियाओं को चालू रखने का निर्णय (Decision regarding various production processes)–प्रबन्धकों को इस बात का निर्णय लेने के सम्बन्ध में आसानी हो जाती है कि वे उत्पादन में प्रयोग होने वाली किसी सामग्री विशेष को किसी विशिष्ट उत्पादक से खरीदें या अपने यहाँ ही उत्पादन करके उसका प्रयोग अपने मुख्य उत्पादन के लिये करें।

12. अवसादकाल में वस्तु के मूल्य का निर्धारण (Determination of prices in depression period)–लागत लेखों के द्वारा अवसाद काल में, जबकि वस्तुओं की कीमतें गिरने लगती हैं, वस्तु की कीमत कम से कम क्या रखी जा सकती है, का निश्चय किया जा सकता है।

13. वस्तु की लागत का कार्यानुसार वर्गीकरण (Functional classification of cost)–लागत लेखों से वस्तु की लागत विभिन्न अवस्थाओं (stages) पर ज्ञात की जा सकती है। जैसे मूल लागत (Prime cost), फैक्ट्री लागत (works cost), कुल लागत (total cost) आदि। इस प्रकार से लागत निकालने पर उत्पादन में यदि कहीं कोई अनियमितता अथवा अपव्यय हो रहा होता है तो उसको आसानी से ज्ञात किया जा सकता है। उस अवस्था में उत्पादन की लागत पर नियंत्रण करके सुधार किया जा सकता है।

14. असामान्य व्ययों का ज्ञान (Knowledge of abnormal expenditures)–इन लेखों के द्वारा उत्पादन में हानि या अकुशलता असामान्य कारणों से होती है तो उसका ज्ञान आसानी से हो जाता है क्योंकि लागत लेखों में प्रत्येक असामान्य

---

5. सम-विच्छेद बिन्दु उत्पादन की उस मात्रा को बताता है जिसका उत्पादन करने पर उत्पादक को न लाभ होता है और न हानि होती है।

परिस्थिति का अलग से अध्ययन किया जाता है। इस अध्ययन से यह ज्ञात हो जाता है कि उत्पादन की क्रिया सामान्य कारणों से हानिकारक नहीं हुई है बल्कि असामान्य कारणों से हुई है जिसको कि आसानी से दूर किया जा सकता है। इस प्रकार की हानियाँ व्यर्थ समय, (idle time), सामग्री की अत्यधिक बर्बादी (excessive scrap or wastage of material), मशीनरी का न्यून उपयोग (under-utilisation of machinery) इत्यादि के कारणों से होती है।

15. सामग्री के अन्तिम रहतिये की गणना में सुगमता (Easy to calculate value of stock)–लागत लेखों में सामग्री के रहतिये की गणना 'निरन्तर गणना पद्धति' (Perpetual Inventory System) के आधार पर की जाती है जिसकी सहायता से स्थिति विवरण व लाभहानि खाते बनाते समय आसानी हो जाती है क्योंकि अन्तिम रहतिये की भौतिक गणना करने की आवश्यकता नहीं रहती है।

16. अर्धनिर्मित माल की लागत का ज्ञान (Knowledge of cost of work-in-progress)–अर्धनिर्मित माल (Work-in-Progress) के मूल्य की वास्तविक गणना भी लागत लेखों की सहायता से ही की जा सकती है।

उपरोक्त विवरण से यह स्पष्ट हो जाता है कि लागत लेखों से निर्माता को बहुत ही लाभ प्राप्त होते हैं। वास्तव में यह कहा जा सकता है कि ये लेखे उत्पादक को उत्पादन सम्बन्धी सभी महत्वपूर्ण बातों पर प्रकाश डालते हैं।

[II] लागत लेखों के अन्य व्यक्तियों व संस्थाओं को लाभ (Advantages of Cost Accounts to Others)–लागत लेखों में श्रमिकों, उपभोक्ताओं, विनियोजकों तथा सरकार को निम्नलिखित लाभ होते हैं :

1. श्रमिकों को लाभ (Advantages to the workers)–लागत लेखों में प्रत्येक श्रमिक की उत्पादकता के आंकड़े रखे जाते हैं तथा इसके अन्तर्गत श्रम भुगतान पद्धतियाँ ऐसी रखी जाती हैं जिससे श्रमिक अधिक से अधिक कार्य करने के लिए प्रेरित होता है। कुशल श्रमिकों को अधिक भुगतान करके प्रोत्साहित किया जाता है।

2. उपभोक्ताओं को लाभ (Advantages to the consumers)–उपभोक्ताओं को इन खातों की सहायता से अच्छी से अच्छी वस्तु कम से कम कीमत पर प्राप्त हो जाती है।

3. विनियोजकों को लाभ (Advantages to the investors)–जो व्यक्ति तथा संस्थाएं उत्पादन व्यवसायों में अपना धन विनियोजित करते हैं वे यह देखते हैं कि उस संस्था में लागत लेखा विधि का प्रयोग किया जा रहा है अथवा नहीं। प्राय: यह देखा जाता है कि जिन उद्योगों में लागत लेखांकन विधि का प्रयोग होता है उनमें विनियोजित धन के डूबने के अवसर बहुत कम होते हैं।

4. सरकार को लाभ (Advantages to the government)–सरकार को उत्पादन सम्बन्धी आँकड़े बिल्कुल ठीक प्राप्त हो जाते हैं जिससे सरकार विभिन्न

उत्पादों के सम्बन्ध में मूल्य नीति का निश्चय कर सकती है। साथ ही इन लेखों की सहायता से सरकार को उत्पादन शुल्क के रूप में ठीक-ठीक धनराशि प्राप्त हो जाती है।

लागत लेखांकन के आक्षेप
(Objections Against Cost Accounting)

लागत लेखों के बहुत से लाभ होने के साथ ही साथ कुछ लोगों का मत है कि ये लेखे पूर्णत: दोष रहित नहीं हैं। इन लेखों में भी अनेकों कमियाँ हैं जिससे कि उत्पादक की उत्पादन लागत में वृद्धि हो जाती है तथा कभी-कभी परिणाम अशुद्ध निकलते हैं। लागत लेखों के निम्नलिखित आक्षेपों का उल्लेख किया जाता है :

1. **लागत लेखों का उपयोग अनावश्यक है** (Unnecessary use)—लागत लेखों के सम्बन्ध में पहला आक्षेप यह लगाया जाता है कि प्राचीन काल में भी वस्तुओं का उत्पादन एवं विक्रय किया जाता था। लेकिन उत्पादक इसके लिए लागत लेखों का प्रयोग नहीं करते थे और लागत लेखों के अभाव में भी वस्तुओं का मूल्य निर्धारित कर लिया जाता था। जब बिना इनके प्रयोग के ही वस्तुओं की लागत निर्धारित की जा सकती है तो अनावश्यक रूप में क्यों इस प्रकार के लेखों का प्रयोग किया जाए? ऐसी परिस्थिति में इस पद्धति का प्रयोग अनावश्यक है। लेकिन गम्भीरता से सोचा जाए तो पता लगेगा कि यह मत स्वयं दोषपूर्ण है क्योंकि वर्तमान काल की परिस्थितियां प्राचीन काल से बिल्कुल भिन्न हैं। आजकल वस्तुओं का विक्रय बहुत विस्तृत क्षेत्र में होता है तथा बाजार में प्रतिस्पर्धा भी बहुत कड़ी होती है। अत: ऐसी परिस्थितियों में यह आवश्यक हो गया है कि उत्पादन का मूल्य निर्धारण किसी वैज्ञानिक पद्धति से किया जाना चाहिए। हम यह बात भली-भाँति जानते हैं कि यदि कोई उत्पादक अपने उत्पादन की लागत 5 पैसे प्रति इकाई भी दूसरे प्रतियोगी से अधिक रखता है तो वह वस्तुओं का विक्रय नहीं कर पायेगा। इसलिये यह आवश्यक है कि उसे वस्तु की लागत का वास्तविक ज्ञान हो जिससे वह कम से कम कीमत उस वस्तु की रखकर उसे बाजार में बेच सके। अत: यह कहा जा सकता है कि यह तर्क कि यह विधि अनावश्यक है तथा इसके बिना ही काम चलाया जा सकता है, भ्रमपूर्ण है।

2. **लागत लेखांकन विधि खर्चीली है** (Expensive system)—दूसरा तर्क इसके आक्षेपों के सम्बन्ध में यह दिया जाता है कि लागत लेखों को रखने के लिये व्यापारी को बहुत बड़ी मात्रा में खर्चा करना पड़ता है जिससे उसके उत्पादन की लागत बढ़ जाती है। क्योंकि लागत लेखा का कार्य बहुत ही कठिन, तकनीकी व वैज्ञानिक है। जिसके कारण सम्पूर्ण फैक्ट्री का संगठन एक विशेष तरीके से करना पड़ता है। यह तर्क भी न्याय-संगत नहीं मालूम पड़ता है क्योंकि व्यापारी को इससे जो लाभ प्राप्त होते हैं वे खर्चे की तुलना में बहुत अधिक हैं। दूसरे यह पद्धति आजकल

आवश्यक हो गई है। जिस प्रकार से वस्तु को बेचने के लिए विज्ञापन एक जरूरी प्रक्रिया है जिस पर कि बहुत बड़ी मात्रा में खर्चा करना पड़ता है। उसी प्रकार यह भी लागत को ज्ञात करने तथा नियन्त्रित करने के लिए आवश्यक है। अत: लागत लेखों पर होने वाला खर्चा व्यापार का अनावश्यक खर्चा न होकर व्यापारिक विनियोग है जिसका कि व्यापारी को बहुत लाभ होता है।

3. कुछ निर्माणी संस्थाओं के लिये उपयोगी न होना (Not useful for certain producers)–लागत लेखों के आक्षेपों को प्रदर्शित करते हुए यह तर्क भी दिया जाता है कि लागत लेखा पद्धति इतनी कठिन, तकनीकी व खर्चीली है कि कुछ निर्माणी संस्थाओं में इसका प्रयोग उपयोगी नहीं है और वे संस्थाएँ इसके बिना ही अपना कार्य ठीक प्रकार से चला सकती हैं। जिन संस्थाओं में उत्पादन बहुत ही छोटी मात्रा में किया जाता है उन संस्थाओं में लागत लेखों का प्रयोग उचित नहीं है क्योंकि उन संस्थाओं के कुल उत्पादन का व्यय भी कभी-कभी लागत लेखा तन्त्र से कम होता है। उदाहरण के लिये एक जुलाहे के लिये जो कि दिन में 15 मीटर कपड़ा बुनता है वैज्ञानिक तरीके से रजिस्टरों व प्रपत्रों के आधार पर लागत लेखों को रखना न तो उपयोगी ही है और न व्यवहारिक ही। जब हम इस तर्क पर ध्यानपूर्वक विचार करें तो यह कहा जा सकता है कि यह कमी भी लागत लेखों की नहीं है क्योंकि संस्था के स्वरूप का बहुत छोटा होना उसकी अपनी परिस्थितियों का दोष है। यदि संस्था बड़ी होती तो निश्चित रूप से लागत लेखे उसके लिये उपयोगी सिद्ध होते। इस प्रकार यह तर्क भी गलत प्रतीत होता है।

4. लागत लेखों से कभी-कभी गलत परिणाम भी निकलते हैं (Misleading conclusions from cost accounting)–लागत लेखों के द्वारा लागत का विश्लेषण करने पर कभी-कभी उत्पादन की प्रति इकाई लागत उसकी वास्तविक लागत से कम या अधिक आती है जो कि इस बात को बताती है कि लागत लेखों से वास्तविक लागत भी ठीक नहीं निकलती है। उदाहरण के लिए उत्पादक ने 5,000 इकाइयाँ बनाने के लिये 25,000 रु० खर्च किये और जब लागत लेखे के द्वारा लागत का विश्लेषण किया गया तो प्रति इकाई लागत 4.90 रु० निकली। जबकि वास्तविक खर्चे के आधार पर एक इकाई की लागत 5 रु० आनी चाहिए थी। इस प्रकार लागत लेखों के परिणाम गलत निकले। लेकिन यह दोष भी गलत आधार पर लगाया जाता है। गलत लागत की गणना का कारण लागत लेखा पद्धति का दोष नहीं है। यह दोष लागत लेखा प्रयोग करने वाले व्यक्तियों तथा प्राप्त सूचनाओं की कमियों के कारण उपस्थित हुआ है। लागत लेखों के द्वारा तो कुल लागत का विश्लेषण ही होता है। उसे घटाया या बढ़ाया नहीं जाता है। अत: यह दोष भी लागत लेखों के सन्दर्भ में उचित नहीं है।

इस प्रकार उपरोक्त तर्कों का आलोचनात्मक अध्ययन करने पर यही ज्ञात हुआ है कि ये समस्त तर्क गलत विचारधाराओं पर आधारित हैं और उपरोक्त तथाकथित

सभी आक्षेप लागत लेखों के गलत प्रयोग, तकनीकी व कठिन स्वभाव तथा खर्चीली पद्धति होने के कारण दिखाई पड़ते हैं।

लागत-लेखांकन की वित्तीय लेखांकन से तुलना
(Comparison of Financial Accounting and Cost Accounting)

वित्तीय लेखे एवं लागत लेखे दोनों का सम्बन्ध संस्था के आर्थिक व्यवहारों से होता है। दोनों प्रकार के खातों की विषय सामग्री एक ही होती है। दोनों प्रकार के खातों में व्यवहारों के लिखने का एक ही तरीका होता है, जो कि 'द्विअंकन बहीखाता' पद्धति पर आधारित होता है। अर्थात् दोनों प्रकार के खातों में एक व्यवहार के नाम (Debit) और जमा (Credit) के दो पक्ष होते हैं। दोनों प्रकार के खातों से व्यापार में होने वाले लाभ-हांनि को ज्ञात किया जा सकता है। मौद्रिक व्यवहार ही दोनों प्रकार के खातों में सम्मिलित किये जाते हैं। इस प्रकार से वित्तीय लेखों एवं लागत लेखों में काफी समानता है। इन समानता के कारण ही तो एल० डब्ल्यू० हॉकिन्स ने लागत लेखों के सम्बन्ध में यह कहा है कि "साधारण व्यापारिक खाता (वित्तीय लेखे) अत्यन्त महत्वपूर्ण सूचनाओं के ताला लगा भंडारगृह है जिसकी लागत लेखा-पद्धति कुन्जी है।"[6] यह कथन इस बात को सिद्ध करता है कि लागत लेखा पद्धति एवं वित्तीय लेखा पद्धति में बहुत समानताएं हैं। लेकिन बहुत-सी समानताओं के बावजूद भी वित्तीय लेखों एवं लागत लेखों में बहुत अन्तर होते हैं। वित्तीय लेखों एवं लागत लेखों के उद्देश्य एवं क्षेत्र अलग-अलग होते हैं। वित्तीय लेखों में जहाँ व्यापारिक व्यवहारों का प्रारम्भिक लेखा करके व्यापार की वित्तीय स्थिति एवं लाभ-हानि ज्ञात की जाती है वहाँ इसके स्थान पर लागत लेखों में संस्था द्वारा निर्माण की जाने वाली वस्तुओं का मूल्य निर्धारण एवं नियन्त्रण किया जाता है। वित्तीय लेखों एवं लागत लेखों में निम्नलिखित अन्तर हैं :

(1) उद्देश्य (Objectives)–वित्तीय लेखों के द्वारा व्यापार की किसी अवधि विशेष में क्या कार्य-कुशलता रही है तथा किसी तिथि पर क्या वित्तीय स्थिति है, ज्ञात होती है जबकि लागत लेखों में उत्पादन की जाने वाली वस्तुओं की लागत का ज्ञान होता है।

(2) लेखांकन का ढंग (Method of recording)–आर्थिक लेखों में मौद्रिक व्यवहारों को केवल समयानुसार लिख दिया जाता है जबकि लागत लेखों में व्यवहारों को केवल लिखा ही नहीं जाता बल्कि उनको इस ढंग से प्रस्तुत किया जाता है जिससे कि प्रबन्धक लागत नियंत्रण एवं सुधार के सम्बन्ध में नीति निर्धारित कर सकें।

(3) अन्तिम स्टॉक की गणना पद्धति (Valuation of stock)–वार्षिक खाते बनाते समय वित्तीय लेखों में अन्तिम स्टॉक की जानकारी भौतिक गणना द्वारा होती

---

6. "The ordinary trading account is a locked Store-house of most valuable information to which the cost system is the key."

—*L.W. Hawkins*

है लेकिन लागत लेखों में अन्तिम स्टॉक के सम्बन्ध में जानकारी आसानी से और वैज्ञानिक तरीके के द्वारा बिना भौतिक गणना के की जाती है। इसके द्वारा स्टॉक की जानकारी भी 'निरन्तर गणना पद्धति' के आधार पर की जाती है।

(4) खातों का स्वरूप (Forms of accounts)–वित्तीय लेखों को रखने के लिये कम्पनी अधिनियम, आयकर अधिनियम आदि के अन्तर्गत दी गई बातों पर अनुसरण करना पड़ता है। कम्पनी अधिनियम के अनुसार अन्तिम खातों को एक विशिष्ट ढंग से बनाना पड़ता है लेकिन लागत लेखों के लिए इस प्रकार का कोई प्रतिबन्ध नहीं है। इसको व्यापारी अपनी आवश्यकता एवं सुविधानुसार बना सकता है।

(5) व्ययों का वर्गीकरण (Classification of expenses)–वित्तीय लेखों में लागत के मद कुल जोड़ के रूप में दिये होते हैं जबकि लागत लेखों में इन कुल जोड़ों का विश्लेषण करके विभिन्न प्रकार की लागत निकालते हैं।

(6) लाभों का विश्लेषण (Analysis of profits)–वित्तीय लेखों से सम्पूर्ण व्यापार के लाभ का ज्ञान होता है। लेकिन लागत लेखों से प्रत्येक उत्पादन या कार्य का अलग-अलग लाभ ज्ञान होता है।

उपरोक्त अन्तरों के आधार पर यह कहा जा सकता है कि लागत लेखों और वित्तीय लेखों में अनेकों समानताएँ होने के साथ ही साथ अन्तर भी हैं।

लागत निर्धारण प्रणाली का प्रतिस्थापन (Installation of a Costing System)

किसी संस्था द्वारा कोई लागत निर्धारण विधि अपनाते समय बहुत-सी बातों को ध्यान में रखना चाहिए। यदि उन बातों का ध्यान नहीं रखा जायेगा तो अपनायी गई प्रणाली असफल हो जायेगी। लागत निर्धारण प्रणाली को अपनाते समय ध्यान रखे जाने योग्य तथ्यों को दो भागों में विभक्त कर सकते हैं।

(अ) सामान्य तथ्य (General Conditions)

(इ) विशेष तथ्य (Special Conditions)

(अ) सामान्य तथ्य (General Conditions)–ये वे तथ्य होते हैं जिनको कि प्राय: सभी उत्पादकों को ध्यान में रखना पड़ता है। ये निम्नलिखित होते हैं :

1. संस्था के संगठन के अनुरूप (According to the nature of organisation)–सबसे पहले यह ध्यान रखना चाहिए कि अपनायी जाने वाली प्रणाली को इस प्रकार से संगठित किया जाए जिससे कि संस्था का जो वर्तमान संगठन है उसमें कोई अधिक परिवर्तन नहीं करना पड़े और जो थोड़ा बहुत परिवर्तन किया भी जाए, उसके लिए संस्था के कर्मचारियों का पूर्ण सहयोग लेना चाहिए। यदि संस्था के वित्तीय खाते इस प्रकार रखे गये हैं जिससे कि लागत निर्धारण के सम्बन्ध में आवश्यक सूचनाएँ प्राप्त हो जाती हैं तो लागत लेखों के लिये अलग से पुस्तकें रखने की आवश्यकता नहीं है।

2. निर्धारित प्रपत्रों तथा फार्मों का प्रयोग (Use of forms and documents)–लागत को लिखने के लिये निर्धारित छपे हुए प्रपत्रों तथा फार्मों का प्रयोग करना चाहिए। जिससे कि लिपिकीय कार्य (Clerical work) को कम से कम किया जा सके तथा गलतियों की संभावना कम हो सके।

3. वित्तीय लेखों से मिलाने योग्य (Comparable with financial accounts)–लागत लेखा पद्धति ऐसी अपनायी जानी चाहिए जिससे कि आँकड़ों को वित्तीय लेखों के आँकड़ों से आसानी से मिलाया जा सके।

4. प्रबन्ध कार्य में सहायक (Helpful in managerial work)–लागत लेखांकन पद्धति ऐसी होनी चाहिए जो प्रबन्धकों को उत्पादन तथा विक्रय के सम्बन्ध में विभिन्न प्रकार के निर्णय तथा नीतियों के सम्बन्ध में पूर्ण सहायता प्रदान कर सकती हो।

5. शुद्धता (Accuracy)–जो पद्धति उत्पादन की लागत ज्ञात करने के लिए अपनायी जानी है उसके सम्बन्ध में यह भी ध्यान रखना चाहिए कि उससे परिणाम शुद्ध निकलें। यदि परिणाम अशुद्ध निकलेंगे तो लागत लेखांकन प्रणाली को अपनाने से लाभ के स्थान पर हानि होगी।

6. शीघ्र सूचनाएँ (Quick information)–लागत निर्धारण विधि ऐसी अपनानी चाहिए जो कि लागत सम्बन्धी विभिन्न बातों की शीघ्र ही सूचना प्रदान कर सके। यदि लागत की जानकारी शीघ्र नहीं हो पाती है तो उस प्रणाली से उत्पादक को कोई विशेष लाभ नहीं होगा।

7. सामान्य कर्मचारी व लागत लेखा विभाग के कर्मचारियों में सामंजस्य (Coordination between employees of cost department and others)–लागत लेखांकन की प्रणाली इस प्रकार की अपनानी चाहिए जिससे कि संस्था के सामान्य कर्मचारियों व लागत लेखा विभाग के कर्मचारियों में पूर्ण सहयोग बना रहे। यदि दोनों प्रकार के कर्मचारियों में सहयोग व सामंजस्य नहीं होगा तो उसके परिणाम अशुद्ध निकलेंगे तथा कार्यप्रणाली भी कठिन हो जाएगी।

(ब) विशेष तथ्य (Special conditions)–इन तथ्यों के अन्तर्गत उत्पादन की प्रकृति तथा लागत लेखांकन विधि के स्वरूप (design) से सम्बन्धित बातें सम्मिलित होती हैं। ये बातें निम्नलिखित हैं :

1. उत्पादन की प्रकृति के अनुरूप (According to the nature of production)–लागत निर्धारण के लिए वही विधि अपनाना उपयोगी होगी जो कि उस संस्था के उत्पादन की प्रकृति के अनुरूप है। उदाहरण के लिए रासायनिक उद्योग (Chemical industry) के लिए प्रक्रिया लागत निर्धारण विधि (Process costing) को अपनाना उपयुक्त होगा क्योंकि रासायनिक उद्योगों का उत्पादन अनेकों अवस्थाओं से गुजर कर सम्पन्न होता है।

2. फैक्ट्री का संगठन (Factory organisation)–फैक्ट्री का संगठन इस प्रकार से करना चाहिये जिससे कि लागत निर्धारण प्रणाली सफलतापूर्वक अपनायी जा सके।

3. श्रम नीतियों का निर्धारण (Determination of labour policy)–लागत निर्धारण विधि के स्वरूप को निश्चित करते समय श्रम के सम्बन्ध में बहुत बातों का निर्धारण करके स्पष्ट नीति बना लेनी चाहिए जैसे मजदूरी प्रणाली, मजदूरों के समय लिखने की प्रणाली आदि।

4. प्रमापीकरण (Standardisation)–लागत को नियंत्रण करने के लिए पहले ही विभिन्न प्रमाप (Standards) निश्चित कर लेने चाहिये। प्रमाप निश्चित कर लेने से वास्तविक लागत की तुलना करके संस्था की कार्य कुशलता का पता लगाया जा सकता है।

अन्त में किसी प्रणाली को अपनाते समय यह भी ध्यान रखना चाहिए कि वह प्रणाली संस्था के लिए लाभदायक सिद्ध हो अर्थात् उस प्रणाली को अपनाने के लिए किये गये विनियोगों से अधिक उस प्रणाली से लाभ प्राप्त होना चाहिए। केवल फैशन के तौर पर किसी प्रणाली को अपनाना संस्था के लिए हितकर नहीं होगा।

लागत निर्धारण विधि को प्रतिस्थापित करते समय आने वाली व्यवहारिक कठिनाइयाँ (Practical difficulties while installing a Costing System)

जब कोई संस्था किसी लागत लेखांकन विधि को अपनाती है तो उसके समक्ष कुछ व्यवहारिक कठिनाइयां आती हैं जिनको दूर करना प्रणाली की सफलता के लिए आवश्यक है। ये कठिनाइयाँ निम्नलिखित हैं :

1. कर्मचारियों का असहयोग व सन्देह (Non-cooperation and doubts of employees)–लागत निर्धारण प्रणाली अपनाते समय सबसे पहली कठिनाई संस्था के कर्मचारियों द्वारा प्रणाली के प्रति सन्देह व असहयोग की आती है। अतः प्रबन्धकों का यह पहला कर्त्तव्य होता है कि वे इस कठिनाई से बचने के लिए कर्मचारियों को लागत लेखांकन प्रणाली के लाभों से अवगत करायें तथा उन्हें इस प्रणाली के अपनाने के सम्बन्ध में पूर्ण प्रशिक्षण की व्यवस्था प्रदान करें।

2. लागत सम्बन्धी प्रपत्रों की उपेक्षा (Ignoring forms related to costing)–दूसरी कठिनाई यह आती है कि लागत से सम्बन्धित प्रपत्रों को कर्मचारी सही न भरकर लापरवाही करते हैं तथा उपयुक्त समय में लागत लेखा विभाग के पास नहीं भेजते हैं। इस कठिनाई से बचने के लिए योग्य व क्रियाशील कर्मचारियों की नियुक्ति करनी चाहिए।

3. व्यय की अधिकता (More expenses)–कभी-कभी यह भी होता है कि किसी लागत निर्धारण विधि को अपनाने से संस्था के व्यय बहुत अधिक बढ़ जाते हैं जिससे उत्पादन की लागत में भी अत्यधिक वृद्धि हो जाती है। इस कठिनाई को

लागत निर्धारण विधि के स्वरूप को सोच समझकर निश्चित करने से दूर किया जा सकता है।

लागत लेखांकन के कुछ पारिभाषिक शब्द (Some Terms of Cost Accounting)

(अ) लागत इकाई (Cost Unit)–लागत लेखों के अन्तर्गत उत्पादन की कुल लागत ज्ञात करने के साथ ही साथ उत्पादन की प्रति इकाई लागत भी ज्ञात की जाती है जो कि लागत की इकाई कहलाती है। **लागत की इकाई से आशय उन समान विभाजनों से होता है जिसमें कि किसी वस्तु के उत्पादन की कुल लागत को विभक्त किया जाता है।** जैसे प्रति गज, प्रति टन, प्रति क्विंटल आदि। लागत इकाई दो प्रकार की हो सकती हैं : (i) **साधारण इकाई**–जिसमें कि उत्पादन को केवल एक आधार पर विभाजित किया जाता है जैसे सूती कपड़े की लागत को मीटरों में विभक्त करके एक मीटर की लागत ज्ञात की जाए। (ii) **मिश्रित इकाई**–जब उत्पादन की कुल लागत को एक से अधिक आधारों पर इकाइयों में विभाजित किया जाता है जैसे प्रति व्यक्ति प्रति किलोमीटर आदि। विभिन्न व्यवसायों के लिए लागत की इकाइयाँ अलग-अलग होती हैं। उदाहरण के लिए ईंट के भट्टे के लिए प्रति 1000 ईंट, यातायात कम्पनी के लिए प्रति यात्री प्रति किलोमीटर किराया, बिजली की कम्पनी के लिए प्रति किलोवाट, कोयले की खान के लिए प्रति टन कोयला आदि इकाइयाँ होती हैं।

(ब) लागत केन्द्र (Cost Centres)–उत्पादन की लागत का प्रभावपूर्ण नियंत्रण करने के लिए प्रायः समस्त उत्पादन कार्य को लागत केन्द्रों में विभाजित कर लिया जाता है। लागत केन्द्रों में विभाजन करने से अलग-अलग केन्द्र का उत्तरदायित्व निश्चित किया जा सकता है। समस्त कार्य का लागत केन्द्रों में विभाजन विभागों, उपविभागों, उपकरणों, मशीनों, व्यक्तियों के आधार पर किया जाता है। दूसरे शब्दों में यह कहा जा सकता है कि **किसी संस्था के समस्त संगठन को उत्तरदायित्व निश्चित करने के लिए उपविभागों में विभक्त करना लागत केन्द्र कहलाता है।** लागत केन्द्रों को प्रायः तीन भागों में विभक्त किया जा सकता है।

(i) **उत्पादन लागत केन्द्र** (Production cost centres)–उत्पादन लागत केन्द्र वह होता है जो कि प्रत्यक्ष रूप से उत्पादन कार्य में संलग्न होता है जैसे मशीन कार्यशाला (Machine shop) आदि।

(ii) **सेवा लागत केन्द्र** (Service cost centres)–सेवा लागत केन्द्र का अर्थ उन विभागों से होता है जो कि प्रत्यक्ष रूप से उत्पादन न करके उत्पादन विभागों को विभिन्न सेवाएँ देते हैं जैसे स्टोर विभाग, मरम्मत एवं देखभाल विभाग आदि।

(iii) **मिश्रित लागत केन्द्र** (Mixed cost centres)–इस वर्गीकरण के अन्तर्गत वे विभाग सम्मिलित होते हैं जो कि उत्पादन कार्य भी करते हैं तथा अन्य विभागों के लिए सेवा कार्य भी करते हैं जैसे टूल कार्यशाला (Tool shops) आदि।

लागत लेखांकन की विधियाँ
(Methods of Cost Accounting)

वस्तुओं का निर्माण एवं सेवाओं को प्रदान करने वाली संस्थाओं का स्वभाव, आकार व संगठन भिन्न-भिन्न होता है। इनके द्वारा निर्मित वस्तुएं व सेवाएँ भी अलग-अलग प्रकार की होती हैं। अतः इन विभिन्न स्वभाव एवं संगठनों वाली संस्थाओं के द्वारा लागत लेखांकन की विधियाँ भी उनकी आवश्यकताओं एवं साधनों के अनुसार अलग-अलग अपनायी जाती है। लागत लेखांकन की अनेकों विधियाँ हैं जो कि अलग-अलग परिस्थितियों में उपयोगी होती हैं। यद्यपि सभी विधियों का उद्देश्य लागत के लेखों को रखना होता है लेकिन सभी संस्थाओं के लिये एक ही प्रकार की लागत लेखा विधि उपयोगी नहीं होती है। एक संस्था जो मोटर कार का निर्माण करती है उसके द्वारा लागत लेखा की जो विधि अपनायी जाएगी वह एक कपड़ा निर्माण करने वाली संस्था नहीं अपना सकती क्योंकि दोनों संस्थाओं के उत्पादन की प्रकृति अलग-अलग है। इसी प्रकार कुछ उत्पादनों में कार्य केवल एक प्रक्रिया में समाप्त होता है जबकि कुछ में कार्य को पूरा करने के लिये कई प्रक्रियाएँ (Processes) करनी पड़ती हैं। इन दोनों परिस्थितियों में लागत लेखांकन की विधियाँ अलग-अलग होंगी। लागत लेखांकन की विभिन्न विधियाँ निम्नलिखित हैं :

1. इकाई या एकांकी या उत्पादन लागत लेखा विधि (Unit or single or output costing)–यह विधि उन उत्पादन कार्यों में प्रयोग की जाती है जहाँ उत्पादन छोटी-छोटी इकाइयों में होता है तथा सभी इकाइयाँ समान होती हैं। कपड़ा, ईंट, चीनी इत्यादि के उत्पादन के लिये इस विधि का प्रयोग किया जाएगा। इस विधि के द्वारा कुल उत्पादन के खर्चों को उत्पादित इकाइयों से भाग देकर एक इकाई की कीमत निकाल ली जाती है। उदाहरण के लिये यदि 1,000 मीटर कपड़ा बनाने में 4,000 रु० की सामग्री, 3,000 रु० का श्रम व 2,000 रु० के अन्य खर्चे हुए, तो इस प्रकार कुल उत्पादन (1000 मीटर) के लिये 9,000 रु० खर्च हुए। अतः एक यूनिट की लागत 9 रु० $\left(\frac{9000}{1000}\right)$ हुई। इस लागत विधि का सबसे बड़ा लाभ यह होता है कि इसके द्वारा उत्पादन की प्रति इकाई की लागत आसानी से निकाली जा सकती है तथा इसके द्वारा यह भी ज्ञात हो जाता है कि प्रति इकाई के लिये विभिन्न प्रकार के खर्चे कितने हुए हैं जिससे भविष्य में किये जाने वाले उत्पादन की लागत का अनुमान, टेन्डर मूल्य आदि का ज्ञान किया जा सकता है।

2. उपकार्य या ठेका लागत विधि (Job or terminal or contract costing)–जब वस्तुओं का उत्पादन उपकार्यों या ठेकों के अनुसार किया जाता है तो इस विधि के द्वारा वस्तुओं तथा सेवाओं की लागत ज्ञात की जाती है। इस विधि को इमारतों, सड़कों, पुलों, जहाज निर्माण करने वाली संस्थाओं तथा कुछ विशेष प्रकार की सेवाएँ प्रदान करने वाली संस्थाएँ जैसे ओटोमोबाइल वर्कशॉप आदि के द्वारा प्रयोग किया जाता है। इसके द्वारा प्रत्येक ठेके या उपकार्य पर होने वाले खर्चों

को अलग-अलग लिखकर उसकी लागत निकाली जाती है। इससे प्रत्येक कार्य तथा उपकार्य पर होने वाले लाभ तथा हानि का पता लगाया जा सकता है। साथ ही यदि कोई कार्य सम्पूर्ण नहीं हुआ है तो उस अर्द्धनिर्मित कार्य की लागत भी ज्ञात हो जाती है।

3. प्रक्रिया लागत लेखा विधि (Process costing)–कुछ वस्तुओं का निर्माण कार्य कई प्रक्रियाओं से गुजरने के पश्चात् पूर्ण होता है तथा एक प्रक्रिया का निर्मित माल दूसरी प्रक्रिया का कच्चा माल होता है। उदाहरण के लिये कपड़े के उत्पादन का कार्य कताई, बुनाई तथा फिनिशिंग आदि तीन प्रक्रियाओं के पूर्ण होने पर होता है। इस प्रकार फिनिशिंग के लिये बुनाई प्रक्रिया का निर्मित माल कच्चा माल होता है। इस प्रकार की वस्तुओं की लागत निकालने के लिये प्रक्रिया लागत लेखांकन विधि का प्रयोग किया जाता है। इस पद्धति के द्वारा अलग-अलग प्रक्रियाओं में वस्तु की लागत निकाल ली जाती है। इस विधि के द्वारा यदि उत्पादन के दौरान कोई उप उत्पाद (By Product) होता है तो उसकी लागत का पता भी हो जाता है। इस विधि के प्रयोग का सबसे बड़ा लाभ यह होता है कि प्रत्येक प्रक्रिया में वस्तु की लागत अलग-अलग निकाल ली जाती है और लागत अधिक होने पर कारण आसानी से ज्ञात किया जा सकता है अर्थात् यह पता लग जाता है कि लापरवाही किस प्रक्रिया में की गई है तथा प्रबन्धक इस बात पर भी अपना निर्णय ले सकते हैं कि किसी प्रक्रिया को उत्पादन के लिये अपने यहां अपनाना चाहिए या उस प्रक्रिया के उत्पादित माल का क्रय बाजार से उस प्रकार की वस्तु बनाने वाली संस्थाओं से करना चाहिए। उदाहरण के लिये यदि सूती कपड़ा मिल के प्रबन्धकों को यह ज्ञात होता है कि उनकी मिल में 100 कि॰ ग्रा॰ सूत की लागत 500 रु॰ आती है जबकि बाजार में उस किस्म का सूत 450 रु॰ का 100 कि॰ ग्रा॰ प्राप्त होता है तो इस परिस्थिति में प्रबन्धक यह प्रयत्न करेंगे कि सूत उत्पादन की लागत उनकी मिल में 450 रु॰ हो जाए और यदि यह लागत 450 रु॰ नहीं आती है तो उसके लिए यह निश्चय लिया जा सकता है कि सूत का निर्माण अपनी फैक्ट्री में करने के स्थान पर बाजार से खरीदा जाए।

4. संचालन लागत लेखा विधि (Operating Costing)–इस पद्धति का प्रयोग वस्तुओं की लागत ज्ञात करने के लिए नहीं किया जाता है बल्कि किसी सेवा को प्रदान करने की लागत को ज्ञात करने के लिए इसका प्रयोग किया जाता है। इस पद्धति के द्वारा यह पता लगाया जाता है कि किसी सेवा के संचालन के लिए कितनी लागत उस सेवा को प्रदान करने वाली संस्था को करनी पड़ती है। इस लागत विधि का प्रयोग परिवहन संस्थाओं, पानी, गैस, बिजली आदि प्रदान करने वाली संस्थाओं के द्वारा किया जाता है। इसके द्वारा एक परिवहन संस्था यात्रियों तथा माल ले जाने का किराया निश्चित कर सकती है तथा बिजली, गैस व पानी की संस्थाएँ अपनी सेवाओं की लागत निर्धारित कर सकती हैं।

5. समूह लागत विधि (Batch Costing)–जब उत्पादन के कार्य को विभिन्न

समूहों में बाँट दिया जाता है और प्रत्येक समूह के लिए अलग-अलग लागत निकाली जाती है तो उस लागत विधि को समूह लागत विधि कहते हैं। इस विधि का प्रयोग दवाइयाँ तथा बिस्कुट आदि के निर्माण करने वाली संस्थाओं के द्वारा किया जाता है।

6. **बहुसंख्यक लागत लेखा विधि** (Multiple costing)–जब किसी वस्तु के उत्पादन के लिये बहुत-सी छोटी-छोटी वस्तुओं का निर्माण करना पड़ता है और उन छोटी-छोटी वस्तुओं को मिलाकर मुख्य वस्तु का निर्माण किया जाता है, तो ऐसी वस्तु के उत्पादन के लिए इस विधि का प्रयोग किया जाता है। मोटर कार का निर्माण करने के लिए विभिन्न प्रकार के कल-पुर्जों का निर्माण करना पड़ता है। विभिन्न वस्तुओं के निर्माण की प्रकृति अलग-अलग होने के कारण उनकी निर्माण करने की विधि भी अलग-अलग होती है। अत: इन सभी वस्तुओं की लागत को ज्ञात करने के लिए अलग-अलग लागत विधि का प्रयोग करना पड़ता है। किसी वस्तु की लागत इकाई लागत लेखा के द्वारा निकाली जाती है तो किसी की कार्य लागत प्रक्रिया लेखा विधि द्वारा। इस प्रकार एक ही वस्तु के निर्माण के लिये जब एक से अधिक लागत विधियों का प्रयोग किया जाता है तो उसे बहुसंख्यक लागत लेखा विधि कहते हैं। इस विधि का प्रयोग प्राय: मशीनरी निर्माण करने वाली संस्थाओं के द्वारा किया जाता है।

कुछ विशेष उद्योगों द्वारा अपनायी जाने वाली विधियाँ (Methods Adopted by Some Special Industries)

1. **कोयले की खानें** (Collieries)–कोयले की खानों में उत्पादित कोयले की समस्त इकाइयाँ समान होने के कारण कुल उत्पादन व्यय को उत्पादित इकाइयों में विभक्त कर देते हैं; अत: कोयले की खानों के लिए प्रति टन कोयले की लागत ज्ञात करने के लिये इकाई लागत विधि (Unit costing) को अपनाया जाता है।

2. **इंजीनियरी वर्कशाप** (Engineering Workshop)–इंजीनियरिंग वर्कशाप में विभिन्न प्रकार की मरम्मत आदि कार्यों के लिये उपकार्य लागत पद्धति (Job costing method) को अपनाया जाता है। प्रत्येक उपकार्य के लिये अलग-अलग लागत ज्ञात की जाती है।

3. **रसायनिक उद्योग** (Chemical Industry)–रसायनिक उद्योगों में निर्मित सामग्री (Finished-goods) का निर्माण कई प्रक्रियाओं में गुजर कर होता है। अत: रसायनिक उद्योगों के लिये प्रक्रिया लागत विधि (Process costing) अपनायी जाती है तथा प्रत्येक प्रक्रिया की अलग-अलग लागत ज्ञात की जाती है।

4. **निर्माणी इंजीनियर** (Construction Engineers)–निर्माणी इंजीनियर का कार्य विभिन्न प्रकार के भवन, सड़क, पुल आदि बनाना होता है। प्राय: ये कार्य ठेके पर किये जाते हैं अत: निर्माणी इंजीनियर के द्वारा ठेका लागत विधि (Contract costing) अपनायी जाती है।

5. औषधि निर्माण उद्योग (Drug manufacturing)—दवाई उद्योग के निर्मित माल का उत्पादन विभिन्न समूहों के द्वारा होता है। अत: दवाई उद्योगों में समूह लागत विधि (Batch costing) अपनायी जाती है।

6. सड़क यातायात कम्पनी (Road Transport company)—सड़क यातायात कम्पनी का कार्य यात्रियों तथा माल को एक स्थान से दूसरे स्थान पर ले जाना होता है। अत: इस प्रकार की कम्पनियाँ अपनी सेवाओं की लागत ज्ञात करने के लिये संचालन लागत विधि (Operating costing) को अपनाती हैं। ये कम्पनियाँ इस लागत विधि के आधार पर यह ज्ञात करती हैं कि उनके द्वारा प्रदत्त सेवा की क्या लागत है तथा कुल लागत के आधार पर प्रति यात्री प्रति किलोमीटर तथा प्रति किलोग्राम प्रति किलोमीटर की लागत ज्ञात की जाती है।

उपर्युक्त विधियों के अतिरिक्त लागत लेखांकन में कुछ अन्य पद्धतियाँ तथा तकनीकियों का भी प्रयोग किया जाता है जिनका विवरण नीचे दिया गया है।

1. वास्तविक लागत विधि (Actual or historical costing)—जब किसी वस्तु की लागत उन खर्चों को जोड़ कर निकाली जाती है जिनको कि वास्तव में वस्तु के निर्माण के लिये किया गया है तो उस लागत विधि को वास्तविक लागत लेखा विधि कहते हैं। इसमें लागत अनुमानित आँकड़ों पर आधारित नहीं होती है।

2. प्रमापित लागत विधि (Standard costing)—इस विधि का सर्वप्रथम प्रयोग अमेरिका तथा इंगलैंड में किया गया। इसके पश्चात् वर्तमान प्रतिस्पर्धा को देखते हुए अन्य देशों में भी प्रमापित लागत विधि का प्रयोग उत्पादकों के द्वारा किया जाने लगा। लागत लेखा के प्रयोग का उद्देश्य केवल यही नहीं होता है कि उसके द्वारा वस्तु के निर्माण पर होने वाले खर्चों का लेखा मात्र रखा जाए बल्कि उसका उद्देश्य लागत को नियंत्रण करना भी होता है। लागत लेखा की सहायता से उत्पादक अपने कार्यों की तुलना भी करना चाहता है जिससे उत्पादन में अकुशलता न आ सके। इस कार्य को करने के लिये उत्पादक प्रमापित लागत का प्रयोग करते हैं। प्रमापित लागत वह लागत होती है जिसको उत्पादक प्रमापित सूचनाओं के आधार पर तैयार करता है। यह लागत यह बताती है कि यदि कार्य एक उचित प्रमाप के आधार पर किया जाए तो उसकी लागत प्रमापित लागत के बराबर आयेगी। दूसरे शब्दों में यह कहा जा सकता है कि उत्पादक के द्वारा प्रमापित सूचनाओं के आधार पर जब लागत निकाली जाती है तो उसे प्रमापित लागत कहते हैं।

3. सीमान्त लागत विधि (Marginal costing)—उत्पादन की लागत को यदि उसके परिवर्तन के अनुसार वर्गीकृत किया जाए तो यह दो प्रकार की होती है—(अ) स्थायी लागत, (ब) परिवर्तनशील लागत। स्थायी लागत उत्पादन की मात्रा के परिवर्तन के अनुसार परिवर्तित नहीं होती है। जबकि परिवर्तनशील लागत उत्पादन की मात्रा के परिवर्तन के अनुसार परिवर्तित हो जाती है। उदाहरण के लिये एक फैक्ट्री का किराया उत्पादन की मात्रा के अनुसार परिवर्तित नहीं होता है। अत: यह स्थायी लागत का अंग है जबकि सामग्री उत्पादन की मात्रा के अनुसार परिवर्तित

होती है जो कि परिवर्तनशील लागत का अंग है। यदि केवल ऐसी लागतों को ज्ञात किया जाए जो कि परिवर्तित खर्चों के सम्बन्ध में होती हैं तो उन लागतों को सीमान्त लागत कहते हैं तथा इस प्रकार की लागतों की गणना सीमान्त लागत विधि के अन्तर्गत की जाती है। सीमान्त लागत विधि के द्वारा यह ज्ञात किया जाता है कि सीमान्त लागत उत्पादन की क्या है तथा उसका लाभ पर क्या प्रभाव पड़ता है। इस विधि के अन्तर्गत केवल परिवर्तनशील लागत को ही उत्पादन की लागत माना जाता है तथा स्थायी लागत को समय लागत (Period cost) मानते हैं और उसे सीधे लाभ-हानि खाते में दिखाते हैं।

4. एकरूप लागत (Uniform costing)–जब किसी एक प्रकार की वस्तु को उत्पादन करने वाली सभी संस्थाएँ यह निश्चय करती हैं कि वे सभी अपने उत्पादन की लागत निकालने के लिये किसी एक ही प्रकार की विधि का प्रयोग करेंगे तो इसे एकरूप लागत विधि कहते हैं। वास्तव में इस लागत लेखा की विधि के लिये भी अन्य लागत विधियों में से कोई एक विधि अपनानी पड़ेगी।

प्रश्न
Questions

1. Discuss the limitations and deficiencies of financial accounting.
   वित्तीय लेखांकन की सीमाओं एवं दोषों का वर्णन कीजिये।
2. What is meant by 'Cost Accounting'? In what essential respects does cost accounting differ from financial accounting?
   (B.Com., Delhi, Hons. Pass)
   'लागत लेखांकन' का आशय स्पष्ट कीजिए। लागत लेखांकन मूलतः किन बातों में वित्तीय लेखांकन से भिन्न होता है।
3. Define Costing and discuss briefly its objects and advantages.
   (B.Com., Delhi, Pass Supple. Hons.)
   'लागत निर्धारण' की परिभाषा दीजिये और इसके उद्देश्य तथा लाभों का संक्षेप में वर्णन कीजिए।
4. "Major policy decisions in business are based on cost factors." Comment on the possible uses of information to management.
   (B.Com., Delhi)
   "व्यवसाय की मुख्य नीतियों का निर्धारण लागत-तत्वों पर आधारित होता है।" प्रबन्धकों द्वारा इन सूचनाओं के सम्भावित प्रयोग पर अपने विचार प्रकट कीजिए।
5. Discuss the main objections against the installation of a Costing system in a factory and show in what way and to what extent they are not quite correct?
   एक फैक्ट्री में किसी लागत निर्धारण विधि को प्रतिस्थापित करने के सम्बन्ध में अपनाये जाने वाले आक्षेपों का वर्णन कीजिए। बताइये कि इस प्रकार और किस सीमा तक वे बिल्कुल सही नहीं हैं?

6. Describe the general conditions that should be observed for the efficient introduction of a costing system.
एक लागत निर्धारण पद्धति को प्रतिस्थापित करने के लिए ध्यान रखी जाने वाली सामान्य बातों का वर्णन कीजिए।

7. State the primary objects of installation of a costing system. Apart from technical costing problems, what practical difficulties would you meet and how would you propose to overcome them?
एक लागत लेखांकन विधि को अपनाने के मूल उद्देश्यों का वर्णन कीजिए। किसी पद्धति को अपनाते समय तकनीकी कठिनाइयों के अलावा कौन-कौन सी व्यवहारिक कठिनाइयाँ आती हैं और आप उनका समाधान कैसे करेंगें?

8. Define and explain the terms (a) Cost unit; (b) Cost centre. Discuss the importance of selecting suitable cost centres.
(B.Com., Poona)
(अ) लागत इकाई तथा (ब) लागत केन्द्र को पारिभाषित कीजिए। उपयुक्त लागत केन्द्रों को चुनने के महत्व का वर्णन कीजिए।

9. Describe briefly the different methods of costing and state the particular industries to which they can be applied.
(B.Com., Delhi)
लागत निर्धारण की विभिन्न पद्धतियों का संक्षेप में वर्णन कीजिये। उन उद्योगों के नाम बताइये जिनमें कि इन पद्धयियों को अपनाया जाता है।

10. Which method of costing would you recommend for the following industries? Give reasons.
(i) Ship building, (ii) Toy manufacturing, (iii) Readymade garments, (iv) Chemical works, (v) Road Transport company, (vi) Painter and Decorators, (vii) Cement manufacturing, (viii) Soap manufacturing, (ix) Bicycle manufacturing.
निम्नलिखित उद्योगों के लिये आप कौन-सी लागत निर्धारण विधि का सुझाव देंगे? कारण सहित बताइये।
(i) जहाज निर्माण उद्योग, (ii) खिलौना निर्माण उद्योग, (iii) सिले सिलाये वस्त्र उद्योग, (iv) केमिकल वर्क्स, (v) सड़क यातायात कम्पनी, (vi) पेन्टर एवं डेकोरेटर, (vii) सीमेन्ट उद्योग, (viii) साबुन उद्योग, (ix) साइकिल उद्योग।

11. Write short notes on :
(a) Historical Cost, (b) Standard Cost, (c) Marginal Cost, (d) Uniform Cost.
निम्नलिखित पर संक्षिप्त टिप्पणियां लिखिए :
(a) वास्तविक लागत, (b) प्रमापित लागत, (c) सीमान्त लागत, (d) एकरूप लागत।

2

लागत का वर्गीकरण एवं तत्व
(Classification and Elements of Cost)

लागत का वर्गीकरण
(Classification of Cost)

लागत का विभिन्न दृष्टिकोणों से निम्नलिखित वर्गीकरण किया जा सकता है :

1. तत्वों के अनुसार (According to Elements)
2. कार्य के अनुसार (According to Functions)
3. प्रत्यक्ष तथा अप्रत्यक्ष व्ययों के अनुसार (According to Direct and Indirect expenses)
4. परिवर्तनशीलता के अनुसार (According to Variability)
5. सामान्यता के अनुसार (According to Normality)
6. नियन्त्रणता के अनुसार (According to Controllability)

1. तत्वों के अनुसार (According to Elements)–लागत का वर्गीकरण लागत के तत्वों के अनुसार सामग्री, श्रम व अन्य व्ययों में किया जा सकता है। इन व्ययों के वर्गीकरण से उत्पादक को इन तत्वों का उत्पादन के साथ सम्बन्ध ज्ञात होता है। साथ ही साथ इन तत्वों पर होने वाले अपव्ययों को रोका जा सकता है।

2. कार्यानुसार वर्गीकरण (According to Functions)–जब लागत का वर्गीकरण विभिन्न कार्यों व उद्देश्यों के आधार पर किया जाता है तो उसे कार्यानुसार वर्गीकरण कहते हैं। कार्यानुसार लागत का वर्गीकरण उत्पादन लागत, प्रशासन लागत, विक्रय तथा वितरण लागत में किया जा सकता है।

3. प्रत्यक्ष तथा अप्रत्यक्ष व्ययों के अनुसार (According to Direct and Indirect expenses)–वे व्यय जो प्रत्यक्ष रूप से उत्पादन से सम्बन्धित होते हैं प्रत्यक्ष व्यय कहलाते हैं तथा जिन व्ययों का उत्पादन से प्रत्यक्ष रूप से सम्बन्ध न होकर परोक्ष रूप से जो उत्पादन के लिये सहायक होते हैं, अप्रत्यक्ष व्यय कहलाते हैं। जब लागत को इस आधार पर विभक्त किया जाता है तो उसे प्रत्यक्ष तथा अप्रत्यक्ष व्ययों

के अनुसार वर्गीकरण कहते हैं। प्रत्यक्ष लागत के अन्तर्गत प्रत्यक्ष सामग्री, प्रत्यक्ष श्रम व अन्य प्रत्यक्ष व्ययों को सम्मिलित किया जाता है तथा अप्रत्यक्ष लागत के अन्तर्गत अप्रत्यक्ष सामग्री, अप्रत्यक्ष श्रम व अप्रत्यक्ष व्यय सम्मिलित किये जाते हैं।

4. परिवर्तन के अनुसार (According to Variability)–उत्पादन की लागत में कुछ तत्व ऐसे होते हैं जो कि उत्पादन की मात्रा के अनुसार बदलते हैं जबकि दूसरे तत्वों पर उत्पादन की मात्रा के परिवर्तन का कोई प्रभाव नहीं पड़ता है। इस दृष्टिकोण से लागत को निम्न भागों में बांटा जा सकता है।

(अ) स्थायी लागत (Fixed Cost)–यह उन व्ययों का योग होती हैं जिनके ऊपर उत्पादन की मात्रा का कोई असर नहीं पड़ता है बल्कि वे सदैव एक निश्चित स्थिति तक सीमित रहते हैं। उदाहरण के लिये फैक्ट्री का किराया, फोरमैन, सुपरवाइजर, चौकीदार का वेतन, ऑफिस के खर्चे आदि। इनमें उत्पादन की मात्रा के परिवर्तन के साथ कोई परिवर्तन नहीं होता है जब तक इन तत्वों की यूनिट नहीं बढ़ाई जाती है। यदि एक फैक्ट्री में 5000 यूनिट उत्पादन करने की क्षमता है और उसका किराया 1000 रु० प्रति माह है तो यह स्थायी ही रहेगा। चाहे उत्पादन 3000 यूनिट है या 5000 यूनिट। लेकिन यदि 5000 यूनिट से अधिक उत्पादन करना हो तो सम्भवतया उसके लिए दूसरी फैक्ट्री की जरूरत पड़े। जिससे किराया बढ़ जायेगा, लेकिन फिर यह किराया भी एक निश्चित सीमा तक स्थायी रहेगा और किराये की राशि में परिवर्तन का कारण फैक्ट्री की यूनिट एक से दो हो जाना है।

(ब) परिवर्तनशीलता लागत (Variable Cost)–जब उत्पादन की मात्रा के अनुसार किसी लागत तत्व पर होने वाला खर्चा भी परिवर्तित हो जाता है तो उसे अस्थायी या परिवर्तनशील लागत कहते हैं। यह प्रायः उन मदों के सम्बन्ध में होते हैं जो उत्पादन से प्रत्यक्ष रूप से सम्बन्धित होते हैं जैसे प्रत्यक्ष सामग्री, प्रत्यक्ष श्रम तथा प्रत्यक्ष व्यय। उदाहरण के लिये, किसी वस्तु की एक यूनिट बनाने के लिये 4 रु० की सामग्री की आवश्यकता होती है तो उसकी 1000 यूनिट के लिये सामग्री पर 4000 रु० खर्च करना पड़ेगा, 5000 यूनिट के लिये 20,000 रु० का खर्च होगा। प्रत्यक्ष श्रम में भी इसी प्रकार का खर्चा करना होता है। लागत में परिर्वतन ठीक उसी मात्रा में होना आवश्यक नहीं है जिसमें कि उत्पादन की मात्रा में हुआ है।

(स) अर्द्ध स्थायी या अर्द्ध परिवर्तनशील खर्चे (Semifixed and Semivariable Cost)–उत्पादन सम्बन्धी बहुत से खर्चे इस प्रकार के भी होते हैं जो कि कुछ मात्रा में उत्पादन की मात्रा के अनुसार परिवर्तित होते हैं तथा कुछ मात्रा में स्थायी रहते हैं। इन खर्चों में दो तत्व शामिल होते हैं–समय तथा कार्य। समय तत्व के कारण तो ये खर्चे स्थायी होते हैं और कार्य के कारण अस्थायी। अतः इन खर्चों को अर्द्ध स्थायी या अर्द्ध परिवर्तनशील लागत में सम्मिलित करते हैं। उदाहरण के लिये मशीनरी का ह्रास। यह खर्चा दो कारणों से होता है। प्रथम मशीन के प्रयोग के कारण, यदि मशीन का अधिक उपयोग होगा उत्पादन अधिक किया जायेगा तो ह्रास अधिक होगा और यदि मशीन का उपयोग कम किया जाएगा

कम उत्पादन होगा तो ह्रास कम होगा। इस प्रकार ह्रास में अस्थायी तत्व शामिल हैं। दूसरा मशीन की अवधि के कारण। मशीन की कीमत समय के अनुसार भी घटती है जो कि एक स्थायी तत्व है जिस पर उत्पादन की मात्रा का कोई असर नहीं पड़ता है चाहे उससे कितना भी उत्पादन किया जाये।

5. सामान्यता के अनुसार (According to Normality)–उत्पादन के खर्चों को सामान्यता के आधार पर दो भागों में बांटा जा सकता है।

(अ) सामान्य लागत (Normal Cost)–यह लागत उन खर्चों के सम्बन्ध में होती है जो कि सामान्यता उत्पादन के लिये आवश्यक होते हैं जिनके बगैर उत्पादन नहीं किया जा सकता है उदाहरण के लिये सामग्री, श्रम, फैक्ट्री, आफिस, विक्रय के सामान्य खर्चे।

(ब) असामान्य लागत (Abnormal Cost)–कभी-कभी वस्तु के उत्पादन के लिए सामान्य खर्चों के अतिरिक्त असाधारण कारणों से भी खर्चे करने पड़ते हैं, उस लागत को असामान्य लागत कहते हैं। हड़ताल के कारण श्रमिकों को दिया गया वेतन तथा अन्य खर्चे, मशीनरी की खराबी, बिजली की असफलता तथा सामग्री की अनुउपलब्धता के कारण उत्पादन की रुकावट होने पर उस समय के सम्बन्ध में खर्चे असामान्य लागत के उदाहरण हैं। इस लागत को विक्रय वस्तु की कीमत निकालते समय शामिल नहीं करते हैं, बल्कि इसे संस्था की सामान्य हानि मान कर लाभहानि खाते में डेबिट कर देते हैं।

6. नियन्त्रणता के अनुसार (According to Controllability)–इस आधार पर लागत को दो भागों में विभक्त किया जा सकता है।

(अ) नियन्त्रण योग्य (Controllable Cost)–इस वर्गीकरण के अन्तर्गत वे व्यय सम्मिलित हैं जिन पर आसानी से नियन्त्रण किया जा सकता है। प्राय: परिवर्तनशील व्ययों पर नियंत्रण किया जा सकता है।

(ब) अनियन्त्रण योग्य लागत (Uncontrollable Cost)–वे व्यय जिन पर आसानी से नियंत्रण नहीं किया जा सकता है, जो कि स्थायी रूप से उत्पादन के लिये किये जाते हैं उन्हें अनियन्त्रण योगय लागत कहते हैं जैसे फैक्ट्री का किराया, कार्यालय कर्मचारियों का वेतन आदि।

लागत के तत्व
(Elements of Cost)

उत्पादन के लिये उत्पादक को विभिन्न प्रकार की मदों पर खर्च करना होता है और इन सभी मदों पर होने वाला कुल व्यय उत्पादन की लागत को प्रदर्शित करता है। उत्पादक का उद्देश्य केवल वस्तु की कुल लागत ज्ञात करना ही नहीं होता है बल्कि वह यह भी जानना चाहता है कि कितना धन किस मद पर खर्च किया गया। जब तक समस्त मदों के सम्बन्ध में अलग-अलग व्यय की गणना नहीं की जाएगी तब तक उत्पादन में होने वाले उपव्ययों का पता आसानी से नहीं लगाया

जा सकता है और न उत्पादक भविष्य में उस प्रकार के उत्पादन की लागत के सम्बन्ध में कोई अनुमान ही लगा सकता है। अत: यह आवश्यक हो जाता है कि लागत के विभिन्न मदों का विश्लेषण किया जाए। उत्पादन जिन मदों (Items) की सहायता से होता है उनको लागत के तत्व कहते हैं। किसी भी वस्तु का उत्पादन करने के लिए साधारणतया सामग्री, श्रम व अन्य आवश्यक खर्चे करने होते हैं और इन्हीं सब खर्चों का योग उत्पादन की लागत होती है तथा खर्चों के ये विभिन्न मद (Items) लागत के तत्व कहलाते हैं। लागत के तत्वों का वर्गीकरण निम्नलिखित ढंग से किया जा सकता है :

I. प्रत्यक्ष लागत (Direct Cost)

(अ) सामग्री (Material)

(ब) श्रम (Labour)

(स) अन्य खर्चे (Other Expenses)

II. अप्रत्यक्ष लागत (Indirect Cost or Overheads)

(अ) कारखाना उपरिव्यय (Factory Overheads)

(ब) प्रशासन उपरिव्यय (Administration Overheads)

(स) विक्रय एवं वितरण उपरिव्यय (Selling & Distribution Overheads)

I. प्रत्यक्ष लागत (Direct Cost)–जब किसी उत्पादन विशेष को करने के लिये कुछ लागत लगानी पड़ती है, वे प्रत्यक्ष लागत कहलाती है। ये लागत उस उत्पादन के सम्बन्ध में ही होती है तथा उसका उपयोग और किसी कार्य के लिये नहीं किया जाता है।

प्रत्यक्ष लागत के अन्तर्गत निम्नलिखित सम्मिलित हैं :

(अ) प्रत्यक्ष सामग्री (Direct Material)–प्रत्यक्ष सामग्री वह सामग्री होती है जिसकी उत्पादन के लिये विशेष रूप से आवश्यकता होती है तथा जिस सामग्री को किसी विशेष उत्पादन या प्रक्रिया से सम्बन्धित किया जा सकता है। उदाहरण के लिये कपड़े के लिए सूत, चीनी के लिये गन्ना प्रत्यक्ष सामग्री कहलाता है। चार्टर्ड इंस्टीट्यूट ऑफ मैनेजमैन्ट एकाउन्टेन्ट्स, लन्दन ने प्रत्यक्ष सामग्री की निम्नलिखित परिभाषा दी है :

"सामग्री लागत जिसे कि लागत केन्द्रों या लागत इकाइयों से परिचित (identified) तथा विभाजित किया जा सके।"[1]

इस परिभाषा के आधार पर यह भी ज्ञात होता है कि प्रत्यक्ष सामग्री को लागत केन्द्रों तथा लागत इकाइयों में विभाजन योग्य होना अति आवश्यक है। यदि प्रत्यक्ष

1. "Materials cost which can be identified with and allocated to cost centres or cost units." —*Chartered Institute of Management Accountants, London*

सामग्री लागत को लागत केन्द्रों तथा लागत इकाइयों में सुविधापूर्वक विभाजित नहीं किया जा सकता हो तो वह सामग्री प्रत्यक्ष रूप से उत्पादन से सम्बन्धित होते हुए भी प्रत्यक्ष सामग्री नहीं मानी जायेगी। उदाहरण के लिये सिले-सिलाये वस्त्र उद्योग में सिलाई के लिये प्रयोग किये गये धागे की लागत। प्रत्यक्ष सामग्री के अन्तर्गत निम्नलिखित प्रकार की लागतें सम्मिलित हैं :

(i) कच्चे माल के रूप में प्रयोग की जाने वाली सामग्री की लागत।

(ii) ऐसी सामग्री की लागत जो विशेष रूप से किसी विशेष उत्पादन के लिये खरीदी गई है। उदाहरण के लिये किसी ठेके के सम्बन्ध में प्रयुक्त कोई विशेष संयंत्र (Plant)।

(iii) आधारभूत पैंकिग की सामग्री की लागत।

(iv) अन्य ऐसी वस्तुओं की लागत जो कि मुख्य उत्पादन का अंग (Components) हों। उदाहरण के लिये साईकिल के लिये टायर आदि।

(ब) प्रत्यक्ष श्रम (Direct Labour)–किसी भी कार्य को कराने के लिए श्रम की आवश्यकता होती है। जब तक श्रम कार्य नहीं करता है तब तक उत्पादन नहीं होता है। उत्पादन में सहयोग देने वाले श्रम को दो भागों में बाँटा जा सकता है। प्रथम वह श्रम जो कि वस्तु का निर्माण करता है दूसरा वह श्रम जो कि प्रथम प्रकार के श्रम की सहायता, पथ प्रदर्शन, प्रशासन आदि प्रदान करके उसे इस योग्य बनाता है जिससे कि वह वस्तु का निर्माण कर सके। कहने का तात्पर्य यह है कि एक प्रकार का श्रम प्रत्यक्ष रूप से वस्तु का निर्माण करता है तो दूसरे प्रकार का श्रम उसको सहायता प्रदान करता है। पहले प्रकार के श्रम को प्रत्यक्ष श्रम कहा जाता है जो कि वास्तव में प्रत्यक्ष रूप से वस्तु का निर्माण करता है। प्रत्यक्ष श्रम के सम्बन्ध में यह कहा जा सकता है कि यह वह श्रम होता है जिसकी, किसी उत्पादन के लिये, विशेष रूप से जरूरत पड़ती है तथा उसको उस प्रकार के उत्पादन से आसानी एवं सुविधापूर्वक सम्बन्धित किया जा सकता है। चार्टर्ड इंस्टीट्यूट ऑफ मैनेजमैन्ट एकाउन्टेन्ट्स, लन्दन ने प्रत्यक्ष श्रम को निम्नलिखित ढंग से परिभाषित किया है :

"श्रम लागत जिसे लागत केन्द्रों तथा लागत इकाइयों से परिचित (identified) तथा विभाजित किया जा सके।"[2]

प्रत्यक्ष श्रम के अन्तर्गत निम्नलिखित श्रम सम्मिलित किये जाते हैं :

1. वह श्रम जो कि प्रत्यक्ष रूप से वस्तु निर्माण में भाग लेता है।

2. उन व्यक्तियों की क्रियाएँ जो कि उत्पादन के निरीक्षण एवं विश्लेषण इत्यादि में भाग लेते हैं तथा जिसकी विशेष रूप से उस उत्पादन के लिए आवश्यकता है, यद्यपि इस प्रकार का श्रम साधारणतया अप्रत्यक्ष श्रम माना जाता है लेकिन यदि इसकी

---

2. "Labour cost which can be identified with and allocated to cost centres or cost units." —*Chartered Institute of Management Accountants, London*

आवश्यकता उस उत्पादन के लिये जरूरी है और उसको आसानी से उस उत्पादन से सम्बन्धित किया जा सकता है तो वह श्रम प्रत्यक्ष श्रम ही कहलाता है।

(स) प्रत्यक्ष खर्चे (Direct Expenses)–सामग्री एवं श्रम के अतिरिक्त, अन्य कोई ऐसा व्यय जो कि किसी उत्पादन या प्रक्रिया से विशेष रूप से सम्बन्धित है तो उसे प्रत्यक्ष व्यय के अन्तर्गत सम्मिलित किया जाता है। चार्टर्ड इंस्टीट्यूट ऑफ मैनेजमैन्ट एकाउन्टेन्ट्स, लन्दन ने इसको निम्नलिखित ढंग से परिभाषित किया है:

"व्यय जिनको लागत केन्द्रों तथा लागत इकाइयों से परिचित तथा विभाजित किया जा सकता है।"[3] अन्य प्रत्यक्ष व्ययों के अन्तर्गत निम्नलिखित व्यय सम्मिलित होते हैं :

1. किसी उत्पादन के सम्बन्ध में चुकाया गया अधिकार शुल्क (Royalty) का धन जो उत्पादन की मात्रा के अनुसार चुकाया जाता है।
2. विशेष प्रकार की डिजाइनों, औजारों व नमूनों के सम्बन्ध में किये गये खर्चे।
3. किसी ठेके को प्रारम्भ करने में किये गए कानूनी खर्चे।
4. विशेष प्रकार के औजारों व मशीनरी की मरम्मत की लागत।
5. किसी प्रसंविदा या उपक्रम के लिये विशेषज्ञों को चुकायी गयी धन राशि।

II. अप्रत्यक्ष लागत या उपरिव्यय(Indirect Cost or Overheads)–अप्रत्यक्ष लागत वह लागत होती है जो कि किसी उत्पादन विशेष के सम्बन्ध में नहीं होती है और ना ही उसे किसी उत्पादन पर सुविधानुसार बाँटा जा सकता है। इस लागत के अन्तर्गत उन वस्तुओं तथा सेवाओं के ऊपर किये गये खर्चे शामिल होते हैं जो कि सामान्य तौर पर किसी भी उत्पादन को करने के लिये आवश्यक होते हैं। जैसे फैक्ट्री का किराया, फैक्ट्री की देखभाल, सफाई तथा व्यवस्था के खर्चे, कार्यालय के व्यय, स्टेशनरी व डाक व्यय, भवनों, मशीनरी, फर्नीचर आदि की घिसावट व मरम्मत आदि का व्यय, प्रशासकों व प्रबन्धकों को दिया जाने वाला वेतन तथा शुल्क, विक्रय-विभाग के खर्चे आदि। अप्रत्यक्ष लागत इस प्रकार की सामग्री, श्रम तथा अन्य व्ययों के सम्बन्ध में होते हैं जो कि उत्पादन कार्य को सम्भव, सरल, रुचिकर व व्यवस्थित बनाते हैं। चार्टर्ड इंस्टीट्यूट ऑफ मैनेजमैन्ट एकाउन्टेन्ट्स, लन्दन ने निम्नलिखित परिभाषा दी है :

"अप्रत्यक्ष सामग्री, अप्रत्यक्ष श्रम व अन्य अप्रत्यक्ष व्ययों का कुल योग होती है।"[4]

इन व्ययों के बगैर भी उत्पादन कार्य नहीं हो सकता है लेकिन ये खर्चे किसी उत्पादन से विशेष रूप से सम्बन्धित नहीं होते हैं। इसका प्रयोग, फैक्ट्री, कार्यालय

---

3. "Expenses which can be identified with and allocated to cost centres or cost units." —*Chartered Institute of Management Accountants, London*
4. "The aggregate of indirect material cost, indirect labour and indirect expenses." —*Chartered Institute of Management Accountants, London*

व विक्रय विभाग के उचित संचालन व प्रशासन के लिये किया जाता है। सुविधा की दृष्टि से इनको निम्नलिखित भागों में बाँटा जा सकता है :

(अ) कारखाना उपरिव्यय (Factory Overheads)–ये खर्चे उन सामग्री, श्रम व सेवाओं से सम्बन्धित होते हैं जो कि कारखाने के अन्तर्गत किये गये हैं। इनकी सहायता से कारखाने में कार्य उचित व व्यवस्थित रूप से होता है। ये कारखाने की व्यवस्था रखने, कारखाने के अन्तर्गत कार्य योग्य परिस्थितियाँ प्रदान करने व उत्पादन को कारखाने में नियंत्रण करने आदि के सम्बन्ध में होते हैं।

निम्नलिखित खर्चे कारखाना उपरिव्यय के अन्तर्गत आते हैं :

1. फैक्ट्री का किराया, मरम्मत, बीमा आदि की लागत।
2. सुपरवाइजर, फोरमैन व व्यवस्थापकों का पारिश्रमिक जो कि कारखाने के सम्बन्ध में है।
3. मशीनरी की मरम्मत, ह्रास आदि के खर्चे।
4. कारखाने के अन्तर्गत प्रयोग होने वाले पानी बिजली, शक्ति, ईंधन का व्यय।
5. कारखाने की सफाई, देख-भाल करने वाले श्रमिकों का पारिश्रमिक।
6. इस प्रकार की सामग्री का खर्चा जो कि उत्पादन के लिये प्रयोग की गई है लेकिन उसको प्रत्यक्ष व्ययों में शामिल करना सम्भव नहीं हो सकता है।

(ब) प्रशासन उपरिव्यय (Administration Overheads)–उत्पादन के सम्बन्ध में कार्यालय व प्रशासन से जो सहयोग मिला है उसके सम्बन्ध में किये गये खर्चों को प्रशासन उपरिव्यय कहते हैं। इसके अन्तर्गत निम्नलिखित व्यय शामिल किये जा सकते हैं :

1. कार्यालय भवन का किराया, मरम्मत व बीमा का व्यय।
2. कार्यालय के फर्नीचर व उपकरण का ह्रास।
3. स्टेशनरी व डाक खर्च।
4. लिपिकों व अन्य श्रमिकों का वेतन।
5. प्रशासकों की फीस व पारिश्रमिक।
6. कानूनी खर्चे जो कि किसी विशेष उत्पादन के सम्बन्ध में नहीं हैं।
7. बैंक चार्जेज।
8. कार्यालय को साफ कार्यानुकूल रखने के लिए सामग्री व श्रम पर किये गये व्यय।

(स) विक्रय एवं वितरण उपरिव्यय (Selling and Distribution Overheads)–यद्यपि साधारणतया इस प्रकार के खर्चों को उत्पादन की लागत में शामिल नहीं किया जाना चाहिए। क्योंकि ये खर्चे उत्पादन के सम्बन्ध में न होकर

उसके विक्रय व वितरण के सम्बन्ध में होते हैं लेकिन वस्तु का विक्रय मूल्य ज्ञात करने के लिये इन खर्चों को भी सम्मिलित किया जाता है। ये खर्चे वस्तु के विक्रय एवं वितरण के लिये किये जाते हैं। बिना इन खर्चों के उत्पादन का विक्रय नहीं किया जा सकता है। ये वस्तु के अधिकाधिक विक्रय में सहयोग देते हैं। जिससे संस्था को लाभ अधिक हो सकता है। इस प्रकार के खर्चे मुख्यतया निम्नलिखित होते हैं :

1. विज्ञापन व्यय।
2. विक्रेताओं को दिया जाने वाला कमीशन व पारिश्रमिक।
3. भ्रमण करने वाले एजेन्टों के भत्ते व पारिश्रमिक।
4. डूबत ऋण (Bad Debts)।
5. माल को ले जाने वाले वाहनों की घिसाई, मरम्मत व संचालन का व्यय आदि।
6. माल गोदाम का किराया, मरम्मत ह्रास व बीमा का धन।
7. विक्रय विभाग के अन्य खर्चे।
8. विक्रय के लिये माल की पैंकिग पर किया गया व्यय।

लागत के विभिन्न तत्वों को निम्नलिखित चार्ट के द्वारा पूर्णतया स्पष्ट किया जा सकता है।

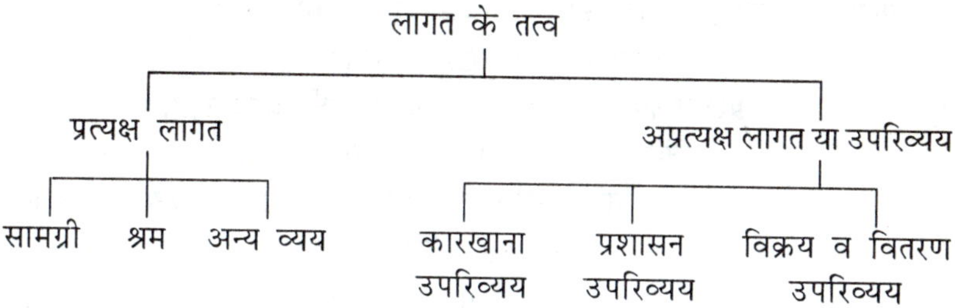

कुल लागत के अंग
(Components of Total Cost)

कुल लागत के निम्नलिखित अंग होते हैं :

(अ) मूल लागत (Prime Cost)–इस लागत के अन्तर्गत उन व्ययों को सम्मिलित किया जाता है जो कि उत्पादन के लिये प्रत्यक्ष रूप से करने पड़ते हैं। ये व्यय उस उत्पादन विशेष के सम्बन्ध में होते हैं। इन व्ययों में उत्पादन की मात्रा के अनुसार परिवर्तन होता रहता है। प्रत्यक्ष सामग्री, प्रत्यक्ष श्रम तथा अन्य प्रत्यक्ष खर्चों का योग मूल लागत या प्रत्यक्ष लागत या प्रारम्भिक लागत कहलाता है।

(ब) कारखाना लागत (Works Cost)–इसके अन्तर्गत वस्तु के निर्माण पर कारखाने में वस्तु के निर्माण तक जो खर्चे होते हैं उन सभी को सम्मिलित किया जाता है। मूल लागत तथा कारखाने के सम्बन्ध में किये गये खर्चों का योग कारखाना लागत कहलाता है।

(स) उत्पादन की कुल लागत (Total Cost of Production)–इस लागत के द्वारा किसी समय में किये गये उत्पादन की लागत तथा उस समय में उत्पादित प्रति इकाई की लागत ज्ञात होती है। इसके अन्तर्गत कारखाना लागत में उन सभी खर्चों को जोड़ दिया जाता है जो कि कार्यालय एवं प्रशासन से सम्बन्धित होते हैं।

(द) विक्रय लागत (Cost of Sales)–यह लागत विक्रय की जाने वाली वस्तुओं की लागत को प्रदर्शित करती है। इसके अन्तर्गत कुल उत्पादन लागत में विक्रय तथा वितरण सम्बन्धी खर्चे तथा निर्मित माल का प्रारम्भिक रहतिया का मूल्य जोड़ दिया जाता है एवं निर्मित माल का अन्तिम रहतिया (यदि कोई हो) घटा दिया जाता है। इसी लागत के अन्तर्गत लाभ को जोड़ कर विक्रय मूल्य ज्ञात किया जाता है। वस्तु के उत्पादन की लागत ज्ञात करने के लिये इस लागत को ज्ञात करना आवश्यक नहीं है। चूंकि उत्पादन का उद्देश्य विक्रय करना होता है अतः यह लागत ज्ञात की जाती है।

कुल लागत के विभिन्न अंगों का स्पष्टीकरण

प्रत्यक्ष सामग्री + प्रत्यक्ष श्रम + प्रत्यक्ष व्यय = **मूल लागत**

\+ कारखाना उपरिव्यय = **कारखाना लागत**

\+ प्रशासनिक उपरिव्यय = **उत्पादन की कुल लागत**

\+ निर्मित माल का प्रारम्भिक रहतिया

– निर्मित माल का अन्तिम रहतिया + विक्रय एवं वितरण उपरिव्यय = **विक्रय लागत**

\+ लाभ (या – हानि)

= **विक्रय मूल्य**

लागत पत्र या लागत का विवरण[5]
(Statement of Cost or Cost Sheet)

लागत का विवरण या लागत पत्र उत्पादन की कुल लागत तथा लाभ का पता लगाने के लिये बनाया जाता है। इस पत्र में लागत के विभिन्न अंगों को दिखाया जाता है। लागत के विभिन्न तत्वों के आधार पर 'लागत पत्र' का स्वरूप अगले पृष्ठ पर दिया गया है।

5. लागत पत्र का विस्तृत वर्णन तथा उससे सम्बन्धित प्रश्न 'इकाई लागत विधि' अध्याय में दिये गये हैं।

Cost Sheet	
Particulars	Amount (Rs.)
Direct Material	.....
Direct Wages	.....
Other Direct Expenses	.....
Prime Cost	.....
Add : Works Overheads	.....
Gross Works Cost	.....
Add : Opening Work-in-Progress	.....
Less : Closing Work-in-Progress	.....
Works Cost	.....
Add : Administration Overheads	.....
Total Cost of Production	.....
Add : Opening Stock of Finished Goods	.....
Less : Closing Stock of Finished Goods	.....
Cost of Goods Sold	.....
Add : Selling Overheads	.....
Cost of Sales	.....
Add : Profit	.....
Sales	.....

लागत पत्र में लागत के विभिन्न अंगों को पूर्णतया उपरोक्त क्रम में ही दिखाया जाना चाहिए। यदि इनमें से कोई सूचना नहीं दी हुई हो तो उसे छोड़ दिया जाएगा तथा उसके बाद आगे के तत्वों को क्रमानुसार दिखाया जाएगा।

Illustration 1

A manufacturer produced 2000 articles of a commodity during six months ending 31st December 2003. Prepare the Statement of Cost from the following particulars showing the selling cost per article :

	Rs.		Rs.
Stock on 1st July, 2003 (Raw Materials)	18,000	Director's Fees (Office)	2,100
Raw Material Purchased	17,500	Insurance (Factory)	900
Freight paid on material purchased	1,500	Insurance (Office)	200
Wages	19,200	Sundry Factory Expenses	1,300
Direct Expenses	5,000	Bank Charges	200
Factory Rent & Rates	2,000	Legal Expenses	800
Indirect Material	1,000	Postage	700
Office Rent	2,500	Stationery	1,300
Depreciation on factory building	1,500	Advertisement	5,200
Depreciation on office building	1,300	Bad Debts	300
Depreciation on Machinery	5,800	Salesman's Commission	1,800
Electricity	700	Travelling Agent's Commission	900
Gas and water	200	Travelling Expenses	500
Cleaning	600	Rent of Warehouse	900
Drawing office charges	2,400	Depreciation on Delivery vans	300
Director's Fees (Factory)	1,800	Stock on 31st December, 2003 (Raw Material)	7,200

Solution

Statement of Cost of 200 Articles

(Produced during the six months ending on 31st December, 2003)

Particulars		Cost of 200 articles	Cost per article
	Rs.	Rs.	Rs.
Material consumed :			
Opening Stock of Raw Material	18,000		
+ Purchases of Raw Material	17,500		
+ Freight on Material Purchased	1,500		
	37,000		
– Closing stock of Raw Material	7,200	29,800	14.90
Wages		19,200	9.60
Direct Expenses		5,000	2.50
Prime Cost		54,000	27.00

(Contd...)

	Rs.	Rs.
Prime Cost b/d	54,000	27.00
+ **Factory Overheads**		
Factory Rent	2,000	1.00
Indirect Material	1,000	.50
Depreciation on Building	1,500	.75
Depreciation on Machinery	5,800	2.90
Electricity	700	.35
Gas and water	200	.10
Cleaning	600	.30
Drawing Office charges	2,400	1.20
Director's Fees	1,800	0.90
Insurance	900	.45
Sundry Factory Expenses	1,300	.65
Works Cost	72,200	36.10
+ **Administration Overheads**		
Office Rent	2,500	1.25
Depreciation on Building	1,300	.65
Director's Fees	2,100	1.05
Bank Charges	200	.10
Legal Expenses	800	.40
Postages	700	.35
Stationery	1,300	.65
Insurance	200	.10
Cost of Production	81,300	40.65
+ **Selling and Distribution Overheads**		
Advertisement	5,200	2.60
Bad Debts	300	.15
Salesman's Commission	1,800	.90
Travelling Agent's Commission	900	.45
Travelling Expenses	500	.25
Rent of Warehouse	900	.45
Depreciation on Delivery vans	300	.15
Selling Cost	91,200	45.60

Illustration 2

You are given the following details of expenses incurred in a factory during the year ended on 31st December, 2003 :

	Rs.
Direct Material	60,000
Direct Wages	35,000
Direct Expenses	15,000
Rent :	
Factory	8,000
Office	4,000
Sales	3,000
Salaries :	
Factory	9,000
Office	10,000
Sales	6,000
Power consumed	5,000
Depreciation of Plant and Machinery	4,000
Depreciation of Office Furniture	2,000
Supervisory Expenses	1,000
Stationery and Postages	2,000
Directors Fees	5,000
Factory Cleaning	1,000
Advertisement	5,000
Upkeep of Delivery Vans	2,000
Opening Stock :	
Work-in-Progress	5,000
Finished Goods	8,000
Closing Stock	
Work-in-Progress	6,000
Finished Goods	10,000
Sales	2,00,000

During this year 1000 units were produced.

You are required to calculate :

(i) Prime Cost

(ii) Works Cost

(iii) Total Cost of Production for the year

(iv) Cost of Goods sold

(v) Cost of Sales and

(vi) Profit for the year

Solution

Cost Sheet

(For the year ended on 31st December, 2003)

Units Produced : 1000

Particulars	Total Cost (Rs.)	Cost per unit (Rs.)
Direct Material	60,000	60.00
Direct Wages	35,000	35.00
Direct Expenses	15,000	15.00
Prime Cost	1,10,000	115.00
Add : **Works Overheads :**		
Rent	8,000	8.00
Salaries	9,000	9.00
Power consumed	5,000	5.00
Depreciation of Plant & Machinery	4,000	4.00
Supervisory Expenses	1,000	1.00
Factory cleaning	1,000	1.00
Gross Works Cost	1,38,000	138.00
Add : Opening Work-in-Progress	5,000	5.00
	1,43,000	143.00
Less : Closing Work-in-Progress	6,000	6.00
Works Cost	1,37,000	137.00
Add : **Administration Overheads**		
Rent	4,000	4.00
Salaries	10,000	10.00
Depreciation of Office Furniture	2,000	2.00
Stationery & Postages	2,000	2.00
Directors Fees	5,000	5.00
Total Cost of Production	1,60,000	160.00
Add : Opening Stock of Finished Goods	8,000	
	1,68,000	
Less : Closing Stock of Finished Goods	10,000	
Cost of Goods Sold	1,58,000	
Add : **Selling and Distribution Overheads**		
Rent	3,000	
Salaries	6,000	
Advertisement	5,000	
Upkeep of Delivery Vans	2,000	
Cost of Sales	1,74,000	
Add : Profit	26,000	
Sales	2,00,000	

प्रश्न
Questions

1. Discuss the various methods of classification of cost.
लागत के वर्गीकरण की विभिन्न विधियों का वर्णन कीजिए।

2. The following are some of the ways in which Cost may be classified :
(i) Direct and Indirect, (ii) Variable and Fixed, (iii) Controllable and Uncontrollable.
Bring out clearly the significance of each of these classifications and explain the meaning of the terms used therein.
(B.Com. Hons., Delhi)
लागतें जिन विविध प्रकार से वर्गीकृत की जा सकती हैं, उनमें से कुछ निम्नलिखित हैं :
(i) प्रत्यक्ष और अप्रत्यक्ष, (ii) अस्थायी और स्थायी, (iii) नियन्त्रण-योग्य और नियन्त्रण-अयोग्य।
इनमें से प्रत्येक वर्गीकरण की विशद व्याख्या कीजिए और इसमें प्रयुक्त पारिभाषिक शब्दावली का अर्थ स्पष्ट कीजिए।

3. Explain briefly the different Elements of Cost.
(B.Com. Pass, Delhi)
लागत के विभिन्न तत्वों का संक्षेप में वर्णन कीजिए।

EXERCISE

1. Prepare a cost sheet from the following figures :

	Rs.		Rs.
Direct Material	15,800	Office Rent	300
Direct Labour	7,200	Drawing Office Salaries	500
Direct Expenses	3,500	Legal Charges	200
Factory Rent	1,200	Sundry Factory Expenses	800
Depreciation on Plant & Machinery	1,800	Depreciation on Office Furniture	500
Electricity	5,000	Stationery & Postage	300
Gas & Water	300	Bad Debts	600
Foreman's Salary	1,500	Advertisement	1,200
Supervisor's Salary	1,300	Salesman's Commission	800
Directors Fees	2,700	Rent of Warehouse	500
Unproductive Wages	500		

[**Ans.** Prime Cost Rs. 26,500; Works Cost Rs. 39,400; Total Cost Rs. 43,400; Cost of Sales, Rs. 46,500]

3

सामग्री
(Material)

सामग्री का महत्व एवं सामग्री नियंत्रण का अर्थ
(Importance of Material and Meaning of Material Control)

किसी भी वस्तु के उत्पादन में सामग्री का विशेष महत्व होता है। बिना सामग्री के उत्पादन नहीं किया जा सकता है। सामग्री साधारण उत्पादन के लगभग 50% भाग का प्रतिनिधित्व करती है तथा बहुत-सी वस्तुओं के उत्पादन में सामग्री का भाग 70% तक होता है। इससे यह पता लगता है कि सामग्री वस्तु की कुल लागत पर एक महत्वपूर्ण प्रभाव डालती है। वस्तु की लागत को नियंत्रित करने के लिए यह आवश्यक हो जाता है कि सामग्री की उचित व्यवस्था की जाए अन्यथा लागत में वृद्धि हो जाएगी। यह सामग्री पर नियंत्रण करके किया जा सकता है। सामग्री के नियंत्रण के अन्तर्गत सामग्री की आवश्यकता का निर्धारण, क्रय, संग्रह, लेखा तथा व्यवस्था सम्मिलित होती है। अत: सामग्री नियन्त्रण से हमारा अभिप्राय उस पद्धति से है जिसमें उचित किस्म की सामग्री उचित मात्रा में उचित स्थान तथा उचित समय तथा उचित मूल्य पर प्राप्त हो।[1]

सामग्री नियंत्रण की आवश्यकता
(Need of Material Control)

सामग्री नियन्त्रण की आवश्यकता निम्न कारणों से होती है–

1. सामग्री के उचित क्रय के लिए–सामग्री के सम्बन्ध में निश्चित क्रय नीति यदि नहीं होगी तो उत्पादन की लागत में वृद्धि तथा किस्म में गिरावट आ सकती है। क्रय करते समय क्रय के लिए जो सामान्य बातें हैं उनका ध्यान रखा जाता है बिना उचित व्यवस्था के यह भी ज्ञात नहीं किया जा सकता है कि सामग्री का न्यूनतम

---

1. Material control is a system which ensures the provision of the required quantity of material of the required quality at the required time with minimum amount of capital—B.K. Bhar.

The object of Material Control is to ensure that the right quality of material is made available in the right quantities at right time in the right place, and at the right prices—Swaminathan.

स्टॉक, अधिकतम स्टॉक कितना रखना चाहिए जिसके अभाव में यह होगा कि या तो उत्पादन माल समय पर न मिलने के कारण बन्द हो जाएगा या फिर अधिक माल खरीद लिये जाने के कारण पूंजी व्यर्थ व्यापार में फंस जाएगी जिसके कई दुष्परिणाम हो सकते हैं। इसी प्रकार बिना किसी व्यवस्था के यह भी निश्चित नहीं किया जा सकता है कि सामग्री के सम्बन्ध में आदेश स्तर क्या होगा। जिससे समय पर क्रय किया जा सके। अतः क्रय के सम्बन्ध में उचित व्यवस्था में निम्नलिखित बातें सम्मिलित हैं :

(a) क्रय के लिए निश्चित पूर्व क्रय नीति,

(b) न्यूनतम व अधिकतम स्टॉक की मात्रा का निर्धारण,

(c) आदेश स्तर का निर्धारण।

2. सामग्री के उचित संग्रहगार के लिए—अच्छी व्यवस्था के द्वारा सामग्री को क्रय करने के बाद ठीक प्रकार से माल गोदाम में रखा जाना आवश्यक है जिससे माल में किसी प्रकार की खराबी या टूट-फूट का भय नहीं रहेगा। साथ ही माल में किसी प्रकार की खराबी नहीं होगी और आवश्यकता पड़ने पर माल को आसानी से निकाला तथा नये माल को पुनः संग्रहण किया जा सकता है। यदि अव्यवस्था होगी तो माल को ठीक प्रकार से न रखे जाने के कारण माल खराब हो जाएगा तथा समय पड़ने पर ढूँढ़ने में भी परेशानी होगी।

3. सामग्री की उचित देखरेख के लिए—माल गोदाम में माल संग्रहण करने के पश्चात् यह भी आवश्यकता होती है कि माल ठीक प्रकार से रखा रहे। उस पर किसी प्रकार से मौसम का प्रभाव या अन्य कोई प्रभाव ऐसा न पड़े जिससे माल खराब हो जाए अथवा चोरी आदि हो जाए। यह बातें भी तभी सम्भव हैं जबकि सामग्री की उचित व्यवस्था की गई हो।

4. सामग्री के उचित निर्गमन के लिए—सामग्री को समय-समय पर उत्पादन कार्य के लिए निर्गमित किया जाता है जिसके सम्बन्ध में यह आवश्यक होता है कि कब कितनी सामग्री किस विभाग को, किस दर पर निर्गमित की गई। निर्गमन उचित अधिकारी के आदेश पर ही किया गया है या नहीं जिससे माल का उचित प्रयोग हो सके। उचित व्यवस्था करने पर यह सभी क्रियाएँ सम्भव हो जाती हैं।

5. उत्पादन की ठीक लागत मालूम करने के लिए—यदि माल को ठीक प्रकार से व्यवस्थित किया गया है तो उससे उत्पादन की ठीक लागत ज्ञात होगी अन्यथा बिना व्यवस्था के न तो यह पता लग सकेगा कि कितना माल उत्पादन में प्रयोग हुआ है तथा कितने मूल्य का है, जिसके फलस्वरूप उत्पादन की ठीक लागत ज्ञात नहीं हो सकती है।

6. उत्पादन की लागत को नियंत्रित करने के लिए—सामग्री की उचित व्यवस्था होने से उत्पादन की लागत नियमित हो जाएगी क्योंकि इसके कारण सामग्री पर कोई अपव्यय संभव नहीं होगा और यदि उत्पादन की लागत अधिक आती है

तो उसे नियंत्रित करने के लिए यह आसानी से पता लगाया जा सकता है कि लागत का आधिक्य किस कारण से है। सामग्री के कारण आधिक्य होने पर उसे नियंत्रित किया जा सकता है।

7. स्टॉक का मिलान करने के लिए–इसके द्वारा अंतिम स्टॉक के सम्बन्ध में यह आसानी से ज्ञात किया जा सकता है कि यह मात्रा ठीक है या नहीं क्योंकि व्यवस्थित सामग्री विभाग में सामग्री की 'निरन्तर गणना' (Perpetual inventory system) होने के कारण किसी भी तिथि पर माल की गणना करके लेखों से मिलान संभव है। इससे अन्तिम खाते बनाते समय अन्तिम स्टॉक की भौतिक गणना (Physical checking) करने की जरूरत नहीं होती है तथा बिना गणना के ही ये खाते तैयार किये जा सकते हैं।

सामग्री नियंत्रण के लिए आवश्यक तत्व
(Essentials of Materials Control)

सामग्री पर नियंत्रण करने के लिए निम्नलिखित बातें आवश्यक हैं :

1. सामग्री से सम्बन्धित विभागों में उचित सामन्जस्य (Proper co-ordination in different departments relating to material)–सामग्री नियंत्रण के लिए सामग्री से सम्बन्धित विभिन्न विभागों जैसे क्रय विभाग, माल प्राप्ति विभाग, संग्रहालय तथा लेखा विभाग में उचित सामन्जस्य होना आवश्यक है।

2. उचित क्रय नीति (Proper Purchase Policy)–सामग्री के क्रय की नीति भी पहले से निर्धारित कर लेनी चाहिए तथा क्रय नीति निर्धारित करते समय केन्द्रीय क्रय (Centralized purchase) विधि को अपनाना चाहिए।

3. सामग्री के विभिन्न स्तरों पर निर्धारण (Ascertainment of various levels of materials)–सामग्री को नियंत्रण करने के लिए सामग्री की न्यूनतम स्टॉक की मात्रा, अधिकतम स्टॉक की मात्रा, आदेश स्तर तथा आर्थिक आदेश स्तर को निर्धारित कर लेना चाहिए।

4. सामग्री आवश्यकता की उचित सूची (Proper scheduling of requirements of materials)–सामग्री की कितनी आवश्यकता पड़ेगी इस सम्बन्ध में एक सूची तैयार कर लेनी चाहिए।

5. सामग्री के सम्बन्ध में विभिन्न निर्धारण प्रपत्रों का प्रयोग (Use of various forms and documents of material)–सामग्री की सभी क्रियाओं के लिए उचित फार्मों का प्रयोग करना चाहिए जिससे गलतियों की सम्भावना न रहे।

6. सामग्री का आन्तरिक निरीक्षण (Internal check of materials)–सामग्री की विभिन्न क्रियाओं का समय-समय पर योग्य अधिकारियों द्वारा निरीक्षण किया जाना चाहिए।

7. निरन्तर गणना विधि का प्रयोग (Perpetual inventory system)–सामग्री का लेखा इस प्रकार से रखना चाहिए जिससे अन्तिम स्टॉक की गणना निरन्तर गणना विधि द्वारा हो सके। ऐसा करने से किसी भी सामग्री के अन्तिम स्टॉक की जानकारी किसी भी समय की जा सकती है।

8. सामग्री के संग्रह की उचित व्यवस्था (Proper organisation of stores)–सामग्री का संग्रह करने के लिए संग्रहालय का अच्छा होना तथा संग्रहाकार के कर्मचारियों का ईमानदार होना आवश्यक है।

9. सामग्री आवश्यकता पत्र के आधार पर सामग्री का नियंत्रण (Issue of material only on presentation of materials requisition slip)–सामग्री का निर्गमन तभी करना चाहिए जब सामग्री आवश्यकता पत्र के आधार पर किसी विभाग ने सामग्री की मांग की हो। इस पत्र के ऊपर किसी जिम्मेदार अधिकारी के हस्ताक्षर होने चाहिए।

10. उत्पादन के समय सामग्री का निरीक्षण (Inspection at the time production)–उत्पादन के समय भी सामग्री का निरीक्षण किया जाना चाहिए। उस समय यह देखना चाहिए कि निर्गमित माल का प्रयोग उत्पादन के लिये ही किया जा रहा है तथा श्रमिक सामग्री को लापरवाही पूर्वक तो प्रयोग नहीं कर रहे हैं।

सामग्री नियंत्रण के लाभ
(Advantages of Material Control)

सामग्री नियंत्रण करने से उत्पादक को निम्नलिखित लाभ होते हैं :

1. सामग्री के बर्बाद होने का भय नहीं रहता है।
2. सामग्री न मिलने के कारण उत्पादन बन्द होने की सम्भावना नहीं रहती है।
3. सामग्री पर अनावश्यक पूँजी का विनियोग नहीं रहता है।
4. सामग्री के चोरी होने का भय नहीं रहता है।
5. उत्पादन में सामग्री लागत भी कम आती है।
6. उत्पादन के लिये अच्छी सामग्री प्राप्त हो जाती है।
7. सामग्री का मूल्यांकन किसी भी समय पर किया जा सकता है।
8. सामग्री के संग्रह की लागत कम हो जाती है।

सामग्री नियंत्रण के लिये सामग्री विभाग का संगठन
(Organisation of Material Department for Control)

प्रभावशाली सामग्री नियंत्रण के लिये सामग्री विभाग का संगठन इस प्रकार करना चाहिए जिससे कि सामग्री के सम्बन्ध में सभी कार्य सुचारु रूप से चल सकें।

उचित संगठन के लिये सामग्री विभाग के अन्तर्गत निम्नलिखित उप विभाग होने चाहिए :

1. क्रय विभाग (Purchasing Department)–यह विभाग सामग्री के क्रय के सम्बन्ध में पूर्ण व्यवस्था करता है।

2. प्राप्ति व निरीक्षण विभाग(Receiving and Inspection Department)–इस विभाग का कार्य सामग्री को प्राप्त करना व उसका निरीक्षण करना होता है।

3. संग्रह विभाग (Stock-keeping Department)–इस विभाग का उत्तरदायित्व सामग्री को उचित संग्रह करके रखना है।

सामग्री नियंत्रण की तकनीक (Techniques of material control)–सामग्री पर नियंत्रण करने के लिये निम्नलिखित तकनीकों का प्रयोग किया जाता है :

1. विभिन्न स्टॉक की मात्रा निर्धारण विधि।
2. निरन्तर गणना पद्धति।
3. आर्थिक क्रय आदेश स्तर विधि।
4. ए० बी० सी० (A.B.C.) विश्लेषण विधि।
5. सामग्री का फेर।

इनका विस्तृत अध्ययन यथास्थान पर किया जायेगा।

सामग्री का क्रय व प्राप्ति
(Purchasing and Receiving of Material)

सामग्री का प्रयोग उत्पादन के लिए होता है और उत्पादन की आवश्यकतानुसार सामग्री का क्रय किया जाता है। उत्पादन के लिये सामग्री की आवश्यकता का ज्ञान निम्नलिखित आधारों पर किया जाता है :

1. कार्य आदेश तैयार करना (Work order)–सर्वप्रथम उत्पादन करने से पूर्व यह निश्चित किया जाता है कि किसी निश्चित समय के अन्तर्गत कितना उत्पादन करना है। यह मात्रा कार्य आदेश (Work order) के द्वारा ज्ञात हो सकती है। यह प्रबन्धक के द्वारा तैयार किया जाता है। इसको तैयार करते समय यह ध्यान रखा जाता है कि भविष्य में कितनी वस्तु बाजार में बेची जानी सम्भव है। कभी-कभी वस्तुओं के सम्बन्ध में पहले से ही आदेश आ जाते हैं जिनको कि उत्पादन करके पूरा किया जाता है। अतः इन पूर्व आदेशों का भी कार्य आदेश निर्धारित करते समय ध्यान रखना चाहिए। कार्य आदेश के ऊपर एक निश्चित नम्बर होता है जिसके आधार पर किसी कार्य के सम्बन्ध में यह जाना जा सकता है कि यह कार्य (उत्पादन) किस कार्य आदेश के लिए किया जा रहा है। उदाहरण के लिए 2004 में 50,000 मीटर कपड़ा बुनने का कार्य करना है और इसके लिए 257/2004 कार्य आदेश नम्बर निश्चित किया किया है। यदि भविष्य में किसी उत्पादन पर 257/2004 लिखा होगा तो यह माना जायेगा कि यह कार्य उक्त आदेश के आधीन किया गया है।

2. लागत अनुमान तैयार करना (Preparation of estimates of cost)–कार्य आदेश निश्चित करने के पश्चात् यह अनुमान लगाया जाता है कि उक्त कार्य आदेश को पूरा करने के लिए कितनी लागत आयेगी तथा विभिन्न तत्वों (सामग्री, श्रम व अन्य व्ययों) पर कितना-कितना खर्चा किया जाना है। इस प्रकार के अनुमान की 5 प्रतिलिपियाँ तैयार की जानी चाहिएं। जिसमें मुख्य प्रतिलिपि अनुमान लगाने वाला अपने पास रख लेगा तथा अन्य 4 प्रतिलिपियों को विभिन्न विभागों में भेज देगा जिससे कि वे विक्रय लागत को समय-समय पर नियमित कर सकें। लागत अनुमान की एक प्रति फोरमैन के पास भेज दी जानी चाहिए। जो इस बात का ध्यान रखेगा कि उत्पादन के लिये प्रत्यक्ष सामग्री तथा श्रम पर व्यय अनुमान से अधिक तो नहीं हो रहा है। यदि वह देखता है कि इन पर व्यय अधिक होता है तो उसको नियंत्रित करने का प्रयत्न करेगा। दूसरी प्रतिलिपि संग्रहालय विभाग (Stores Department) के पास भेज दी जाती है। जिससे यह विभाग उस अनुमान के अनुसार यह देखेगा कि उसके अनुसार सामग्री संग्रहालय में है या नहीं। यदि नहीं है तो वह क्रय विभाग को आवश्यकता दिखाकर क्रय की व्यवस्था कर सकता है। इसमें यह भी अनुमान स्पष्ट होना चाहिए कि किस प्रकार की सामग्री की कब तथा कितनी आवश्यकता पड़ेगी। जिससे समस्त सामग्री का पूर्ण भंडार पहले से नहीं करना पड़े जिससे कि पूंजी व्यर्थ में लगाने से बचायी जा सकती है। साथ ही पूर्वानुमान होने के कारण यह विभाग आवश्यकता से पहले सामग्री की व्यवस्था करके उत्पादन को सामग्री न होने के कारण बन्द होने से भी बचा सकता है। अनुमान की तीसरी प्रतिलिपि लागत लेखा विभाग को भेजी जाती है जो कि समय-समय पर उत्पादन की लागत के सम्बन्ध में सम्बन्धित व्यक्तियों के समक्ष इस बात पर प्रकाश डाल सकता है कि व्यय विभिन्न तत्वों पर अनुमान के आधार पर ही किया जा रहा है या नहीं जिससे कि अधिकारी लागत का नियंत्रण कर सके तथा अन्तिम प्रतिलिपि प्रबंधक के पास या योजना विभाग के पास उद्धरण (Reference) के लिए भेजी जानी चाहिए जिससे किसी भी समय पर इसका उपयोग उस विभाग द्वारा आवश्यक जानकारी के लिये किया जा सके।

3. सामग्री का बिल तैयार करना (Preparation of Bill of Material)–लागत के अनुमान (Estimate of cost) के अन्तर्गत उत्पादन के सभी तत्वों की लागत का अनुमान लगाया जाता है। जिसमें प्रत्यक्ष सामग्री भी शामिल होती है तथा इसकी एक प्रतिलिपि संग्रहालय विभाग के पास भेजी जाती है जिससे उस सामग्री की मात्रा का ज्ञान होता है लेकिन कभी-कभी यह होता है कि कार्य के सम्बन्ध में कितनी सामग्री की आवश्यकता होती है वह किस-किस प्रकार की होती है इसके लिए उत्पादन विभाग पहले से ही एक सूची तैयार करता है जिसे सामग्री का बिल (Bill of Material) कहते हैं। इसमें कार्य आदेश के सम्बन्ध में आवश्यकता की सभी प्रत्यक्ष सामग्री का उल्लेख होता है। इस प्रकार 'सामग्री का बिल' वह सूची होती है जिसमें किसी कार्य आदेश के लिए आवश्यक सभी सामग्री का विवेचन एक स्थान पर दिया होता है। इसकी दो प्रतिलिपियां तैयार की जाती हैं। मूल प्रतिलिपि

उत्पादन विभाग के पास तथा दूसरी प्रतिलिपि संग्रहालय में लेखा विभाग के पास भेज दी जाती है। प्रत्येक कार्य आदेश के लिए अलग-अलग सामग्री बिल तैयार करना चाहिए। सामग्री बिल में सामग्री की किस्म, मात्रा तथा गुप्तअंक दिया होता है। सामग्री बिल का स्वरूप निम्नलिखित है :

अ ब स एण्ड कम्पनी लिमिटेड
सामग्री बिल
(Bill of Material)

कार्य आदेश संख्या.............................. संख्या..............................
तिथि..............................

क्रम संख्या	विवरण	कोड नं०	वजन या मात्रा	कार्यालय के प्रयोग के लिए	
				दर	धन राशि (Amount) रु०

डाइंग विभाग के अधिकारी के हस्ताक्षर ....
स्टोर कीपर के हस्ताक्षर ....
लेखा विभाग के अधिकारी के हस्ताक्षर ....

4. संग्रहालय में सामग्री की उपलब्धता (Availability of material in store)–जब संग्रहालय विभाग के पास लागत अनुमान (Estimates of cost) एवं सामग्री बिल (Bill of material) आता है। तो वह यह देखता है कि उसके पास विभिन्न प्रकार की सामग्री पर्याप्त मात्रा में उपलब्ध है या नहीं जिसकी आवश्यकता किसी कार्य आदेश के लिए विभिन्न समयों पर पड़ेगी। संग्रहालय विभाग के अधिकारी यह ज्ञात करते हैं कि तथाकथित सामग्री संग्रहालय या संग्रहालयों में (जब विभिन्न उत्पादन विभागों के पास अपने छोटे-छोटे संग्रहालय हैं) पर्याप्त मात्रा में नहीं है तो वह उसकी क्रय की व्यवस्था क्रय विभाग द्वारा करवाता है। संग्रहालय विभाग को क्रय की व्यवस्था कराते समय कार्य आदेश की सामग्री के साथ ही साथ सामग्री के न्यूनतम स्टॉक तथा अधिकतम स्टॉक एवं आदेश स्तर का भी ध्यान

रखना चाहिए। यदि क्रय की आवश्यकता उक्त सीमाओं के कारण भी होती है तो भी क्रय व्यवस्था करवाना आवश्यक है। इन सीमाओं का विस्तृत वर्णन इसी अध्याय में आगे किया गया है।

5. क्रय आवश्यकता विवरण तैयार करना (Preparing a purchase requisition slip)–जब स्टोरकीपर को कार्य आदेश सामग्री की सीमाओं को ध्यान में रखते हुए यह पता लगता है कि नई सामग्री के क्रय की आवश्यकता है तो वह एक 'क्रय आवश्यकता विवरण' तैयार करके क्रय विभाग के पास भेजता है। जिसके आधार पर क्रय-विभाग क्रय की व्यवस्था करता है। इस विवरण में क्रय की जाने वाली सामग्री की मात्रा, किस्म व उस विभाग का उल्लेख होता जिसको कि सामग्री की आवश्यकता है। क्रय का विवरण स्टोर कीपर के अतिरिक्त उत्पादन नियंत्रण विभाग तथा पलान्ट इन्जीनियर के द्वारा भी तैयार किया जा सकता है जो कि किसी विशेष प्रकार की सामग्री को क्रय करवाना चाहते हैं। क्रय आवश्यकता विवरण का स्वरूप निम्नलिखित है :–

क्रय आवश्यकता विवरण
(Purchase Requisition Slip)

दिनांक...................... क्रय आवश्यकता विवरण संख्या......................

सामग्री की आवश्यकता वाले विभाग का नाम..

आवश्यकता की तिथि..................................

मद सं॰	कोड सं॰	विवरण	मात्रा	अन्य बातें (Remarks)

तैयार करने वाले के हस्ताक्षर .... स्वीकृति प्रदान करने वाले के हस्ताक्षर ....

आवश्यकता पत्र तैयार करने वाले विभाग के प्रयोग के लिये				क्रय विभाग के प्रयोग के लिये		
मद सं॰	स्टॉक की मात्रा	प्रति दिन/ प्रति माह सामग्री का प्रयोग	आवश्यकता की जाने वाली सामग्री की मात्रा	क्रय आदेश सं॰	विक्रेता का नाम	माल भेजने की तिथि
स्टोरकीपर के हस्ताक्षर				क्रय अधिकारी के हस्ताक्षर		

क्रय आदेश व विक्रेता का नाम इस प्रपत्र में क्रय विभाग के द्वारा आदेश के पश्चात् भरा जाता है।

6. क्रय विभाग की क्रियायें (Activities of Purchase Department regarding Purchase of materials)–क्रय आवश्यकता का विवरण प्राप्त होने के बाद क्रय विभाग का कार्य आरम्भ होता है। क्रय विभाग को क्रय करने के लिए इस सम्बन्ध में अपनाये जाने वाले सामान्य नियमों को ध्यान में रखना चाहिए। क्रय विभाग को सामग्री उस स्थान से प्राप्त करनी चाहिए जहाँ कि वह अच्छी व सस्ती प्राप्त होती है। इस कार्य के लिए सबसे पहले क्रय विभाग विक्रेता के सम्बन्ध में निश्चय करता है कि किस संस्था से सामग्री को क्रय करना है। क्रय विभाग विक्रेता के चुनाव के लिए विभिन्न संस्थाओं की मूल्य सूचियाँ आमन्त्रित करता है अथवा पहले के रिकार्ड के आधार पर इसका निर्णय कर सकता है। विक्रेता का निर्णय करने के पश्चात् क्रय विभाग उस संस्था के पास क्रय के लिए लिखित आदेश भेज देता है। जिसे 'क्रय आदेश पत्र' कहते हैं। इसमें विक्रेता से क्रय किये जाने वाले माल की मात्रा, किस्म, सप्लाई करने की अवधि व साधन तथा अन्य व्यापारिक शर्तों का उल्लेख होता है। विक्रेता इस प्रपत्र के आधार पर सामग्री भेजता है। सामान्यता क्रय आदेश की 5 प्रतियाँ तैयार की जाती हैं जिसकी मुख्य प्रतिलिपि विक्रेता के पास भेज दी जाती है तथा अन्य 4 प्रतिलिपियाँ संस्था के विभिन्न विभागों के पास उनके उपयोग के लिये रह जाती हैं। आदेश प्रपत्र की एक प्रतिलिपि माल को प्राप्त करने वाले विभाग के पास भेज दी जाती है जिससे माल को प्राप्त करते समय वह विभाग यह देख सके कि सामग्री आदेश के अनुसार ही है। दूसरी प्रतिलिपि उस विभाग के पास भेज दी जाती है जिसने सामग्री की माँग की है ताकि इस विभाग को इस बात का पता लग सके कि उसके द्वारा माँग की गई वस्तु का क्रय आदेश

एक निश्चित तिथि पर दिया जा चुका है। तीसरी प्रतिलिपि लेखा विभाग के पास लेखा करने के उद्देश्य से भेज दी जाती है तथा अन्तिम प्रतिलिपि क्रय विभाग भविष्य के प्रयोग के लिए रख लेता है।

क्रय आदेश पत्र का नमूना निम्नलिखित है :

अ ब स कं॰ लिमिटेड
क्रय आदेश पत्र
(Purchase Order)

सेवा में क्रय आदेश सं॰.........................

.... तिथि...

(विक्रेता का नाम व पता) संदर्भ सं॰.................................

....

कृपया निम्नलिखित वस्तुएँ इस पत्र में लिखित शर्तों के अनुसार भेजने का कष्ट करें :

मद सं॰	विवरण	मात्रा	दर	कुल धनराशि	अन्य बातें (Remarks)

सुपुर्दगी का स्थान....................................

सुपुर्दगी का साधन....................................

भुगतान की शर्तें.......................................

क्रय अधिकारी के हस्ताक्षर

केवल कार्यालय के प्रयोग के लिये

सुपुर्दगी की तिथि............................

चालान नं॰............... तिथि............... बीजक नं॰.............. तिथि...............

7. सामग्री प्राप्त करना (Receiving of Goods)–जब विक्रेता को क्रय आदेश प्राप्त होता है तो विक्रेता उसके अनुसार वस्तु भेजने की व्यवस्था करता है और जब वह सामग्री भेज देता है तो इसकी सूचना क्रेता को दे दी जाती है। इस सूचना

के प्राप्त होने के पश्चात् माल को प्राप्त करने की व्यवस्था की जांती है। माल को रेलवे स्टेशन अथवा ट्रान्सपोर्ट कम्पनी के कार्यालय से अपने स्टोर तक लाने के लिए उचित वाहनों की व्यवस्था करनी चाहिए तथा यह ध्यान रखना चाहिए कि माल को स्टोर तक लाने में पूर्ण सावधानी रखी जाए जिससे माल खराब अथवा टूटे-फूटे नहीं। साथ ही माल को प्राप्त करने की शीघ्र व्यवस्था करनी चाहिए। जब माल को प्राप्त किया जाता है तो प्राप्त करने वाले व्यक्ति के द्वारा इस सम्बन्ध में एक प्रपत्र तैयार किया जाता है जिसे 'सामग्री प्राप्ति प्रपत्र' कहते हैं। इसमें माल का विवरण, प्राप्त करने की तिथि, प्राप्त करने वाले व्यक्ति का नाम आदि का उल्लेख होता है। यह प्रपत्र क्रय विभाग, स्टोर कीपर, लेखा विभाग के पास भेज दिया जाता है तथा इसकी मुख्य प्रतिलिपि इसको तैयार करने वाले विभाग के पास रह जाती है। सामग्री प्राप्ति प्रपत्र का नमूना निम्नलिखित है :

अ ब स एण्ड कं॰ लिमिटेड

क्रय अधिग्रहण प्रपत्र सं॰.................... सामग्री प्राप्ति प्रपत्र सं॰....................

क्रय आदेश पत्र सं॰............................ तिथि..

सामग्री का विवरण	कोड नं॰	प्राप्त सामग्री की मात्रा	पैकिंग की संख्या	बीजक सं॰	अन्य विवरण	निरीक्षण	
						अस्वीकृत सामग्री की मात्रा	अस्वीकृति के कारण

संवाहक	प्राप्त करने वाले का नाम	बिल नं॰	स्टोर खाता बही सं॰	निरीक्षक का नाम

प्राप्तकर्ता के हस्ताक्षर.............................. निरीक्षक के हस्ताक्षर..............................

तिथि..............................

8. सामग्री की गणना तथा जाँच करना (Counting and checking of material)–माल को प्राप्त करते समय प्राप्त करने वाले व्यक्ति को यह देखना चाहिए कि सामग्री आदेश के अनुसार है या नहीं तथा सामग्री उचित स्थिति में ही है टूटी-फूटी या खराब तो नहीं हुई है। यदि सामग्री आदेश के अनुसार नहीं है या खराब है तो इस बात का ज्ञान सम्बन्धित अधिकारियों को कराना चाहिए जिससे उसके सम्बन्ध में उचित व्यवस्था की जा सके। अर्थात् या तो माल को लौटाने की या हर्जाने के लिए कार्यवाही की जा सके। सामग्री जाँच करते समय यह भी देखना चाहिए कि सामग्री बीजक के अनुसार ही हैं।

9. सामग्री को लौटाना (Return of goods)–यदि सामग्री की जांच करते समय इस बात का पता लगता है कि कुछ सामग्री इस प्रकार की है जो कि आदेश के अनुसार नहीं है या खराब है तो उस सामग्री को लौटाने की व्यवस्था की जाती है तथा इसकी सूचना लेखा विभाग को दे दी जाती है जिससे लेखा विभाग इस बात को ध्यान में रखकर लेखा कर सके।

10. विक्रेता के बीजकों की अनुमति तथा भुगतान की व्यवस्था (Approval of invoices and arrangement of payments)–सामग्री की जाँच करने के बाद सामग्री सम्बन्धी प्राप्त होने वाले बीजकों की अनुमति दे दी जाती हैं तथा उसके भुगतान आदि की व्यवस्था करवायी जा सकती हैं। यदि बीजक की राशि में कोई परिवर्तन माल लौटाने के कारण अथवा अन्य किसी कारण से होता हो तो उसके लिए 'नाम की चिट्ठी' (Debit Note) अथवा 'जमा की चिट्ठी' (Credit Note) तैयार करवा कर विक्रेता के पास भेज दी जाती है। जिससे विक्रेता भी अपनी बहियों में सुधार कर सकें।

(सामग्री का संग्रहरण)
(Storage of Material)

सामग्री के क्रय करने के पश्चात् उसको संग्रह करने की क्रिया प्रारम्भ होती है। सामग्री को ठीक प्रकार से संग्रह करके संग्रहालय में रखना चाहिए जिससे वह सुरक्षित रह सके तथा आवश्यकता पड़ने पर आसानी से निकाली जा सके। यदि उचित प्रक्रिया नहीं अपनाई जाएगी तो सामग्री खराब हो जाएगी, सुरक्षित नहीं रह सकेगी, उसकी समय-समय पर जाँच करना कठिन होगा तथा आवश्यकता पड़ने पर ढूँढना व निकालना भी कठिन हो जायेगा। सामग्री को संग्रह करते समय निम्नलिखित बातों का ध्यान रखना चाहिए।

(1) संग्रहालय की स्थापना व संगठन
(Establishment and Organisation of Store)

संग्रहालय की स्थापना व संगठन इस प्रकार किया जाना चाहिए जिससे कि उत्पादन के लिए माल आसानी से प्राप्त हो सके तथा उसे ठीक प्रकार से सुरक्षित

रूप से एकत्रित किया जा सके। सामग्री विभाग की स्थापना एवं संगठन के सम्बन्ध में निम्नलिखित बातें ध्यान रखनी चाहिए :

1. सामग्री गृह सुरक्षित स्थान पर होना चाहिए–सामग्री रखने का गोदाम ऐसे स्थान पर बनाना चाहिए जो कि पूर्ण सुरक्षित हो तथा जहाँ से माल के चोरी होने का भय नहीं हो। इसके लिए वांछनीय है कि माल गोदाम एकान्त स्थान में न होकर शहर के मध्य में होने चाहिए। लेकिन आजकल औद्योगिक शहरों में बड़े-बड़े भवनों की कमी तथा किराये के आधिक्य के कारण माल गोदामों को शहर के मध्य में स्थापित करना मुश्किल हो गया है अत: ये कम आबादी वाले स्थानों पर तथा शहर से अलग बनाये जाते हैं फिर भी सुरक्षा की ओर सदैव ध्यान देना चाहिए।

2. सामग्री गृह की उचित स्थिति–माल गोदाम की स्थिति भी उत्पादन के दृष्टिकोण से ठीक होनी चाहिए। सामग्री गृह यदि सम्भव हो सके तो कारखाने के नजदीक हो जिससे कि सामग्री शीघ्र ही समय पर उत्पादन कार्य के लिए प्राप्त हो सके। अथवा सामग्री का भंडार यातायात कम्पनी (Transport Company) के पास होना चाहिए यदि सामग्री गृह फैक्ट्री के नजदीक नहीं हो तो यह ध्यान रखना चाहिए कि स्थान ऐसा हो जहाँ से माल को फैक्ट्री तक पहुंचाने में अधिक समय तथा खर्च नहीं लगे। साथ ही साथ सामग्री गृह दूर होने पर फैक्ट्री में प्रत्येक उत्पादन विभाग को एक छोटा उपसामग्री गृह रखना चाहिए जिससे उसमें उसकी आवश्यकता की सामग्री रखी जा सके।

3. सामग्री गृह सामग्री के अनुकूल होना चाहिए–सामग्री गृह का चुनाव करते समय यह देख लेना चाहिए कि उसमें जिस सामग्री का संग्रह किया जाना है उसके लिए वह उचित है तथा उसमें संग्रह किया जाने वाला माल किसी तरह से खराब तो नहीं होगा। साम्रगी के ऊपर मौसम का कोई विपरीत प्रभाव तो नहीं पड़ेगा। सामग्री गृह में माल को रखने के लिए आवश्यकतानुसार स्थान भी पर्याप्त होना चाहिए जिससे माल ठीक प्रकार रखा जा सके।

4. सामग्री गृह की उचित देख-रेख–सामग्री विभाग के संगठन के लिए जरूरी है कि सामग्री गृह की उचित देखरेख रखी जा सके जिससे माल की सुरक्षा बनी रहे।

5. सामग्री विभाग में कुशल कर्मचारियों की नियुक्ति–सामग्री विभाग के लिए योग्य, अनुभवी, कर्त्तव्यपरायण व ईमानदार व्यक्तियों की नियुक्ति करनी चाहिए जिससे वे सामग्री का ठीक प्रकार से संचालन कर सकें।

6. सामग्री के उचित एवं पर्याप्त लेखे–सामग्री विभाग का यह भी कर्त्तव्य है कि वह सामग्री के सम्बन्ध में व्यवस्थित व वैज्ञानिक ढंग से पूर्ण लेखे रखे जिससे किसी भी समय सामग्री के सम्बन्ध में कोई भी महत्वपूर्ण बात ज्ञात की जा सके।

(2) संग्रहालय अध्यक्ष के कर्त्तव्य
(Duties of Storekeeper)

संग्रहालय अध्यक्ष का योग्य, कुशल, ईमानदार व अनुभवी होना अति आवश्यक है। यह संग्रहालय का सर्वोच्च अधिकारी होता है। इसके निम्नलिखित कर्त्तव्य होते हैं :

1. संग्रहालय में सामग्री प्राप्ति तथा निगर्मन (Receiving and issue of materials)–संग्रहालय में कोई भी सामग्री प्राप्त करने से पूर्व यह देखे कि वह निश्चित प्रपत्र के द्वारा आयी है। इसी प्रकार निर्गमित करते समय यह भी ध्यान रखना चाहिए कि निर्गमन अधिकारिक पत्र के आधार पर किया जा रहा है।

2. संग्रहालय में आने व जाने वाली सामग्री का उचित लेखा (Proper records of all materials)–इसका यह कर्त्तव्य होता है कि संग्रहालय में आने वाली व संग्रहालय से बाहर जाने वाली प्रत्येक सामग्री का लेखा उसी समय कर लिया जाए।

3. सामग्री की उचित देख-रेख (Supervision of materials)–उसे यह भी देखना चाहिए कि संग्रहालय में सामग्री उचित प्रकार से रखी है। सामग्री के सम्बन्ध में पूर्ण सुरक्षा का ध्यान भी संग्रहालय अध्यक्ष को रखना चाहिए।

4. सामग्री के खराब व बर्बाद होने की सूचना (Information regarding wastages and spoiling of materials)–यदि संग्रहालय में सामग्री किसी कारणवश खराब हो जाती है या बर्बाद हो जाती है तो इसकी सूचना शीघ्र ही प्रबन्धकों को देने का कर्त्तव्य संग्रहालय अध्यक्ष का है।

5. संग्रहालय में अनधिकृत व्यक्तियों का प्रवेश रोकना (To prevent the entry of unauthorised persons in store)–संग्रहालय अध्यक्ष को यह भी देखना चाहिए कि संग्रहालय के अन्दर कोई अनाधिकृत व्यक्ति प्रवेश न कर सके।

बिन कार्ड तैयार करना
(Preparation of Bin Card)

सामग्री को संग्रहालय में व्यवस्थित ढंग से रखने के लिए यह आवश्यक हो जाता है कि उसे विभिन्न अलमारियों, खानों, रैकों, दराजों अथवा उपयुक्त विशिष्ट स्थान पर रखा जाए ताकि सामग्री में एकरूपता तथा व्यवस्था रहे। यदि सामग्री उक्त तरीके से न रखकर वैसे ही बिना किसी व्यवस्था के रखी जाएगी तो इसमें सामग्री व्यवहारों में बड़ी कठिनाई आयेगी। जब सामग्री को उपर्युक्त तरीके से रखा जाता है और प्रत्येक दराज, अलमारी, रैक या बिन का विवरण ज्ञात करने के लिए एक कार्ड के ऊपर विशिष्ट स्थान के सम्बन्ध में लेखा किया जाता है तो उस कार्ड को बिन कार्ड कहते हैं अर्थात् बिन कार्ड का आशय उस कार्ड से होता है जिसमें कि एक बिन में रखी हुई सामग्री के व्यवहारों के पूर्ण लेखे होते हैं। प्रत्येक दराज

अथवा खाने के ऊपर स्टैन्ड इत्यादि की सहायता से इस कार्ड को लटका दिया जाता है। इस कार्ड को देखने के पश्चात् उस बिन का पूर्ण विवरण ज्ञात हो जाता है। इस कार्ड में उस बिन में रखी जाने वाली सामग्री की किस्म, मात्रा, न्यूनतम व अधिकतम सीमाएँ, आदेश स्तर तथा स्टोर लेजर (Store ledger) संख्या आदि का पूर्ण उल्लेख होता है। इस कार्ड पर उस बिन में माल रखने तथा निकालते समय तिथिवार लेखा करके शेष निकाल लिया जाता है। इस प्रकार यह कार्ड एक बिन के पूर्ण तथ्यों को प्रदर्शित करता है। सामग्री के संग्रह के लिए बिन कार्डों को तैयार करना बहुत आवश्यक हो गया है क्योंकि इनकी सहायता से सामग्री को पहचानने व जाँच करने में बहुत आसानी होती है। बिन कार्ड के निम्नलिखित लाभ हैं :

(i) बिन कार्ड की सहायता से प्रत्येक बिन के अन्दर रखी सामग्री के सम्बन्ध में पूर्ण जानकारी हो जाती है। इससे यह पता लग जाता है कि किसी बिन के अन्दर कितनी सामग्री रखी है।

(ii) स्टॉक की सत्यता की जाँच करने के लिए सामग्री की वास्तविक गणना करके बिन कार्ड के शेष से तुलना कर ली जाती है यदि दोनों सूचनाएँ, समान होती हैं तो यह माना जाता है कि स्टॉक ठीक है। अन्यथा दोनों सूचनाओं में अन्तर होने पर उनका कारण ज्ञात किया जाता है। कभी-कभी कार्ड के शेष और वास्तविक स्टॉक में अन्तर सामान्य कारणों से भी आ जाता है। तो ऐसी परिस्थिति में उस अन्तर को बिन कार्ड में समायोजित कर देना चाहिए जैसे कोई सामग्री कुछ समय पश्चात् गर्मी के कारण कम हो जाती है उनकी सामान्य कमी को समायोजित करके वास्तविक स्टॉक से तुलना करनी चाहिए।

(iii) कार्य में बिना रुकावट डाले वार्षिक खाते तैयार करते समय स्टॉक की जाँच की जा सकती है तथा इससे अन्तिम स्टॉक की जाँच किसी भी समय की जा सकती है क्योंकि इसमें 'निरन्तर गणना विधि' (Perpetual inventory system) को अपनाया जाता है।

(iv) चूँकि प्रत्येक कार्ड के ऊपर, न्यूनतम, अधिकतम सीमाओं का उल्लेख होता है, अत: किसी बिन में उसकी क्षमता से अधिक सामग्री को रखने की आशंका नहीं रहती है। यदि यह सीमा ज्ञात नहीं हो तो उस समय बिन की क्षमता से अधिक सामग्री उसमें रखना सम्भव है जिससे या तो सामग्री खराब हो जाएगी अथवा बिन खराब हो जाएगी। इसी प्रकार न्यूनतम सीमा का पता होने से उत्पादन को जरूरत के समय सामग्री प्राप्त हो सकती है।

(v) आदेश स्तर का बिन कार्ड पर लिखे होने के कारण जब बिन में सामग्री का शेष इस सीमा के लगभग पहुँचता है तो क्रय की व्यवस्था करवायी जा सकती है।

बिन कार्ड

बिन संख्या.............................. न्यूनतम सामग्री..............................

विवरण.............................. अधिकतम सामग्री..............................

सामग्री का कोड नं॰.............................. आदेश स्तर..............................

स्टोर लेजर पृष्ठ संख्या..............................

प्राप्त सामग्री			निर्गमित सामग्री			सामग्री का शेष			विशेष विवरण
दिनांक	क्रय आवश्यकता प्रपत्र संख्या	मात्रा	दिनांक	सामग्री आवश्यकता प्रपत्र संख्या	मात्रा	मात्रा	स्टोर कीपर के हस्ताक्षर	जाँच करने वाले व्यक्ति के हस्ताक्षर	

सामग्री का कोड नं॰ (Code No. of Material)–उत्पादन में प्रयुक्त होने वाली सामग्री को प्रत्येक उत्पादक सुविधा की दृष्टि से कोड नं॰ या चिन्ह दे देता है। लेखों में भी उस सामग्री के लिए वह कोड नं॰ लिखवाता है। कोड नं॰ से पहला लाभ यह होता है कि सामग्रियों का पूरा नाम बार-बार लेखों में लिखने की आवश्यकता नहीं होती है। संक्षिप्त कोड अथवा नम्बर से ही उसका काम चला लिया जाता है। दूसरा इसका महत्वपूर्ण लाभ यह भी होता है कि उत्पादन की विधि के सम्बन्ध में गोपनीयता बनी रहती है। यदि किसी कार्य आदेश के सम्बन्ध में बनाये गए सामग्री बिल में सामग्री के लिए Code No. प्रयोग किए गए हैं तो कोई दूसरा व्यक्ति यह पता नहीं लगा सकता है कि इस कार्य के लिए किस प्रकार की कितनी सामग्री आवश्यक है। इसका लाभ युद्ध के महत्व की सामग्री के निर्माण के लिए बहुत होता है यदि किसी देश का युद्ध सामग्री के उत्पादन का सामग्री बिल विपक्षी देश के हाथ किसी प्रकार लग जाए तो वह कोड नं॰ के कारण उत्पादन में प्रयोग होने वाली सामग्री का ज्ञान नहीं कर सकता है। कोड नं॰ को प्रयोग करते समय बहुत सावधानी बरतनी चाहिए। यदि इसको गलत प्रयोग किया जाएगा तो लाभ के स्थान पर हानि होने की सम्भावना है।

सामग्री की विभिन्न सीमाओं का निर्धारण (Determination of Various Limits of Material)

जैसा कि पहले वर्णन किया जा चुका है कि सामग्री के उचित नियंत्रण तथा व्यवस्था के लिए सामग्री की विभिन्न सीमाओं का निर्धारण अति आवश्यक है। ये सीमाएँ निम्नलिखित होती हैं :

1. सामग्री की न्यूनतम व अधिकतम सीमाएँ (Minimum and maximum limits of materials & stocks)
2. सामग्री का पुन: आदेश स्तर (Re-ordering level)
3. आर्थिक पुन: आदेश स्तर (Economic Re-ordering level)
4. भग स्तर (Danger level)
5. औसत स्टॉक स्तर (Average stock level)

उपरोक्त सीमाओं का विस्तृत वर्णन निम्नलिखित है :

(1) सामग्री की न्यूनतम एवं अधिकतम सीमाएं(Minimum and maximum limits of materials)–सामग्री के सम्बन्ध में यह बहुत आवश्यक होता है कि उत्पादक अपनी विभिन्न प्रकार की आवश्यकताओं को देखकर इस बात का निश्चय पहले से ही कर ले कि किसी प्रकार की सामग्री की न्यूनतम एवं अधिकतम मात्रा कितनी होगी जिनको संग्रहालय में रखना आवश्यक है। यदि न्यूनतम एवं अधिकतम मात्रा का ध्यान नहीं रखा जाता है तो उत्पादक को हानि का सामना करना पड़ेगा। न्यूनतम सीमा से आशय उस सीमा से होता है जिसको कि संग्रहालय में रखना आवश्यक होता है इस सीमा से कम सामग्री कभी भी संग्रहालय में नहीं रहनी चाहिए। इसके विपरीत अधिकतम सीमा उस सीमा को बताती है जिससे अधिक सामग्री का संग्रह व्यापारी को नहीं करना चाहिए। इन दोनों सीमाओं के उल्लंघन पर उत्पादक को हानि उठानी पड़ती है। अत: इन सीमाओं का निर्धारण पूरे विवेक एवं चातुर्य से करना चाहिए यदि सामग्री न्यूनतम सीमा से कम संग्रहालय में रखी जाएगी तो उत्पादक को कभी भी सामग्री की अनुपलब्धि के कारण उत्पादन रोकना पड़ेगा। फलस्वरूप स्थायी व्यय जो समयानुसार होते हैं होते रहेंगे और उनका कोई उत्पादक प्रयोग नहीं कर सकेगा। इससे उत्पादन की प्रति इकाई लागत बढ़ जाएगी। यदि अधिकतम सीमा का उल्लंघन किया जाएगा तो उत्पादक की पूँजी सामग्री पर व्यर्थ ही विनियोजित हो जाएगी जिससे कि पूंजी पर ब्याज की हानि होगी तथा सम्भवत: दूसरे तत्वों के लिए पर्याप्त पूँजी नहीं मिल पाएगी। सामग्री के संग्रह करने पर होने वाले व्यय बढ़ जाएंगे इस कारण इस सीमा को भी ध्यान में न रखने पर उत्पादक की उत्पादन लागत बढ़ जाएगी। अधिकतम एवं न्यूनतम सीमाओं के निर्धारण से एक उत्पादक को जो लाभ होते हैं उनका निम्नलिखित ढंग से उल्लेख किया जा सकता है :

(i) न्यूनतम सीमा के द्वारा उत्पादन के समक्ष कभी भी ऐसी परिस्थितियाँ पैदा नहीं होंगी जिससे कि सामग्री की कमी पड़ जाए और उत्पादन कार्य में रुकावट आ जाए।

(ii) अधिकतम सामग्री सीमा से यह ज्ञान हो जाता है कि अधिकतम स्टॉक कितना रखना चाहिए जिससे कि कार्यशील पूँजी व्यर्थ में विनियोजित होने से बच जाती है।

(iii) सामग्री पर उचित पूँजी विनियोग के कारण उत्पादन के अन्य तत्वों के समक्ष पूंजी की कमी की परिस्थिति उत्पन्न नहीं हो पाती है। यदि सामग्री पर अधिक व्यय किया जाए जो कि अधिकतम सीमा के उल्लंघन से संभव है तो दूसरे तत्वों की पूंजी की कमी पड़ सकती है।

(iv) अधिकतम सीमा से अधिक माल रखने पर उत्पादक को संग्रह के व्यय अधिक करने पड़ेंगे जिससे उत्पादन की लागत बढ़ जाएगी।

(v) वस्तुओं के स्वभाव तथा फैशन में परिवर्तन हो जाने के कारण उपरोक्त परिस्थितियों में सामग्री पर व्यय व्यर्थ हो जाएगा जो कि अधिक सामग्री संग्रह के कारण और भी हानिकारक सिद्ध होगा।

(vi) अधिकतम सीमा से अधिक माल रखने के कारण माल स्टॉक में ब़हुत समय तक बिना उपयोग के पड़ा रहेगा जिससे कि उसके खराब होने की भी सम्भावना रहती है।

(vii) न्यूनतम सामग्री का संग्रह करने के कारण उत्पादक को किसी आपातकालीन परिस्थिति में जबकि कुछ समय के लिए सामग्री की सप्लाई रुक जाती है, उत्पादन को रोकना नहीं पड़ेगा।

(viii) इन सीमाओं के आधार पर आदेश स्तर की गणना की जा सकती है जिससे कि नये माल को मँगाकर आवश्यकता पूरी करना सम्भव है।

उपरोक्त लाभ उत्पादक तभी उठा सकता है जब वह उन सीमाओं का निर्धारण ठीक प्रकार से करे। यदि उक्त सीमाओं का निर्धारण गलत किया जाये तो उक्त लाभों को नहीं उठाया जा सकता है।

किसी सामग्री की न्यूनतम अथवा अधिकतम सीमा क्या होगी इसके लिए कोई निश्चित मात्रा नहीं है बल्कि यह मात्रा उत्पादन की परिस्थितियों पर निर्भर करती है। ये सीमायें उत्पादकों के साधनों के अनुसार भी अलग-अलग होती हैं। साधारणतया इन सीमाओं का निर्धारण उत्पादन की मात्रा, अवधि, उत्पादक के साधन, सामग्री के मूल्यों में परिवर्तन होने की स्थिति, सामग्री प्राप्त करने के स्थान, सामग्री का प्रतिदिन उत्पादन में प्रयोग की मात्रा व सामग्री की बाजार से उपलब्धि आदि तत्वों से होता है। प्रत्येक उत्पादक अपने अनुभव के आधार पर उत्पादन के सम्बन्धित तथ्यों को ध्यान में रखकर इन सीमाओं का निर्धारण कर सकता है।

सामग्री की अधिकतम व न्यूनतम सीमाओं पर प्रभाव डालने वाले तथ्यों का विस्तृत विवरण निम्नलिखित है :

(i) सामग्री की सीमाओं पर उत्पादन की वस्तु के विषय में उपभोक्ता की रुचि व फैशन का बहुत प्रभाव पड़ता है। यदि उत्पादन इस प्रकार का है कि फैशन में शीघ्र परिवर्तन होता है तो सामग्री की उक्त सीमाएँ थोड़ी ही होती हैं। उत्पादक अधिकतम सामग्री के रूप में कम ही माल रखता है क्योंकि यदि अधिक माल रखेगा और फैशन में परिवर्तन होने के कारण उपभोक्ता की रुचि के अनुकूल वह माल नहीं रहेगा तो उस पर किये गए पूँजीगत तथा लाभगत व्यय बेकार हो जाएँगे।

(ii) यदि किसी वस्तु के उत्पादन के सम्बन्ध में उसकी प्रतियोगी वस्तुओं के आविष्कार होते रहते हैं या प्रतियोगी वस्तुओं के आविष्कार की आशंका हो तो उस परिस्थिति में भी न्यूनतम व अधिकतम सामग्री की सीमाएँ कम होंगी।

(iii) सामग्री के उपलब्ध होने वाले स्थान का सामग्री के न्यूनतम व अधिकतम सीमाओं पर प्रभाव पड़ता है। यदि सामग्री प्राप्त होने वाला स्थान उत्पादन के स्थान से बहुत दूरी पर हो तो व्यापारी अपने पास सामग्री को अधिक मात्रा में रखेगा जिसमें सामग्री की अधिकतम सीमा अधिक रखनी पड़ेगी क्योंकि इस प्रकार के माल प्राप्त करने में बहुत समय लगेगा। इसके विपरीत यदि माल उत्पादक के पास ही प्राप्य होगा तो अधिकतम सीमा कम रखी जाएगी क्योंकि इस प्रकार का माल कम समय में उसे उपलब्ध हो सकता है। उदाहरण के लिए यदि दिल्ली की मशीन निर्माण करने वाली फैक्ट्री को उसकी सामग्री जर्मनी से मंगानी पड़ती है तो इस परिस्थिति में इसे निर्माण सामग्री की सीमा अधिक रखनी पड़ेगी क्योंकि जर्मनी से पुनः माल मंगाने में महीनों लगेगें। जबकि यदि यह सामग्री बम्बई से प्राप्त हो सकती है तो अधिकतम सीमा तुलनात्मक रूप में कम रखी जा सकती है।

(iv) उत्पादन की खपत का भी सामग्री की सीमाओं पर प्रभाव पड़ता है। यदि उत्पादन की मांग हमेशा अधिक रहती है तो सीमा अधिक रखनी पड़ेगी यदि इन वस्तुओं की माँग मौसमी है अर्थात् किसी विशेष मौसम में अधिक वस्तु बिकती है जबकि दूसरे में कम तो ऐसी वस्तु की सामग्री की सीमाओं को उस विशेष मौसम में अधिक रखनी पड़ेगी जबकि अन्य मौसमों में कम रखी जाएगी जैसे ऊनी कपड़ों का व्यापार इसी प्रकार का है।

(v) सामग्री की उपलब्धि के समय के अनुसार भी सामग्री की सीमाएँ परिवर्तित होती रहती हैं। यदि कोई सामग्री किसी विशेष महीने में ही प्राप्त होती है और अन्य महीनों में प्राप्त नहीं होती है तो इस प्रकार की सामग्री की सीमाएँ अधिक रखनी पड़ेंगी।

(vi) यदि सामग्री के मूल्य में उतार-चढ़ाव होते रहते हैं तो इससे भी सामग्री की सीमाओं के निर्धारण पर प्रभाव पड़ता है। यदि सामग्री के मूल्य में वृद्धि की आशंका होती है तो न्यूनतम मात्रा को अधिक रखना चाहिए जिसमें अधिक मूल्य

होने के समय पर सामग्री नहीं खरीदनी पड़े और यदि मूल्य में भविष्य में गिरावट की आशंका होती है तो सीमाएं कम रखनी चाहिए जिससे कि सामग्री भविष्य में सस्ते दामों पर खरीदी जा सके।

(vii) उत्पादक के अपने आर्थिक साधनों का भी प्रभाव सामग्री की सीमाओं पर पड़ता है यदि उत्पादक की आर्थिक स्थिति ज्यादा अच्छी नहीं है तो वह दोनों ही सीमाएं कम रखता है यद्यपि इसकी सीमाएं कम रखने पर कभी कठिनाई का सामना करना पड़ सकता है। आर्थिक स्थिति अच्छी होने पर ये सीमाएं अधिक रखी जा सकती हैं।

इस प्रकार सामग्री की सीमाओं पर प्रभाव सामग्री की बाजार स्थिति, मूल्य, उत्पादन के समय, प्राप्त करने का स्थान, सामग्री व उत्पादन वस्तु के फैशन में परिवर्तन व उत्पादक की आर्थिक स्थिति का पड़ता है। एक बात इस सम्बन्ध में और ध्यान रखनी चाहिए कि किसी भी उत्पादक के लिए सामग्री की अधिकतम एवं न्यूनतम सीमाएं सदैव समान नहीं रहती हैं बल्कि ये समय-समय पर उसकी आवश्यकताओं के अनुसार परिवर्तित होती रहती हैं।

सामग्री की इन सीमाओं का निर्धारण निम्नलिखित सूत्रों की सहायता से किया जा सकता है :

(i) न्यूनतम सामग्री की सीमा (Minimum Stock Level)

$$= RL - (NC \times NRP)$$

(i) अधिकतम सामग्री की सीमा (Maximum Stock Level)

$$= RL + RQ - (Min.C \times Min.RP)$$

RL = Re-order Level
RQ = Re-order Quantity
NC = Normal Consumption
Min.C = Minimum Consumption
NRP = Normal Re-order Period
Min.RP = Minimum Re-order Period

(2) सामग्री का पुनः आदेश स्तर (Re-ordering Level of Material)– साधारणतया सामग्री को क्रय करने का आदेश उस समय दिया जाता है जबकि किसी कार्य आदेश को पूरा करने के लिये संग्रहालय में सामग्री उपलब्ध नहीं है और स्टोरकीपर क्रय विभाग को क्रय की आवश्यकता प्रस्तुत करता है। लेकिन कभी-कभी क्रय का आदेश उक्त स्थिति के अलावा भी वांछनीय होता है। प्रायः व्यापारी को सामग्री प्राप्त करने में कुछ समय लगता है तथा उस समय में प्रतिदिन उत्पादन के लिए सामग्री का उपयोग स्टोर से होता रहता है जिससे सामग्री की न्यूनतम सीमा कम होने की सम्भावना रहती है। अतः प्रत्येक व्यापारी को न्यूनतम एवं

अधिकतम सीमा निर्धारित करने के साथ ही साथ एक ऐसी सीमा भी निर्धारित करनी चाहिए जिस पर कि पुनः क्रय करना न्यूनतम सीमा को बनाये रखने के लिए आवश्यक हो। इस सीमा को सामग्री का आदेश स्तर कहते हैं। दूसरे शब्दों में आदेश स्तर का आशय सामग्री की उस सीमा से होता है जिसके शेष रहने पर स्टोरकीपर को बिना कार्य आदेश के ही क्रय विभाग को क्रय करने का सुझाव देना चाहिए जिससे कि सामग्री की न्यूनतम सीमा बनाकर रखी जा सके। इसको उदाहरण द्वारा अधिक स्पष्ट किया जा सकता है। एक उत्पादक 'अ' प्रकार की सामग्री की न्यूनतम व अधिकतम सीमा क्रमशः 50 यूनिट व 500 यूनिट निर्धारित करता है उक्त सामग्री की 20 इकाइयों का उपयोग प्रतिदिन उत्पादन के लिए उस उत्पादक के यहाँ किया जाता है तथा इस प्रकार की सामग्री को प्राप्त करने में साधारणतया 10 दिन लगते हैं। इस परिस्थिति में यदि उत्पादक इस सामग्री की उक्त सीमाओं के साथ-साथ 'आदेश स्तर' निर्धारित नहीं करेगा तो यह होगा कि जब न्यूनतम स्टॉक 50 यूनिट रह जाएगा उस समय स्टोरकीपर नया माल खरीदने की सलाह देगा क्योंकि इसके बाद इस सीमा के समाप्त होने का भय रहेगा लेकिन इस परिस्थिति में न्यूनतम सीमा शेष रहने के 2 दिन पश्चात् तीसरे दिन उत्पादन के लिए सामग्री केवल दस यूनिट (50–2×20=10) शेष रह जाएगी जो कि उस दिन के लिए अपर्याप्त होगी तथा अगले 7 दिन तक उत्पादन कार्य सामग्री न होने के कारण बन्द पड़ा रहेगा क्योंकि नई सामग्री दसवें दिन प्राप्त हो सकेगी। इस प्रकार आदेश स्तर के अभाव में व्यापारी को हानि का सामना करना पड़ेगा। लेकिन यदि व्यापारी आदेश स्तर को भी निर्धारित कर लेता है तो उसे इस प्रकार की परिस्थिति का सामना नहीं करना पड़ेगा आदेश स्तर का निर्धारण सामग्री की न्यूनतम मात्रा, प्रतिदिन उत्पादन में सामग्री का उपयोग व सामग्री को प्राप्त करने की अवधि के आधार पर किया जा सकता है। न्यूनतम मात्रा में सामग्री प्राप्त करने की सामान्य अवधि में प्रयोग होने वाली सामग्री को जोड़कर आदेश स्तर प्राप्त हो जाएगा। इस उदाहरण में 'आदेश स्तर' 250 इकाई (50+20×10) है। आदेश स्तर को निम्नलिखित सूत्र द्वारा भी ज्ञात किया जा सकता है।

आदेश स्तर ज्ञान करने का सूत्र–यदि न्यूनतम व अधिकतम मात्रा सामग्री की ज्ञात हो तो निम्नलिखित सूत्र द्वारा आदेश स्तर का पता लग सकता है।

आदेश स्तर = सामग्री की न्यूनतम मात्रा + (सामग्री को प्राप्त करने की अवधि × उत्पादन में प्रतिदिन प्रयोग की जाने वाली सामग्री की मात्रा)

Ordcring level = minimum stock of the material + (Time required to procure fresh delivery × quantity of material required for daily consumption in production)

OR

= Max.C × Max.RP

Illustration 1

Calculate the 'ordering level' of material X from the following particulars :

(a) Minimum limit 100 Kg.

(b) Maximum limit 2,000 Kg.

(c) Daily requirements of material for production 30 Kg.

(d) Time required for fresh delivery 15 days.

Solution

Ordering Level = Minimum limit + (Time required for fresh delivery × Daily consumption in production of material)

= 100 + (15×30) Kg.

= 100 + 450 Kg.

= 550 Kg.

Therefore, 550 Kg. is the re-ordering level in this case.

सामग्री की न्यूनतम तथा अधिकतम सीमाएं व आदेश स्तर निकालने के लिए Wheldon ने 'Cost Accounting and Costing Methods' नामक पुस्तक में निम्नलिखित सूत्र दिए हैं।

1. Minimum Stock Level = R.L. – (N.C. × N.R.P.)

Where

R.L. = Re-order Level.

N.C. = Normal Consumption.

N.R.P. = Normal Re-order Period.

2. Maximum Stock Level = R.L. + R.Q. – (Min.C. × Min.R.P.)

R.Q. = Re-order Quantity.

Min.C. = Minimum consumption during the period.

Min.R.P. = Minimum Re-order Period.

3. Re-order Level = Max.C. × Max.R.P.

Max.R.P. = Max. Re-order Period.

Max.C. = Maximum Consumption during the period.

अत: अब इन सीमाओं का निर्धारण करने के लिये इन्हीं सूत्रों का प्रयोग किया जायेगा।

Illustration 2

Calculate the Minimum Stock level, Maximum Stock level and Re-ordering level from the following particulars :

(a) Normal Consumption = 50 units per day

(b) Maximum Consumption = 70 units per day

(c) Minimum Consumption = 40 units
(d) Re-order Quantity = 600 units
(e) Re-order Period = 10-15 days
(f) Normal Re-order Period = 12 days

Solution

(i) Re-ordering Level = Max.C. × Max.R.P.
= 70 × 15
= 1,050 units.

(ii) Minimum Stock Level = R.L. (N.C. × N.R.P.)
= 1,050 – (50 × 12)
= 1,050 – 600
= 450 units.

(iii) Maximum Stock Level : R.L. + R.Q. – (Min.C. × Min.R.P.)
= 1,050 + 600 – (40 × 10)
= 1,650 – 400
= 1,250 units.

Thus,

Minimum Stock limits	450	units
Maximum Stock limits	1,250	units
Re-ordering level	1,050	units

(3) आर्थिक पुनः आदेश स्तर (Economic re-ordering level)–यह वह मात्रा होती है जिसके लिये सामान्य परिस्थितियों में क्रय का आदेश दिया जाता है। इस मात्रा को न्यूनतम स्टॉक की मात्रा में जोड़ने पर जो योग आता है वह अधिकतम स्टॉक की मात्रा से नहीं बढ़ता है। इस सीमा को निश्चित करते समय यातायात लागत, सामग्री का औसत उपयोग, पूंजी पर ब्याज, स्टोर के स्थान की उपलब्धता तथा सामग्री की अधिकतम व न्यूनतम स्टॉक की सीमाएँ आदि तत्वों को ध्यान में रखना पड़ता है। इस मात्रा को आदेश की मात्रा (Reordering Quantity) भी कहते हैं।

(4) भय स्तर (Danger level)–यह सामग्री की वह मात्रा होती है जिसकी आवश्यकता शीघ्र से शीघ्र नयी सामग्री मंगाने की अवधि में पड़ती है। इस सीमा का उल्लंघन करने पर उत्पादन अवश्य ही सामग्री की अनुपलब्धता के कारण बन्द करना पड़ता है।

(5) औसत स्टॉक की मात्रा (Average Stock level)–सामग्री की यह वह मात्रा होती है जो सामान्य तौर पर पूरे वर्ष संग्रहालय में रखी गई है। इस मात्रा की गणना सामग्री की प्रति इकाई संग्रहालय लागत निकालने के लिये की जाती है।

आर्थिक पुनः आदेश मात्रा, भय स्तर तथा औसत स्टॉक स्तर की गणना करने के लिये निम्नलिखित सूत्रों का प्रयोग करते हैं :

(i) $EOQ = \sqrt{\frac{2U \times P}{S}}$

EOQ = Economic Re-ordering Quantity
U = Annual Usage of Material
P = Order Placing Cost of each order
S = Carrying Cost of one unit of material per year.

(ii) Danger Level = Min.C × Min.RP

(iii) Average Stock Level

$$= \frac{\text{Minimum Level} + \text{Maximum Level}}{2}$$

OR

= Minimum Level + ½ (Re-ordering Quantity)

उपरोक्त दोनों सूत्रों में से दूसरा सूत्र अधिक उपयोगी है।

Illustration 3

The following information is available in respect of material No. 30:

Re-ordering Quantity	=	1500 units
Re-order Period	=	4 to 6 weeks
Maximum Consumption	=	400 units per week
Normal Consumption	=	300 units per week
Minimum Consumption	=	250 units per week

Calculate

(a) Re-ordering Level
(b) Minimum Level
(c) Maximum Level and
(d) Average Stock Level

Solution

(a) Re-ordering Level

= Max.C × Max.RP
= 400 × 6
= 2400 units

(b) Minimum Level

= RL – (NC × NRP)
= 2400 – (300 × 5)
= 900 units

(c) Maximum Level

= RL + RQ – (Min.C × Min.RP)
= 2400 + 1500 – (250 × 4)
= 2900 units

(d) Average Stock Level

$$= \frac{\text{Min. Level} + \text{Max. Level}}{2}$$

$$= \frac{900 + 2900}{2}$$

= 1900 units

OR

= Minimum Level + ½ (Re-ordering Quantity)
= 900 + ½ (1500)
= 1600 units.

Illustration 4

After inviting tenders, two quotations are received as follows:

(a) Rs. 1.20 per unit

(b) Rs. 1.10 per unit *plus* Rs. 3,000 fixed charges to be added irrespective of units ordered.

Advise with your arguments with whom orders should be placed and what quantity is to be ordered.

The following additional information may be of interest :

	Units
Present Stock	35000
Average Monthly Requirement	10000
Maximum Level	80000
Minimum Level	30000

Sales tax problem may be ignored

Solution

It is evident that tender (a) is more economical for lesser quantity of purchase. Tender (b) becomes economical only when sufficient quantity is ordered to justify the fixed charges of Rs. 3,000.

Tender (b) is cheaper by :

Rs. 1.20
Rs. 1.10
Re. 0.10 per unit

∴ To justify the fixed charge of Rs. 3,000 the minimum order quantity should be $= \frac{3,000}{0.10} = 30000$ units.

Hence, an order Quantity above 30000 units becomes economical for tender (b).

Illustration 5

A manufacturer buys certain equipments from outside at Rs. 30 per unit. Total annual needs are 800 units.

The following further data are available :

Annual Return on Investment	10%
Rent, Taxes and Insurance per unit per year	Re. 1
Cost of placing an Order	Rs. 100

Calculate

(i) Economic Ordering Quantity

(ii) No. of Orders in a year and

(iii) Time-interval between two orders.

Solution

(i) $\text{EOQ} = \sqrt{\frac{2U \times P}{S}}$

$= \sqrt{\frac{2 \times 800 \times 100}{4}}$

$= \sqrt{\frac{1,60,000}{4}}$

$= \sqrt{40,000}$

$= 200$ units

(ii) No. of orders in a year

$= \frac{\text{Total need of material}}{\text{EOQ}}$

$= \frac{800}{200}$

$= 4$

(iii) Time-interval between two orders

$= \frac{\text{Months in a year}}{\text{No. of orders in a year}}$

$= \frac{12}{4}$

$= 3$ months.

सामग्री के स्टॉक की निरंतर गणना विधि (Perpetual Inventory System)

सामग्री पर प्रभावपूर्ण नियंत्रण करने के लिये यह आवश्यक है कि लेखे इस प्रकार रखे जाएँ जिससे कि प्रत्येक प्रकार की सामग्री के विषय में हर समय जानकारी

प्राप्त हो सके अर्थात् किसी भी समय बिना किसी परेशानी के यह ज्ञात किया जा सके कि स्टोर में कितनी सामग्री शेष है। यह कार्य निरंतर गणना प्रणाली से सम्भव है। यदि सामग्री का शेष संग्रहालय में प्रत्येक माल के आगमन एवं निर्गमन पर तिथिवार निकाला जाए तो किसी भी समय स्टॉक ज्ञात किया जा सकता है। स्टॉक निकालने की इस विधि को 'सामग्री निरन्तर गणना पद्धति' (Perpetual Inventory system) कहते हैं। इस प्रकार से शेष निकालने से उत्पादक को बहुत लाभ होता है। इससे सामग्री के ऊपर नियंत्रण किया जा सकता है। सामग्री खाता बही व बिन कार्डों की सहायता से निरन्तर स्टॉक की गणना की जा सकती है। इस पद्धति के मुख्य-मुख्य लाभ निम्नलिखित हैं :

1. इससे स्टॉक की निरन्तर गणना होती रहती है।

2. अन्तिम खाते बनाते समय स्टॉक की गणना करने में अधिक समय नहीं लगता है और स्टॉक की गणना करने के कारण कार्य में रुकावट भी नहीं आती है।

3. यह अन्तरिम निरीक्षण की एक अच्छी विधि है। इससे सामग्री की स्टोर में मात्रा तथा खातों के शेष का मिलान किया जा सकता है।

4. निरन्तर गणना से सामग्री की विभिन्न सीमाओं (न्यूनतम मात्रा, अधिकतम मात्रा तथा आदेश स्तर) का सदैव ध्यान रखा जा सकता है। यदि स्टॉक की इस प्रकार गणना नहीं की जाएगी तो यह सम्भव है कि किसी समय अज्ञानता वश उक्त सीमाओं का उल्लंघन हो जाए जिससे व्यवसाय को हानि तथा परेशानी का सामना करना पड़ सकता है।

5. इस पद्धति को अपनाने से स्टोरकीपर तथा सामग्री में व्यवहार करने वाले व्यक्तियों पर नैतिक प्रभाव भी पड़ता है। अत: वे कार्य ठीक व ईमानदारी से करते हैं तथा अन्तिम खाते भी शीघ्र तैयार किये जा सकते हैं।

सामग्री की ए बी सी विश्लेषण विधि
(A B C Analysis of Materials)

सामग्री पर नियंत्रण करने के लिए 'अ ब स विश्लेषण विधि' को भी अपनाया जाता है। इस विधि के अनुसार संग्रहालय की समस्त सामग्री को उनके मूल्य के अनुसार वर्गीकृत कर लिया जाता है। इसमें सबसे अधिक मूल्य की सामग्री पर अधिक ध्यान दिया जाता है। समस्त सामग्री का वर्गीकरण प्राय: निम्नलिखित आधारों पर किया जाता है :

वर्ग	कुल मदों का प्रतिशत	कुल सामग्री मूल्य का प्रतिशत
अ	5 से 10	70 से 85
ब	10 से 20	10 से 20
स	70 से 85	5 से 10

इस प्रणाली को 'मूल्यों के अनुसार स्टॉक का नियंत्रण विधि' (Stock Control according to value method), 'सदैव अच्छी नियंत्रण विधि' (Always Better Control method), 'सापेक्ष हिस्सों का मूल्य विश्लेषण विधि' (Proportional Parts value analysis method) भी कहते हैं।

समस्त स्टॉक़ को अ, ब, स वर्गों में बाँटने की निम्नलिखित प्रक्रिया है :

1. सर्वप्रथम किसी अवधि के सम्बन्ध में प्रत्येक प्रकार की सामग्री की लागत और उसके उपयोग का निश्चय किया जाता है।

2. इसके पश्चात् प्रत्येक वर्ग की सामग्री की कुल लागत तथा कुल मात्रा ज्ञात कर ली जाती है।

3. अन्त में प्रत्येक वर्ग के प्रतिशत निकाल लिये जाते हैं।

लाभ (Advantages)–इस प्रणाली के निम्नलिखित लाभ हैं :

1. सबसे अधिक मूल्यवान वस्तु का नियंत्रण इस प्रणाली द्वारा कुशलतापूर्वक किया जाता है।

2. संग्रहालय में शेष सामग्री की मात्रा (Stock in hand) कम रहती है जिससे संग्रह सम्बन्धी व्यय कम हो जाते हैं।

3. इससे सामग्री अधिक समय तक स्टोर में नहीं पड़ी रहती है।

सामग्री का फेर
(Inventory Turnover)

सामग्री लागत का नियंत्रण करने के लिये यह भी आवश्यक होता है कि किसी प्रकार की सामग्री अधिक समय तक स्टोर में नहीं पड़ी रहे। यदि सामग्री का प्रयोग अधिक समय तक उत्पादन के लिए नहीं किया जायेगा तो इससे उस सामग्री पर लगाई गई पूंजी का ब्याज तथा स्टोर के व्यय बढ़ जायेंगे। साथ ही सामग्री की किस्म (Quality) में भी दोष आने की सम्भावना रहती है। सामग्री के इस प्रकार के नियंत्रण करने के लिए 'सामग्री फेर' की दर ज्ञात की जाती है। सामग्री फेर की दर किसी अवधि में रखी गई औसत सामग्री तथा उस अवधि में उपभोग की गई सामग्री के आधार पर निकाली जाती है। यह दिनों में भी निकाली जा सकती है। सामग्री फेर की दर निकालने के लिए निम्नलिखित सूत्रों का प्रयोग किया जाता है :

$$\text{सामग्री फेर की दर} = \frac{\text{किसी अवधि में प्रयोग की गई सामग्री का मूल्य}}{\text{किसी अवधि में रखी गई औसत सामग्री का मूल्य}}$$

$$\text{सामग्री फेर की दर (दिनों में)} = \frac{\text{सम्बन्धित अवधि में दिन}}{\text{सामग्री फेर की दर}}$$

Illustration 6

Calculate material turnover rate for the year 2004 from the following details :

	X	Y
	Rs.	Rs.
Material in hand in the beginning	10,000	35,000
Material in hand at the end	6,000	25,000
Material purchased during the year	76,000	50,000

Solution

$$\text{Material Turnover Rate} = \frac{\text{Value of material consumed during the year}}{\text{Average value of inventory held during the year}}$$

$$\text{"X" Turnover Rate} = \frac{80,000}{8,000} = 10$$

$$\text{"Y" Turnover Rate} = \frac{60,000}{30,000} = 2$$

$$\text{Material Turnover in days} = \frac{365}{\text{Material Turnover Rate}}$$

$$\text{"X" Material Turnover (in days)} = \frac{365}{10} = 36.5 \text{ days}$$

$$\text{"Y" Material Turnover (in days)} = \frac{365}{2} = 182.5 \text{ days}$$

इस प्रकार वर्ष 2004 में सामग्री 'Y' धीमी गति से परिवर्तित हुई है। अत: भविष्य में इस सामग्री के ऊपर नियंत्रण करना आवश्यक है।

सामग्री के सम्बन्ध में पुस्तकें
(Books Regarding Material)

सामग्री के व्यवहारों को रखने के लिए उत्पादन संस्थाएँ, आवश्यकतानुसार अनेकों पुस्तकें रखती हैं जिनमें निर्गमन सामग्री के आगमन, स्टॉक, उत्पादन आदि का हिसाब-किताब लिखा जाता है। एक व्यापारी द्वारा सामग्री के सम्बन्ध में रखी जाने वाली लेखा पुस्तकों का विवरण निम्नलिखित है :

1. संग्रहागार सामग्री खाता बही (Store Ledger Book)–सामग्री खाता बही सामग्री की एक महत्वपूर्ण बही है। यह बही संग्रहागार में रखे गए सभी प्रकार के माल के सम्बन्ध में तैयार की जाती है। इस बही में प्रत्येक प्रकार की सामग्री के लिए एक अलग खाता खोला जाता है। जिसमें कि उस सामग्री का तिथिवार ब्यौरा होता है। इसके अन्तर्गत प्रत्येक सामग्री के लिए उससे सम्बन्धित खाते में सामग्री के प्राप्त होने तथा उसके निर्गमन करने पर लेखा करके उसका शेष प्रतिदिन ज्ञात किया जाता है। इस प्रकार विभिन्न प्रकार की सामग्रियों की निरंतर गणना होती रहती है। इस बही में प्रत्येक

सामग्री की न्यूनतम व अधिकतम सीमाएँ, आदेश स्तर, कोड नं॰ आदि का भी उल्लेख होता है। संग्रहागार खाता बही का नमूना नीचे दिया जा रहा है।

संग्रहागार खाता बही
(Store Ledger Book)

सामग्री का नाम........................ न्यूनतम स्टॉक की मात्रा........................
कोड नं॰........................ अधिकतम स्टॉक की मात्रा........................
पृष्ठ सं॰........................ आदेश स्तर........................

तिथि Date	विवरण Particulars	प्राप्त सामग्री (Receipts)			निर्गमित सामग्री (Issues)			शेष सामग्री (Balance)		
		मात्रा Qty.	दर Rate	धनराशि Amount	मात्रा Qty.	दर Rate	धनराशि Amount	मात्रा Qty.	दर Rate	धनराशि Amount

2. सामग्री आगमन बही (Material Inward Book)−इस बही के अन्तर्गत सामग्री के प्राप्त होने पर लेखा किया जाता है। इससे यह पता लगता है कि संग्रहालय में किस तिथि पर कितनी मात्रा में सामग्री आयी है अर्थात् सामग्री के आगमन की पूर्ण जानकारी इस पुस्तक से प्राप्त हो जाती है। इस पुस्तक में लेखे 'सामग्री प्राप्ति टिप्पणी' (Store Received Note) के आधार पर किये जाते हैं।

3. सामग्री निर्गमन बही (Material Issue Book)−जब सामग्री का निर्गमन उत्पादन कार्यों के लिये विभिन्न विभागों को किया जाता है तो इस पुस्तक में उसका लेखा किया जाता है। इस पुस्तक के अन्तर्गत सामग्री प्राप्त करने वाले विभाग का नाम, सामग्री की मात्रा, दर एवं मूल्य लिखा जाता है। इस पुस्तक से सामग्री के समस्त निर्गमनों का पता लगता है।

4. सामग्री वापसी बही (Material Return Book)−उत्पादन विभागों द्वारा किसी निश्चित उत्पादन को करने के बाद यदि सामग्री का कोई शेष बच जाता है तो विभाग इस सामग्री को पुनः संग्रहालय में वापिस भेज देते हैं। इन लेखों को जिस पुस्तक में लिखा जाता है उसे सामग्री वापसी बही कहते हैं। इस बही में लेखे 'सामग्री वापसी टिंप्पणी' (Material Return Note) के आधार पर किये जाते हैं। इसमें सामग्री वापसी की तिथि, विभाग का नाम, कार्य आदेश की संख्या, सामग्री की मात्रा तथा मूल्य का उल्लेख होता है।

5. सामग्री हस्तांतरण बही (Material Transfer Book)−कोई सामग्री किसी उत्पादन विभाग के पास किसी निश्चित कार्य आदेश को पूरा करने के पश्चात् बची

रहती है तो विभाग शेष सामग्री को संग्रहालय को वापिस कर देता है जिसका लेखा सामग्री वापसी बही में कर लिया जाता है। लेकिन कभी-कभी यह शेष एक विभाग द्वारा किसी दूसरे विभाग के पास सीधा भेज दिया जाता है जिसको कि इस प्रकार की सामग्री की आवश्यकता होती है। ऐसा करने से विभाग को माल शीघ्र प्राप्त हो जाता है तथा सामग्री को संग्रहालय तक भेजने व दूसरे विभाग द्वारा फैक्ट्री तक मंगवाने का खर्च भी बच जाता है। जब इस प्रकार से सामग्री का हस्तांतरण एक विभाग द्वारा दूसरे विभाग को किया जाता है तो इसका लेखा एक पुस्तक में कर लिया जाता है जिसको कि 'सामग्री हस्तांतरण बही' कहते हैं। इस बही में सामग्री के हस्तांतरण की तिथि, हस्तांतरण करने वाले विभाग का नाम, हस्तांतरण प्राप्त करने वाले विभाग का नाम, सामग्री की मात्रा व कीमत को लिखा जाता है। ये लेखे 'सामग्री हस्तांतरण टिप्पणी' के आधार पर कर लिए जाते हैं।

सामग्री संक्षिप्तीकरण (Material Abstract)

सामग्री का निर्गमन 'सामग्री आवश्यकता पत्र' के आधार पर संग्रहालय के द्वारा किया जाता है जो कि समय-समय पर फोरमैन या उत्पादन विभाग के द्वारा प्राप्त होता रहता है। जब किसी कार्य के लिए इस प्रकार से ये सामग्री अनेक बार निर्गमन की जाती हैं तो उस समय यह ज्ञात करना कि किसी कार्य के लिए किसी निश्चित समय में कितनी सामग्री निर्गमित की जा चुकी है कठिन हो जाता है। कभी-कभी इस गणना में त्रुटि भी हो जाती है जिससे इस कार्य की लागत सही नहीं ज्ञात हो पाती है। इस त्रुटि से बचने के लिए प्रति सप्ताह या महीने में सामग्री का संक्षिप्तीकरण ज्ञात किया जाता है। जिससे किसी कार्य पर उस निश्चित समय में निर्गमन किए गए माल की मात्रा व कीमत लिखी होती है तथा उस कार्य के लिए 'सामग्री आवश्यक पत्र' की संख्या व मात्रा का उल्लेख होता है। सामग्री संक्षिप्तीकरण का नमूना निम्न है :

सामग्री संक्षिप्तीकरण
(Material Abstract)

अवधि.....................

सामग्री आवश्यकता प्रपत्र संख्या	धनराशि	कार्य संख्या					
		10	11	12	13	14	15
कुल योग							

सामग्री की मात्रा में कमी (Reduction in the quantity of material)– सामग्री की मात्रा में कभी-कभी कमी हो जाती है। जितनी सामग्री क्रय की जाती है उससे कम उत्पादन के लिये मिल पाती है। सामग्री की मात्रा में कमी कई कारणों से हो सकती है। कुछ कारण तो ऐसे होते हैं जो आवश्यक रूप से सामग्री की मात्रा में कमी कर देते हैं तथा दूसरे कारण वे होते हैं जिनको उचित सावधानी व देखभाल करने से रोका जा सकता है। पहले प्रकार के कारणों को सामान्य कारण (Normal Causes) व दूसरे प्रकार के कारणों को असामान्य कारण (Abnormal Causes) कहते हैं। उदाहरण के लिए कुछ सामग्री इस प्रकार की होती है जो कि हवा, धूप, पानी तथा यातायात के कारण घट जाती है। इस कमी को किसी भी प्रकार रोका नहीं जा सकता है। इस प्रकार की कमी साधारण बर्बादी (Normal wastage) कहलाती है। इसके विपरीत कभी-कभी माल चोरी, आग, कीड़े, खराब मौसम तथा श्रमिकों की लापरवाही के कारण भी कम हो जाता है जिसको कि उचित सावधानी व देखभाल से रोका जा सकता था। दूसरे प्रकार की कमी को असाधारण बर्बादी (Abnormal wastage) कहते हैं। सामग्री के निर्गमन व उत्पादन के लिये प्रयोग करने के समय यह देखना चाहिए कि सामग्री की मात्रा में कमी किसी असामान्य कारण से न होने पाए। सामग्री की मात्रा की कमी को इसकी प्रकृति की विभिन्नता के अनुसार ही लागत लेखों में अलग-अलग प्रकार से लिखते हैं। सामग्री की सामान्य कमी को तो लागत का ही अंग मानते हैं। अतः इसे वस्तु की लागत निकालते समय कुल लागत में जोड़ लेते हैं। सामग्री की सामान्य कमी को लागत लेखों में सम्मिलित करने के लिए दो विधि अपनायी जाती हैं। प्रथम विधि के अनुसार कमी की धनराशि को मूल लागत के अन्तर्गत ही शामिल करते हैं। अर्थात् सामग्री की कीमत उत्पादन में बढ़ाकर लिखते हैं। उदाहरण के लिए यदि 100 टन कोयला 9 रु० प्रति टन के हिसाब से क्रय किया गया तथा यह माना गया कि 10 टन कोयला की सामान्य कमी हो जाती है तथा 80 टन कोयला उत्पादन के लिए निर्गमित किया गया हो तो उसकी कीमत उपरोक्त विधि के अनुसार 800 रु० उत्पादन के लिए लगायेंगे। यह लागत निम्नलिखित ढंग से निकाली जाएगी :

100 Tons × Rs. 9 = Rs. 900

100 Tons – 10 tons (Normal wastage) = 90 Tons Normal quantity

Therefore cost of one ton is $\frac{900}{90}$ = Rs. 10 and

Cost for 80 tons will be 80 × 10 = Rs. 800.

दूसरी विधि के अनुसार कमी की धनराशि को फैक्ट्री व्ययों में सम्मिलित किया जाता है। उपरोक्त उदाहरण में इस विधि के अनुसार कार्य को 80 × 9 = 720 रु०

की सामग्री से नाम किया जाएगा तथा 80 रु० से कारखाना लागत को नाम किया जाएगा। उपरोक्त दोनों विधियों में किस विधि को अपनाया जाए यह निर्णय प्रबन्धकों द्वारा लिया जाता है। वैसे यदि प्रत्यक्ष सामग्री हो तो सामान्य कमी के मूल्य को सामग्री के मूल्य में जोड़ देना चाहिए और यदि अप्रत्यक्ष सामग्री हो तो उसे कारखाना उपरिव्यय में शामिल कर लेना चाहिए।

सामग्री की असामान्य कमी की धनराशि को लागत लेखों में सम्मिलित नहीं किया जाता है क्योंकि यह उत्पादन की सामान्य परिस्थितियों के कारण नहीं हुई है। इसे संस्था के सामान्य लाभ हानि खाते में डेबिट कर दिया जाता है।

सामग्री का निर्गमन
(Issue of Material)

उत्पादन कार्य करने के लिए सामग्री की आवश्यकता पड़ती है। जिसको संग्रहालय द्वारा विभागों को उनकी आवश्यकतानुसार निर्गमन करके पूर्ण किया जाता है। संग्रहालय द्वारा सामग्री का निर्गमन करने के लिए वैज्ञानिक पद्धति का प्रयोग करना चाहिए जिससे उत्पादन की उचित सामग्री ठीक समय पर प्राप्त हो सके तथा निर्गमन करने से सामग्री का दुरुप्रयोग न हो सके। सामग्री के निर्गमन के सम्बन्ध में जो पद्धति अपनाई जाती है उसका ब्यौरा निम्नलिखित है :

1. **सामग्री आवश्यकता प्रपत्र** (Material Requisition slip)–स्टोरकीपर को चाहिए कि वह किसी भी उत्पादन के लिए सामग्री तब तक निर्गमित न करे जब तक उसे कार्य को पूरा करने के लिए उत्पादन विभाग से 'सामग्री आवश्यकता प्रपत्र' प्राप्त नहीं हुआ हो। इस प्रपत्र के प्राप्त होने पर ही संग्रहालय से इसमें उल्लिखित सामग्री उत्पादन विभाग को निर्गमित की जानी चाहिए। इस प्रपत्र पर उत्पादन विभाग के किसी जिम्मेदार अधिकारी के हस्ताक्षर होना जरूरी है। इस प्रपत्र के आधार पर सामग्री निर्गमन करने से यह लाभ होता है कि स्टोरकीपर के पास एक अधिकृत लेखा होता है जिसके आधार पर उसने सामग्री का निर्गमन किया है। उत्पादन विभाग को भी उसकी आवश्यकतानुसार सामग्री प्राप्त हो जाती है। उत्पादन विभाग इसके कारण केवल अपनी आवश्यकता के अनुसार ही सामग्री की माँग करता है। सामग्री आवश्यकता पत्र प्राप्त होने पर स्टोरकीपर सामग्री को निर्गमित करके इसकी एक प्रतिलिपि को उत्पादन विभाग के फौरमेन के पास भेज देता है। जिससे उसे यह ज्ञात हो जाता है कि उसकी आवश्यकता की वस्तु का निर्गमन कर दिया गया है। वह एक प्रतिलिपि लेखा-विभाग के पास भेज देता है, जो कि उसके अनुसार सामग्री का लेखा कर देता है। अत: यह प्रपत्र एक बहुत ही महत्वपूर्ण प्रपत्र है। इस प्रपत्र का स्वरूप निम्नलिखित है :

सामग्री आवश्यकता प्रपत्र
(Material Requisition Slip)

विभाग का नाम........................ सामग्री आवश्यकता प्रपत्र संख्या..............
कार्य आदेश संख्या.................... तिथि.......................................

			कार्यालय के प्रयोग के लिए					
सामग्री का विवरण	सामग्री की मात्रा	सामग्री का कोड नं॰	सामग्री की मात्रा	दर	कीमत	स्टोर लेजर	बिन कार्ड नं॰	अन्य विवरण

मांग करने वाले फोरमैन के हस्ताक्षर .... स्टोरकीपर के हस्ताक्षर .... लागत सेवा विभाग क्लर्क के हस्ताक्षर ....

2. संग्रहालय से उत्पादन विभाग को माल भेजना (Supply of material from store to production department)–संग्रहालय से उत्पादन विभाग को सामग्री भेजने के लिए एक पृथक कर्मचारी की सेवाओं का उपयोग करना चाहिए। इस कर्मचारी का कार्य प्रतिदिन विभागों से सामग्री आवश्यकता प्रपत्र प्राप्त करना तथा उसके अनुसार उत्पादन विभागों को सामग्री पहुँचाना होना चाहिए। स्टोर से सामग्री मंगाने के लिए उत्पादक श्रमिकों का प्रयोग नहीं करना चाहिए क्योंकि इससे उस श्रमिक की उत्पादक सेवाओं का उपयोग नहीं किया जा सकेगा। साथ ही साथ थोड़ी सामग्री के लिए विभाग अपने श्रमिकों को स्टोर से सामग्री लाने के लिए भेजेंगे तो इससे यह होगा कि कई श्रमिकों की उत्पादकता का उपयोग उत्पादन को नहीं मिल पायेगा। जबकि इस कार्य को एक पृथक कर्मचारी के द्वारा भली प्रकार किया जा सकता था जो कि मितव्ययी होता। पृथक कर्मचारी के द्वारा विभागों को माल सप्लाई होने में कुछ देर की सम्भावना अवश्य रहती है। इसके लिए फोरमैन को चाहिए कि वह आवश्यकता का विवरण पहले से ही एक दिन का समयान्तर रखकर तैयार करे जिससे उसे सामग्री समय पर प्राप्त हो सके।

3. अधिक सामग्री की वापसी (Return of surplus goods)–जब कोई कार्य आदेश पूरा हो जाता है तो उत्पादन विभाग शेष सामग्री को संग्रहालय में भेज देता है, तथा इसकी सूचना लागत लेखा विभाग को भेज देता है जो कि उस कार्य को उस धन राशि से जमा कर देता है। सामग्री को वापिस भेजते समय उत्पादन विभाग

के द्वारा एक 'सामग्री वापसी टिप्पणी' तैयार की जाती है। जिसमें सामग्री का विवरण, मात्रा, कोड नं०, दर, उत्पादन विभाग का नाम तथा बिन नं० लिखा होता है। यह प्रपत्र प्राय: लाल रंग का होता है। सामग्री वापसी टिप्पणी का नमूना निम्नलिखित है :

सामग्री वापसी टिप्पणी
(Material Return Note)

टिप्पणी संख्या.................................. तिथि..................................

विभाग का नाम..................................

कार्य आदेश संख्या..................................

सामग्री का विवरण	सामग्री की मात्रा	सामग्री का कोड नं०	दर	रकम	स्टोर लेजर फोलियो	बिन नं०	अन्य विवरण

फोरमैन के हस्ताक्षर	प्राप्तकर्त्ता के हस्ताक्षर	लागत लेखा क्लर्क के हस्ताक्षर
....	....	....

उपरोक्त टिप्पणी को 'सामग्री जमा टिप्पणी' (Store Credit Note) भी कहते हैं।

4. सामग्री का एक उत्पादन विभाग से दूसरे उत्पादन विभाग को हस्तान्तरण (Transfer of Material from one Production Department to other Production Department)–कभी-कभी किसी कार्य आदेश के लिए प्राप्त हुई सामग्री के आधिक्य को संग्रहालय में न भेजकर किसी दूसरे विभाग को भेज देते जिसको कि इस प्रकार की सामग्री की आवश्यकता है। ऐसा करने से दूसरे विभाग को शीघ्र ही सामग्री प्राप्त हो जाती है तथा सामग्री को संग्रहालय में लाने जाने के खर्चे भी बच जाते हैं। इस प्रकार के हस्तान्तरण की सूचना लागत लेखा विभाग को दे देनी चाहिए। जिससे कि वह हस्तान्तरण करने वाले कार्य को जमा तथा हस्तान्तरण प्राप्त करने वाले कार्य को नाम कर सके। हस्तान्तरण करने वाले विभाग द्वारा 'सामग्री हस्तान्तरण विवरण' बनाया जाता है। इस विवरण में हस्तान्तरण करने वाले विभाग का नाम, सामग्री की मात्रा, विवरण कोड नं०, कीमत तथा हस्तान्तरण प्राप्त करने वाले विभाग का नाम होता है। 'सामग्री हस्तान्तरण विवरण' का नमूना निम्नलिखित है :

सामग्री हस्तान्तरण विवरण
(Material Transfer Note)

विवरण सं०.................................... हस्तान्तरण कार्य आदेश सं०..............

हस्तान्तरण करने वाले हस्तान्तरित कार्य आदेश सं०..............
विभाग का नाम...............................

हस्तान्तरण प्राप्त करने वाले तिथि......................................
विभाग का नाम...............................

सामग्री का विवरण	सामग्री का कोड नं०	सामग्री की मात्रा	दर	मूल्य	अन्य विवरण

सामग्री भेजने वाले फोरमैन के हस्ताक्षर .... सामग्री प्राप्त करने वाले फोरमैन के हस्ताक्षर ....

यद्यपि एक विभाग से दूसरे विभाग को सामग्री का हस्तांतरण करना साधारण परिस्थितियों में उचित नहीं है। क्योंकि इससे एक विभाग की लागत वास्तविकता से अधिक तथा दूसरे की कम आने की सम्भावना रहती है। लेकिन इस कमी को अच्छी लेखापद्धति द्वारा समाप्त किया जा सकता है। सामग्री का एक विभाग से दूसरे विभाग को भेजना निम्नलिखित परिस्थितियों में लाभदायक है :

1. जब दूसरे विभाग को उसी प्रकार की सामग्री की शीघ्र ही आवश्यकता हो। ऐसी दशा में सामग्री को संग्रहालय में भेजने, संग्रहालय से माँग करने पर व पुन: विभाग में सामग्री प्राप्त करने के समय को बचाया जा सकता है।

2. जब किसी विभाग में सामग्री बहुत अधिक मात्रा में बची हो जिस पर संग्रालय तक भेजने में बहुत भाड़ा खर्च होता हो तथा उसकी दूसरे किसी विभाग को आवश्यकता हो तो इस प्रकार भी सामग्री को सीधे विभागीय हस्तांतरण द्वारा भाड़े की राशि को बचाया जा सकता है।

3. जब दोनों विभाग पास हों तथा संग्रहालय बहुत दूर हो।

4. जब सामग्री इस प्रकार की हो जिसके वजन में लाने व ले जाने में बहुत ह्रास होता हो जैसे कोयला आदि।

5. सामग्री शीघ्र खराब हो जाने वाली हो जैसे गोस्त आदि।

उपरोक्त परिस्थितियों में सामग्री का अन्तर्विभागीय हस्तांतरण उचित है।

सामग्री के निर्गमन के सम्बन्ध में यह भी ध्यान रखना चाहिए कि संग्रहालय से केवल वही सामग्री बाहर जाये जो कि अधिकृत रूप से निर्गमित कर दी गई हो जिससे कि सामग्री की चोरी आदि न हो सके। इस कार्य के लिये संग्रहालय के द्वार पर संग्रहालय से बाहर जाने वाली सामग्री का सूक्ष्म निरीक्षण होना चाहिए। संग्रहालय के द्वार पर गेट पास का निरीक्षण गेटकीपर व एक अन्य निरीक्षक द्वारा किया जाना चाहिए। केवल वही सामग्री बाहर जाने दी जाए जो कि गेट पास के द्वारा जा रही है। बिना गेट पास के सामग्री को किसी भी दशा में बाहर नहीं निकलने देना चाहिए। चाहे इस सामग्री को कोई फोरमैन ही क्यों नहीं ले जा रहा हो। ऐसा करने से सामग्री में गड़बड़ी होने की सम्भावना नहीं रहती है। यह तभी सम्भव है जब गेटकीपर व निरीक्षक चतुर एवं ईमानदार हों।

निर्गमित सामग्री का मूल्यांकन
(Pricing of Material Issued)

उत्पादन कार्यों के लिये स्टोर से जब सामग्री निर्गमित की जाती है तो निर्गमित सामग्री के मूल्य से उस उत्पादन कार्य को डेबिट किया जाता है। इस सम्बन्ध में यह प्रश्न उठता है कि निर्गमित सामग्री का मूल्यांकन किस प्रकार किया जाए अर्थात् उत्पादन कार्य के लिये उस सामग्री को किस मूल्य पर दिया जाए। सामग्री के मूल्यांकन के लिये अलग-अलग उत्पादक अलग-अलग विधियाँ अपनाते हैं। कुछ उत्पादकों द्वारा सामग्री का मूल्यांकन उस मूल्य पर किया जाता है जिस पर कि उस को खरीदा गया है अर्थात् ये उत्पादक निर्गमित सामग्री का मूल्यांकन लागत के आधार पर करते हैं। कुछ उत्पादकों द्वारा यह माना जाता है कि मूल्यांकन निर्गमन की तिथि पर प्रचलित बाजार के मूल्य पर करना चाहिए। जिससे उत्पादन की लागत उस समय के बाजार मूल्यों के अनुसार ज्ञात हो सके। इसके अलावा औसत मूल्य तथा अन्य मूल्यों के आधार पर भी निर्गमित सामग्री का मूल्यांकन करने की विधि अपनायी जाती है। विभिन्न उत्पादक अलग-अलग विधियाँ मूल्यांकन के लिये अपनाते हैं। प्रत्येक विधि की कुछ विशेषताएं होती हैं। जिसके कारण उसको अपनाया जाता है। विभिन्न प्रकार की मूल्यांकन विधियों का विस्तृत वर्णन नीचे किया जा रहा है।

मूल्यांकन की विधियाँ
(Methods of Pricing)

1. वास्तविक लागत मूल्य विधि (Actual Cost Price Method)
   - (अ) पहले आगमन पहले निर्गमन (First in First out or FIFO)
   - (ब) अन्त में आगमन पहले निर्गमन (Last in First out or LIFO)
   - (स) उच्चतम आगमन पहले निर्गमन (Highest in First out or HIFO)

2. औसत मूल्य विधि (Average Price Method)

(अ) साधारण औसत मूल्य (Simple Average Price Method)

(ब) भारांकित औसत मूल्य (Weighted Average Price Method)

3. बाजार मूल्य विधि (Market Price Method)

4. प्रमापित मूल्य विधि (Standard Cost)

5. परिवर्द्धित मूल्य विधि (Inflated Price Method)

1. वास्तविक लागत मूल्य विधि (Actual Cost Price Method)–जब सामग्री को उसी मूल्य पर निर्गमित किया जाता है, जिस पर कि उसे खरीदा गया हो तो मूल्याँकन की इस विधि को वास्तविक लागत विधि कहते हैं। वास्तविक लागत पर सामग्री का निर्गमन करने से उत्पादन की लागत वही आती है जो कि उत्पादक को वास्तव में उसके सम्बन्ध में व्यय करनी पड़ी है। एक ही प्रकार की सामग्री अलग-अलग तिथियों पर खरीदी जाने के कारण उसकी क्रय लागत भी अलग-अलग होती है। इस परिस्थिति में यह प्रश्न उठता है कि जब सामग्री को वास्तविक लागत पर निर्गमित किया जा रहा है तो मूल्यांकन विभिन्न लागतों में से किस लागत पर किया जाए। इसके लिये अलग-अलग उत्पादकों द्वारा अलग-अलग विधियाँ अपनायी जाती हैं। ये विधियाँ निम्नलिखित हैं :

(अ) पहले आगमन पहले निर्गमन (First in First out or FIFO)–यह पद्धति इस सिद्धांत के ऊपर आधारित है कि जो सामग्री पहले प्राप्त की गई है उसे पहले निर्गमित किया जाना चाहिए अर्थात् सामग्री को क्रमशः उसके आगमन के अनुसार निर्गमित करना चाहिए तथा निर्गमित सामग्री का मूल्यांकन भी इसी सिद्धांत से करना चाहिए। मूल्यांकन के लिये पहले उस मूल्य को लेना चाहिए जो निर्गमित की जाने वाली सामग्री के सम्बन्ध में सबसे पहला है। इस प्रकार इस विधि के अन्तर्गत सबसे पुराने मूल्य को मूल्यांकन के लिये अपनाते हैं। यह पद्धति बहुत सरल है। जहाँ पर मूल्यों में बहुत उतार चढ़ाव नहीं होते हैं वहाँ उपयोगी भी है। इस विधि से अन्तिम स्टॉक का मूल्य प्रचलित मूल्यों के आस-पास ही निकलता है। इस पद्धति के अपनाने से जो लाभ तथा हानियाँ हैं वे निम्नलिखित हैं :

लाभ–1. यह पद्धति इस वास्तविकता पर आधारित है कि उत्पादन के लिये सामग्री का निर्गमन क्रमशः उसके आगमन के अनुसार ही होना चाहिए।

2. इससे सामग्री के अन्तिम स्टॉक का मूल्य प्रचलित मूल्यों के लगभग आता है क्योंकि अन्तिम स्टॉक के रूप में हाल ही में क्रय की गई सामग्री रहती है।

3. जिन वस्तुओं के मूल्यों में अधिक उतार चढ़ाव नहीं होते हैं उनके मूल्यांकन के लिये यह पद्धति उपयोगी है।

4. वास्तविक लागत पर आधारित होने के कारण इससे लागत उत्पादक द्वारा किये गये वास्तविक खर्चे के बराबर ही आती है।

5. इससे किसी समय उत्पादक को बहुत अधिक पुराने माल के मिलने की सम्भावना नहीं रहती है जैसे कि 'अन्त में आगमन पहले निर्गमन' (LIFO) विधि के अन्तर्गत सम्भव है।

हानियाँ–1. जिन वस्तुओं के मूल्य में परिवर्तन शीघ्र ही बहुत अधिक होते हैं उनके लिये यह पद्धति न तो उपयोगी है और न आसान ही।

2. इस पद्धति से वस्तु की लागत का बाजार मूल्य से कोई सम्बन्ध नहीं रहता है तथा कभी-कभी उत्पादित वस्तु को गलत मूल्यांकन के कारण बहुत कम दामों पर बाजार में बेचना पड़ जाता है।

Illustration 7

You are given the following information regarding Material A 27 and you are asked to calculate the prices of material issued on the basis of 'First in First out.' Show your calculations by preparing the Store Ledger A/c.

2004		
January,	1	Opening stock 220 units @ Rs. 9 per unit.
	3	Purchased from vendor 540 units @ Rs. 9.10 per unit.
	5	Issued to Job No. 11 — 280 units.
	8	Purchased from vendor 180 units @ Rs. 8.90 per unit.
	10	Issued to job No. 12 — 400 units.
	12	Issued to job No. 11 — 160 units.
	15	Purchased from vendor 340 units @ Rs. 10.20 per unit.
	16	Issued to job No 11 — 200 units.
	17	Issued to job No. 12 — 180 units.
	20	Purchased from vendor 460 units @ Rs. 9.50 per unit.
	22	Issued to job No. 11 — 230 units.
	23	Issued to job No. 12 — 110 units.
	25	Purchased from vendor 610 units @ Rs. 10 per unit.
	28	Issued to job No. 11 — 240 units.
	31	Issued to job No. 12 — 260 units.

(Solution on page 78)

(ब) अन्त में आगमन पहले निर्गमन (Last in First out or LIFO)–यह पद्धति उपरोक्त विधि के बिल्कुल विपरीत है। इस पद्धति को प्रयोग करने का आधार यह है कि उत्पादन के लिए उस वस्तु को पहले प्रयोग किया जाए जो कि संग्रहालय में सबसे बाद में आयी हो तथा इसी आधार पर सबसे बाद वाले आगमन के मूल्य पर ही उसका मूल्यांकन करना चाहिए। इससे उत्पादन के लिए ताजी सामग्री प्राप्त हो सकती है तथा मूल्य भी बाजार मूल्य के लगभग आता है। इस पद्धति के लाभ तथा हानियाँ निम्नलिखित हैं :

लाभ–1. इस पद्धति के आधार पर निर्गमित सामग्री का मूल्यांकन करने से उत्पादन की लागत बाजार मूल्य के लगभग आती है।

Solution

Store Ledger Account

Name of Material.......................... Maximum Stock..............................
Code No.................................... Minimum Stock..............................
Folio... Ordering Level...............................

Date	Particulars	Receipts			Issues			Balance		
		Quantity (Units)	Rate (Rs.)	Amount (Rs.)	Quantity (Units)	Rate (Rs.)	Amount (Rs.)	Quantity (Units)	Rate (Rs.)	Amount (Rs.)
1-1-2004	Opening Stock	—	—	—	—	—	—	220	9.00	1,980
3-1-2004	Store Receipt Note No... (S.R. No...)	540	9.10	4,914	—	—	—	760	220×9.00 540×9.10	6,894
5-1-2004	Material Requisition Slip No. (M.R.S. No...)	—	—	—	280	220×9.00 60×9.10	2,526	480	9.10	4,368
8-1-2004	S.R. No...	180	8.90	1,602	—	—	—	660	480×9.10 180×8.90	5,970
10-1-2004	M.R.S. No...	—	—	—	400	9.10	3,640	260	80×9.10 180×8.90	2,330
12-1-2004	M.R.S. No...	—	—	—	160	80×9.10 80×8.90	1,440	100	8.90	890
15-1-2004	S.R. No...	340	10.20	3,468	—	—	—	440	100×8.90 340×10.20	4,358
16-1-2004	M.R.S. No... 100×10.20	—	—	—	200	100×8.90 100×10.20	1,910	240	10.20	2,448
17-1-2004	M.R.S. No...	—	—	—	180	10.20	1,836	60	10.20	612
20-1-2004	S.R. No...	460	9.50	4,370	—	—	—	520	60×10.20 460×9.50	4,982
22-1-2004	M.R.S. No... 170×9.50	—	—	—	230	60×10.20 170×9.50	2,227	290	9.50	2,755
23-1-2004	M.R.S. No...	—	—	—	110	9.50	1,045	180	9.50	1,710
25-1-2004	S.R. No...	610	10.00	6,100	—	—	—	790	180×9.50 610×10.00	7,810
28-1-2004	M.R.S. No... 60×10.00	—	—	—	240	180×9.50 60×10.00	2,310	550	10	5,500
31-1-2004	M.R.S. No...	—	—	—	260	10.00	2,600	290	10	2,900

2. लागत के आधार पर मूल्यांकन करने से वस्तु की लागत में बिना वसूल हुए लाभ (unrealised profit) के जुड़ने की सम्भावना नहीं रहती है।

3. सामग्री के मूल्य में वृद्धि होने पर 'पहले आगमन पहले निर्गमन' विधि की तुलना में इससे मूल्य ठीक निकलता है तथा बाजार में प्रचलित मूल्य पर बेचने से वस्तु का विक्रय सरल हो जाता है।

हानियाँ–1. इस पद्धति के अन्तर्गत सामग्री के आगमन के अनुसार क्रमशः निर्गमन न करने के कारण कभी-कभी उत्पादन के लिए बहुत पुरानी सामग्री प्रयोग करनी पड़ती है।

2. अन्तिम स्टॉक के मूल्य और बाजार मूल्य में बहुत अन्तर होता है।

3. यह पद्धति 'पहले आगमन पहले निर्गमन' विधि की तुलना में कठिन है।

Illustration 8

Prepare the Store Ledger Account from the particulars given below, pricing the issued material on the basis of 'Last in First out' method.

Receipts of the Material :

1-6-2004	200 Tons	@ Rs. 5.60 per ton
3-6-2004	180 "	@ Rs. 6.10 " "
7-6-2004	330 "	@ Rs. 5.90 " "
9-6-2004	460 "	@ Rs. 4.10 " "
12-6-2004	300 "	@ Rs. 6.25 " "
16-6-2004	520 "	@ Rs. 5.50 " "

Issues of the above material to a certain job :

4-6-2004	250 Tons
10-6-2004	300 "
13-6-2004	260 "
17-6-2004	110 "
26-6-2004	620 "
30-6-2004	340 "

(Solution on pages 80 and 81)

(स) उच्चतम आगमन पहले निर्गमन (Highest in First out or HIFO)–जब इस पद्धति को अपनाया जाता है तो उत्पादन के लिए सामग्री के समस्त आगमनों में से उस सामग्री का सबसे पहले निर्गमन किया जाता है जो कि सबसे अधिक मूल्य पर क्रय की गई तथा उसी मूल्य के आधार गर निर्गमित सामग्री का मूल्यांकन किया जाता है। इसका तात्पर्य यह है कि इस विधि के अन्तर्गत सामग्री का निर्गमन मूल्य क्रय मूल्य की उच्चतम दरों पर क्रमशः किया जाता है। उदाहरण के लिये यदि किसी महीने में कुछ सामग्री क्रमशः 10 रु०, 11 रु० व 9 रु० की दर से खरीदी गई तो इस विधि के अनुसार सबसे पहले उस सामग्री का निर्गमन किया जाएगा जो 11 रु० की दर से खरीदी गई है। इसके पश्चात् 10 रु० की दर

Solution

Store Ledger Account

Name of Material........................ Maximum Stock..............................
Code No................................... Minimum Stock...............................
Folio... Ordering Level...............................

Date	Particulars	Receipts			Issues			Balance		
		Quantity (Tons)	Rate (Rs.)	Amount (Rs.)	Quantity (Tons)	Rate (Rs.)	Amount (Rs.)	Quantity (Tons)	Rate (Rs.)	Amount (Rs.)
June 2004										
1	S.R. No...	200	5.60	1,120	—	—	—	200	5.60	1,120
3	S.R. No...	180	6.10	1,098	—	—	—	380	200×5.60 180×6.10	2,218
4	M.R.S. No...	—	—	—	250	180×6.10 70×5.60	1,490	130	5.60	728
7	S.R. No...	330	5.90	1,947	—	—	—	460	130×5.60 330×5.90	2,675
9	S.R. No...	460	4.10	1,886	—	—	—	920	130×5.60 330×5.90 460×4.10	4,561
10	M.R.S. No...	—	—	—	300	4.10	1,230	620	130×5.60 330×5.90 160×4.10	3,331
12	S.R. No...	300	6.25	1,875	—	—	—	920	130×5.60 330×5.90 160×4.10 300×6.25	5,206

(Contd...)

13	M.R.S. No....	—	—	—	260	6.25	1,625	660	130×5.60 330×5 90 160×4 10 40×6.25	3,581
16	S.R. No....	520	5.50	2,860	—	—	—	1,180	130×5.60 330×5.90 160×4.10 40×6.25 520×5.50	6,441
17	M.R.S. No....	—	—	—	110	5.50	605	1,070	130×5.60 330×5.90 160×4.10 40×6 25 410×5.50	5,836
26	M.R.S. No....	—	—	—	620	410×5.50 40×6.25 160×4.10 10×5.90	3,220	450	130×5.60 320×5.90	2,616
30	M.R.S. No....	—	—	—	340	320×5.90 20×5.60	2,000	110	5.60	616

वाली को तथा अन्त में 9 रु० की दर वाली सामग्री का निर्गमन होगा। इस पद्धति के लाभ हानि निम्नलिखित हैं :

लाभ : 1. इससे उत्पादन की हानि की सम्भावना कम रहती है क्योंकि उच्चतम मूल्य को निर्गमन के लिये प्रयोग करने से वस्तु की लागत अधिक आती है जिससे विक्रय मूल्य भी अधिक निश्चित किया जा सकता है।

2. लाभ की राशि कम निकलती है जिससे टैक्सों में बचत होती है।

हानियाँ : 1. इससे बाजार के मूल्य और उत्पादन के मूल्य में कोई समानता नहीं रहती है।

2. अन्तिम स्टॉक का मूल्य बहुत कम निकलता है।

3. इस पद्धति से वस्तु की लागत अधिक निकलने के कारण, विक्रय मूल्य भी अधिक आता है जिससे वस्तुएँ बाजार में बिक नहीं पाती हैं। अतः इस पद्धति को व्यवहार में अपनाया नहीं जाता है।

2. औसत मूल्य विधि (Average Price Method)–जब निर्गमित माल का मूल्यांकन सामग्री के क्रय की किसी विशेष दर के आधार पर न करके समस्त दरों के औसत के आधार पर किया जाता है तो उसे औसत मूल्य विधि कहते हैं। दूसरे शब्दों में औसत मूल्य विधि का आशय क्रय की विभिन्न दरों का औसत निकालकर सामग्री के मूल्यांकन से है। औसत विधि का प्रयोग उस सामग्री के विषय में किया जाता है जिसको क्रय करने के पश्चात् संग्रहालय में रख देने से यह पहचानना मुश्किल हो जाए कि कौन-सी सामग्री कब तथा किस दर पर क्रय की थी अर्थात् जब विभिन्न तिथियों पर आयी हुई सामग्री एक दूसरे में मिश्रित हो जाती है तो इस विधि का उपयोग करते हैं क्योंकि विभिन्न दरों की सामग्री को अलग-अलग न पहचानने के कारण उनका निर्गमन उनके क्रय मूल्य के आधार पर नहीं किया जा सकता है। औसत मूल्य विधि दो प्रकार की होती हैं :

(अ) साधारण औसत मूल्य विधि (Simple Average Price Method)

(ब) भाराँकित औसत मूल्य विधि (Weighted Average Price Method)

(अ) साधारण औसत मूल्य विधि (Simple Average Price Method)–जब निर्गमित सामग्री के मूल्यांकन के सम्बन्ध में उस तिथि तक क्रय की गई विभिन्न सामग्रियों की दरों का औसत निकालकर निकाले गये मूल्य के आधार पर किया जाता है तो उस विधि को साधारण औसत मूल्य विधि कहते हैं। इस विधि के अन्तर्गत क्रय की गई सामग्री की मात्रा का कोई ध्यान नहीं रखा जाता है। उदाहरण के लिए यदि एक विशेष प्रकार की सामग्री 28 जनवरी, 2004 को निर्गमित की गई और इस निर्गमन से पूर्व स्टॉक में 1, 5, 15 तथा 20 जनवरी, 2004 को क्रमशः 50, 80, 40 तथा 100 यूनिट क्रय किया गया माल सम्मिलित है। जिनकी कि क्रय दर क्रमशः 6 रु०, 10 रु०, 9 रु० तथा 11 रु० है। यदि इस सामग्री का मूल्यांकन साधारण औसत मूल्य विधि के अनुसार करना है तो इस विधि से 9 रु० $\left(\frac{6+10+9+11}{4}\right)$

मूल्यांकन की दर होगी। इस प्रकार इस विधि में केवल क्रय मूल्य को ही ध्यान में रखा गया है, मात्रा को नहीं। इस विधि के लाभ व हानियाँ निम्नलिखित हैं :

लाभ–1. इस पद्धति से निर्गमित सामग्री का मूल्यांकन करना सरल है।

2. जब विभिन्न तिथियों पर आयी सामग्री को संग्रहालय में रखने के पश्चात् अलग अलग पहचाना नहीं जा सके तो लागत मूल्य की अपेक्षा यह विधि ठीक है।

हानियाँ–1. यद्यपि यह विधि सरल है लेकिन इसमें विभिन्न क्रय मूल्यों का औसत निकालने के कारण मूल्यांकन ठीक नहीं हो पाता है।

2. इस पद्धति के वास्तविक लागत पर आधारित न होने के कारण लागत में ही लाभ या हानि की राशि सम्मिलित हो जाती है।

3. इससे अन्तिम स्टॉक का मूल्य ठीक नहीं निकल पाता है।

4. इस पद्धति में क्रय की जाने वाली सामग्री की मात्रा को ध्यान में नहीं रखा जाता है जिसके कारण निर्गमित सामग्री का मूल्यांकन ठीक नहीं हो पाता है।

Illustration 9

Calculate the price of the material issued based on Simple Average Price Method from the following information :

2004					Rs.
May	1	Purchased	610	Kgs.	@ 1.10
	5	Issued	230	"	
	12	Purchased	280	"	@ 1.90
	15	Purchased	340	"	@ 1.80
	18	Issued	160	"	
	25	Purchased	640	"	@ 1.50
	30	Issued	270	"	
June	3	Purchased	400	"	@ 1.20
	8	Issued	520	"	
	12	Issued	180	"	
	15	Purchased	360	"	@ 1.25
	20	Issued	180	"	
	25	Purchased	200	"	@ 2.10
	30	Issued	170	"	

(Solution on page 84)

(ब) भारांकित औसत मूल्य विधि(Weighted Average Price Method)–इस पद्धति से उपरोक्त विधि के कुछ दोष दूर हो जाते हैं। इस विधि के अनुसार निर्गमित सामग्री का मूल्यांकन करते समय विभिन्न तिथियों पर प्राप्त की गई सामग्री की क्रय दर के साथ-साथ मात्रा का भी ध्यान रखा जाता है। विभिन्न समयों में क्रय की गई सामग्री की मात्रा तथा मूल्यों का गुणा करके गुणनफल का औसत निकाला

Solution

Store Ledger Account

Name of Material........................ Maximum Stock..............................
Code No.................................... Minimum Stock..............................
Folio.. Ordering Level...............................

Date	Particulars	Receipts			Issues			Balance		Remarks
2004		Quantity (Kgs.)	Rate (Rs.)	Amount (Rs.)	Quantity (Kgs.)	Rate (Rs.)	Amount (Rs.)	Quantity (Kgs.)	Amount (Rs.)	
May 1	S.R. No...	610	1.10	671	—	—	—	610	671	
5	M.R.S. No...	—	—	—	230	1.10	253	380	418	
12	S.R. No...	280	1.90	532	—	—	—	660	950	
15	S.R. No...	340	1.80	612	—	—	—	1000	1,562	
18	M.R.S. No...	—	—	—	160	1.60	256	840	1,306	$\frac{1.10+1.90+1.80}{3}=1.60$
25	S.R. No...	640	1.50	960	—	—	—	1480	2,266	
30	M.R.S. No...	—	—	—	270	1.73	467	1210	1,799	$\frac{1.90+1.80+1.50}{3}=1.73$
June 3	S.R. No...	400	1.20	480	—	—	—	1610	2,279	
8	M.R.S. No..	—	—	—	520	1.60	832	1090	1,447	$\frac{1.90+1.80+1.50+1.20}{4}=1.60$
12	M.R.S. No...	—	—	—	180	1.60	288	910	1,159	
15	S.R. No...	360	1.25	450	—	—	—	1270	1,609	
20	M.R.S. No...	—	—	—	180	1.32	238	1090	1,371	$\frac{1.50+1.20+1.25}{3}=1.32$
25	S.R. No...	200	2.10	420	—	—	—	1290	1,791	
30	M.R.S. No...	—	—	—	170	1.51	257	1120	1,534	$\frac{1.50+1.20+1.25+2.10}{4}=1.51$

जाता है और उस निकाले गये औसत मूल्य के आधार पर सामग्री को निर्गमित किया जाता है। उदाहरण के लिये यदि 50 यूनिट के निर्गमन से पूर्व स्टॉक में 100 यूनिट 9 रु० की दर से तथा 90 यूनिट 8 रु० की दर से सम्मिलित हैं तो इस निर्गमन के लिये भारांकित औसत मूल्य के आधार पर मूल्यांकन दर 8.57 रु. $\left(\frac{100\times9\times8}{100+90}\right)$ होगी।

लाभ–1. इस विधि में सामग्री की मात्रा को भी सम्मिलित कर लेने के कारण निर्गमित सामग्री का मूल्यांकन ठीक हो जाता है।

2. संग्रहालय में जब विभिन्न मूल्यों की सामग्री होती है तो इस विधि से मूल्यांकन करने पर प्रतिनिधि दर का प्रयोग किया जा सकता है।

हानियां–1. सामग्री का मूल्यांकन वास्तविक लागत के आधार पर न करने के कारण उत्पादन की लागत में लाभ-हानि की राशि का समावेश हो जाता है।

2. जब आगमन तथा निर्गमन बहुत जल्दी-जल्दी होते हैं तो इस विधि के द्वारा निर्गमित सामग्री का मूल्यांकन करने पर यह पद्धति कठिन प्रतीत होती है क्योंकि इससे गणितीय गणना बहुत करनी पड़ती है। ऐसी परिस्थिति में इस विधि के द्वारा निर्गमित मूल्य दशमलांश में आते हैं।

3. इस पद्धति के प्रयोग से निर्गमित सामग्री का मूल्यांकन उस समय पर प्रचलित सामग्री के मूल्य से भिन्न होता है।

Illustration 10

Draw up a Store Ledger Card regarding the following transactions that took place in the month of March 2004 assuming that issues are made on the basis of Weighted Average Price Method :

2004					Rate per piece Rs.
1st	March	Opening Balance	70	Pieces	3.60
4th	”	Purchased	120	”	3.70
8 ”	”	Issued	160	”	
13 ”	”	Purchased	230	”	3.10
16 ”	”	”	340	”	2.90
18 ”	”	Issued	130	”	
22nd	”	Purchased	180	”	3.20
25th	”	Issued	230	”	
27 ”	”	Purchased	150	”	3.30
28 ”	”	Received from a job order	40	”	3.40
30 ”	”	Purchased	180	”	3.80
31st	”	Issued	240	”	

Solution

Store Ledger Account

Name of Material........................ Maximum Stock..............................

Code No.................................. Minimum Stock..............................

Folio...................................... Ordering Level..............................

Date	Particulars	Receipts			Issues			Balance			Remarks
2004		Qty. (Pcs.)	Rate (Rs.)	Amount (Rs.)	Qty. (Pcs.)	Rate (Rs.)	Amount (Rs.)	Qty. (Pcs.)	Rate (Rs.)	Amount (Rs.)	
March 1	Opening Balance	—	—	—	—	—	—	70	3.60	252	
4	S.R. No...	120	3.70	444	—	—	—	190	3.66	696	$\frac{696}{190} = 3.66$
8	M.R.S. No...	—	—	—	160	3.66	586	30	3.66	110	
13	S.R. No...	230	3.10	713	—	—	—	260	3.165	823	$\frac{823}{260} = 3.165$
16	S.R. No...	340	2.90	986	—	—	—	600	3.015	1809	$\frac{1809}{600} = 3.015$
18	M.R.S. No...	—	—	—	130	3.015	392	470	3.015	1417	
22	S.R. No...	180	3.20	576	—	—	—	650	3.07	1993	$\frac{1993}{650} = 3.07$
25	M.R.S. No...	—	—	—	230	3.07	706	420	3.07	1287	
27	S.R. No...	150	3.30	495	—	—	—	570	3.13	1782	$\frac{1782}{570} = 3.13$
28	S.R. No...	40	3.40	136	—	—	—	610	3.14	1918	$\frac{1918}{610} = 3.14$
30	S.R. No...	180	3.80	684	—	—	—	790	3.29	2602	$\frac{2602}{790} = 3.03$
31	M.R.S. No...	—	—	—	240	3.29	790	550	3.29	1812	

3. बाजार मूल्य विधि (Market Price Method)–इस विधि के अनुसार मूल्यांकन करते समय यह देखा जाता है कि निर्गमित की जाने वाली सामग्री को यदि निर्गमन के समय खरीदा जाए तो उसका जो क्रय मूल्य देना पड़ेगा उसी मूल्य पर सामग्री को निर्गमित किया जाए। इस प्रकार इस विधि को अपनाने पर सामग्री के प्रतिस्थापन मूल्य (Replacement Price) को देखना पड़ता है अर्थात् यह ज्ञात करना पड़ता है कि वह सामग्री निर्गमन की तिथि पर बाजार में किस दर पर प्राप्य है। अत: मूल्यांकन की इस विधि को 'बाजार मूल्य विधि' या प्रतिस्थापना मूल्य विधि (Replacement Price Method) भी कहते हैं। इस विधि के लाभ तथा हानियां निम्नलिखित हैं :

लाभ-1. यदि बाजार मूल्य का निश्चय कर लिया जाए तो इस विधि से मूल्यांकन करने की प्रणाली बहुत सरल हो जाती है।

2. इससे वस्तु की लागत उस समय पर प्रचलित मूल्य के बराबर ही आती है।

हानियां-1. इस विधि के अन्तर्गत बाजार मूल्य पर सामग्री का निर्गमन किया जाता है तो सबसे बड़ी कठिनाई उस सामग्री के सम्बन्ध में विभिन्न तिथियों पर बाजार मूल्य को ज्ञात करने की होती है और उस सामग्री के सम्बन्ध में एक ही समय पर विभिन्न बाजार मूल्यों में से किसी एक मूल्य का चुनाव करना और भी कठिन कार्य हो जाता है।

2. इससे सामग्री का मूल्यांकन लागत के आधार पर नहीं करने के कारण उत्पादन की लागत में ही लाभ-हानि की राशि सम्मिलित हो जाती है।

4. प्रमापित मूल्य या स्थायी मूल्य विधि (Standard Price or Fixed Price Method)–कभी-कभी उत्पादक सामग्री के निर्गमन के सम्बन्ध में एक स्थायी मूल्य का निश्चय कर लेता है और फिर उसी मूल्य के आधार पर एक निश्चित समय में प्रत्येक तिथि के निर्गमन को मूल्यांकित करता है चाहे वह किसी भी दर पर क्रय किया गया हो। इस प्रकार के स्थायी मूल्य को निर्धारित करने से पहले उत्पादक क्रय की दरों की विवेचना करके एक प्रमाप निश्चित करता है और उसी प्रमाप (standard) के आधार पर उस स्थायी मूल्य को निश्चित किया जाता है। इसी कारण इस प्रकार की मूल्यांकन विधि को प्रमापित मूल्यांकन विधि या स्थायी मूल्यांकन विधि कहते हैं। यह मूल्य विभिन्न समयों पर बदलता रहता है क्योंकि अलग-अलग समयों पर परिस्थिति देखकर अलग-अलग प्रमाप निश्चित किये जाते हैं। जैसे 2003 के लिए प्रमापित मूल्य कुछ होगा, 2004 के लिए कुछ और होगा। इस विधि के अनुसार मूल्यांकन के करने पर सामग्री खाता बही के जमा तथा नाम पक्ष के योगों में जो अन्तर आता है उसे 'सामग्री मूल्यांकन अन्तर खाते' में डालकर दिखाया जाता है। इसके लाभ-हानि निम्नलिखित हैं :

लाभ—1. समस्त निर्गमनों को एक ही दर पर मूल्यांकित करने के कारण यह विधि आसान है।

2. इस विधि से सामग्री का मूल्यांकन करने पर वस्तु की प्रमापित लागत ज्ञात होती है।

हानियां—1. इस विधि से उत्पादन की प्रमापित लागत निकलती है, वास्तविक नहीं।

2. इसमें सामग्री के मूल्यों की प्रवृत्ति (Trend) का ध्यान नहीं रखा जाता है।

3. इस विधि के अन्तर्गत यदि प्रमापित लागत का निश्चय पूर्ण सतर्कता एवं बुद्धिमानी से नहीं किया गया हो तो इसके आधार पर निर्गमित सामग्री का मूल्यांकन ठीक नहीं हो पायेगा।

4. प्रमापित लागत का निश्चय करना कठिन कार्य है।

5. परिवर्द्धित मूल्य विधि (Inflated Price Method)—उत्पादन में प्रयोग की जाने वाली वस्तुएँ इस प्रकार की भी हो सकती हैं जिनकी मात्रा में संग्रह या यातायात के कारण साधारणतया क्रय की जाने वाली मात्रा में कुछ कमी आ जाती है। ऐसी वस्तुओं के सम्बन्ध में यह आवश्यक हो जाता है कि निर्गमित सामग्री का मूल्यांकन बढ़ी हुई दर पर किया जाए क्योंकि ऐसा करने के पश्चात् ही यह सम्भव हो पाएगा कि जितने मूल्य में सामग्री को क्रय किया गया है उतने में वह निर्गमित की गई है अर्थात् क्रय मूल्य एवं निर्गमन में समानता सम्भव है। सामग्री के क्रय मूल्य में कितने प्रतिशत वृद्धि की जाएगी, यह उत्पादक अपने अनुभव तथा वस्तु के गुण के आधार पर निश्चित करता है जो कि अलग-अलग वस्तुओं के लिए अलग-अलग हो सकती है। वास्तव में मूल्यांकन की यह विधि कोई अलग विधि न होकर उपरोक्त किसी विधि के आधार पर ही निर्गमित सामग्री का मूल्यांकन बढ़ी हुई दर (Inflated Price) पर कर लिया जाता है।

निर्गमित सामग्री के मूल्यांकन के लिए किसी विधि का चुनाव करते समय ध्यान रखने वाले तत्व (Factors which should be kept in mind while selecting a method for valuation of material issued)—उपरोक्त विवरण से ज्ञात होता है कि निर्गमित सामग्री का मूल्यांकन अनेकों विधियों के द्वारा किया जाता है तथा प्रत्येक विधि की अपनी कुछ विशेषताएँ एवं कमियाँ हैं। ऐसी परिस्थिति में प्रश्न यह उठता है कि किसी उत्पादक के द्वारा मूल्यांकन के लिए किस विधि को अपनाया जाए। वैसे तो इस प्रश्न का कोई निश्चित उत्तर नहीं दिया जा सकता है। क्योंकि अलग-अलग उत्पादकों के लिए उसकी अपनी परिस्थितियों के अनुसार अलग प्रकार की विधि ही उपयोगी होगी। लेकिन फिर भी नीचे कुछ ऐसे तत्वों का वर्णन किया जा रहा है जिसके कि आधार पर एक अच्छी मूल्यांकन प्रणाली का चुनाव किया जा सकता है। ये तत्व निम्नलिखित हैं :

1. सामग्री के मूल्यों में परिवर्तन होने की सम्भावना।

2. सामग्री के क्रय का समयान्तर।

3. लागत की विधि जिसका उपयोग किया जा रहा है यदि प्रमापित लागत निकालनी हो तो प्रमापित मूल्य विधि का प्रयोग होना चाहिए।

4. मूल्यांकन विधि के सम्बन्ध में समय तथा धन का व्यय।

5. मूल्यांकन विधि की सरलता।

6. सामग्री की प्रकृति, यदि सामग्री की मात्रा में समयान्तर के कारण कमी आ जाती है तो परिवर्द्धित मूल्य विधि को अपनाना उत्तम होगा।

उपरोक्त तत्वों को ध्यान में रखकर एक उत्पादक यह निश्चित कर सकता है कि कौन-सी विधि उसके लिये उपयोगी है।

(Miscellaneous Illustrations)

Illustration 11

The following transactions took place in respect of a material.

Date	Received Quantity Quintals	Rate Per Quintal	Issued Quantity
1-7-2004	150	Rs. 4.00	
6-7-2004			120
9-7-2004	200	Rs. 4.10	
11-7-2004			180
15-7-2004	350	Rs. 5.00	
19-7-2004			270
22-7-2004	250	Rs. 4.20	
24-7-2004			130
26-7-2004	160	Rs. 4.80	
28-7-2004			190
30-7-2004	220	Rs. 4.50	
31-7-2004			120

It is noted that there is a reduction of 10% in the quantity of material. You are asked to draw a Store Ledger Account on the basis of inflated price taking into consideration the above reduction in quantity. Use Weighted Average Method for pricing the issued material.

(Solution on page 90)

Illustration 12

You are given the following details regarding material of a manufacturing concern :

2003		
1st August	Balance	80 Metres @ Rs. 16 per metre
3rd August	Ordered	500 Metres expected on 8th August—purchase order No. 22

Solution to Illustration 11

Store Ledger Account

Name of Material........................ Maximum Stock..............................
Code No................................... Minimum Stock..............................
Folio.. Ordering Level..............................

Date	Particulars	Receipts						Issues			Balance			Remarks
		Gross			Net									
2004		Qty. (Qtls.)	Rate (Rs.)	Amount (Rs.)	Qty. (Qtls.)	Rate (Rs.)	Amount (Rs.)	Qty. (Qtls.)	Rate (Rs.)	Amount (Rs.)	Qty. (Qtls.)	Rate (Rs.)	Amount (Rs.)	
July 1	S.R. No...	150	4.00	600	135	4.44	600	—	—	—	135	4.44	600	
6	M.R.S. No...	—	—	—	—	—	—	120	4.44	533	15	4.44	67	
9	S.R. No...	200	4.10	820	180	4.556	820	—	—	—	195	4.55	887	$\frac{887}{195} = 4.55$
11	M.R.S. No...	—	—	—	—	—	—	180	4.55	819	15	4.55	68	
15	S.R. No...	350	5.00	1,750	315	5.556	1,750	—	—	—	330	5.51	1,818	$\frac{1818}{330} = 5.51$
19	M.R.S. No...	—	—	—	—	—	—	270	5.51	1,487	60	5.51	331	
22	S.R. No...	250	4.20	1,050	225	4.67	1,050	—	—	—	285	4.85	1,381	$\frac{1381}{285} = 4.85$
24	M.R.S. No...	—	—	—	—	—	—	130	4.85	630	155	4.85	751	
26	S.R. No...	160	4.80	768	144	5.33	768	—	—	—	299	5.08	1,519	$\frac{1519}{299} = 5.08$
28	M.R.S. No...	—	—	—	—	—	—	190	5.08	965	109	5.08	554	
30	S.R. No...	220	4.50	990	198	5.00	990	—	—	—	307	5.03	1,544	$\frac{1544}{307} = 5.03$
31	M.R.S. No...	—	—	—	—	—	—	120	5.03	604	187	5.03	940	

Note: इसमें निर्गमित सामग्री का मूल्यांकन 'परिवर्द्धित मूल्य विधि' से किया जाता है। प्राप्त सामग्री के वजन को 10% घटाकर उनकी लागत को बढ़ा दिया गया है जो प्राप्ति वाले खाने में शुद्ध(Net) के अन्तर्गत दिखाया गया है। उसके बाद इन्हीं शुद्ध खाने के समंकों के आधार पर निर्गमित सामग्री का मूल्यांकन 'भारित औसत मूल्य विधि' से किया गया है।

5th August	Issued	50 Metres M.R.S. No. 112
8th August	Received	500 Metres @ Rs. 15 against purchase order No. 22, Freight paid Rs. 40 S.R. No 61
11th August	Issued	270 Metres M.R.S. No. 113
14th August	Ordered	700 Metres expected on 19th August—purchase order No. 23.
16th August	Issued	150 Metres M.R.S. No. 114
19th August	Received	700 Metres @ Rs. 17 against—purchase order No. 23, freight paid Rs. 70 S.R. No. 62
23rd August	Issued	550 Metres M.R.S. No. 115
27th August	Ordered	400 Metres expected on 30th Aug.—purchase order No. 24
29th August	Returned	20 Metres from a job issued against M.R.S. No. 114—S.R. No. 63
30th August	Received	400 Metres @ Rs. 18 against purchase order No. 24 & Freight paid Rs. 50, S.R. No. 64
31st August	Issued	320 Metres M.R.S. No. 116

Record the above transactions in the Stores Ledger Account pricing the material issued by FIFO Method.

(Solution on page 92)

Illustration 13

Two types of material *viz.*, A&B are required for the production of a commodity and following are the particulars of receipts and issues of the above materials during a month :

Date	Receipts quantity (Articles)		Rate (Rs.)		Issues quantity (Articles)	
2004 Nov.	A	B	A	B	A	B
1	400	200	4	5		
2					200	
4						150
5	600		5			
8		500		6		
10					300	
15						250
18		800		5.50		
23					150	
25						220
28	400		5.25			
30					250	180

Prepare Stores Ledger Accounts on the basis of LIFO Method from the above information for each type of material separately.

(Solution on pages 93 & 94)

Solution to Illustration 12

Store Ledger Account

Name of Material........................ Maximum Stock..............................

Code No.................................. Minimum Stock..............................

Folio...................................... Ordering Level..............................

Date	Particulars	Receipts			Issues			Balance			Remarks
2003		Qty. (Mtrs.)	Rate (Rs.)	Amt. (Rs.)	Qty. (Mtrs.)	Rate (Rs.)	Amt. (Rs.)	Qty. (Mtrs.)	Rate (Rs.)	Amt. (Rs.)	
August 1	Opening Balance	—	—	—	—	—	—	80	16	1,280	
5	M.R.S. No. 112	—	—	—	50	16	800	30	16	480	
8	S.R. No. 61	500	15.08	7,540	—	—	—	530	30×16 500×15.08	8,020	$\frac{500\times15+40}{500}=15.08$
11	M.R.S. No. 113	—	—	—	270	30×16 240×15.08	4,099	260	15.08	3.921	
16	M.R.S. No. 114	—	—	—	150	15.08	2,262	110	15.08	1,659	
19	S.R. No....	700	17.10	11,970	—	—	—	810	110×15.08 700×17.10	13,629	$\frac{700\times17+70}{700}=17.10$
23	M.R.S. No. 115	—	—	—	550	110×15.08 440×17.10	9,183	260	17.10	4,446	
29	S.R. No. 63	20	15.08	302	—	—	—	280	260×17.10 20×15.08	4,748	
30	S.R. No. 64	400	18.125	7,250	—	—	—	680	260×17.10 20×15.08 400×18.125	11,998	$\frac{400\times18+50}{400}=18.125$
31	M.R.S. No. 116	—	—	—	320	260×17.10 20×15.08 40×18.125	5,473	360	18.125	6,525	

Solution to Illustration 13

Store Ledger Account

Name of Material 'A' — Maximum Stock..............................
Code No.................................... — Minimum Stock..............................
Folio.. — Ordering Level..............................

Date	Particulars	Receipts			Issues			Balance		
2004		Qty. (Articles)	Rate (Rs.)	Amt. (Rs.)	Qty. (Articles)	Rate (Rs.)	Amt. (Rs.)	Qty. (Articles)	Rate (Rs.)	Amt. (Rs.)
Nov. 1	S.R. No...	400	4	1,600	—	—	—	400	4	1,600
2	M.R.S. No...	—	—	—	200	4	800	200	4	800
5	S.R. No...	600	5	3,000	—	—	—	800	200×4 600×5	3,800
10	M.R.S. No...	—	—	—	300	5	1,500	500	200×4 300×5	2,300
23	M.R.S. No...	—	—	—	150	5	750	350	200×4 150×5	1,550
28	S.R. No...	400	5.25	2,100	—	—	—	750	200×4 150×5 400×5.25	3,650
30	M.R.S. No...	—	—	—	250	5.25	1,313	500	200×4 150×5 150×5.25	2,337

Solution to Illustration 13 **Store Ledger Account**

Name of Material 'B'
Code No....................................
Folio...

Maximum Stock...............................
Minimum Stock...............................
Ordering Level...............................

Date	Particulars	Receipts			Issues			Balance		
2004		Qty. (Articles)	Rate (Rs.)	Amt. (Rs.)	Qty. (Articles)	Rate (Rs.)	Amt. (Rs.)	Qty. (Articles)	Rate (Rs.)	Amt. (Rs.)
Nov. 1	S.R. No...	200	5	1,000	—	—	—	200	5	1000
4	M.R.S. No...	—	—	—	150	5	750	50	5	250
8	S.R. No...	500	6	3,000	—	—	—	550	50×5 500×6	3,250
15	M.R.S. No...	—	—	—	250	6	1,500	300	50×5 250×6	1,750
18	S.R. No...	800	5.50	4,400	—	—	—	1,100	50×5 250×6 800×5.50	6,150
25	M.R.S. No...	—	—	—	220	5.50	1,210	880	50×5 250×6 580×5.50	4,940
30	M.R.S. No...	—	—	—	180	5.50	990	700	50×5 250×6 400×5.50	3,950

Illustration 14

The following are the information about the receipts and issues of a material used for production in a factory. Calculate the rates of the material issued on the basis of 'Weighted Average Price Method' and prepare Stores Ledger Account.

2004				
June 1	Opening stock	200	Units	@ Rs. 3
" 3	Purchased	500	"	@ Rs. 3.25
" 5	Issued to job No. 1	300	"	
" 8	Issued to job No. 2	150	"	
" 10	Purchased	400	"	@ Rs. 3.30
" 15	Surplus returned to store from job No. 1 issued on June 5	20	"	@ Rs. 3.18
" 18	Issued to job No. 1	160	"	
" 21	Issued to job No. 2	220	"	
" 24	Purchased	600	"	@ Rs. 3.50
" 27	Issued to job No. 2	360	"	
" 29	Purchased	400	"	@ Rs. 3.40
" 30	Issued to job No. 1	280	"	

The Stock Verifier found that there was a shortage of 10 and 20 units on 15th June and 30th June respectively.

(Solution on pages 96 and 97)

Illustration 15

Draw up a Stores Ledger Account if the issued material is priced on :

(i) FIFO Method; (ii) LIFO Method and (iii) Weighted Average Method.

1-4-2004	Bought	500	Articles	@ Rs. 2.00
5-4-2004	Issued	200	"	
10-4-2004	Issued	100	"	
12-4-2004	Bought	450	"	@ Rs. 3.00
15-4-2004	Issued	150	"	
18-4-2004	Issued	200	"	
22-4-2004	Bought	600	"	@ Rs. 3.10
25-4-2004	Issued	300	"	
28-4-2004	Bought	300	"	@ Rs. 3.20
30-4-2004	Issued	250	"	

Calculate the value of closing stock in each method.

(Solution on pages 98, 99 and 100)

Solution to Illustration 14 **Store Ledger Account**

I. When Shortage of Materials Treated as the Past of Works Overheads

Name of Material........................ Maximum Stock..............................
Code No.................................. Minimum Stock..............................
Folio.. Ordering Level..............................

Date	Particulars	Receipts			Issues			Balance			Remarks
2004		Qty. (Units)	Rate (Rs.)	Amt. (Rs.)	Qty. (Units)	Rate (Rs.)	Amt. (Rs.)	Qty. (Units)	Rate (Rs.)	Amt. (Rs.)	
June 1	Opening Stock	—	—	—	—	—	—	200	3.00	600	
3	S.R. No...	500	3.25	1,625	—	—	—	700	3.18	2,225	$\frac{2,225}{700} = 3.18$
5	M.R.S. No...	—	—	—	300	3.18	954	400	3.18	1,271	
8	M.R.S. No...	—	—	—	150	3.18	477	250	3.18	794	
10	S.R. No...	400	3.30	1,320	—	—	—	650	3.25	2,114	$\frac{2,114}{650} = 3.25$
15	S.R. No...	20	3.18	63	—	—	—	670	3.25	2,177	$\frac{2,177}{670} = 3.25$
15	Shortage	—	—	—	10	3.25	33	660	3.25	2,144	Chargeable to works overheads
18	M.R.S. No...	—	—	—	160	3.25	520	500	3.25	1,624	
21	M.R.S. No...	—	—	—	220	3.25	715	280	3.25	909	
24	S.R. No...	600	3.50	2,100	—	—	—	880	3.42	3,009	$\frac{3,009}{880} = 3.42$
27	M.R.S. No...	—	—	—	360	3.42	1,231	520	3.42	1,778	
29	S.R. No...	400	3.40	1,360	—	—	—	920	3.41	3,138	$\frac{3,138}{920} = 3.41$
30	M.R.S. No...	—	—	—	280	3.41	955	640	3.41	2,183	
30	Shortage	—	—	—	20	3.41	68	620	3.41	2,115	Chargeable to works overheads

II. When Cost of Material is Inflated with Amount of Shortage

Name of Material........................ Maximum Stock..............................
Code No... Minimum Stock..............................
Folio... Ordering Level.................................
Bin Card No...................................
Bin No...

Date	Particulars	Receipts			Issues			Balance			Remarks
2004		Qty. (Units)	Rate (Rs.)	Amt. (Rs.)	Qty. (Units)	Rate (Rs.)	Amt. (Rs.)	Qty. (Units)	Rate (Rs.)	Amt. (Rs.)	
June 1	Opening Balance	—	—	—	—	—	—	200	3.00	600	
3	S.R. No...	500	5.25	1,625	—	—	—	700	3.18	2,225	$\frac{2,225}{700} = 3.18$
5	M.R.S. No...	—	—	—	300	3.18	954	400	3.18	1,271	
8	M.R.S. No...	—	—	—	150	3.18	477	250	3.18	794	
10	S.R. No...	400	3.30	1,320	—	—	—	650	3.25	2,114	$\frac{2,114}{650} = 3.25$
15	S.R. No...	20	3.18	63	—	—	—	670	3.25	2,177	$\frac{2,177}{670} = 3.25$
15	Shortage	—	—	—	10	—	—	660	3.30	2,177	$\frac{2,177}{660} = 3.30$
18	M.R.S. No...	—	—	—	160	3.30	528	500	3.30	1,649	
21	M.R.S. No...	—	—	—	220	3.30	726	280	3.30	923	
24	S.R. No	600	3.50	2,100	—	—	—	880	3.43	3,023	$\frac{3,023}{880} = 3.43$
27	M.R.S. No...	—	—	—	360	3.43	1,235	520	3.43	1,788	
29	S.R. No...	400	3.40	1,360	—	—	—	920	3.42	3,148	$\frac{3,148}{920} = 3.42$
30	M.R.S. No...	—	—	—	280	3.42	958	640	3.42	2,190	
30	Shortage	—	—	—	20	—	—	620	3.53	2,190	$\frac{2,190}{620} = 3.53$

Solution to Illustration 15 **FIFO Method**

Store Ledger Account

Name of Material ....
Code No. ....
Folio ....
Bin No. ....

Maximum Stock..............................
Minimum Stock..............................
Ordering Level..............................

Date	Particulars	Receipts			Issues			Balance		
2003		Qty. (Art.)	Rate (Rs.)	Amt. (Rs.)	Qty. (Art.)	Rate (Rs.)	Amt. (Rs.)	Qty. (Art.)	Rate (Rs.)	Amt. (Rs.)
April 1	S.R. No...	500	2.00	1,000	—	—	—	500	2.00	1,000
5	M.R.S. No...	—	—	—	200	2.00	400	300	2.00	600
10	M.R.S. No...	—	—	—	100	2.00	200	200	2.00	400
12	S.R. No...	450	3.00	1,350	—	—	—	650	200×2 450×3	1,750
15	M.R.S. No...	—	—	—	150	2	300	500	50×2 450×3	1,450
18	M.R.S. No...	—	—	—	200	50×2 150×3	550	300	3	900
22	S.R. No...	600	3.10	1,860	—	—	—	900	300×3 600×3.10	2,760
25	M.R.S. No...	—	—	—	300	3	900	600	3.10	1,860
28	S.R. No...	300	3.20	960	—	—	—	900	600×3.10 300×3.20	2,820
30	M.R.S. No...	—	—	—	250	3.10	775	650	350×3.10 300×3.20	2,045

Solution to Illustration 15 **LIFO Method**

Store Ledger Account

Name of Material	Maximum Stock....................
Code No.	Minimum Stock....................
Bin No.	Ordering Level....................
Bin Card No.	

Date 2003	Particulars	Receipts			Issues			Balance		
		Qty. (Art.)	Rate (Rs.)	Amt. (Rs.)	Qty. (Art.)	Rate (Rs.)	Amt. (Rs.)	Qty. (Art.)	Rate (Rs.)	Amt. (Rs.)
1	S.R. No..	500	2.00	1,000	—	—	—	500	2.00	1,000
5	M.R.S. No...	—	—	—	200	2.00	400	300	2.00	600
10	M.R.S. No...	—	—	—	100	2.00	200	200	2.00	400
12	S.R. No...	450	3.00	1,350	—	—	—	650	200×2 450×3	1,750
15	M.R.S. No...	—	—	—	150	3	450	500	200×2 300×3	1,300
18	M.R.S. No...	—	—	—	200	3	600	300	200×2 100×3	700
22	S.R. No...	600	3.10	1,860	—	—	—	900	200×2 100×3 600×3.10	2,560
25	M.R.S. No...	—	—	—	300	3.10	930	600	200×2 100×3 300×3.10	1,630
28	S.R. No...	300	3.20	960	—	—	—	900	200×2 100×3 300×3.10 300×3.20	2,590
30	M.R.S. No...	—	—	—	250	3.10	800	650	200×2 100×3 300×3.10 50×3.20	1,790

Solution to Illustration 15 **Weighted Average Method**

Store Ledger Account

Name of Material .... Maximum Stock..............................
Code No. .... Minimum Stock..............................
Bin .... Ordering Level..............................
Bin No. ....
Bin Card No. ....
Folio ....

Date	Particulars	Receipts			Issues			Balance			Remarks
2003		Qty. (Art.)	Rate (Rs.)	Amt. (Rs.)	Qty. (Art.)	Rate (Rs.)	Amt. (Rs.)	Qty. (Art.)	Rate (Rs.)	Amt. (Rs.)	
April 1	S.R. No...	500	2.00	1,000	—	—	—	500	2.00	1,000	
5	M.R.S. No...	—	—	—	200	2.00	400	300	2.00	600	
10	M.R.S. No...	—	—	—	100	2.00	200	200	2.00	400	
12	S.R. No...	450	3.00	1,350	—	—	—	650	2.69	1,750	$\frac{1,750}{650} = 2.69$
15	M.R.S. No...	—	—	—	150	2.69	404	500	2.69	1,346	
18	M.R.S. No...	—	—	—	200	2.69	538	300	2.69	808	
22	S.R. No...	600	3.10	1,860	—	—	—	900	2.96	2,668	$\frac{2,668}{900} = 2.96$
25	M.R.S. No...	—	—	—	300	2.96	889	600	2.96	1,779	
28	S.R. No...	300	3.20	960	—	—	—	900	3.04	2,739	$\frac{2,739}{900} = 3.04$
30	M.R.S. No...	—	—	—	250	3.04	760	650	3.04	1,979	

प्रश्न
Questions

1. What do you understand by 'Stores Control'? Give its main purposes.

   (*B.Com.* (*Pass*), *Delhi*)

   स्टोर नियंत्रण से आपका क्या अभिप्राय है? इसके मुख्य उद्देश्यों का वर्णन कीजिए।

2. What is the procedure of organising the Store? Describe the main duties of Store-keeper.

   स्टोर को संगठित करने की क्या विधि होती है? स्टोरकीपर के मुख्य कर्त्तव्यों का विवेचन कीजिए।

3. Outline a system of stores control suitable to a large manufacturing concern. (*B.Com., Panjab*)

   एक बड़ी निर्माणी संस्था के लिये उपयुक्त स्टोर नियंत्रण विधि का वर्णन कीजिए।

4. What is the procedure of purchasing the material? Explain in detail.

   सामग्री के क्रय करने की क्या विधि है? विस्तार में बताइये।

5. What do you understand by 'Perpetual Inventory System'? What are its advantages and how it is applied?

   सामग्री की निरन्तर गणना प्रणाली से आप क्या समझते हैं? इसके क्या लाभ हैं तथा इसे कैसे प्रयोग किया जाता है।

6. What do you understand by maximum level, minimum level and re-ordering level of stores and stocks? What factors are taken into account in fixing these limits?

   (*B.Com., Panjab*)

   स्टोर तथा स्टॉक के अधिकतम, न्यूनतम तथा पुनः आदेश स्तर से आप क्या समझते हैं? इन स्तरों को निर्धारित करते समय कौन-कौन से घटकों का ध्यान रखा जाता है?

7. Define a 'Bin Card' and give its Specimen. What is the difference between Bin Card and a Stores Ledger?

   (*B.Com., Agra*)

   बिन कार्ड को परिभाषित कीजिए तथा उसका एक नमूना दीजिए। बिन कार्ड और स्टोर खाता-बही में क्या अन्तर है?

8. Write short notes on any *three* of the following :
   (i) Bin Card (ii) Perpetual Inventory System (iii) Purchase Requisition Form (iv) Material Transfer Note (v) Minimum Re-order level.

   (*B.Com. Hons., Delhi*)

निम्नलिखित में से किन्हीं *तीन* पर टिप्पणियाँ लिखिए :
(i) बिन पत्रक (ii) निरन्तर गणना (iii) पद्धति क्रय अधिग्रहण पत्र (iv) सामग्री वापिसी पत्र (v) न्यूनतम आदेश स्तर।

9. From the ordering of material to its issue to different shops, numerate and explain the important documents and forms you would like to introduce so as to ensure effective control of material costs. *(B.Com. Hons., Delhi)*
कच्चे माल की लागतों के समुचित नियंत्रण के लिये माल के लिये आर्डर दिये जाने से लेकर उसके प्रयोग के लिये विभिन्न दुकानों में निर्गमन तक मुख्य प्रलेख अथवा फार्म जिन्हें आप प्रयुक्त करना उचित समझते हैं उनके नाम बताइए और उनमें से महत्वपूर्ण प्रलेखों तथा फार्मों का विस्तृत परिचय दीजिए।

10. Discuss the importance of goods store-keeping in an organisation. What are the duties of a Store-keeper?
एक संस्था में अच्छी माल संग्रहण प्रणाली के महत्व का वर्णन कीजिए। स्टोरकीपर के क्या कर्त्तव्य होते हैं?

11. Explain what is meant by perpetual inventory system of controlling materials supplied? What are the advantages of such a system? *(B.Com., Panjab)*
सामग्री को नियंत्रण करने के लिये अपनाये जाने वाली 'निरन्तर गणना विधि' से आप क्या समझते हैं? इस प्रणाली से क्या लाभ होते हैं?

12. Some times surplus materials are passed directly from one job to another.
   (a) What objections are thereto this procedure?
   (b) If direct transfers cannot be always avoided, what system should be adopted to control such movements? *(B.Com., Panjab)*

कभी-कभी अधिक सामग्री को सीधे ही एक कार्य से दूसरे कार्य पर भेज दिया जाता है।
   (अ) इस प्रक्रिया के क्या दोष हैं
   (ब) यदि प्रत्यक्ष हस्तांतरण को सदैव रोका नहीं जा सकता है तो उस विधि का वर्णन कीजिए जिससे इस प्रकार के हस्तांतरण का नियंत्रण किया जा सकता है।

13. Explain with examples the following methods of pricing issue of materials?
(a) FIFO (b) LIFO
Which of these methods would you recommend under condition of rising prices and why? *(B.Com., Panjab)*
निर्गमित सामग्री के मूल्यांकन की निम्नलिखित विधियों को उचित उदाहरणों सहित व्याख्या कीजिए।

(अ) प्रथम आवक प्रथम जावक (ब) अन्तिम आवक प्रथम जावक।

मूल्य वृद्धि की स्थिति में इन विधियों में से किस विधि को आप ठीक समझते हैं और क्यों?

14. Enumerate the general principles which should guide decision with regard to the selection of the proper method of pricing issue of materials.

Discuss LIFO and FIFO methods of pricing in the light of these principles.

(*B.Com. Hons., Delhi*)

उन सामान्य सिद्धांतों का उल्लेख कीजिए जिन्हें आप सामग्री निर्गमन की कीमत लगाने की उपयुक्त विधि चुनते समय अपना मार्ग दर्शक मानेंगे।

उक्त सिद्धांतों के संदर्भ में मूल्य लगाने की 'अन्तिम आवक प्रथम जावक' तथा 'प्रथम आवक प्रथम जावक' विधियों का विवेचन कीजिए।

15. Explain briefly various methods of pricing of material issued for production and explain their advantages and disadvantages.

(*B.Com. (Pass), Delhi*)

उत्पादन के लिए दी गई सामग्री के मूल्यांकन की विभिन्न विधियों का विवेचन कीजिए ओर उनके गुण व दोष बतलाइए।

EXERCISES

1. Find out the following limits of material from the given information :

(i) Minimum limit.
(ii) Maximum limit.
(iii) Ordering level.

You are given :

Normal consumption	200 Kgs. in a day
Minimum consumption	120 Kgs. in a day
Maximum consumption	250 Kgs. in a day
Reorder quantity	2000 Kgs.
Minimum period for receiving goods	5 days
Maximum period for receiving goods	15 days
Normal period for receiving goods	10 days

[**Ans.** Maximum limit 5,150 Kgs.; Minimum limit 1,750 Kgs.; Ordering level 3,750 Kgs.]

2. Calculate the Ordering Level from the following particulars :

(a) Minimum stock—250 units
(b) Maximum stock—600 units

(c) Days required for receiving the new material—8 days
(d) Daily consumption of material—25 units

[**Ans.** 450 units]

3. The following information is available in respect of a particular material :

Re-ordering quantity	3600 units
Maximum consumption	900 units per week
Minimum consumption	300 units per week
Normal consumption	600 units per week
Re-order period	3 to 5 weeks.

Calculate the following :

(i) Re-Order Level (ii) Maximum Stock Level (iii) Minimum Stock Level and (iv) Average Stock Level.

[**Ans.** (i) 4500 units (ii) 7200 units (iii) 2100 units (iv) 3900 units]

4. The following information is available in respect of a material :

Re-order quantity	1500 units
Re-order period	4 to 6 weeks
Maximum consumption	400 units per week
Normal consumption	300 units per week
Minimum consumption	250 units per week.

Calculate the following :

(i) Re-Order Level (ii) Minimum Level (iii) Maximum Level and (iv) Average Stock Level.

[**Ans.** (i) 2400 units; (ii) 900 units; (iii) 2900 units and (iv) 1950 units]

5. From the following figures, calculate Economic Re-order Quantity :

Annual Consumption	400 Kg.
Cost of placing one order	Rs. 5
Cost per unit	Rs. 2 per Kg.
Storage and carrying cost	8% on average inventory.

[**Ans.** 500 Kg.]

6. From the following particulars, find out the economic order quantity :

Annual demand	16000 units
Ordering cost	Rs. 200 per unit
Carrying cost per unit per annum	Rs. 40

[**Ans.** 400 units]

7. Prepare the Store Ledger Account from the following details pricing the issued material on FIFO method :

Receipt of Material

1st Jan.	2004	200 Tons	@ Rs. 6 per ton
5th "	2004	150 "	@ Rs. 6.10 " "
10th "	2004	520 "	@ Rs. 5.50 " "
15th "	2004	280 "	@ Rs. 5.90 " "
22nd "	2004	350 "	@ Rs. 6.20 " "
28th "	2004	400 "	@ Rs. 6.30 " "

Issues of Material

3rd Jan.	2004	160 Tons
7th "	2004	80 "
12th "	2004	260 "
16th "	2004	320 "
24th "	2004	530 "
30th "	2004	150 "

8. A manufacturer who has newly set up the factory used cost price as the basis for charging out materials to job. The receipts side of the Store's Ledger Account shows the following particulars :

500 Articles bought at Rs. 3.00 each
700 Articles bought at Rs. 3.10 each
400 Articles bought at Rs. 3.20 each
800 Articles bought at Rs. 3.10 each

Successive issues were made of 300, 1,000 and 2,000 articles.

(a) At the price per article should each of these issues be charged under FIFO Method?

(b) Discuss briefly the different methods of charging out the materials issued to jobs.

(B.Com., Poona)

9. Draw up a Stores Ledger Account charging the material issued under LIFO Method from the information given below :

2004

Oct. 1	Purchased	500 Litres	@ Rs. 1.50 per litre
Oct. 4	Issued	260 "	
Oct. 7	Issued	180 "	
Oct. 15	Purchased	400 "	@ Rs. 1.25 per litre
Oct. 22	Issued	70 "	
Oct. 25	Issued	120 "	
Oct. 28	Purchased	650 "	@ Rs. 1.40 per litre
Oct. 31	Issued	420 "	

10. Prepare a Stores Ledger Account from the following transactions assuming that the issues of stores have been prepared on the principle of 'last in first out.'

Jan.	1	Received	1,000	Units at Rs. 20 per unit
"	10	Received	260	" " " 21 " "
"	20	Issued	700	
Feb.	4	Received	400	Units at Rs. 23 per unit
"	21	Received	300	" " " 25 " "
March	16	Issued	620	"
April	12	Issued	240	"
May	10	Received	500	Units at Rs. 22 per unit
"	23	Issued	380	"

(*B.Com., Delhi*)

11. The following transactions occur in the purchase and issue of a material.

Jan.	2	Purchased	4,000 Units	@ Rs. 4.00 per unit
"	20	Purchased	500 "	@ Rs. 5.00 per unit
Feb.	5	Issued	2,000 "	
"	10	Purchased	6,000 "	@ Rs. 6.00 per unit
"	12	Issued	4,000 "	
March	2	Issued	1,000 "	
"	5	Issued	2,000 "	
"	15	Purchased	4,500 "	@ Rs. 5.50 per unit
"	20	Issued	3,000 "	

From the above, prepare the stores ledger account :

(a) by adopting FIFO method of charging material issues, and

(b) by adopting the LIFO method. What would be the value of stock in hand at the end of the period according to each of these two methods? (*B.Com., Delhi*)

[**Ans.** Value of store in hand (a) Rs. 16,500 i.e. 3,000 units @ Rs. 5.50 per unit, and (b) Rs. 14,250 i.e. 1,500 units @ Rs. 5.50 per unit, 1,500 units @ Rs. 4.00 per unit]

12. You are given the following information regarding receipts and issues of material. Prepare Stores Ledger Account based on Simple Average Price for issued material.

1-5-2004	Bought	60	Kgs.	@ Rs. 2.20
6-5-2004	Bought	100	"	@ Rs. 2.50
10-5-2004	Issued	120	"	
15-5-2004	Bought	150	"	@ Rs. 3.00
22-5-2004	Issued	70	"	
26-5-2004	Issued	80	"	
28-5-2004	Bought	280	"	@ Rs. 2.90
31-5-2004	Issued	190	"	

13. What do you mean by Weighted Average Price Method? Calculate the prices of the material issued to Job No. 55 from the following particulars :

2004			
Sept. 1	Received from vendor	125 Lbs.	@ Rs. 5.00
5	" " "	275 "	@ Rs. 5.20
8	Issued to job	200 "	
10	Received from vendor	400 "	@ Rs. 4.80
14	Issued to job	180 "	
18	Issued to job	230 "	
23	Received from vendor	500 "	@ Rs. 5.10
27	Issued to job	250 "	
28	Received from vendor	450 "	@ Rs. 4.90
30	Issued to job	520 "	

14. The following transactions took place in respect of a material item :

Date	Receipt quantity	Rate	Issue quantity
2-3-2004	200	Rs. 2.00	
10-3-2004	300	Rs. 2.40	
15-3-2004			250
18-3-2004	250	Rs. 2.60	
20-3-2004			200

Prepare a Priced Ledger Sheet, pricing the issues at

(a) Simple Average Rate and (b) Weighted Average Rate.

15. The following is a history of the receipt and issues of a material in a factory during Feb. 2004.

Feb. 1	Opening Balance	500 Quintals	@ Rs. 25.00
" 3	Issue	70 "	
" 4	Issue	100 "	
" 8	Issue	80 "	
" 13	Received from Vendor	200 "	@ Rs. 24.50
" 14	Refund of surplus from a work order	15 "	@ Rs. 24.00
" 16	Issue	180 "	
" 20	Received from vendor	240 "	@ Rs. 24.375
" 24	Issue	304 "	
" 25	Received from vendor	320 "	@ Rs. 24.314
" 26	Issue	112 "	
" 27	Refund of Surplus from a work order	12 "	@ Rs. 24.50
" 28	Received from vendor	100 "	@ Rs. 25.00

Issues are to be priced on the principle of "First in First out". The stock verifier of the factory noted that on 15th he had found a shortage of 5 Quintals and on 27th another shortage of 8 quintals.

16. Draw up a Ledger Account from the following details and charged the price of material issued on the basis of Market Price Method.

1st	April	2004	Purchased	2,000	Units	@ Rs. 1.00
10th	"	2004	Issued	1,500	"	
18th	"	2004	Purchased	2,500	"	@ Rs. 1.20
30th	"	2004	Issued	2,600	"	
5th	May	2004	Purchased	3,600	"	@ Rs. 1.00
17th	"	2004	Issued	2,800	"	
28th	"	2004	Purchased	4,200	"	@ Rs. 1.50
3rd	June	2004	Issued	1,800	"	
11th	"	2004	Purchased	3,500	"	@ Rs. 0.80
18th	"	2004	Purchased	2,600	"	@ Rs. 1.20
30th	"	2004	Issued	4,300	"	

Imaginary market prices should be taken into consideration.

17. The following information regarding a material is obtained from the store details of a manufacturing concern :

2004				
Nov. 1	Opening Balance	100	Quintals at the Rate of	Rs. 20.00
3	Issued	70	"	
7	Purchased	120	" " " "	Rs. 21.00
10	Purchased	230	" " " "	Rs. 19.00
15	Issued	130	"	
18	Purchased	180	" " " "	Rs. 22.00
21	Issued	90	"	
24	Issued	60	"	
26	Purchased	250	" " " "	Rs. 18.00
29	Purchased	300	" " " "	Rs. 23.00
30	Issued	200	"	

You are required to write up the Stores Ledger Account regarding above material if the basis of pricing of issued material standard cost which is decided at Rs. 22 per Quintal.

18. Z Ltd. used coal for its production as follows :

5-10-2004	5,000	Tons
8-10-2004	4,500	"
18-10-2004	6,200	"
25-10-2004	3,000	"
31-10-2004	2,500	"

Coal was received in store in following order :

1-10-2004	10,000	Tons	@ Rs. 40
3-10-2004	8,000	"	@ Rs. 44
6-10-2004	6,000	"	@ Rs. 46
15-10-2004	9,000	"	@ Rs. 43
19-10-2004	12,000	"	@ Rs. 50
30-10-2004	7,000	"	@ Rs. 52

It is found from past experience that there will be 10% reduction in the quantity of coal in its handling etc. You are therefore asked to suggest some method for pricing the issued coal so that purchased price may be charged from the production.

(**Hint.** Inflated price methods suitable in the case for pricing the issued material.)

19. Two types of articles viz. X and Y are needed for the production of 'Z' and you are given the details of purchases and issues of the above articles (X, Y) for the production in the following lines :

1-7-2004	Opening	Balance	X 200	Articles	@ Rs. 3
			Y 300	"	@ Rs. 5
3-7-2004	Issued	X	180	"	
10-7-2004	Issued	Y	250	"	
13-7-2004	Purchased	X	500	"	@ Rs. 4.00
19-7-2004	Issued	Y	30	"	
21-7-2004	Purchased	Y	400	"	@ Rs. 5.10
24-7-2004	Purchased	X	300	"	@ Rs. 4.80
25-7-2004	Issued	X	150	"	
27-7-2004	Issued	Y	250	"	
28-7-2004	Purchased	Y	650	"	@ Rs. 4.00
30-7-2004	Issued	X	300	"	
31-7-2004	Issued	Y	550	"	

Show the above transactions in Stores Ledger Account on the basis of the following methods :

(a) First in First out Method.

(b) Last in First out Method.

(c) Weighted Average Method.

20. A manufacturer purchased and issued a material as follows :

2004				
Jan. 1	Opening Balance	900	Units	@ Rs. 8.00
3	Ordered for material (purchased order No. 30) expected on 8th Jan.	1,200	"	
4	Issued	300	"	
6	Issued	250	"	
8	Received Material against purchase Order No. 30, Freight paid Rs. 200 thereon	1,200	"	@ Rs. 8.50
12	Issued	400	"	
17	Issued	650	"	
19	Ordered for Material (purchase order No. 31) expected on 25th	1,500	"	
23	Issued	800	"	
25	Received Material against purchase order No. 31, Freight paid Rs. 150	1,500	"	@ Rs. 9.0
28	Issued	600	"	
29	Issued	300	"	
31	Issued	250	"	

Draw up the Stores Ledger Account from the above with (i) FIFO, (ii) LIFO & (iii) Weighted Average Method.

[**Hint.** Amount of freight should be included in purchased price.]

21. What do you mean by Bin Card? What are its advantages? Draw up a Bin Card from the following informations :

Receipts of Material

1-5-04	500 Kgs.
4-5-04	700 "
14-5-04	450 "
20-5-04	360 "
26-5-04	900 "

Issue of Material

3-5-04	200 Kgs.
8-5-04	250 "
16-5-04	320 "

22-5-04	180 Kgs.
28-5-04	400 "
30-5-04	280 "
Maximum stock	1,000 "
Minimum stock	100 "
Ordering Level	500 "
Bin No.	20 "
Material Code No.	C-28
Store Ledger Folio	40
Department	Cement

4

श्रम
(Labour)

उत्पादन की लागत का दूसरा एवं महत्वपूर्ण तत्व श्रम है। बिना श्रम के किसी भी वस्तु का उत्पादन सम्भव नहीं है। श्रम का योगदान उत्पादन कार्य में मनुष्य जाति के इतिहास के प्रारम्भ से ही रहा है। यद्यपि आजकल श्रम का स्थान बहुत हद तक मशीनों ने ले लिया है लेकिन इसके बावजूद भी श्रम का महत्व आज भी उत्पादन के लिए विशेष रूप से है क्योंकि मशीनों को चलाने तथा बनाने में श्रम का ही श्रेय है। कहने का आशय यह है कि उत्पादन में श्रम का योगदान मशीनों के आविष्कार होने के बाद भी ज्यों का त्यों बना हुआ है। यदि उत्पादन के विभिन्न तत्वों का विश्लेषण करके देखा जाये कि कुल लागत का कितना प्रतिशत किस मद पर व्यय होता है तो ज्ञात होगा कि श्रम के सम्बन्ध में यह प्रतिशत 40 से 70 तक पाया जाता है जो कि विभिन्न वस्तुओं के उत्पादन के अनुसार भिन्न-भिन्न होता है। उत्पादन कार्य के लिए श्रमिकों द्वारा निर्माण कार्य करना, उत्पादन क्रियाओं की देखभाल करना, उत्पादन के लिए उचित व्यवस्था तथा सहायता प्रदान करने का कार्य श्रम की परिधि के अन्तर्गत आते हैं। कुछ व्यय श्रम के सम्बन्ध में इस प्रकार का किया जाता है जिनका उत्पादन की मात्रा से कोई सम्बन्ध नहीं होता है बल्कि यह व्यय उस उत्पादन तन्त्र के लिए उचित परिस्थितियां, व्यवस्था, नियन्त्रण एवं संरक्षण से सम्बन्धित होता है। इस प्रकार के व्ययों के अन्तर्गत प्रशासनिक व्यय, फोरमैन व सुपरवाइजर का पारिश्रमिक तथा सफाई व रक्षा करने वाले कर्मचारियों का पारिश्रमिक सम्मिलित है। ये व्यय आवश्यक रूप से उत्पादक को एक निश्चित मात्रा में करने पड़ते हैं चाहे उत्पादन की मात्रा कितनी भी हो। दूसरे प्रकार के श्रम सम्बन्धी व्यय वे होते हैं जो कि उत्पादन की मात्रा के अनुसार परिवर्तित होते रहते हैं। ये व्यय वस्तु का उत्पादन करने वाले श्रमिकों के पारिश्रमिक के सम्बन्ध में होते हैं। उदाहरण के लिए सूती कपड़ा मिल में कपड़ा बुनने वाले श्रमिकों को दिया जाने वाला पारिश्रमिक इसी प्रकार का है। उक्त विश्लेषण के आधार पर कहा जा सकता है कि श्रम दो प्रकार का होता है।

(1) प्रत्यक्ष श्रम (2) अप्रत्यक्ष श्रम। इसका वर्णन पहले ही किया जा चुका है।

श्रम का उत्पादन में विशेष महत्व होने के कारण तथा कुल लागत का सबसे बड़ा हिस्सा श्रम पर व्यय होने के कारण यह आवश्यक हो जाता है कि श्रम के सम्बन्ध में उचित व्यवस्था एवं नियन्त्रण किया जाये जिससे कि इसके कारण कोई अपव्यय न हो। श्रम सम्बन्धी व्ययों के अपव्ययों को रोकने के लिए निम्नलिखित बातें महत्वपूर्ण हैं :

(1) श्रमिकों का उचित चुनाव।

(2) श्रमिकों की क्रियाओं का उचित नियन्त्रण, देखभाल एवं लेखा।

(3) श्रमिकों को उचित पारिश्रमिक।

श्रमिकों का उचित चुनाव
(Proper Selection of Labourers)

श्रम व्यापार की सम्पत्ति होती है। अच्छी सम्पत्ति के आधार पर व्यापार में अच्छा लाभ कमाया जा सकता है। अत: उत्पादन के लिए अच्छे, अनुभवी व कुशल श्रमिकों का चुनाव करना चाहिए। अच्छे श्रमिकों का चुनाव करने से उत्पादन अधिक अच्छा व सस्ता होता है जिससे व्यापार के लाभ व ख्याति में वृद्धि होती है। उचित चुनाव करने के लिए वैज्ञानिक चुनाव पद्धति का प्रयोग करना चाहिए। प्राय: श्रमिकों के चुनाव इत्यादि के सम्बन्ध में प्रत्येक उत्पादक के यहां एक अलग विभाग होता है जिसको 'कर्मचारी विभाग' (Personnel Department) कहते हैं। इस विभाग का कार्य श्रमिकों का चुनाव करना, उन्हें प्रशिक्षित करना, उनके पारिश्रमिक का निर्धारण करना, उनके कल्याण का ध्यान रखना एवं श्रमिकों को कार्य सम्बन्धी सुरक्षा प्रदान करके अच्छे औद्योगिक सम्बन्ध स्थापित करना है। इस विभाग के द्वारा किये गये कार्य सलाह (Suggestions) के रूप में होते हैं जिसको कि कार्य रूप में परिणित सम्बन्धित विभागों (लागत लेखा विभाग, समय लेखा विभाग, तकनीकी विभाग आदि) द्वारा किया जाता है। श्रमिकों के चुनाव के सम्बन्ध में जो प्रक्रिया अपनायी जाती है वह निम्नलिखित है :

श्रमिकों के चुनाव की कार्य प्रणाली
(Procedure Adopted for Selection of Labourers)

जब किसी विभाग को किसी प्रकार के श्रमिक की आवश्यकता होती है तो वह विभाग अपनी इस आवश्यकता को लिखित रूप में श्रम विभाग के पास भेजता है जिसमें कि श्रमिकों की संख्या व जिस कार्य के लिए उनकी जरूरत है, उल्लेख होता है। श्रम विभाग की 'नियोजन ब्रान्च' (Employment Branch) इस आवश्यकता को ध्यान में रखते हुए उचित समय के अन्तर्गत श्रमिकों की नियुक्ति करने की व्यवस्था करती है। नियोजन ब्रांच नई भर्ती के लिए उचित प्रत्याशियों को आमन्त्रित करती है। इस कार्य के लिए साधारणतया दो क्रियायें की जाती हैं– 1. नई भर्ती के लिए पत्र-पत्रिकाओं में विज्ञापन प्रकाशित करके 2. रोजगार प्रदान करने वाली एजेन्सियों (Employment Exchange and Employment Bureau)

अथवा सम्बन्धित शिक्षण संस्थाओं से प्रत्याशियों के नाम मांग कर। भर्ती के लिए प्रार्थना पत्र आमन्त्रित करने के सम्बन्ध में जो विज्ञापन प्रकाशित किया जाता है उसमें योग्यताओं, रिक्त स्थानों की संख्या, वेतनमान (Grade) तथा भत्ते आदि का स्पष्ट उल्लेख होना चाहिए। प्रत्याशियों के प्रार्थना पत्र आने के बाद नियोजन विभाग के द्वारा ऐसे प्रत्याशियों की संशोधित सूची तैयार की जाती है जो कि आवश्यक योग्यताएँ रखते हैं तथा बहुत अधिक प्रत्याशियों द्वारा प्रार्थनापत्र आने पर साक्षात्कार (Interview) के लिए बुलाने के लिए सूची योग्यता तथा अनुभव के आधार पर तैयार की जाती है। प्रत्याशियों की संशोधित सूची तैयार करने के पश्चात् उस सूची में लिखे प्रत्याशियों को साक्षात्कार के लिए बुलाया जाता है और निश्चित तिथि व समय पर चुनाव समिति (Selection Committee) के द्वारा साक्षात्कार पर आये प्रत्याशियों में से चुनाव किया जाता है। चुनाव समिति में नियोजन विभाग का प्रमुख अधिकारी व सम्बन्धित विभाग का अधिकारी होना आवश्यक है। साक्षात्कार के आधार पर कुछ प्रत्याशियों को नियुक्त कर लिया जाता है। जिन प्रत्याशियों की नियुक्ति की जाती है उनकी डाक्टरी जाँच की जाती है, उनके पिछले नियोक्ता (यदि कोई हों) से आवश्यक जानकारी प्राप्त की जाती है। यदि इन जाँचों से प्रत्याशी की योग्यता प्रमाणित हो जाती है तो उसे नियुक्ति पत्र दे दिया जाता है। निश्चित समय के अन्दर उनको कार्य पर आना आवश्यक है जब कोई श्रमिक कार्य पर आ जाता है तो उसके सम्बन्ध में कर्मचारी विभाग एक कार्ड या फाइल तैयार करता है जिसमें कि उसके सम्बन्ध में पूर्ण एवं विस्तृत सूचनाएँ दी होती हैं। इस कार्ड में जिन बातों का उल्लेख होता है उसमें (1) श्रमिक का नाम व पता, (2) विभाग का नाम, (3) श्रमिक के पिछले नियोक्ता का पता, (4) श्रमिक को दिये जाने वाला वेतन तथा भत्ता, (5) श्रमिक को वार्षिक वृद्धि मिलने की तिथि, (6) नियुक्ति की तिथि, (7) पदोन्नति की तिथि, (8) पद छोड़ने की तिथि तथा कारण आदि।

श्रमिक कार्ड का स्वरूप निम्नलिखित है :

श्रमिक कार्ड	
संख्या........................	
नाम........................	नियुक्ति की तिथि..................
पता........................	पद........................
योग्यताएँ..................	विभाग........................
पूर्व नियोक्ता का नाम व पता..................	मासिक वेतन..................
पदोन्नति की तिथि तथा पद..................	भत्ते........................
वार्षिक वृद्धि की तिथि..................	
कार्य को छोड़ने का कारण..................	

श्रमिकों का चुनाव करने के बाद श्रमिकों को प्रशिक्षण देने की व्यवस्था की जाती है ताकि वे कार्य ठीक प्रकार से तथा कुशलतापूर्वक करें।

श्रमिकों का प्रबन्ध व निरीक्षण (Management and Supervision of Workers)

श्रमिकों की नियुक्ति व प्रशिक्षण के पश्चात् उनको उत्पादन के विभिन्न कार्यों के लिए संलग्न किया जाता है। उत्पादन की इस मूल बात का ध्यान रखना चाहिए कि श्रमिक कार्य ठीक प्रकार व मितव्ययतापूर्वक करें तथा वे किसी चीज का दुरुपयोग न कर सकें। इस कार्य के लिए श्रमिकों की क्रियाओं के उचित प्रबन्ध व निरीक्षण की आवश्यकता है। इसमें श्रमिकों की कार्यकुशलता को बनाए रखना आवश्यक है। प्रबन्धक को यह देखना आवश्यक है कि श्रमिक उतना कार्य कर रहा है कि नहीं जितना कि उसे पारिश्रमिक दिया जा रहा है। श्रम के प्रबन्ध के सम्बन्ध में श्रम द्वारा किये गये कार्य व उत्पादन कार्य के लिए उपयोग किये गए समय की उचित व्यवस्था व जानकारी बहुत महत्वपूर्ण है। इस कार्य के लिए श्रमिकों के कार्य के समय का उचित हिसाब रखना चाहिए। श्रम के हिसाब रखने की अनेकों पद्धतियां प्रचलित हैं जिनका प्रयोग अलग-अलग उत्पादकों के द्वारा उनकी आवश्यकतानुसार किया जाता है। श्रम के समय का हिसाब रखने वाली पद्धति निम्नलिखित हैं :

श्रम के समय के रखने की पद्धतियाँ (Methods of Time-keeping of Labour)

श्रम के समय के रखने की पद्धतियाँ समय-समय पर व अलग-अलग उत्पादकों द्वारा अलग-अलग अपनायी गई हैं। प्रारम्भ में श्रम के समय को रखने के लिए किसी प्रकार की लिखा-पढ़ी का प्रयोग नहीं किया जाता था क्योंकि उस समय उत्पादन बहुत ही छोटे पैमाने पर किया जाता था और उत्पादक स्वयं उत्पादन कार्य एक दो श्रमिकों की सहायता से करता था। उस समय वह अपने श्रमिकों के समय का हिसाब व नियन्त्रण स्वयं अपनी याददाश्त के आधार पर करता था। यदि श्रमिक अनुपस्थित रहता था अथवा ठीक समय पर कार्य पर नहीं आता था तो उत्पादक आपसी समझौते द्वारा ऐसी परिस्थितियों को निपट कर पारिश्रमिक दे दिया करता था। लेकिन जैसे-जैसे कार्य का स्वरूप बदलता गया, श्रमिकों की संख्या अधिक हो गई और इस बदली हुई परिस्थिति में उत्पादक को यह मुश्किल हो गया कि वह श्रमिकों के आने जाने के समय का बिना लिखे हिसाब रख सके और उसके आधार पर उसका भुगतान करे। अत: अनेकों ऐसी पद्धतियों का प्रयोग किया जाने लगा जिससे श्रम के समय का हिसाब रखा जा सके। श्रम के समय का ठीक-ठीक हिसाब रखने की आवश्यकता निम्न कारणों से होती है–

(i) यदि श्रम को समयानुसार भुगतान किया जाता है तो श्रमिक द्वारा उत्पादन के लिये दिये जाने वाले समय का हिसाब-किताब रखना आवश्यक है।

(ii) श्रमिकों को नियमित रूप से कार्य पर आने के लिए प्रेरित करने के लिए भी समय का लेखा आवश्यक है।

(iii) उत्पादक व श्रमिक के बीच किसी विषय का निपटारा करने के लिए समय का लेखा आवश्यक है।

(iv) श्रमिक की उत्पादन क्षमता को ज्ञात करने के लिए समय का लेखा आवश्यक है।

(v) प्रमापित कार्य से किये गए कार्य की तुलना के लिए भी यह आवश्यक होगा कि श्रमिक के द्वारा उत्पादन पर लगाये गये समय का ज्ञान हो।

(vi) यदि अप्रत्यक्ष खर्चों को विभिन्न उत्पादनों या कार्यों में श्रमिक घण्टा दर (Labour Hour Rate) के आधार पर वर्गीकृत करना हो तो ठीक समय का लेखा रखना आवश्यक है।

(vii) वैधानिक आवश्यकताओं के लिए भी श्रमिकों द्वारा किये गये कार्य के समय का लेखा रखना आवश्यक होता है।

श्रमिकों के द्वारा उत्पादन पर लगाये गये समय का लेखा रखने की निम्नलिखित विधियाँ प्रयोग की जाती हैं :

I. उपस्थिति रजिस्टर द्वारा (By Attendance Register)–श्रमिकों के आने जाने के समय को रखने के लिए यह पद्धति बहुत ही आसान व कम खर्चीली है। इसको छोटे से छोटा उत्पादक भी प्रयोग कर सकता है क्योंकि इसके द्वारा उसको समय का हिसाब रखने के लिए कोई विशेष खर्चा नहीं करना पड़ता। इस विधि के अन्तर्गत फैक्ट्री के गेट पर एक रजिस्टर रखा होता है जिसमें फैक्ट्री में काम करने वाले सभी श्रमिकों के नाम लिखे होते हैं तथा उस रजिस्टर में प्रत्येक श्रमिक के नाम के सम्मुख विभिन्न तिथियों के खाने होते हैं इन स्थानों में श्रमिक के किसी तिथि पर आने पर उसके आने का समय तथा फैक्ट्री के बाहर जाने का समय लिख दिया जाता है। फिर उस रजिस्टर को लेखा विभाग के पास भेज दिया जाता है। जहाँ उसके पारिश्रमिक आदि का लेखा किया जाता है। किसी-किसी फैक्ट्री में श्रमिक अपने आप अपने नाम के सम्मुख हस्ताक्षर करता है तथा आने का समय नोट कर देता है। इस रजिस्टर को गेट से एक निश्चित समय के पश्चात् हटा लिया जाता है और फिर उसके पश्चात् आने वाले श्रमिक के समय को लाल स्याही से स्वयं लेखापाल द्वारा इस रजिस्टर में लिख लिया जाता है। जिससे यह पता लगता है कि वह श्रमिक कार्य पर देर से आया है तथा इसी तरह न आने वाले श्रमिक के नाम के सम्मुख लेखापाल द्वारा अनुपस्थिति (Absent) लाल स्याही से लिख दिया जाता है। यह पद्धति समय को लिखित रूप में रखने की बहुत ही प्राचीन व प्रारम्भिक विधि है। इस पद्धति से लाभ व हानि निम्नलिखित हैं :

लाभ : 1. यह पद्धति प्रयोग करने में बहुत ही सरल है।

2. इस विधि के द्वारा श्रमिकों का समय लिखित रहता है जिससे कि किसी

भी समय किसी भी श्रमिक के उत्पादन पर व्यय किये समय को ज्ञात किया जा सकता है।

3. यह पद्धति मितव्ययी भी है तथा छोटे-छोटे उत्पादक इसे अपना सकते हैं।

हानियाँ–1. यह पद्धति सरल व कम खर्चीली होने के साथ ही साथ सभी उत्पादकों के उपयोग की नहीं है। बड़े उत्पादक जिनके यहाँ हजारों श्रमिक कार्य करते हैं इसे नहीं अपना सकते क्योंकि इस विधि से बड़ी संख्या में श्रमिकों के समय का लेखा रखना कठिन हो जाता है।

2. उत्पादक व श्रमिक के बीच समय के प्रश्न पर वाद-विवाद होने पर इस विधि द्वारा रखे गए समय के लेखे को अधिक महत्व नहीं दिया जाता है।

3. यह विधि समय को रखने की कोई वैज्ञानिक विधि नहीं है।

4. इस विधि के द्वारा गलती होने तथा बोगस उपस्थिति लगने की भी सम्भावना रहती है।

II. धातु टोकन द्वारा (By Metal Tokens)–इस विधि के अन्तर्गत श्रमिकों के समय को लिखित रूप से रखने के लिए धातु के सिक्कों का प्रयोग किया जाता है। इस विधि में कुछ धातु के सिक्के होते हैं जो कि अलग-अलग श्रमिक के लिए अलग-अलग होते हैं जिन पर नम्बर पड़े होते हैं। इन सिक्कों को प्रातः फैक्ट्री खुलने से कुछ समय पूर्व फैक्ट्री के दरवाजे पर एक स्टैण्ड में लटका दिया जाता है। साथ ही एक दूसरा खाली स्टैण्ड या बक्सा रख दिया जाता है। जब कोई श्रमिक आता है तो वह अपने नम्बर का टोकन स्टैण्ड से लेकर खाली स्टैण्ड पर लगा देता है अथवा उस बक्से में डाल देता है। यही प्रक्रिया प्रत्येक श्रमिक के द्वारा अपनायी जाती है। एक निश्चित समय के पश्चात् गेट पर से स्टैण्ड को कार्यालय में भेज दिया जाता है और जिस-जिस श्रमिकों के टोकन दूसरे बोर्ड पर या बक्से में होते हैं उनको ठीक समय पर आने वाला श्रमिक मानकर पारिश्रमिक की व्यवस्था की जाती है। इस निश्चित समय के पश्चात् आने वाले श्रमिकों को देर से आने वाला (Late Comers) माना जाता है। जब कोई श्रमिक इस समय के पश्चात् आता है तो उसे व्यक्तिगत रूप से अपना टोकन लेकर समय रखने वाले कार्यालय के लिपिक के पास जाना पड़ता है जो कि उसके आने का समय उसके नाम के आगे लिख देता है। इस प्रकार देर से आने वाले श्रमिक का ठीक समय लिख लिया जाता है। जिन श्रमिकों के टोकन इस बोर्ड पर नहीं होते उनको अनुपस्थित माना जाता है। इस पद्धति के आधार पर श्रमिकों के समय का लेखा छोटे उत्पादकों को उपयोगी है क्योंकि श्रमिकों की संख्या बहुत अधिक नहीं होती है। इस पद्धति की उपयोगिता के साथ ही साथ इसमें कुछ कमियाँ भी होती हैं जो कि निम्नलिखित हैं :

1. इसके द्वारा यदि एक श्रमिक किसी अन्य श्रमिक का टोकन बक्से में डाल देता है तो इस बात का पता नहीं लगता है।

2. इस विधि से समय रखने पर आपस में विवाद होने की भी सम्भावना रहती है।

3. इस विधि में लिपिकीय कार्य अधिक होने के कारण भी त्रुटि रहने की सम्भावना अधिक है।

III. समय निर्धारित करने वाली मशीन द्वारा (By Time Clock Machine)–यह पद्धति आधुनिक युग में विज्ञान के विकास के कारण प्रयोग की जाती है। इस पद्धति से श्रमिकों के समय का लेखा बहुत बड़ी-बड़ी उत्पादन संस्थाओं द्वारा रखा जाता है जहाँ पर श्रमिकों की संख्या बहुत अधिक होती है। इस विधि के द्वारा श्रमिकों का आने जाने का समय एक स्वचालित मशीन के द्वारा उनके कार्डों पर अंकित हो जाता है। इसके अन्तर्गत प्रत्येक श्रमिक के लिए एक कार्ड निर्धारित कर लिया जाता है जिनको कि फैक्ट्री के गेट पर इस मशीन के समीप एक तश्तरी में, जिस पर 'Out' लिखा होता है, रख दिया जाता है। प्रात: जब श्रमिक कार्य पर आता है तो वह अपने कार्ड को इस तश्तरी पर से उठाकर मशीन में लगाता है तथा मशीन के हैण्डिल को प्रैस कर देता है जिससे उसके कार्ड पर उसके आने का समय अंकित हो जाता है और फिर वह अपने कार्ड को बाहर निकाल कर दूसरी तश्तरी, में जिस पर 'In' लिखा होता है रख देता है। यही कार्यवाही प्रत्येक श्रमिक द्वारा की जाती है। इस मशीन के अन्तर्गत यह भी व्यवस्था होती है कि जो श्रमिक देर से आता है उसके आने का समय लाल स्याही से अंकित हो जाता है। जब कोई श्रमिक फैक्ट्री से बाहर जाता है तो वह फिर उपरोक्त क्रिया अनुसार अपने कार्ड को 'In Tray' से उठाकर मशीन में लगा देता है तथा उसके पश्चात् उसे 'Out Tray' पर रख देता है। इन कार्डों को (Time booking office) में ले जाया जाता है और प्रत्येक श्रमिक का पारिश्रमिक ज्ञात किया जाता है। इस पद्धति के लाभ तथा हानियाँ निम्नलिखित हैं :

लाभ–1. यह एक वैज्ञानिक विधि से समय को अंकित करने का तरीका है।

2. चूंकि इस विधि के अन्तर्गत कार्य स्वचालित मशीन द्वारा होता है। अत: किसी प्रकार की गलती रहने की सम्भावना नहीं रहती है।

3. बहुत से श्रमिकों के आने-जाने का समय शीघ्र व आसानी से अंकित हो जाता है।

हानियाँ–1. इस पद्धति को केवल बड़े उत्पादक ही अपना सकते हैं क्योंकि प्रारम्भ में बहुत अधिक पूँजीगत व्यय करनी पड़ती है।

2. इसके द्वारा यदि एक श्रमिक दूसरे श्रमिक के कार्ड को भी मशीन में लगाकर समय अंकित करा देता है तो उस समय लेखे गलत हो जाते हैं।

IV. डायल रिकोर्डर या रिकोर्डर मशीन (Dial Recorder or Recorder Machines)–श्रमिकों के आने जाने के समय का लेखा-जोखा रखने के लिये अपनायी जाने वाली यह पद्धति बिल्कुल आधुनिकतम है। यह समंक निर्धारित करने

वाली मशीन का ही सुधारा हुआ रूप है। इन मशीनों के अन्तर्गत श्रमिकों को अपना-अपना अलग-2 कार्ड मशीन में लगाकर समय अंकित करने की आवश्यकता नहीं होती है। बल्कि इन मशीनों के अन्तर्गत पहले से ही एक फार्म में समस्त श्रमिकों के नाम एक क्रम में ऊपर से नीचे तक लिखे होते हैं तथा उसके समक्ष प्रतिदिन उनके आने व जाने के समय के लिए खाना बना होता है। जैसे ही कोई व्यक्ति फैक्ट्री में काम करने के लिए आता है अथवा बाहर जाता है तो वह डायल पर अपने नम्बर को घुमाता है या बोर्ड पर अपने नम्बर की कुन्जी (Key) को रख देता है इससे स्वतः ही इस मशीन में उस श्रमिक के नाम के समक्ष आने तथा जाने का समय अंकित हो जाता है। जो श्रमिक अनुपस्थित होते हैं उनके नाम के सम्मुख जगह खाली रहती है। इस पद्धति से बहुत लाभ होते हैं। इससे कोई गलती होने की सम्भावना नहीं रहती। साथ ही साथ अलग-2 श्रमिक के कार्ड से लेखा एक फार्म पर तैयार करने की भी आवश्यकता नहीं रहती है क्योंकि इस प्रकार के फार्म के ऊपर ही इस मशीन द्वारा समय अंकित होता है। इस विधि के प्रयोग करने से श्रमिकों की 'मजदूरी तालिका' (Wages Sheet) बनाने में भी सुविधा रहती है।

श्रमिकों के समय का दोहरा लेखा
(Duplicate Records of the Time of Labourers)

जब किसी फैक्ट्री में श्रमिकों की संख्या बहुत अधिक होती है और श्रमिकों को कार्य भिन्न-भिन्न विभागों में करना होता है तो उस समय उपरोक्त प्रकार से लेखा करने पर यह सम्भव है कि श्रमिक कार्य पर बिल्कुल आये ही नहीं फैक्ट्री के अन्दर स्थित कैंटीन आदि स्थानों पर समय नष्ट करे अथवा उत्पादन विभाग में देरी से पहुँचे। इससे श्रमिकों को दिया जाने वाला पारिश्रमिक उत्पादन क्षमता से अधिक होगा साथ ही श्रमिकों में अनुशासनहीनता की वृद्धि होगी। अतः यह आवश्यक हो जाता है कि ऐसी परिस्थिति में श्रमिकों के आने-जाने के समय का लेखा उस उत्पादन विभाग में भी फोरमैन अथवा सुपरवाइजर के द्वारा रखा जाना चाहिए तथा इस लेखे को गेट पर रखे गये लेखे से मिलाना चाहिए। यदि दोनों में समानता है तो ठीक है अन्यथा अन्तर होने पर श्रमिक का पारिश्रमिक काट लिया जाना चाहिए तथा भविष्य में समय पर आने के लिए कहा जाना चाहिए। दोनों प्रकार के लेखों को मिलाते समय फैक्ट्री गेट से उत्पादन विभाग तक आने तथा जाने के समय का भी ध्यान रखना चाहिए। श्रमिकों के आने जाने के समय का दोहरा लेखा रखने से निम्नलिखित लाभ होंगे–

1. यदि श्रमिक फैक्ट्री में प्रवेश कर गया है तो वह उत्पादन विभाग में अवश्य आयेगा तथा उचित समय पर कार्य पर आयेगा इससे 'व्यर्थ' समय अधिक नहीं होगा।

2. बोगस श्रमिक को वेतन मिलने की सम्भावना नहीं रहती है क्योंकि यदि किसी अनुपस्थित श्रमिक का समय उसके किसी दूसरे साथी ने नोट कर दिया हो तो उसका नियंत्रण उत्पादन विभाग के लेखे में प्रदर्शित उसकी अनुपस्थिति के कारण हो सकता है।

व्यर्थ समय (Idle Time)–श्रमिक को जितने समय के लिए भुगतान किया जाता है वास्तव में वह उतने समय कार्य नहीं करता है। कुछ समय ऐसा होता है कि जिसमें श्रमिक फैक्ट्री के अन्तर्गत उत्पादन कार्य न करके अन्य कारणों से व्यतीत कर देता है। उत्पादन समय व भुगतान किये जाने वाले समय का अन्तर व्यर्थ समय (Idle Time) कहलाता है। उदाहरण के लिए एक श्रमिक एक फैक्ट्री में सुबह 9 बजे से शाम 5 बजे तक रहता है अर्थात् 8 घण्टे फैक्ट्री में रहता है तो 8 घण्टे के लिए पारिश्रमिक दिया जायेगा। लेकिन यह श्रमिक उत्पादन कार्य केवल 7½ घण्टे ही करता है ½ घण्टा फैक्ट्री गेट से उत्पादन विभाग तक आने तथा उत्पादन विभाग से फैक्ट्री से बाहर जाने, दोपहर का भोजन करने, उत्पादन यन्त्रों को उठाने रखने व बदलने में व्यर्थ होता है। इस ½ घण्टे को व्यर्थ समय कहा जाएगा।

व्यर्थ समय दो प्रकार का होता है–

1. सामान्य व्यर्थ समय (Normal Idle Time)–यह वह व्यर्थ समय होता है जो कि उत्पादन की सामान्य प्रकृति के अनुसार आवश्यक है। इस प्रकार के व्यर्थ समय को होने से रोका नहीं जा सकता है। इसलिए ही इसे (Unavoidable idle time) भी कहते हैं। उदाहरण के लिए श्रमिक का फैक्ट्री गेट से उत्पादन विभाग तक आने जाने का समय, यन्त्रों का रखने, बदलने का समय आदि वह समय ऐसा होता है जो कि कार्य के लिए आवश्यक है। इस प्रकार का व्यर्थ समय वस्तु लागत का ही अंश होता है। अत: ऐसे व्यर्थ समय के सम्बन्ध में भुगतान किये गए पारिश्रमिक को वस्तु की लागत निकालते समय लागत में सम्मिलित करना चाहिए। वस्तु की लागत में इस प्रकार के व्ययों को सम्मिलित करने की दो विधियाँ हैं :

(अ) श्रमिक के उत्पादन समय की दर को बढ़ाकर (By inflating hourly rate)–इस विधि के अनुसार श्रमिक ने जितने घण्टे वास्तव में काम किया है उसमें व्यर्थ समय के व्ययों को जोड़ दिया है। यह विधि प्रत्यक्ष श्रम के सम्बन्ध में अपनायी जाती है। उदाहरण के लिए यदि एक श्रमिक को आठ रु॰ प्रति घण्टे के आधार पर भुगतान किया जाता है और श्रमिक वास्तव में 9 घण्टे कार्य करता है जिसमें 1 घण्टा सामान्य व्यर्थ समय लगता है तो श्रमिक का पारिश्रमिक का धन 9×8 = 72 रु॰ होगा तथा उसकी प्रति घण्टा दर 8 रु॰ से बढ़कर 72/8 = 9 रु॰ होगी।

(ब) व्यर्थ समय के व्यय को फैक्ट्री का खर्च मानकर–प्राय: यह विधि अप्रत्यक्ष श्रमिक के सम्बन्ध में प्रयोग की जाती है इसमें कार्य को केवल उत्पादन समय के पारिश्रमिक से ही डेबिट किया जाता है तथा व्यर्थ समय के धन से फैक्ट्री के खर्चों को डेबिट किया जाता है। उपरोक्त उदाहरण में उत्पादन कार्य 8 × 8 = 64 रु॰ से तथा फैक्ट्री के खर्च 8 रु॰ से डेबिट किये जायेंगे।

2. असामान्य व्यर्थ समय (Abnormal idle time)–कभी-2 श्रमिक ऐसे कारणों से भी उत्पादन पर अपने समय का उपयोग नहीं करता है जो कि असामान्य प्रकृति के हैं जिन कारणों को यदि आवश्यक सावधानी रखी जाए तो दूर किया जा सकता है। इस प्रकार से समय मजदूरों द्वारा हड़ताल करने पर, बिजली के फेल

होने पर, मशीनरी के खराब हो जाने पर, सामग्री के न मिलने पर आदि कारणों से व्यर्थ हो जाता है। इस प्रकार के व्यर्थ समय का पारिश्रमिक क्योंकि असामान्य घटनाओं के कारण हुआ है इसलिए इसे लागत में शामिल नहीं करते हैं। बल्कि इस धन राशि के लाभ हानि खाते को डेबिट कर दिया जाता है।

व्यर्थ समय का प्रश्न केवल उसी परिस्थिति में उत्पन्न होता है जबकि श्रमिकों को भुगतान समय के आधार पर किया जा रहा है। कार्यानुसार भुगतान करने पर व्यर्थ समय का अधिक महत्व नहीं यद्यपि कार्यानुसार भुगतान करने पर श्रमिक का समय अधिक व्यर्थ नहीं जाना चाहिए क्योंकि इससे अन्य अप्रत्यक्ष खर्चे जो कि समयानुसार होते हैं बढ़ जायेंगे और वस्तु की लागत अधिक आयेगी। व्यर्थ समय जितना कम होगा उत्पादन व्यय उतने ही कम आयेंगे, अतः यह आवश्यक है कि प्रबन्धकों को श्रमिकों के व्यर्थ समय को कम से कम करने का प्रयत्न करना चाहिए। यह फैक्ट्री के अन्तर्गत अच्छी सुविधाएँ व यन्त्र आदि प्रदान करने से कुछ सीमा तक कम किया जा सकता है।

अतिरिक्त समय (Overtime)–भारतीय फैक्ट्री अधिनियम के अनुसार यदि कोई श्रमिक दिन में 9 घण्टे या सप्ताह में 48 घण्टे से अधिक कार्य करता है तो उसके द्वारा उपरोक्त समय से अधिक समय तक किया जाने वाला कार्य अतिरिक्त समय का कार्य कहलाता है। इसके लिए श्रमिक को साधारण दर से अधिक दर पर भुगतान किया जाता है। श्रमिकों से अतिरिक्त समय कार्य साधारणतया नहीं लेना चाहिए क्योंकि इसमें श्रमिकों की कार्य क्षमता घट जाती है तथा सामाजिक न्याय के दृष्टिकोण से भी उचित नहीं है। दूसरे आर्थिक दृष्टि से भी अतिरिक्त समय में कार्य कराना मंहगा पड़ता है क्योंकि अतिरिक्त समय की मजदूरी दर अधिक होती है तथा अप्रत्यक्ष खर्चे भी करने पड़ते हैं। साथ ही श्रमिकों को कार्य साधारण समय में समाप्त न करके अतिरिक्त समय में समाप्त करने की आदत भी पड़ सकती है। अतः इन सभी कारणों से अतिरिक्त समय में श्रमिकों से कार्य नहीं कराना चाहिए लेकिन कार्य की शीघ्रता व अधिकता के कारण तथा श्रमिकों की कमी के कारण अपवाद रूप में इस विधि को अपनाया जा सकता है। अतिरिक्त समय के पारिश्रमिक से साधारण रूप से उत्पादन कार्य का डेबिट कर देना चाहिए लेकिन यदि अतिरिक्त समय में कार्य असामान्य कारणों से कराना पड़ा है तो फिर अतिरिक्त समय के सभी खर्चों से लाभ-हानि खाते को डेबिट कर देना चाहिए। अतिरिक्त समय को नियंत्रित करना आवश्यक होता है जो कि निम्नलिखित विधियों द्वारा किया जा सकता है :

1. यदि अतिरिक्त समय मशीनों की कमी के कारण होता है तो भविष्य में अधिक मशीनें लाने का प्रबन्ध करना चाहिए।

2. अतिरिक्त समय में कार्य केवल किसी जिम्मेदार अधिकारी की अनुमति के पश्चात् ही कराना चाहिए।

3. अतिरिक्त समय में कार्य करना यदि श्रमिकों की आदत बन गई हो तो उसे रोकने के पूर्ण प्रयत्न करने चाहिए।

बाहरी श्रमिक (Out-workers)–कुछ उत्पादक कार्य अथवा लेखा कार्य ऐसे होते हैं जिनमें श्रमिक कार्य फैक्ट्री के बाहर उपभोक्ता अपने घर पर करता है ऐसे श्रमिकों को बाहरी श्रमिक कहते हैं। इस प्रकार के श्रमिकों को दो भागों में बांटा जा सकता है–

1. ऐसे श्रमिक जो अपने यंत्रों द्वारा उत्पादन अपने घर करते हैं।
2. ऐसे श्रमिक जो उत्पादक की ओर से उपभोक्ता के घर पर करते हैं।

प्रथम प्रकार के श्रमिकों के सम्बन्ध में ज्यादा लेखा रखने की आवश्यकता नहीं पड़ती है लेकिन यह देखना जरूरी हो जाता है कि उनके द्वारा उत्पादक के यहां से ली गई सामग्री का उचित हिसाब दिया जा रहा है। कार्य ठीक समय पर करके लाते हैं तथा प्रभाव के अनुसार करते हैं। इस प्रकार के श्रमिक जूता व्यवसाय आदि में होते हैं।

दूसरे प्रकार के श्रमिकों की आवश्यकता इंजीनियरिंग उत्पादन के लिए होती है। उदाहरण के लिए कम्प्यूटर इंजीनियर (Computer Engineer) जो कि अपना कार्य उपभोक्ता के यहाँ रहकर करता है इस प्रकार के श्रमिक के सम्बन्ध में पूर्ण विवरण रखने आवश्यक होते हैं तथा इनकी क्रियाओं का अधिक निरीक्षण किया जाना चाहिए।

आकस्मिक श्रमिक (Casual worker)–कभी-कभी कार्य की अधिकता के कारण अथवा स्थायी श्रमिकों के छुट्टी पर चले जाने के कारण कुछ अतिरिक्त श्रमिकों की आवश्यकता पड़ जाती है जिनसे काम उक्त परिस्थितियों में एक निश्चित समय तक लिया जाता है इस प्रकार के श्रमिक आकस्मिक श्रमिक कहलाते हैं। इन श्रमिकों की क्रियाओं का पूर्ण नियंत्रण करना चाहिए। इन श्रमिकों के आने जाने के समय का उचित ब्यौरा रखना चाहिए तथा उन्हें भुगतान फोरमैन की सिफारिश पर करना चाहिए। इन श्रमिकों का भुगतान प्रायः कम दर पर किया जाता है। इस प्रकार के श्रमिकों की नियुक्ति करते समय यह देख लेना चाहिए कि वे कार्य के योग्य हैं। साधारण परिस्थिति में इस प्रकार के श्रमिक नहीं रखने चाहिए क्योंकि इन श्रमिकों से कार्य ठीक प्रकार से करने की संभावना कम पायी जाती है। यदि इस प्रकार के श्रमिकों को किसी उत्पादन को प्रत्यक्ष रूप से करने के लिए रखा गया है तो उनके पारिश्रमिक की राशि से उस उत्पादन कार्य को डेबिट कर देना चाहिए। अन्यथा अप्रत्यक्ष कार्यों के लिए रखे गये श्रमिक के पारिश्रमिक की धनराशि को फैक्ट्री के खर्चों में डाल दिया जाता है।

समय का लेखा करना (Booking of Time)–श्रमिकों के आने-जाने के समय को लिखने के साथ ही साथ यह बात भी ज्ञात करना महत्वपूर्ण होता है कि श्रमिक ने कितना समय किस कार्य के लिए लगाया है जिससे उस कार्य या उत्पादन की

श्रम की लागत ज्ञात हो सके। इस कार्य को करने के लिए श्रमिक के कुल समय का कार्यानुसार या उत्पादानुसार विश्लेषण किया जाता है। इस विश्लेषण की क्रिया को 'समय का लेखा करना' (Booking of Time) कहते हैं।

समय का विश्लेषण निम्न कारणों से आवश्यक है :

1. यह ज्ञात करने के लिए कि श्रमिक ने कितना समय किस उपकार्य पर लगाया है।

2. समय की बर्बादी (wastage) को रोकने के लिए।

3. व्यर्थ समय पर नियंत्रण करने के लिए।

4. यह ज्ञात करने के लिए कि श्रमिक को किसी उपकार्य के लिए जितना भुगतान किया जा रहा है उतना उत्पादन वह कर रहा है या नहीं।

5. अप्रत्यक्ष खर्चों को तिभिन्न विभागों व उपकार्यों में विभाजित करने के लिए।

समय का विश्लेषण करने के लिए विभिन्न प्रकार के कार्ड तैयार किये जाते हैं जो कि निम्नलिखित हैं :

समय कार्ड

श्रमिक का नाम........................ कुल समय........................
श्रमिक का नम्बर........................ नियमित........................घण्टे
विभाग........................ अतिरिक्त........................घण्टे
सप्ताह का अन्तिम दिन...........

दिन	समय नियमित कार्य		अतिरिक्त समय कार्य		कुल समय		विशेष विवरण
	आने का समय	जाने का समय	आने का समय	जाने का समय	नियमित	अतिरिक्त	
सोमवार							
मंगलवार							
बुद्धवार							
बृहस्पतिवार							
शुक्रवार							
शनिवार							

टाइम कीपर .... मजदूरी क्लर्क ....

1. समय कार्ड (Time Card)–यह कार्ड प्रत्येक मजदूर को प्रति सप्ताह दिया जाता है। इसमें मजदूर का नाम, नम्बर, सम्बन्धित सप्ताह के दिन, तारीख, उसके फैक्ट्री में आने जाने के समय और सप्ताह में मिलने वाला वेतन नोट होता है। जब सप्ताह का अन्त होता है तब श्रमिक से मजदूरी क्लर्क पुराना कार्ड ले लेता है तथा दूसरा नया कार्ड उसे दे देता है। इस कार्ड का नमूना पिछले पृष्ठ पर दिया गया है।

2. समय एवं उपकार्य कार्ड (Counted Time & Job Card)–इस कार्ड में सप्ताह में श्रमिक के आने-जाने के समय के साथ ही इस बात का विश्लेषण भी दिया होता है कि उसने किस उपकार्य पर कार्य किया है इसे मिश्रित कार्ड कहते हैं। इस कार्ड का प्रयोग तब किया जाता है जबकि श्रमिक केवल एक ही उपकार्य पर सारे दिन कार्य करता है इसका नमूना नीचे दिया जा रहा है।

समय एवं उपकार्य कार्ड

श्रमिक का नाम.................. सप्ताह का अन्तिम दिन..............

श्रमिक का नम्बर................ प्रति घण्टा दर..............................

उत्पादन विभाग.................

दिन	उपकार्य संख्या	नियमित कार्य समय		अतिरिक्त समय		कुल समय	धनराशि	
		आने का समय	जाने का समय	आने का समय	जाने का समय		रु०	पैसे
सोमवार								
मंगलवार								
बुद्धवार								
बृस्पतिवार								
शुक्रवार								
शनिवार								

फोरमैन............................. कुल समय (घण्टों में)..............

टाइम कीपर.......................... सकल मजदूरी (रु०)....................

मजदूरी शीट में प्रविष्टि.................. कटौतियां.................................

मजदूरी संक्षिप्तिकरण तैयार करने वाले का नाम.. जुर्माना.......................................

बीमा..

अन्य..

शुद्ध धनराशि जो भुगतान करनी है.......................................

उपरोक्त कार्ड यदि फोरमैन द्वारा पास कर दिया जाता है तो इसे लागत लेखा विभाग में भेज दिया जाता है। जहाँ पर 'मजदूरी सारांश' तैयार किया जाता है तथा मजदूरी की कुल धनराशि से सप्ताह के अन्त में उपकार्य को डेबिट कर दिया जाता है। मजदूरी सारांश का नमूना नीचे दिया जा रहा है :

मजदूरी सारांश												
सप्ताह का अन्तिम दिन–												
मजदूर का नं॰	उपकार्यों की संख्या										कुल धनराशि	
	11		12		13		14		15			
	रु॰	पै॰	रु॰	पै॰	रु॰	पै॰	रु॰	पै॰	रु॰	पै॰	रु॰	पै॰
कुल योग												
तैयार करने वाले का नाम..................							उपकार्य खाता बही में लिखने वाले का नाम......................					

3. उपकार्य कार्ड (Job Card)–श्रमिक द्वारा किसी उपकार्य पर जो समय लगाया जाता है, उसका विवरण इस कार्ड में रखा जाता है। यह कार्ड समय कार्ड से अलग तैयार किया जाता है तथा इसके आधार पर मजदूरी निकालते समय

टाइमकीपर द्वारा रखे समय की तुलना जोब कार्ड के समय से कर ली जाती है। इसका स्वरूप निम्नलिखित है :

उपकार्य कार्ड

श्रमिक का नाम....................

श्रमिक का नम्बर..................

सप्ताह का अन्तिम दिन........

मजदूरी दर...........................

दिन	उपकार्य संख्या	संक्षिप्त विवरण	समय		कुल घण्टे	धनराशि
			आने का	जाने का		
सोमवार						
मंगलवार						
बुद्धवार						
बृहस्पतिवार						
शुक्रवार						
शनिवार						

फोरमैन.................... लागत लिपिक................. मजदूरी संक्षिप्तिकरण तैयार करने वाले का नाम.........................

4. प्रत्येक उपकार्य के लिए अलग उपकार्य कार्ड (Separate Job Card for each Job)—जब यह ज्ञात करना होता है कि किसी उपकार्य पर माल के सम्बन्ध में कितना खर्चा हुआ है तो इस प्रकार के कार्डों का प्रयोग किया जाता है। इसमें एक उपकार्य पर विभिन्न श्रमिकों ने कितना समय लगाया है तथा कितनी उनको

मजदूरी दी गई है का विवरण। वास्तव में उपरोक्त कार्ड 'उपकार्य कार्ड' प्रत्येक श्रमिक के सम्बन्ध में अलग होते हैं जबकि प्रत्येक उपकार्य के अलग उपकार्य कार्ड प्रत्येक उपकार्य के लिए अलग-अलग होते हैं अर्थात् उपकार्य कार्ड मजदूर से सम्बन्धित होते हैं जबकि द्वितीय प्रकार के कार्य उपकार्य से संबंधित होते हैं। इस प्रकार के कार्डों का नमूना निम्नलिखित है :

प्रत्येक उपकार्य के कार्ड

उपकार्य संख्या.......................... सप्ताह का अन्तिम दिन..........................

विवरण..........................

दिन	श्रमिकों का नम्बर	फार्म का संक्षिप्त विवरण	समय		कुल समय	दर	धनराशि	
			आने का	जाने का			रु०	पै०
सोमवार								
मंगलवार								
बुद्धवार								
बृहस्पतिवार								
शुक्रवार								
शनिवार								
फोरमैन..................				कुल समय		कुल धन राशि		

उपकार्य खाता बही क्लर्क..........................

उपरोक्त प्रकार के कार्डों का प्रयोग उस समय किया जाता है जब श्रमिक को समयानुसार भुगतान किया जाता है लेकिन यदि श्रमिक भुगतान कार्यानुसार करना हो तो निम्न कार्ड का प्रयोग करते हैं।

5. कार्य कार्ड (Piece Work Card)–इस कार्ड के अन्तर्गत मजदूर द्वारा विभिन्न दिनों में किये गये कार्य का विवरण तथा मजदूरी की राशि लिखी होती है। इस कार्ड पर कार्य को प्रमाणित करने से पूर्व कार्य निरीक्षक द्वारा यह देखा जाता है कि कार्य एक निश्चित प्रमाप का किया गया है और इस प्रकार के प्रमाण के पश्चात् ही उसे मजदूरी दी जाती है। इसका नमूना निम्नलिखित है :

कार्य कार्ड

श्रमिक का नाम.................... सप्ताह का अन्तिम दिन..................

श्रमिक का नम्बर..................

उत्पादन विभाग..................

दिन	किये गए कार्य का विवरण	उप-कार्य सं०	इकाइयों की संख्या		प्रति इकाई दर	धन राशि		हस्ताक्षर	
			कुल उत्पादित	स्वीकृत		रु०	पै०	श्रमिक	निरीक्षक
सोमवार									
मंगलवार									
बुद्धवार									
बृहस्पतिवार									
शुक्रवार									
शनिवार									

फोरमैन.................... मजदूरी लिपिक....................

श्रम का नियन्त्रण (Control of Labour)–श्रम की क्रियाओं का नियंत्रण लागत में नियंत्रण करने के लिए बहुत आवश्यक है। प्रबन्धकों को इस बात की ओर ध्यान देना चाहिए कि श्रम ठीक प्रकार से व उचित कर रहा है। साधारणतया श्रम के द्वारा अनियमितताएँ समय को बर्बाद करके, सामग्री तथा मशीनरी का दुरुपयोग करके एवं निर्मित वस्तु की किस्म बिगाड़कर की जा सकती है। अतः

इस बात को देखना चाहिए कि श्रमिक को जितने समय के लिए भुगतान किया जा रहा है उतने समय वह काम ठीक प्रकार कर रहा है अर्थात् श्रम को किये भुगतान श्रम की तुलना उसके द्वारा उत्पादन वस्तुओं से करनी चाहिए। इसी प्रकार श्रम द्वारा प्रयोग की जाने वाली सामग्री एवं मशीन के दुरुपयोग को भी रोकना चाहिए। श्रम की क्रियाओं का नियंत्रण करने के लिए एक निश्चित समय के अन्तर्गत 'श्रम उपयोगिता चार्ट' तैयार करना चाहिए। इस चार्ट में श्रम द्वारा की गई क्रियाओं की तुलना प्रमापित कार्य से की जाती है तथा कोई अनियमितता होने पर उसके कारणों को ज्ञात किया जाता है। श्रम उपयोगिता चार्ट का नमूना निम्नलिखित है :

<table>
<tr><th colspan="11">श्रम उपयोगिता चार्ट</th></tr>
<tr><td colspan="5">विभाग.........................</td><td colspan="6">सप्ताह का अन्तिम दिन.........................</td></tr>
<tr><th rowspan="2">क्रम सं॰</th><th rowspan="2">श्रमिक का वर्ग</th><th rowspan="2">घण्टे जिनके लिए श्रमिक का भुगतान</th><th colspan="3">प्रमाणित समय</th><th rowspan="2">व्यर्थ समय</th><th colspan="4">व्यर्थ समय के कारण</th></tr>
<tr><th>उत्पादन (इकाइयों में)</th><th>प्रति इकाई (समय घं॰)</th><th>कुल उत्पादन के लिए प्र॰ सं॰</th><th>सामग्री की कमी</th><th>मशीन की खराबी</th><th>बिजली की खराबी</th><th>अन्य कारण</th></tr>
<tr><td></td><td></td><td></td><td></td><td></td><td></td><td></td><td></td><td></td><td></td><td></td></tr>
<tr><td colspan="6">कार्यवाही का विवरण.........................</td><td colspan="5">विभागाध्यक्ष.........................</td></tr>
</table>

उपरोक्त चार्ट के स्वरूप से यह स्पष्ट हो जाता है कि यदि श्रम का उपयोग उचित तरीके से नहीं किया जा रहा है तो उसके कारणों को ज्ञात किया जाएगा तथा भविष्य में उन कारणों को घटने से रोका जाएगा जिनसे कि फिर श्रम का उचित उपयोग हो सके।

श्रम को भुगतान करने की विधियां
(Methods of Payment to Labour)

श्रमिकों की कार्यकुशलता पर उनको मिलने वाले पारिश्रमिक का बहुत प्रभाव पड़ता है क्योंकि पारिश्रमिक के द्वारा ही श्रमिक अपने तथा अपने परिवार का जीवन यापन करता है। यदि उनको पारिश्रमिक उचित तथा पर्याप्त मिलता है तो उसका जीवन स्तर अच्छा होगा। जिससे उसकी कार्यक्षमता भी अधिक होगी। इसके विपरीत यदि पारिश्रमिक अपर्याप्त व उचित नहीं होगा तो श्रमिक का जीवन स्तर निम्न होगा। फलत: उसकी कार्यक्षमता कम होगी साथ ही उसके ऊपर मानसिक प्रभाव भी पड़ेगा जिसके कारण वह कार्य कम करेगा तथा अच्छी किस्म का नहीं करेगा, साधनों का दुरुपयोग करेगा। आजकल बढ़ती हुई औद्योगिक अशान्ति का मुख्य कारण श्रमिक को मिलने वाले पारिश्रमिक की अपर्याप्तता है। यदि हम वर्तमान में होने वाली औद्योगिक हड़तालों के कारणों पर दृष्टि डालते हैं तो यह ज्ञात होगा कि 80% परिस्थितियों में हड़तालें पारिश्रमिकों को लेकर ही होती हैं। श्रमिक तथा उत्पादक के मध्य सम्बन्धों के बिगड़ने का मुख्य कारण भी पारिश्रमिक ही है। अत: प्रत्येक उत्पादक को श्रमिकों को भुगतान करने की विधि का उचित चुनाव करना चाहिए जिससे श्रमिकों में अशान्ति न फैल सके। उचित पारिश्रमिक विधि के अपनाने से श्रमिक कार्य को ठीक प्रकार से करेगा। विश्व के विभिन्न देशों के श्रमिकों की उत्पादन क्षमता का अध्ययन करने पर यह पता लगता है कि जिन देशों में श्रमिकों को पारिश्रमिक अधिक दिया जाता है वहाँ श्रमिक की कार्यक्षमता अधिक है। आधुनिक युग के अर्थशास्त्रियों एवं समाज विज्ञान विशेषज्ञों का तो यहाँ तक कहना है कि श्रमिकों को उत्पादन के लाभ में भी एक हिस्सा मिलना चाहिए जिससे कि श्रमिक कार्य को करते समय यह महसूस करे कि उत्पादन कम करने पर उसे कुल भुगतान कम मिलेगा साथ ही वह स्वामित्व अधिकार प्राप्त हो जाने के कारण मनोवैज्ञानिक कारणों से भी उत्पादन अधिक तथा अच्छा करेगा। श्रम को दिये जाने वाली धनराशि को मजदूरी, वेतन आदि कहते हैं। आजकल श्रमिकों को मजदूरी, वेतन आदि के अतिरिक्त भी बहुत सी सुविधाएँ उत्पादक द्वारा प्रदान की जाती हैं जो कि आर्थिक तथा अन्य सुविधाएँ हो सकती हैं जैसे वेतन के अतिरिक्त प्रोवीडेन्ट फण्ड, कर्मचारी राज्य बीमा निगम का प्रीमियम, रियायती दर पर रहने का मकान, उसके बच्चे की नि:शुल्क शिक्षा, नि:शुल्क चिकित्सा आदि सुविधाएँ ऐसी होती हैं जो कि श्रमिक को मजदूरी के अतिरिक्त प्रदान की जाती हैं। इन सुविधाओं का प्रभाव श्रमिक की कार्यक्षमता पर पड़ता है।

श्रमिक को मजदूरी देने की अनेकों विधियाँ प्रचलित हैं जो भी किसी उत्पादक को उपयोगी प्रतीत होती है उसे ही वह अपना लेता है। ये विधियां निम्नलिखित हैं :

1. समयानुसार मजदूरी भुगतान विधि (According to Time Method)

2. कार्यानुसार मजदूरी भुगतान विधि (According to Work or Piece Rate Method)

3. प्रेरणात्मक विधि (Incentive Method)

1. समयानुसार मजदूरी भुगतान विधि(According to Time Method)–श्रमिकों को पारिश्रमिक प्रदान करने के लिए इस प्रणाली का प्रयोग अति प्राचीनकाल से किया जा रहा है। इस प्रणाली में जैसा कि इसके अनुसार विदित होता है, श्रमिकों का भुगतान समय आधार पर किया जाता है। इसके अनुसार श्रमिक जितने समय उत्पादन का कार्य करता है उतने समय की निर्धारित दर से उसे भुगतान कर दिया जाता है। इस विधि के अनुसार भुगतान करते समय इस बात को बिल्कुल ध्यान में नहीं रखा जाता है कि श्रमिक ने कितना उत्पादन किया है। इस विधि के अन्तर्गत केवल श्रमिकों के समय को ही मजदूरी की गणना करते समय प्रयोग करते हैं। एक ही समय के लिए विभिन्न मात्राओं में उत्पादन करने वाले श्रमिकों को एक ही धनराशि भुगतान के रूप में दी जाती है। इस विधि के द्वारा श्रमिक की मजदूरी की गणना करने का कार्य बहुत ही सरल होता है। इसके लिए निम्न सूत्र का प्रयोग किया जा सकता है:

Wages according to time = T T × R
T T = Time taken
R = Rate

उपरोक्त विधि के अनुसार मजदूरी की गणना करने की प्रणाली को निम्नलिखित उदाहरण द्वारा भली-भाँति समझा जा सकता है।

Illustration 1

A worker produced 100 articles in 76 hours. His hourly wage rate is Rs. 2. Calculate the wages of the worker when he is paid on the basis of time.

Solution

Applying the formula we get

Wages = T T × R
= 76 × 2
= Rs. 152

इस प्रकार हम देखते हैं कि उपरोक्त उदाहरण में उत्पादन की मात्रा 100 इकाइयों का ध्यान नहीं रखा गया है।

समयानुसार मजदूरी का भुगतान करने से निम्नलिखित लाभ तथा हानियाँ होती हैं :–

I. लाभ–उत्पादकों के लिए इस विधि के प्रयोग से निम्नलिखित लाभ हैं :

1. सरलता (Simplicity)–यह प्रणाली सरल होती है अत: इस प्रणाली के उपयोग में उत्पादक को कोई कठिनाई नहीं होती है।

2. गुण प्रधान उत्पादन सम्भव (Possibility of quality production)–इस प्रणाली से भुगतान करने पर श्रमिक कार्य ठीक प्रकार से करता है और कार्य को जल्दी-जल्दी समाप्त न करके सूझ-बूझ के साथ करता है जिससे उत्पादन अच्छी किस्म का होता है। यदि श्रमिक को समयानुसार भुगतान नहीं दिया जाता है तो वह अधिक उत्पादन करने के प्रलोभन में कार्य की किस्म पर ध्यान न देकर मात्रा पर ध्यान देता है। फलत: अच्छी किस्म उस परिस्थिति में सम्भव नहीं है।

3. मशीनरी व अन्य उत्पादन उपकरणों का उचित प्रयोग (Proper use of machinery and other production equipments)–कार्य को धीरे-धीरे तथा लापरवाही से न करने के कारण उत्पादन में मशीनरी तथा अन्य उपकरणों का उपयोग भी श्रमिक द्वारा उचित तरीके से किया जाता है इससे इन सम्पत्तियों पर ह्रास की राशि तथा मरम्मत आदि का खर्चा कम आता है। फलस्वरूप उत्पादन की कुल लागत कम हो जाती है।

4. सामग्री की न्यूनतम बर्बादी (Minimum wastage of material)–इस विधि के द्वारा श्रमिक द्वारा कार्य सावधानीपूर्वक करने के कारण सामग्री की बर्बादी भी कम होती है।

5. अप्रमापित कार्यों में उपयोगी (Useful in Non-standard Works)–बहुत से उत्पादन कार्य ऐसे होते हैं जिनमें कार्य को प्रत्येक श्रमिक के सम्बन्ध में प्रमापित नहीं किया जाता है अर्थात् यह ज्ञात नहीं किया जा सकता है कि एक श्रमिक ने कितना उत्पादन किया है तो उस प्रकार के उत्पादनों के लिए केवल समयानुसार ही भुगतान किया जा सकता है, कार्यानुसार नहीं।

6. श्रमिक कार्यक्षमता के बढ़ने पर उत्पादक को अधिक लाभ (More profit to the manufactures due to increase in labour efficiency)–यदि श्रमिकों की कार्यक्षमता अधिक होती है तो इससे उत्पादक को अधिक लाभ होता है क्योंकि श्रमिकों को तो एक निश्चित धनराशि समयानुसार दी गई है। कार्य की अधिकता का लाभ उत्पादकों को ही मिलता है।

II. श्रमिकों के दृष्टिकोण से–इस प्रणाली से श्रमिकों को निम्नलिखित लाभ होते हैं।

(a) सरलता (Simplicity)–यह प्रणाली सरल होने के कारण श्रमिकों को आसानी से समझ आ जाती है जिससे वे स्वयं अपने वेतन की गणना कर सकते हैं।

(b) पारिश्रमिक की निश्चितता (Certainty of wages)–समयानुसार भुगतान मिलने के कारण उनके पारिश्रमिक में निश्चितता आ जाती है जिससे वे अपना एक निश्चित प्रकार का जीवन यापन कर सकते हैं वे अपने पारिवारिक बजट को आसानी से बना सकते हैं।

श्रम संघों द्वारा मान्यता प्राप्त प्रणाली (Recognised by trade unions)–श्रमसंघ भी इसी प्रणाली को श्रमिकों के लिए अधिक उपयोगी समझते हैं क्योंकि

इससे श्रमिकों को कार्यानुसार भुगतान न करने के कारण अनेक पारिश्रमिक की निश्चितता रहती है साथ ही श्रमिकों में कोई भेदभाव न करने के कारण श्रमिकों में आपसी संगठन व एकता रहती है।

हानियाँ–इस प्रणाली से उत्पादकों तथा श्रमिकों के दृष्टिकोण से निम्नलिखित हानियाँ हैं :

(I) उत्पादक के दृष्टिकोण से हानियाँ

(a) **श्रमिकों की देखभाल पर अधिक व्यय** (More expenditure on supervision)–जब श्रमिकों को समयानुसार भुगतान किया जाता है तो उस समय उत्पादक को श्रमिकों का निरीक्षण व देखभाल अधिक करनी पड़ती है जिससे वे समय का उचित उपयोग उत्पादन के लिए करें, उसे बरबाद न करें। ऐसा करने से इस प्रकार के खर्चे बढ़ जाते हैं।

(b) **अच्छे श्रमिक को कोई प्रेरणा नहीं** (No encouragement to good worker)–इस विधि से अच्छे श्रमिक को कोई प्रेरणा नहीं मिलती है। अतः इस प्रकार के श्रमिक भी इस विधि के कारण कार्य कम करने लग जाते हैं।

(c) **श्रमिकों की कार्यकुशलता में कमी** (Decrease in efficiency)–इस विधि के अनुसार भुगतान करने से श्रमिक कार्य धीरे-धीरे करते हैं जिससे उत्पादक को श्रम की कार्यक्षमता की कमी के कारण हानि का सामना करना पड़ता है।

(d) **उत्पादक लागत में श्रम लागत की अनिश्चितता** (Uncertainty of labour cost in production)–इस विधि के द्वारा लागत अलग-अलग आती है जिसके कारण श्रम की लागत उत्पादन के सम्बन्ध में सदैव अनिश्चित बनी रहती है।

(e) **कुशल व अकुशल श्रमिकों में भेद सम्भव नहीं** (No distinction possible among skilled and unskilled workers)–यदि कभी उत्पादक यह ज्ञात करना चाहता है कि उसकी फैक्ट्री के अन्तर्गत कौन-सा श्रमिक कुशल है तथा कौन-सा अकुशल, तो इस बात को वह इस विधि के अनुसार भुगतान करने पर ज्ञात नहीं कर सकता।

(II) श्रमिकों के दृष्टिकोण से

इस विधि के द्वारा उस श्रमिकों के साथ अन्याय किया जाता है जो कि बहुत कुशल हैं, जो श्रमिक अधिक उत्पादन करता है, तथा अधिक परिश्रम करता है, उसे अधिक पारिश्रमिक मिलना चाहिए लेकिन ऐसे श्रमिकों के अधिक उत्पादन के प्रतिफल को केवल उत्पादक ही ले लेता है।

उपरोक्त लाभ-हानियों का अध्ययन करने के पश्चात् यह कहा जा सकता है कि इस विधि का उपयोग केवल उन्हीं उत्पादन कार्यों के लिए किया जाना चाहिए जिन में निम्नलिखित परिस्थितियाँ विद्यमान होती हैं–

1. जब उत्पादन अच्छे किस्म का कराना है।

2. उत्पादन इस प्रकार है जिसमें किसी श्रमिक द्वारा कितना कार्य किया गया है इस बात का ज्ञान न हो सके।

3. जब श्रमिक अप्रत्यक्ष कार्यों के लिए रखा गया हो।

4. जब श्रमिक पूर्णतः कुशल न हो अर्थात् कार्य काम सीख रहा हो।

2. कार्यानुसार मजदूरी पद्धति भुगतान (According to Work or Piece Rate Method)–इस पद्धति के अन्तर्गत श्रमिक को पारिश्रमिक उसके द्वारा किये गये कार्य की मात्रा के आधार पर दिया जाता है। इस विधि से भुगतान करने पर समय का कोई ध्यान नहीं रखा जाता है। मजदूर से पारिश्रमिक की दर भी कार्य के अनुसार की जाती है समय के अनुसार नहीं। इस विधि से भुगतान मिलने पर श्रमिक अधिक से अधिक कार्य करने का प्रयत्न करता है। इससे भुगतान करने से पूर्व उत्पादन की मात्रा के साथ ही साथ इस बात को भी देखा जाता है कि उत्पादन एक प्रमाप के अनुसार किया गया है या नहीं। यदि अधिक कार्य करने की प्रेरणा से श्रमिक ने उत्पादन की किस्म बिल्कुल खराब कर दी है तो उसको भुगतान करते समय किस्म की खराबी के कारण होने वाली हानि को काटा जा सकता है। वैसे यह विधि उन्हीं उत्पादन कार्यों के लिए अधिक उपयोगी होती है जिनमें वस्तु की किस्म का विशेष ध्यान नहीं दिया जाता है अथवा वस्तु एक निश्चित प्रकार की ही उत्पादित होती है।

इस प्रणाली के द्वारा मजदूरी की गणना के लिए निम्नलिखित सूत्र का प्रयोग करते हैं :

$$\text{Wages} = \text{Units, produced} \times \text{Rate per unit}$$

OR

$$= ST \times R$$

उपरोक्त सूत्र से मजदूरी की गणना करने की विधि का स्पष्टीकरण निम्नलिखित उदाहरण से होता है।

Illustration 2

250 Units were produced by a worker in 120 hours. Rate of production is Rs. 3 per unit. Calculate the wages of the worker if, he is paid according to piece rate method.

Solution

By applying the formula we get,

$$\begin{aligned} \text{Wages} &= \text{Units produced} \times \text{Rate per unit} \\ &= 250 \times 3 \\ &= \text{Rs. } 750 \end{aligned}$$

इस प्रणाली से होने वाले लाभ-हानियों का विवेचन नीचे किया जा रहा है :

लाभ–इससे होने वाले लाभों का विभाजन उत्पादक व श्रमिकों के हितों के अनुसार निम्नलिखित किया जा सकता है :

उत्पादक के दृष्टिकोण से लाभ–उत्पादक को इस प्रणाली से निम्नलिखित लाभ प्राप्त होते हैं :

1. कार्य अधिक मात्रा में कराया जा सकता है।

2. अधिक मात्रा में कार्य होने के कारण प्रति इकाई ऐसे अप्रत्यक्ष खर्च, जो समयानुसार होते हैं कम आते हैं, जिसके फलस्वरूप उत्पादन की लागत भी प्रति इकाई कम आती है।

3. इसमें अधिक कार्यकुशल श्रमिकों को पैसा अधिक मिलता है अतः प्रत्येक श्रमिक कार्य कुशलतापूर्वक करने का प्रयत्न करता है जिससे उत्पादक को लाभ होता है।

4. इस प्रणाली को अन्तर्गत मजदूरी की गणना का कार्य भी आसान होता है।

5. इससे उत्पादक को निरीक्षण व देखभाल के अधिक खर्च नहीं करने पड़ते हैं।

6. इसमें श्रमिक मशीनरी इत्यादि का प्रयोग अधिक सतर्कता से करता है क्योंकि यदि मशीनरी में कोई खरीबी होने के कारण वह कार्य कुछ समय तक नहीं कर सकेगा तो इससे उसकी आय पर प्रभाव पड़ेगा।

श्रमिकों को लाभ–श्रमिकों को इस प्रणाली से निम्नलिखित लाभ होते हैं :

1. जो अच्छे श्रमिक होते हैं वे अधिक कार्य करके अपनी आय में पर्याप्त मात्रा में वृद्धि कर सकते हैं जिससे उनका जीवन-स्तर भी अच्छा हो सकता है।

2. श्रमिक इस प्रणाली को आसानी से समझ सकते हैं।

हानियां–इस प्रणाली की हानियों को भी उत्पादक तथा श्रमिक के दृष्टिकोण से निम्नलिखित ढंग से वर्णन किया जा सकता है।

उत्पादक के दृष्टिकोण से–1. यदि श्रमिक को इस पद्धति से भुगतान किया जाएगा तो वह अधिक से अधिक उत्पादन करने के लिए कार्य को जल्दी में करेगा जिससे वस्तु की किस्म में गिरावट आने की सम्भावना रहती है।

2. कार्य को अधिक करने की प्रेरणा के कारण मशीनरी व अन्य उपकरणों में ह्रास व टूट-फूट अधिक होती है।

3. सामग्री में बर्बादी भी अधिक होती है।

4. इस पद्धति से मजदूरी देने पर श्रमिक व उत्पादक में औद्योगिक विवाद भी उत्पन्न होने की सम्भावना रहती है क्योंकि पहले तो प्रति इकाई कितना पारिश्रमिक दिया जाए, वाद-विवाद का विषय बन जाता है। श्रमिक अधिक से अधिक लेना चाहते हैं जबकि उत्पादक प्रति इकाई कम से कम देने का प्रयत्न करते हैं। दूसरे यदि मशीनरी की खराबी, बिजली के चले जाने के कारण अथवा सामग्री की कमी के कारण

कार्य बन्द रहता है तो इसके कारण होने वाली हानियों को कौन उठायेगा तथा श्रमिक को उस समय कार्य न करने के बावजूद भी कुछ पारिश्रमिक दिया जाएगा या नहीं, वाद-विवाद का विषय बन सकता है।

श्रमिकों के दृष्टिकोण से–1. इस विधि में श्रमिकों को आय की अनिश्चितता रहती है जिसके कारण वे अपना पारिवारिक बजट नहीं बना सकते हैं।

2. यह प्रणाली मजदूर संगठनों द्वारा भी ठीक नहीं मानी जाती है क्योंकि इससे श्रमिकों में कुशलता तथा अकुशलता के आधार पर भेद-भाव हो जाने के कारण उनकी एकता में रुकावट आने का भय रहता है।

3. श्रमिक अधिक पारिश्रमिक के प्रलोभन में अधिक से अधिक उत्पादन करने का प्रयास करते हैं जिसके फलस्वरूप उनको कड़ा परिश्रम करना पड़ता है तथा इसके कारण उनके स्वास्थ्य पर विपरीत प्रभाव पड़ता है।

कार्यानुसार मजदूरी का भुगतान निम्नलिखित परिस्थितियों में करना चाहिए :

1. जब कार्य इस प्रकार का हो जिसमें वस्तु की किस्म खराब होने की कोई सम्भावना न हो अर्थात् एक निश्चित किस्म ही तैयार होती हो।

2. यह ज्ञात करना सम्भव हो कि कितना कार्य किस श्रमिक ने किया है।

3. प्रेरणादायक प्रणाली (Incentive Method)–मजदूरी देने की उपरोक्त दोनों पद्धतियों के अध्ययन से यह बात स्पष्ट हो गई है कि दोनों ही पद्धतियाँ अपूर्ण हैं। आधुनिक युग में जबकि उत्पादक श्रमिकों को अधिक से अधिक कार्य करने के लिए प्रेरित करना चाहता है साथ ही उस आधिक्य का एक समुचित लाभ स्वयं भी लेना चाहता है तो ऐसे समय श्रमिक को न तो समयानुसार भुगतान करना उचित है क्योंकि इससे कार्यकुशलता में ह्रास होता है और न ही कार्यानुसार भुगतान करना कठिन क्योंकि समस्त लाभ श्रमिक को ही होता है। जब दोनों ही प्रणाली दोषयुक्त है तो विचारवान उत्पादकों तथा प्रबन्धकों ने इन दोनों प्रणालियों के दोषों से रहित एक अन्य मजदूरी भुगतान विधि का प्रयोग करना आरम्भ किया है जिसमें कि कुशल अकुशल दोनों ही श्रमिकों से कार्य लिया जा सकता है और श्रमिक अधिक कुशल होता है उसे कुछ अतिरिक्त लाभ भी दिया जाता है अर्थात् अतिरिक्त लाभ देकर श्रमिकों को अधिक कार्य करने के लिए प्रेरित किया जाता है। यह प्रणाली प्रेरणात्मक प्रणाली कही जाती है यद्यपि इस सम्बन्ध में अलग-अलग विचारकों व उद्योगपतियों ने अलग-अलग योजनाओं का स्पष्टीकरण किया है लेकिन सामान्यतया सभी प्रणालियों के अन्तर्गत श्रमिकों को भुगतान करने का आधार समय माना गया है अर्थात् प्रत्येक श्रमिक को समयानुसार भुगतान किया जाएगा और यदि कोई श्रमिक अधिक कुशल है जिसका कि माप पूर्व निश्चित प्रमाणित कार्य से तुलना करके किया जाएगा तो उसे समयानुसार मजदूरी के अतिरिक्त कुछ अतिरिक्त धन अधिक कार्य के फलस्वरूप बोनस के रूप में दिया जाएगा। बोनस देने की प्रणालियाँ अलग-अलग योजनाओं के अन्तर्गत अलग-अलग हैं। यदि मजदूरी देने की प्रेरणात्मक प्रणालियों का सरल शब्दों में विवेचन करना है तो कहा जा सकता है कि इस विधि के अनुसार

पहले से ही प्रमाणित समय का निश्चय कर लिया जाता है जिससे कि उत्पादक अपने अनुभवों व विशेषज्ञों के परामर्श से निश्चित करता है तथा श्रमिकों को भुगतान साधारणतया समयानुसार किया जाता है लेकिन यदि कोई श्रमिक प्रमाणित कार्य को प्रमाणित समय से पहले समाप्त कर देता है तो उसको समयानुसार मजदूरी के अतिरिक्त एवं अतिरिक्त धनराशि और प्रदान की जाती है जो कि बचाये समय की मजदूरी के कुछ अंश के बराबर होती है। इस प्रणाली का सबसे बड़ा गुण यह होता है कि इससे श्रमिकों को अपनी आय की निश्चितता रहती है। साथ ही अच्छे श्रमिक को अपनी आय को पर्याप्त मात्रा में बढ़ाने के भी अवसर होते हैं और उत्पादक को भी कुशल श्रमिक के लिए अच्छा वातावरण तथा सुविधाएँ प्रदान करने के बदले कुछ अतिरिक्त लाभ प्राप्त हो जाता है। दूसरे शब्दों में यह कहा जा सकता है कि इस प्रणाली से उत्पादक तथा श्रमिक दोनों को लाभ होता है।

जैसा कि ऊपर स्पष्ट किया जा चुका है कि मजदूरी को प्रोत्साहित करने वाली प्रणालियों का विवेचन अनेकों उत्पादकों व उद्योगपतियों के द्वारा अलग-अलग किया जाता है तथा प्रत्येक उत्पादक आपसी समझौते के अनुसार किसी भी प्रेरणात्मक पद्धति का प्रयोग कर सकता है। तो प्रश्न यह उठता है कि कौन-सी प्रेरणात्मक पद्धति मजदूरी के भुगतान के लिए अपनायी जानी चाहिए अर्थात् एक आदर्श मजदूरी प्रेरणात्मक पद्धति की क्या विशेषताएँ हैं? इस प्रश्न के उत्तर में निम्नलिखित तत्वों का उल्लेख किया जा सकता है।

1. प्रणाली सरल होनी चाहिए जिसको कि उत्पादक व श्रमिक आसानी से समझ सकें तथा मजदूरी गणना करने में भी कठिनाई न हो।

2. प्रणाली न्यायपूर्ण होनी चाहिए जिससे श्रमिकों को उसके अच्छे प्रयत्नों के लिए उचित धनराशि प्रोत्साहन के रूप में प्राप्त हो जाए साथ ही उत्पादक को भी अच्छी सुविधाएँ तथा मशीनरी आदि प्रदान करने के लिए उचित अतिरिक्त लाभ मिलना चाहिए।

3. प्रमाणित कार्य का निश्चय वैज्ञानिक विश्लेषण तथा विभिन्न विधियों से किया जाना चाहिए।

4. श्रमिकों को एक निश्चित मजदूरी का भी आश्वासन होना चाहिए अर्थात् समयानुसार भुगतान विधि को आधार मानकर चलना चाहिए।

5. प्रणाली व्यवसाय की आवश्यकताओं के अनुकूल होनी चाहिए।

6. प्रणाली में लोच होनी चाहिए अर्थात् प्रणाली ऐसी नहीं होनी चाहिए जिसमें समय-समय पर परिवर्तन किया जाता है।

7. प्रोत्साहन के लिए जिस पद्धति को अपनाया जा रहा है उसमें श्रमिक परिश्रम व पारिश्रमिक का प्रत्यक्ष सम्बन्ध होना आवश्यक है।

प्रेरणात्मक मजदूरी पद्धतियाँ की न्यायोचितता (Justification of incentive method for wages)—प्रेरणात्मक पद्धतियों का अर्थ स्पष्ट होने के पश्चात् यदि

इस बात पर विचार किया जाए कि यह पद्धतियां न्यायोचित हैं अथवा नहीं तो यह पता लगेगा कि यह प्रणालियाँ सामान्य परिस्थितियों में पूर्णतया न्याय की कसौटी पर खरी उतरती हैं। यद्यपि इन प्रणालियों में भी कुछ कमियाँ व दोष हैं फिर भी अन्य प्रणालियों की तुलना में ये प्रणालियाँ बहुत अधिक न्यायोचित हैं। इन प्रणालियों के अन्तर्गत सभी श्रमिकों को अपनी आय की एक निश्चितता होती है। साथ ही यदि कोई श्रमिक अधिक कुशल होता है तो उसे अतिरिक्त धन भी दिया जाता है। लेकिन यह अतिरिक्त धन उस श्रमिक के द्वारा बचाये कुल समय की समयानुसार मजदूरी के बराबर नहीं होता है। उसका कुछ अंश होता है बाकी अंश उत्पादकों को मिल जाता है। उत्पादकों को बचाये समय का एक अंश मिलने का कारण यह होता है कि श्रमिक तभी अधिक कुशलतापूर्वक कार्य करने में समर्थ हो पाते हैं जबकि उत्पादक अच्छी मशीनरी, सामग्री प्रबन्ध व सुख-सुविधाएँ उत्पादन के हेतु श्रमिकों को प्रदान करता है। अत: इस व्यवस्था के कारण जो श्रमिक की कार्य कुशलता बढ़ती है उसका सम्पूर्ण अंश यदि श्रमिक को दे दिया जाएगा तो यह उत्पादक के दृष्टिकोण से उचित नहीं होगा और यदि सम्पूर्ण अंश केवल उत्पादक ही ले लेगा तो यह श्रमिकों के साथ अन्याय होगा। अत: दोनों के द्वारा अतिरिक्त अंश का बटवारा पुर्णत: न्यायसंगत है जो कि इस प्रणाली के द्वारा होता है।

प्रेरणात्मक मजदूरी देने की विभिन्न योजनाएँ (Different Plans of incentives for wages)–श्रमिकों को प्रोत्साहन देते हुए मजदूरी का भुगतान करने के लिए प्राय: निम्नलिखित पद्धतियों का प्रचलन है :

1. हाल्से प्रिब्याज योजना (Halsey Premium Plan)
2. रोवन बोनस योजना (Rowan Bonus Plan)
3. हाल्से-वैर प्रिब्याज योजना (Halsey-Weir Premium Plan)
4. टेलर की विभेदात्मक कार्यानुसार भुगतान योजना (Taylor's Differential Piece Wage Plan)
5. गैन्ट कार्य एवं लाभांश योजना (Gantt's Task and Bonus Plan)
6. मैरीक की अनेक मजदूरी देने वाली योजना(Merrick Multiple Piece Rate Plan)
7. एमरसन की कुशलता योजना (Emerson's Efficiency Plan)
8. बिडो प्रीमियम योजना (Bedeaux Point Premium Plan)
9. हैने की विधि (Hayne's Plan)
10. प्रीस्टमैन की उत्पादन लाभांश योजना (Preistman's Production Bonus Plan)
11. स्केलन योजना (Scalon Plan)

1. हाल्से प्रिब्याज विधि (Halsey Premium Plan)–इस प्रणाली की व्याख्या एक अमेरिकन इंजिनियर एफ० ए० हाल्से ने सर्वप्रथम 1891 ने की। इस प्रणाली

का प्रतिपादन श्रमिकों को अधिकाधिक कुशलतापूर्वक कार्य करने को प्रेरित करने के लिए किया। इस प्रणाली के अनुसार पहले से ही प्रमापित कार्य एवं प्रमापित समय निश्चित कर लिया जाता है जिसको समय व गति के अध्ययन के आधार पर ज्ञात किया जाता है। इसके अन्तर्गत प्रत्येक श्रमिक को समयानुसार पारिश्रमिक मिलने की गारन्टी होती है। लेकिन यदि कोई श्रमिक अधिक कार्यकुशल है और वह प्रमापित कार्य को प्रमापित समय से पूर्व ही समाप्त कर देता है तो उसे समयानुसार मजदूरी के अतिरिक्त कुछ धनराशि प्रिब्याज के रूप में भी दी जाती है। यह धनराशि उस श्रमिक द्वारा बचाये गए कुल समय की समयानुसार मजदूरी की आधी (50%) होती है अर्थात् बचाये गए कुल समय का आधा लाभ श्रमिक को मिलता है और आधा लाभ उत्पादक को प्राप्त होता है। दूसरे शब्दों में यदि कोई श्रमिक प्रमापित कार्य को करने के लिए समय से अधिक या उसके बराबर समय लेता है तो उसे रागयानुसार मजदूरी दी जाएगी और यदि वह प्रमापित कार्य प्रमापित समय से पूर्व ही समाप्त कर देता है तो उसको समयानुसार मजदूरी के अतिरिक्त बचाये गए समय के मूल्य का आधा (50%) प्रिब्याज के रूप में भी दिया जाता है। प्रिब्याज की दर को श्रमिक व उत्पादक आपसी समझौते से परिवर्तित भी कर सकते हैं। इसका स्पष्टीकरण एक उदाहरण द्वारा भी किया जा सकता है :

उदाहरण–उत्पादक द्वारा 10 गज कपड़ा बुनने का प्रमापित समय 2 घण्टे निश्चित किया गया है तथा वह श्रमिकों को 3 रु० की दर से मजदूरी देता है यदि अ ब स श्रमिक 50 गज कपड़ा क्रमशः 12 घण्टे, 10 घण्टे व 8 घण्टे में बुनते हैं तो उनको 'हाल्से प्रिब्याज विधि' के अन्तर्गत पारिश्रमिक निम्न प्रकार दिया जाएगा :

अ का पारिश्रमिक	समयानुसार	$12 \times 3 = 36$ रु०
ब का पारिश्रमिक	समयानुसार	$10 \times 3 = 30$ रु०
स का पारिश्रमिक	समयानुसार प्रिब्याज	$8 \times 3 + 2 \times 3 \times \frac{1}{2}$
		$= 24 + 3 = 27$ रु.

अर्थात्–अ, ब, स की मजदूरी 12 घण्टे, 10 घण्टे व 8 घण्टे के लिए क्रमशः 36 रु० 30 व 27 रु० होगी।

उपरोक्त उदाहरण का स्पष्टीकरण–अ तथा ब मजदूरी कार्य को प्रमापित समय से अधिक व उसके बराबर समय में समाप्त करते हैं। अतः उनको पारिश्रमिक केवल समयानुसार दिया जाएगा। जबकि स मजदूर कार्य प्रमापित समय से 2 घण्टे पूर्व समाप्त कर देता है तो उसे 8 घण्टे का समयानुसार पारिश्रमिक 24 रु० एवं 2 घण्टे के समयानुसार परिश्रमिक का आधा 3 रु० प्रिब्याज से रूप में दिया जाएगा अर्थात् कुल 27 रु० उसे मजदूरी मिलेगी। इस उदाहरण में प्रमापित समय 50 गज कपड़े के लिए 10 घण्टे $\left(\frac{2 \times 50}{10}\right)$ है।

हाल्से प्रिब्याज विधि के अनुसार श्रमिकों का वेतन निकालने के लिए निम्नलिखित सूत्र का उपयोग किया जा सकता है।

$TT \times R + (ST - TT) \times R \times 50\%$

where TT = Time Taken, R = Rate, ST = Standard Time

Illustration 3

Calculate the wages of a worker from the following information :

1. Standard time to produce one unit—5 hours.
2. Units produced—50.
3. Time taken to produce the units—220 hours.
4. Hourly Rate of wages—Rs. 4.
5. Method of Payment—Halsey Premium plan.
6. Rate of Premium—50%.

Solution

By putting the values in the formula, we get

$$\text{Earning} = TT \times R + (ST - TT) \times R \times 50\%$$

$$= 220 \times 4 + (250 - 200) \frac{50}{100} \times 4$$

$$= 220 \times 4 + 50 \times \tfrac{1}{2} \times 4$$

$$= 880 + 100$$

$$= \text{Rs. } 980$$

Thus the earning of this worker will be Rs. 980.

हाल्से प्रिब्याज योजना के लाभ तथा कमियाँ निम्नलिखित हैं :

लाभ–1. यह प्रणाली सरल है जिसको श्रमिक आसानी से समझ सकता है तथा इस प्रणाली के द्वारा मजदूरी की गणना भी सुगमतापूर्वक की जा सकती है।

2. इससे प्रत्येक श्रमिक को समयानुसार मजदूरी कमाने की गारन्टी होती है जिससे उसकी आय की निश्चितता बनी रहती है।

3. इसमें कुशल श्रमिकों को भी कुशलतापूर्वक कार्य करने की प्रेरणा मिलती रहती है क्योंकि उनके प्रमापित समय से पूर्व कार्य करने पर अतिरिक्त धनराशि प्रिब्याज के रूप में मिलती है।

4. इस प्रणाली के अन्तर्गत प्रमापित समय से पूर्व कार्य करने पर बचाये गए समय का लाभ उत्पादक को भी मिलता है जिससे वह श्रमिकों को अधिकाधिक सुख-सुविधा प्रदान करने का प्रयत्न करता है।

5. इसमें श्रमिक को पारिश्रमिक अलग-अलग कार्य के लिए अलग-अलग दिया जाता है तथा यदि एक श्रमिक एक कार्य को प्रमापित समय से कम समय में व दूसरे कार्य को प्रमापित समय से अधिक में समाप्त करता हो तो उसके प्रमापित

समय से अधिक समय का समायोजन(Adjustment) बचाये गये समय से नहीं किया जाता है।

कमियाँ–1. इस प्रणाली में प्रमापित समय से कम समय में कार्य करने पर बचाया गया लाभ दोनों पक्षों (उत्पादक व श्रमिक) को मिलता है जिसकी प्राय: श्रमिक आलोचना करते हैं क्योंकि उनकी मेहनत का फल उत्पादक को बिना किसी परिश्रम के प्राप्त हो जाता है। लेकिन यह आलोचना तभी सही होगी जब समय की बचत उसके अपने प्रयत्न के कारण ही हुई है उत्पादक की सुविधाओं के कारण नहीं।

2. इसमें श्रमिक प्रिब्याज के लालच के कारण अधिकाधिक कार्य करने का प्रयत्न करता है जिससे उसके स्वास्थ्य के ऊपर विपरीत असर पड़ता है।

3. श्रमिक द्वारा कार्य को जल्दी से जल्दी समाप्त करने के प्रयत्न के कारण कार्य में जल्दबाजी करता है जिससे वस्तु की किस्म में गिरावट आ जाती है।

4. कार्य को शीघ्रतिशीघ्र करने की प्रेरणा के कारण उत्पादन सम्बन्धी मशीनरी, उपकरण व सामग्री आदि का उपयोग भी उचित व सतर्कतापूर्वक नहीं हो पाता है जिससे इसमें अधिक ह्रास, टूट-फूट व बर्बादी होती है।

5. इस प्रणाली में कुशल श्रमिकों को कार्यानुसार मजदूरी विधि के अनुसार कार्य करने की प्रेरणा नहीं मिलती है बल्कि जितना अधिक परिश्रम श्रमिक करता है उतना लाभ उसे प्राप्त नहीं होता है।

2. **रोवन बोनस योजना** (Rowan Bonus Plan)–इस योजना का प्रतिपादन सर्वप्रथम 1901 में जेम्स रोवन ने इंग्लैंड में किया। यह प्रणाली भी हाल्से प्रिब्याज योजना के ही अनुरूप है लेकिन इसमें प्रिब्याज देने की योजना हाल्से प्रिब्याज देने की योजना से अलग है। इस योजना के अन्तर्गत भी प्रत्येक श्रमिक को समयानुसार मजदूरी की निश्चितता होती है तथा प्रमापित कार्य के लिए प्रमापित समय को निश्चय किया जाता है। यदि कोई श्रमिक कार्यकुशल है और वह प्रमापित कार्य को प्रमापित समय से पूर्व ही समाप्त कर देता है तो उसे समयानुसार मजदूरी के अतिरिक्त बोनस के रूप में कुछ धनराशि और दी जाती है जिसकी गणना बचाये गए समय और प्रमापित समय के आधार पर अनुपात निकाल कर की जाती है। रोवन विधि के अन्तर्गत कुशल श्रमिकों को बोनस उनके द्वारा कमायी गई समयानुसार मजदूरी का वह भाग होता है जो कि बचाये गए समय का प्रमापित समय से अनुपातिक सम्बन्ध होता है इसमें बोनस की धनराशि जैसे-जैसे बचाये गए समय में वृद्धि होती जाती है, कम होती जाती है।

इस विधि के अनुसार मजदूरों की आय की गणना करने के लिए निम्नलिखित सूत्र प्रयोग में लाया जा सकता है–

$$TT \times R + \frac{ST - TT}{ST} \times TT \times R$$

उपरोक्त सूत्र की सहायता से निम्नलिखित उदाहरण में दिए गए तथ्यों के आधार पर मजदूरी की गणना इस प्रकार की जायेगी।

Illustration 4

A worker takes 12 hours to complete a job on time wages and 9 hours a scheme of payment by result. The rate of payment is Rs. 5 per hour. Calculate his earning if he is paid on the basis of Rowan Plan.

Solution

By analying we get the following facts :

Standard time	=	12 hours.
Time taken	=	9 hours.
Hourly Rate	=	Rs. 5.

By putting the above in the formula we get,

$$\text{Total Earning} = TT \times R + \frac{ST - TT}{ST} \times TT \times R$$

$$= 9 \times 5 + \frac{12-9}{12} \times 9 \times 5$$

$$= 45 + \frac{3}{12} \times 45$$

$$= 45 + 11.25$$

$$= \text{Rs. } 56.25$$

Therefore the earning of the worker under Rowan Bonus Plan will be Rs. 56.25.

रॉबन योजना के लाभ व दोषों का वर्णन निम्नलिखित है :

लाभ-1. इसमें श्रमिकों को समयानुसार मजदूरी की गारन्टी होने के कारण आय की निश्चितता होती है।

2. कुशल श्रमिकों को कुशलतापूर्वक कार्य करने के लिए बोनस मिलने के कारण प्रेरणा मिलती रहती है।

3. बोनस की दर निश्चित करने में कोई कठिनाई नहीं होती है। यह दर बचाये समय का प्रमापित समय से आनुपातिक सम्बन्ध के बराबर होती है।

4. इसमें जैसे-जैसे श्रमिक अधिक समय बचाता जाता है वैसे-वैसे ही बोनस की दर कम होती जाती है। अत: श्रमिक अधिकाधिक कार्य नहीं करते हैं जिससे उनके स्वास्थ्य पर बुरा प्रभाव नहीं पड़ता है।

5. इस विधि के अन्तर्गत क्योंकि उत्पादक को अधिक लाभ प्राप्त होने की सम्भावना रहती है अत: वह श्रमिकों को अधिकाधिक सुख-सुविधाएँ बढ़ाने की व्यवस्था करता है।

हानियाँ–1. यह प्रणाली कठिन है तथा इसके द्वारा पारिश्रमिक गणना का व्यवधान नहीं है।

इससे यदि श्रमिक अधिकाधिक समय बचाता है तो प्रति घण्टा बोनस की दर कम होती चली जाती है और प्रमापित समय का आधे से अधिक समय बचाने पर बोनस की कुल राशि भी कम होती जाती है। अतः यह प्रणाली वास्तव में अधिक कुशलता से कार्य करने की प्रेरणा देने में असमर्थ रहती है।

इस तथ्य का स्पष्टीकरण उदाहरण द्वारा किया जा सकता है यदि किसी कार्य को समाप्त करने का प्रमापित समय 12 घण्टा है तथा घण्टा दर 2 रु० है और यदि श्रमिक उस कार्य को क्रमशः 8 घण्टा, 7 घण्टा, 6 घण्टा व 5 घण्टा में समाप्त करते हैं तो बोनस की राशि निम्नलिखित तरह से होगी–

$$\text{बोनस} = \frac{\text{बचाया समय}}{\text{प्रमापित समय}} \times \text{लिया गया समय} \times \text{दर}$$

$$(\text{अ}) = \frac{4}{12} \times 8 \times 2 = \frac{64}{12} = 5 \text{ रु. } 33 \text{ पैसे}$$

$$(\text{ब}) = \frac{5}{12} \times 7 \times 2 = \frac{70}{12} = 5 \text{ रु. } 83 \text{ पैसे}$$

$$(\text{स}) = \frac{6}{12} \times 6 \times 2 = \frac{72}{12} = 6 \text{ रु.}$$

$$(\text{द}) = \frac{7}{12} \times 5 \times 2 = \frac{70}{12} = 5 \text{ रु. } 83 \text{ पैसे}$$

बोनस की राशि क्रमशः 5 रु० 33 पैसे, 5 रु० 83 पैसे, 6 रु० और 5 रु० 83 पैसे होगी।

इस प्रकार यदि श्रमिक 8 घण्टे के स्थान पर 7 घण्टे में कार्य करता है तो उसे अतिरिक्त बोनस के रूप में 50 पैसे मिलेंगे जबकि 6 घण्टे में करने पर अतिरिक्त बोनस क रूप में केवल 17 पैसे ही प्राप्त होते हैं तथा 5 घण्टे में (50% से अधिक समय बचाने पर) कार्य करने पर बोनस की राशि 17 पैसे से कम हो जाती है ऐसी स्थिति में श्रमिक अधिक समय बचाने का प्रयत्न नहीं करेगा और आधे से अधिक समय बचाने पर तो उसे बोनस की हानि होगी अतः आधे से अधिक समय तो वह कभी नहीं बचाना पसन्द करेगा।

3. हाल्से-वेर प्रिब्याज योजना (Halsey-Wier Premium Plan)–इस प्रणाली की व्याख्या सर्वप्रथम ब्रिटेन की संस्था में जी० टी० वेर द्वारा की गई। यह प्रणाली हाल्से प्रणाली का एक परिवर्तित स्वरूप है। इसके सभी श्रमिकों को समयानुसार मजदूरी की व्यवस्था ही है। साथ ही यदि कोई श्रमिक कार्य प्रमापित समय से पूर्व समाप्त कर देता है तो उसे बचाये समय के मूल्य का 30% अन्तर होता है। इस प्रणाली में और हाल्से प्रणाली में बोनस के प्रतिशत का अन्तर होता

है। इस प्रणाली में मजदूरी की भी गणना का कार्य सरल होता है। साथ ही यह प्रणाली श्रमिकों के लिए अधिक लाभदायक नहीं है। इससे अधिक लाभ उत्पादक को होता है क्योंकि बचाये समय का 70% लाभ प्राप्त होता है केवल 30% श्रमिक को मिलता है। इस दृष्टिकोण से यह प्रणाली न्यायोचित नहीं कही जा सकती है। इसलिए इस प्रणाली का विरोध श्रमिकों द्वारा किया जाता है।

4. टेलर की विभेदात्मक कार्यानुसार भुगतान योजना (Taylor's Differential piece wage plan)–इस प्रणाली का वर्णन वैज्ञानिक प्रबन्ध की नीतियों के अन्तर्गत अमेरिकन विद्वान एफ॰ डब्ल्यू॰ टेलर के द्वारा सन् 1880 में किया गया। इस प्रणाली के अन्तर्गत जहाँ अच्छे श्रमिकों को प्रोत्साहित किया जाता है वहाँ अकुशल श्रमिकों को हतोत्साहित भी होना पड़ता है। इस प्रणाली में मजदूरी देने का आधार कार्य होता है। इसमें समय के अनुसार मजदूरी की गारन्टी श्रमिकों को नहीं होती है। इस विधि के उपयोग के लिए भी प्रमापित कार्य के लिए प्रमापित समय का निर्धारण समय एवं गति के अध्ययन के आधार पर किया जाता है तथा कार्यानुसार मजदूरी की दरें प्रचलित होती हैं। ऊँची मजदूरी दर कुशल श्रमिकों के लिए जो कार्य को प्रमापित समय में या उससे कम समय में समाप्त करते हैं निम्न मजदूरी दर अकुशल श्रमिकों के सम्बन्ध में होती है जिनको कार्य समाप्त करने में प्रमापित समय से अधिक समय लगता है। इसलिए ही इस प्रणाली को विभेदात्मक कार्यानुसार मजदूरी योजना भी कहते हैं। प्राय: कुशल श्रमिकों की मजदूरी कार्यानुसार मजदूरी विधि का 175% तथा अकुशल श्रमिकों के लिये 83% होती है।

Illustration 5

A worker is paid on the basis on Taylor's Differential Piece Rate Plan. The standard production is 200 articles in a day. The piece rate are Rs. 4 for the workers who finish the work in standard time or in less than the standard time and Rs. 3 for the worker who takes more than the standard time. The worker produced 220, 200 and 180 articles respectively on the first, second and third day of week ending on 22nd January 2004. Calculate the total earning of the worker for the above period.

Solution

Earning for first day	= 220 × 4
	= Rs. 880
Earning for second day	= 200 × 4
	= Rs. 800
Earning for third day	= 180 × 3
	= Rs. 540
Total Earning for the above period	= 880 + 800 + 540
	= Rs. 2220

Note : Rs. 4 is applicable as rate for the first day and second day of the week because workers finished the work in less equal time to standard time. It is Rs. 3 per unit which is applicable for third day because the work was finished in more time than the standard time.

उपरोक्त उदाहरण में मजदूरी की दर पहले व दूसरे दिन के लिए 4 रु० प्रति इकाई है। क्योंकि इन दिनों में कार्य समुचित समय से पूर्व तथा प्रमापित समय में कर लिया गया जबकि तीसरे दिन के लिए मजदूरी की दर 3 रु० प्रति इकाई है। इसका कारण प्रमापित कार्य को प्रमापित समय में समाप्त नहीं किया जाना है।

इस प्रणाली के लाभ तथा हानियाँ निम्नलिखित हैं :

लाभ–1. यह प्रणाली समझने में आसान तथा गणना करने में सरल है।

2. इस प्रणाली से बहुत कार्यकुशल श्रमिकों को अधिक कार्य करने की प्रेरणा मिलती है क्योंकि उन्हें अधिक दर पर मजदूरी दी जाती है।

3. इस प्रणाली के कारण मजदूर अधिकाधिक कार्य करने का प्रयत्न करता है, जिससे उत्पादन के अप्रत्यक्ष खर्चे प्रति इकाई कम हो जाते हैं।

4. यह प्रणाली उत्पादक के लिए भी लाभदायक है क्योंकि उसका कार्य अधिक शीघ्रता से होता है तथा प्रमापित कार्य से कम कार्य करने वाले श्रमिकों को कम दर पर मजदूरी देने से लाभ पहुँचता है।

हानियाँ–1. श्रमिकों को समयानुसार मजदूरी न मिलने के कारण उसकी आय की निश्चितता नहीं रहती है।

2. इससे इन श्रमिकों को काफी हानि होती है जो कि किसी कारणवश प्रमापित कार्य से थोड़ा कम कार्य प्रमापित समय में कर पाते हैं। उनको इस प्रणाली के आधार पर दण्डित किया जाता है यदि प्रमापित कार्य एक दिन में 10 यूनिट है तथा मजदूरी दर कुशल श्रमिकों के लिए 5 रु० तथा अकुशल के 4 रु० है और कोई श्रमिक प्रमापित कार्य से केवल एक यूनिट कम अर्थात् 9 यूनिट एक दिन में उत्पादन करता है तो उसे मजदूरी 36 रु०(9×4) मिलेगी, जबकि 10 यूनिट बनाने पर 50 रु०(10×5) मिलेगी। अतः उसको एक यूनिट न बनाने का दण्ड 14 रु० भुगतना पड़ेगा जो कि उचित नहीं है।

3. यह प्रणाली औद्योगिक संघों को भी मान्य नहीं होती है क्योंकि इसमें कुशल और अकुशल श्रमिकों में बहुत बड़ा भेदभाव किया जाता है।

4. इससे उत्पादन की श्रम लागत प्रति इकाई विभिन्न स्तरों पर अलग-अलग होती है।

5. गैन्ट कार्य एवं लाभांश विधि (Gantt's Task and Bonus Plan)–इस योजना के जन्मदाता एफ० टेलर के ही एक सहयोगी गैन्ट हैं। उन्होंने मजदूरी देने की व्याख्या टेलर की विभेदात्मक कार्यानुसार व बोनस प्रणालियों का मिला-जुला रूप है। इस प्रणाली के अन्तर्गत प्रमापित कार्य तथा प्रमापित समय का निश्चय कर लिया जाता है। इसमें श्रमिकों और उनको दी जाने वाली मजदूरी की रीतियों को श्रमिकों की कार्यकुशलता के अनुसार वर्गीकृत किया जाता है। यदि कोई श्रमिक

प्रमापित कार्य को प्रमापित समय में नहीं कर पाता है अर्थात् वह प्रमापित कार्य को करने के लिए प्रमापित समय से अधिक समय लगाता है तो उसको समयानुसार मजदूरी दी जाती है। जो श्रमिक प्रमापित कार्य को प्रमापित समय में ही समाप्त कर देते हैं उनको समयानुसार मजदूरी के साथ-साथ इस मजदूरी का 20% बोनस के रूप में और दे दिया जाता है तथा बहुत कुशल श्रमिकों को जो प्रमापित समय में प्रमापित कार्य से अधिक कार्य करते हैं उनको कार्यानुसार मजदूरी दी जाती है। इस प्रकार इस विधि के अन्तर्गत उत्पादक को मजदूरी की दो दरें निश्चित करनी पड़ती हैं–कार्यानुसार व समयानुसार। इनमें अधिक कुशलतापूर्वक कार्य करने पर सुपरवाइजर आदि को भी बोनस दिया जाता है।

Illustration 6

Calculate the earnings of workers from the following details under Gantt's task and bonus plan :

Standard Time		2	hours per unit
Time taken		100	hours
Units produced	A —	40	units
	B —	50	units
	C —	60	units

Rates :

Per hour Rs. 2, per unit Rs. 5

Solution

Earning of A worker $= TT \times R$

$= 100 \times 2$

$=$ Rs. 200

Earning of B worker $= TT \times R + TT \times R \times 20\%$

$$= 100 \times 2 + 100 \times 2 \times \frac{20}{100}$$

$$= 200 + 200 \times \frac{20}{100}$$

$= 200 + 40$

$=$ Rs. 240

Earning of C worker $=$ Units produced $\times$ Rate per unit

$= 60 \times 5$

$=$ Rs. 300

उपरोक्त उदाहरण में 100 घण्टे में प्रमापित कार्य 50 यूनिट है। अ श्रमिक केवल 40 यूनिट ही बना पाता है अत: उसे समयानुसार भुगतान किया जायेगा। स श्रमिक 60 यूनिट तैयार करता है जो कि प्रमापित कार्य से अधिक है इसीलिए उसे कार्यानुसार मजदूरी दी जायेगी तथा ब श्रमिक प्रमापित कार्य 50 यूनिट प्रमापित समय में बनाता

है। अतः उसे समयानुसार मजदूरी तथा ऐसी मजदूरी का 20% बोनस के रूप में दिया जाएगा।

लाभ–इस प्रणाली के निम्नलिखित लाभ हैं :

1. इसमें श्रमिक को समयानुसार मजदूरी मिलने की व्यवस्था होने के कारण आय की निश्चितता रहती है।

2. इसमें प्रत्येक प्रकार के श्रमिक के लिए व्यवस्था है अधिक कुशल श्रमिक को कार्यानुसार मजदूरी मिलने के कारण कार्य अधिक करने की प्रेरणा मिलती है।

3. यह प्रणाली सरल है तथा पारिश्रमिक गणना करना आसान है।

4. इस प्रणाली के अन्तर्गत अधिक कार्यवाही दशा में सुपरवाइजर आदि को भी बोनस मिलने की व्यवस्था होने के कारण निरीक्षण कार्य अच्छा व सक्रिय होता है।

हानियाँ–1. इसमें उत्पादक को विभिन्न प्रकार की दरें निश्चित करनी पड़ती हैं तथा श्रमिकों को विभिन्न वर्गों में विभक्त करना पड़ता है।

2. यह प्रणाली श्रमिकों से भेदभाव किये जाने के कारण औद्योगिक संगठनों को मान्य नहीं है।

3. इस प्रणाली में प्रमापित समय का निश्चय ठीक प्रकार से करना चाहिए अन्यथा श्रमिकों को कोई प्रेरणा नहीं मिलेगी अथवा उत्पादक को हानि होगी।

6. मैरिक की अनेक मजदूरी दरों वाली योजना (Merrick Multiple Piece Rate Plan)–यह प्रणाली टेलर की विभेदात्मक कार्यानुसार मजदूरी प्रणाली की भाँति उसकी एक संशोधित योजना है इसमें भी श्रमिकों को कार्यानुसार मजदूरी दी जाती है। प्रथम, दर ऐसे व्यक्तियों के लिए होती है जो अकुशल हैं। दूसरी, दर सामान्य कुशल श्रमिकों के सम्बन्ध में होती है तथा तृतीय, दर से अधिक कुशल श्रमिकों को भुगतान किया जाता है जो श्रमिक प्रमापित समय में प्रमापित कार्य का 83% तक उत्पादन कर लेते हैं उन्हें अकुशल श्रमिक, जो 83% से अधिक व 100% से कम कार्य कर पाते हैं उन्हें सामान्य कुशल श्रमिक तथा 100% या इससे अधिक कार्य करने वाले श्रमिकों को अधिक कुशल श्रमिक मानते हैं। निम्नतम दर अकुशल श्रमिकों के साथ में इस दर का 10% अधिक सामान्य कुशल श्रमिकों के लिए दिया जाता है तथा अधिक कुशल श्रमिक को दूसरी दर का 10% अधिक दिया जाता है। उदाहरण के लिये यदि एक दिन में 100 यूनिट प्रमापित कार्य है तथा निम्नतम दर 1 रु॰ प्रति यूनिट है तो यदि कोई श्रमिक 83 यूनिट एक दिन में बनाता है तो उसे 1 रु॰ के हिसाब से 83 रु॰ मजदूरी दी जायेगी यदि दूसरा श्रमिक 99 यूनिट बनाता है तो उसे 1 रु॰ 10 पैसे के हिसाब से 108.90 रु॰ मजदूरी दी जायेगी तथा यदि तीसरा श्रमिक 100 यूनिट बनाता है तो उसे 1.21 रु॰ के हिसाब से 121 रु॰ मजदूरी दी जायेगी। मजदूरी की दर दूसरे श्रमिक के लिए पहले श्रमिक की दर 1 रु॰ का 10% अधिक 1.10 रु॰ होगी तथा तीसरे श्रमिक के लिए दूसरे श्रमिक की दर 1 रु॰ 10 पैसे से 10% अधिक 1.21 रु॰ होगी। इस प्रणाली में प्रायः

वही लाभ तथा कमियां होती हैं जो कि टेलर की विभेदात्मक कार्यानुसार मजदूरी योजना में है।

7. एमरसन की कुशलता योजना (Emerson's Efficiency Plan)–यह प्रणाली भी श्रमिकों को समयानुसार मजदूरी की गारन्टी करती है। साथ ही यदि श्रमिक कुशल है तो उसे कुछ धनराशि बोनस के रूप में दी जाती है जो समयानुसार कमाई गई मजदूरी का 1% होता है बोनस की दर कार्यकुशलता की वृद्धि के अनुसार बढ़ती जाती है। इस पद्धति के लिए भी पहले से समय एवं गति का अध्ययन करके प्रमापित समय एवं कार्य का निश्चय किया जाता है इसमें प्रमापित कार्य को 100% के बराबर मानकर कुशलता का प्रतिशत ज्ञात करते हैं। यदि कोई श्रमिक प्रमापित समय में प्रमापित कार्य का $66\frac{2}{3}\%\left(\frac{2}{3}\right)$ से कम कार्य करता है तो उसे केवल समयानुसार मजदूरी दी जाती है बोनस के रूप में कोई धनराशि नहीं दी जाती। यदि वह $66\frac{2}{3}\%$ कार्य प्रमापित समय में कर लेता है तो उसे समयानुसार मजदूरी के साथ इस मजदूरी का 10% बोनस के रूप में दिया जाता है। इसी प्रकार प्रमापित समय में 90% प्रमापित कार्य करने पर 10% बोनस, 100% कार्य करने पर 20% तथा 100% से अधिक कार्य करने पर 30% बोनस दिया जाता है। बोनस की दर $66\frac{2}{3}\%$ कुशलता प्राप्त करने के बाद धीरे-धीरे बढ़ती जाती है। उदाहरण के लिए यदि एक दिन में 100 इकाइयाँ बनाने का प्रमाप निश्चित किया जाता है तथा 20 रु॰ प्रतिदिन दर निश्चित की जाती है और यदि कोई श्रमिक एक दिन में 65 इकाई बना लेता है तो उसे केवल समयानुसार मजदूरी 20 रु॰ दी जाएगी। यदि 69 इकाइयाँ बनाता है तो उसे समयानुसार मजदूरी 20 रु॰ के साथ 20 रु॰ का 1% = 20 पैसे बोनस के रूप में दिया जाएगा। अर्थात् उसे 20 रु॰ 20 पैसे मजदूरी दी जाएगी। 90 यूनिट बनाने पर उसे $20\text{ रु.} + 20\times\frac{10}{100} = 22\text{ रु.}$ (समयानुसार + बोनस) मिलेंगे। 100 यूनिट बनाने पर $20\text{ रु.} + 20\times\frac{20}{100} = 24$ रु॰ दिये जाएंगे तथा 110 इकाइयों के लिये $20\text{ रु॰} + 20\times\frac{30}{100} = 26$ रु. मजदूरी के प्राप्त होंगे।

लाभ–1. इस प्रणाली में सभी प्रकार के श्रमिकों को कुछ न कुछ बोनस की व्यवस्था है जो श्रमिक $\frac{2}{3}$ भाग प्रमापित कार्य का प्रमापित समय में समाप्त कर लेता है उसे भी बोनस दिया जाता है।

2. इससे बोनस की दरों में वृद्धि विभिन्न श्रमिकों के लिए उनकी कार्य कुशलता की वृद्धि के अनुसार बहुत कम दर से होती है। अतः श्रमिकों में ज्यादा भेदभाव इस पद्धति के आधार पर नहीं हो पाता है।

3. प्रत्येक श्रमिक को समयानुसार मजदूरी की गारन्टी इस पद्धति के अन्तर्गत दी जाती है जिससे उनकी आय की अनिश्चितता समाप्त हो जाती है।

दोष–1. इस पद्धति में बोनस दर में वृद्धि श्रमिकों के कार्य-कुशलता की वृद्धि की दर से बहुत कम होती है। अत: श्रमिकों को अधिक कार्य करने की ज्यादा प्रेरणा इस विधि के अन्तर्गत नहीं मिल पाती है।

8. बिडो प्रीमियम योजना–यह योजना बिडों के द्वारा प्रतिपादित की गई है। यह योजना उन उत्पादकों के लिए उपयोगी होती है जहाँ श्रमिकों को उत्पादन के लिए अनेकों प्रकार के कार्य करने पड़ते हैं। इसमें प्रमापित कार्य को मिनटों में आँका जाता है अर्थात् इसमें यह गणना की जाती है कि एक मिनट में कितना कार्य किया जा सकता है। इसकी व्यवस्था Bs के रूप में की जाती है। यदि कोई कार्य 450 मिनट में होना है तो इसके लिए 450 Bs निर्धारित किये जायेंगे। इसी प्रकार विभिन्न प्रकार के कार्यों के लिए Bs निर्धारित कर लिये जाते हैं। फिर श्रमिक द्वारा निर्धारित समय में जितने Bs कार्य किया जाता है उसके आधार पर उसे मजदूरी दी जाती है। यदि श्रमिक निर्धारित समय में प्रमापित Bs से कम Bs करता है तो उसे मजदूरी समयानुसार दी जाती है और यदि उसके द्वारा की गई Bs प्रमापित Bs से अधिक होती है तो उसे समयानुसार मजदूरी के साथ बचाये गए समय के लिए $\frac{3}{4}$ भाग और बोनस के रूप में दिया जाता है तथा $\frac{1}{4}$ भाग उससे सम्बन्धित सुपरवाइजरों को दे दिया जाता है। इस प्रणाली की सबसे बड़ी विशेषता यह है कि इसमें श्रमिक के साथ-साथ बोनस सुपरवाइजरों को भी दिया जाता है क्योंकि कार्य-कुशलता अच्छे निरीक्षण का भी परिणाम होती है। इस प्रणाली का सबसे बड़ा दोष इसकी कठिन प्रकृति है। इसको श्रमिक आसानी से नहीं समझ सकते हैं तथा इनके अन्तर्गत मजदूरी की गणना का कार्य भी कठिन होता है।

9. हैने की योजना (Hayne's Plan)–इस प्रणाली के अन्तर्गत भी कार्य को प्रति मिनट के अनुसार प्रमापित किया जाता है तथा उसे MANITS में प्रदर्शित किया जाता है। श्रमिक की समयानुसार मजदूरी की गारन्टी होती है लेकिन यदि श्रमिक समय बचाता है तो उसको समयानुसार मजदूरी के साथ बोनस भी दिया जाता है जो कि कुशल श्रमिक होने की स्थिति में बचाये समय को मूल्य का $\frac{5}{6}$ भाग होता है तथा अकुशल श्रमिक की अवस्था में श्रमिक को बोनस बचाये समय के मूल्य का $\frac{1}{2}$ मिलता है। कुशल श्रमिक की दशा में बचाये समय का $\frac{1}{6}$ भाग फोरमैन को प्राप्त होता है तथा अकुशल श्रमिक की स्थिति में ऐसे समय का $\frac{1}{10}$ भाग फोरमैन को तथा $\frac{4}{10}$ उत्पादक को प्राप्त होता है। इस प्रकार इस योजना के अन्तर्गत श्रमिकों, फोरमैन तथा उत्पादक सभी को बोनस की राशि प्राप्त होती है क्योंकि वास्तविक कार्यकुशलता की वृद्धि तीनों के संयुक्त प्रयास का परिणाम होती है। इस प्रणाली में निरीक्षकों के लिए बोनस की सुविधा होने के कारण वे कार्य

का निरीक्षण अधिक कुशलतापूर्वक करते हैं। यह प्रणाली बिडो प्रणाली की भांति ही कठिन है जिसे कि श्रमिक आसानी से नहीं समझ सकते हैं।

10. प्रीस्टमैन की उत्पादन लाभांश योजना (Priestman's Production Bonus Plan)–इस योजना के अन्तर्गत बोनस सभी प्रकार के श्रमिकों को दिया जाता है चाहे वे प्रत्यक्ष हैं अथवा अप्रत्यक्ष। इसमें प्रमापित उत्पादन पहले से ही निश्चित कर लिया जाता है और यदि प्रमापित उत्पादन से वास्तविक उत्पादन में वृद्धि होती है तो इस अतिरिक्त उत्पादन के लाभ को उससे सम्बन्धित सभी श्रमिकों में उनकी मजदूरी के अनुपात में बाँट दिया जाता है।

11. स्केलन विधि (Scalon Plan)–इस पद्धति की व्याख्या अमरीकन जौसफ स्केलन के द्वारा की गई है। इसके अनुसार यदि उत्पादक प्रमापित उत्पादन से अधिक होता है तो उसको सभी प्रकार के कर्मचारियों में बांटा जाता है केवल प्रबन्धकों को अतिरिक्त लाभ में भाग नहीं दिया जाता है। इसके अतिरिक्त समस्त श्रमिकों, सुपरवाइजरों, फोरमैन व इंजीनियरों को अधिक उत्पादन में से भाग मिलता है। इस प्रणाली के अन्तर्गत उत्पादन के आधिक्य को बांटने के लिए आधार का निश्चय अलग-अलग उद्योगों में उसकी अपनी परिस्थितियों के अनुसार किया जाता है।

उपरोक्त प्रोत्साहन प्रणालियों के अतिरिक्त श्रमिकों को प्रोत्साहित करने के लिए कुछ अन्य विधियों का उपयोग किया जाता है जो कि निम्नलिखित हैं :

1. समूह बोनस योजना (Group Bonus Plan)
2. लाभ विभाजन योजना (Profit Sharing Plan)

1. समूह बोनस योजना (Group Bonus Plan)–जब उत्पादन इस प्रकार का होता है कि वह श्रमिकों के सामूहिक परिश्रम के बाद ही निर्मित हो पाता है तो ऐसी स्थिति में यह जानना सम्भव नहीं हो सकता है कि कितना कार्य किस श्रमिक ने किया है। यदि इस प्रकार का उत्पादन प्रमापित समय में प्रमापित इकाइयों से अधिक होता है तो श्रमिकों को अलग-अलग बोनस दिया जाना सम्भव नहीं होता है क्योंकि इस स्थिति में यह जानकारी नहीं हो पाती है कि किस श्रमिक ने कितना कार्य प्रमापित समय से अधिक किया है। इस प्रकार के उत्पादकों में श्रमिकों को प्रोत्साहन देने के लिए समूह बोनस योजना का उपयोग किया जाता है अर्थात् बोनस उन समस्त श्रमिकों के समूह को दिया जाता है जिन्होंने इस कार्य को किया है। श्रमिकों को सामूहिक रूप से बोनस देने की विधि को ही समूह बोनस योजना कहते हैं।

समूह बोनस योजना के द्वारा श्रमिकों को बोनस निम्नलिखित अवस्थाओं में देना उचित है :

1. जब श्रमिकों का समूह अधिक बड़ा नहीं है।
2. समूह में सम्मिलित श्रमिकों का कार्य एक दूसरे का पूरक है।
3. व्यक्तिगत श्रमिक के कार्य का माप किया जाना सम्भव न हो।

4. जब समूह में सम्मिलित श्रमिकों को योग्यता व वर्ग समान हों।

5. अप्रत्यक्ष श्रमिकों को बोनस देने का यह तरीका उत्तम है।

समूह बोनस योजना के आधार पर श्रमिकों को प्रोत्साहित करने के निम्नलिखित लाभ तथा हानियाँ हैं–

लाभ–1. इस पद्धति के आधार पर जब श्रमिकों को बोनस दिया जाता है तो मजदूरी की गणना का कार्य सरल व संक्षिप्त हो जाता है क्योंकि इसके अन्तर्गत किये गए कार्य का ब्यौरा पूरे समूह के सम्बन्ध में रखा जाता है व्यक्तिगत श्रमिक के लिए नहीं रखा जाता। इसी प्रकार पूरे समय की बोनस की राशि निकाल कर सभी श्रमिको में विभक्त कर दी जाती है।

2. अप्रत्यक्ष श्रमिकों को प्रोत्साहित करने की यह एक अच्छी विधि है।

3. इस प्रणाली के कारण अच्छे श्रमिक अपने समूह के अन्य श्रमिकों को कार्य ठीक व शीघ्र करने के लिए प्रेरित करते हैं। अत: इसके कारण निरीक्षण सम्बन्धी खर्चों में भी पर्याप्त कमी आ जाती है।

4. इससे श्रमिकों में सहयोग की भावना का विकास होता है तथा मिलकर कार्य करने की आदत पड़ती है।

दोष–1. यह प्रणाली प्राय: श्रमिकों को मान्य नहीं होती है क्योंकि इससे उनको बोनस कम मिलता है।

2. इस प्रणाली के द्वारा बोनस देने पर यह भी होता है कि श्रमिक अधिक परिश्रम से कार्य करते हैं। उनका बोनस दूसरे कम कुशल श्रमिकों को मिल जाता है।

3. यदि समूह का एक श्रमिक सहयोग करना बन्द कर देता है और वह उत्पादन कम करता है तो इससे अन्य श्रमिकों के ऊपर बुरा मनोवैज्ञानिक असर पड़ता है जिससे बोनस की राशि बहुत कम हो जाती है।

4. प्रत्येक श्रमिक को कितना बोनस दिया जाना चाहिए तथा उसके विभाजन का क्या आधार होना चाहिए इसका निश्चय करना भी कठिन होता है।

2. लाभ विभाजन योजना (Profit Sharing Plan)–श्रमिकों को संख्या के लाभ में से एक भाग देकर भी अधिकाधिक कार्य करने के लिए प्रेरित करने की प्रणाली आधुनिक युग में अपनायी जाने लगी है। इस प्रणाली के पक्ष में श्रम द्वारा यह कहा जाता है कि संस्थाओं का लाभ पूंजीपति की विनियोजित पूँजी तथा उद्यमी के साहस का प्रतिफल ही नहीं होता है बल्कि वह श्रमिकों के प्रयत्नों का भी परिणाम है। अत: श्रमिकों को संस्था के लाभ में से एक हिस्सा मिलना चाहिए। श्रमिकों को लाभ के रूप में मिलने वाली राशि उनके मिलने वाली मजदूरी अथवा वेतन, बोनस भत्ते से अलग होती है। अर्थात् यह एक अतिरिक्त धन होता है, जो कि संस्था के समस्त श्रमिकों को दिया जाता है जिसका सम्बन्ध उसके प्रत्यक्ष श्रम से न होकर संस्था के समस्त श्रमिकों के प्रयत्नों से होता है इस प्रकार यह कहा जाता है कि लाभ विभाजन योजना का आशय उस योजना से होता है जिसके अन्तर्गत श्रमिकों

को उनके प्रत्यक्ष श्रम के बदले में मिलने वाली धनराशि के अतिरिक्त कुछ धनराशि दी जाती है जो कि संस्था के व्यापारिक लाभ का एक अंश होती है। यह एक आदर्श योजना है लेकिन इसको उत्पादकों द्वारा प्रायः स्वीकार नहीं किया जाता है, साथ ही इस प्रणाली को अपनाते समय अनेकों कठिनाइयाँ भी आती हैं। शुद्ध लाभ को किस प्रकार निकाला जाएगा, श्रमिकों को लाभ का कितना हिस्सा दिया जाएगा, प्रत्येक श्रमिक को लाभ बांटने के लिए किस आधार को अपनाया जाए अर्थात् श्रमिकों में लाभ का बंटवारा किस प्रकार किया जाए आदि बातों का निश्चय करना एक कठिन कार्य होता है। इस प्रणाली के लाभ तथा हानियाँ निम्नलिखित हैं–

लाभ–1. इस प्रणाली को अपनाने से औद्योगिक सम्बन्धों में सुधार हो जाता है। श्रमिकों व उत्पादकों के मध्य होने वाला संघर्ष समाप्त हो जाता है क्योंकि हड़ताल तथा तालाबन्दी आदि का प्रभाव श्रमिकों के ऊपर भी पड़ेगा।

2. लाभ में हिस्सा मिलने के कारण श्रमिक अधिक से अधिक उत्पादन करेगा जिससे संस्था की उत्पादन क्षमता में पर्याप्त वृद्धि हो जाती है।

3. श्रमिक उत्पादन में होने वाली बर्बादियों को रोकने का पूर्ण प्रयत्न करेंगे।

4. श्रमिकों की देखभाल के सम्बन्ध में किये जाने वाले खर्चों में भी कमी आ जाती है।

5. यह प्रणाली सामाजिक न्याय के दृष्टिकोण से भी उचित है क्योंकि आजकल यह धारणा है कि श्रमिकों के कठिन परिश्रम के द्वारा ही संस्था को लाभ होता है केवल पूँजी तथा जोखिम के कारण ही नहीं। इसलिए श्रमिकों को अपने इस कठिन परिश्रम के लिये लाभ में हिस्सा मिलना चाहिए।

दोष–1. यह प्रणाली उद्योगपतियों को मान्य नहीं है क्योंकि इससे उनको मिलने वाली राशि में कमी होती है।

2. इस प्रणाली के विपक्ष में यह भी तर्क दिया जाता है कि यह कहना कि संस्था को लाभ श्रमिकों के कठिन परिश्रम के कारण होता है, अतः उन्हें लाभ में से हिस्सा मिलना चाहिए, गलत है क्योंकि उन्हें परिश्रम के बदले मजदूरी मिलती है।

3. संस्था में लाभ के स्थान पर हानि भी हो सकती है।

4. यदि लाभ में हिस्सा श्रमिकों को दिया जाता है तो इससे कुशल व अकुशल श्रमिकों में कोई भेद नहीं हो सकता है।

किसी मजदूरी विधि को अपनाते समय ध्यान रखने वाले घटक (Factors which should be kept in mind while adopting a particular type of Wage Method)

श्रमिकों को मजदूरी देने की अनेकों पद्धतियाँ है। प्रश्न यह उठता है कि किसी उत्पादक को विभिन्न मजदूरी विधियों में से किस विधि को अपनाना चाहिए जिससे उत्पादन में वृद्धि हो सके। वैसे विभिन्न उत्पादकों के द्वारा अलग-अलग पद्धतियाँ

अपनायी जाती हैं जो कि उत्पादनों को प्रकृति पर निर्भर करती हैं। मजदूरी देने के लिए किसी पद्धति को अपनाते समय निम्नलिखित बातों को ध्यान में रखना आवश्यक है :

(i) पद्धति सरल होनी चाहिए जिसे श्रमिक आसानी से समझ सके तथा उस पद्धति के अन्तर्गत मजदूरी की गणना का कार्य भी कठिन न हो।

(ii) अपनाये जाने वाली पद्धति श्रमिक व उत्पादक दोनों के दृष्टिकोण से उपयोगी होनी चाहिए।

(iii) जिस पद्धति को अपनाया जा रहा है उस पद्धति के अन्तर्गत श्रमिकों को उनकी आय की निश्चितता होना भी आवश्यक है।

(iv) श्रमिकों को कार्य के लिए प्रोत्साहित करने वाली पद्धति का अपनाना उचित है।

(v) आर्थिक दृष्टिकोण से भी पद्धति उचित होनी चाहिए। यदि किसी पद्धति को अपनाने से संस्था के बहुत खर्चे बढ़ जाते हैं तो वह उपयोगी नहीं होगी।

(vi) पद्धति को अपनाते समय कार्य की प्रकृति का भी ध्यान रखना चाहिए। यदि कार्य इस प्रकार का है जिसके अन्तर्गत व्यक्तिगत श्रमिक के कार्य का माप आसानी से नहीं हो सकता है तो समयानुसार मजदूरी विधि उपयोगी है। इसके विपरीत यदि व्यक्तिगत श्रमिकों के कार्य का माप आसानी से किया जा सकता तो कार्यानुसार मजदूरी विधि को अपनाया जा सकता है।

(vii) वस्तु की किस्म का भी मजदूरी की विधि पर प्रभाव पड़ता है। यदि उत्पादन की किस्म पर अधिक ध्यान नहीं देता है तथा वस्तु एक प्रमापित किस्म की ही उत्पन्न होती है तो कार्यानुसार मजदूरी विधि उचित है। लेकिन यदि उत्पादित वस्तु की किस्म की ओर अधिक ध्यान देता है तो उसके सम्बन्ध में समयानुसार मजदूरी विधि अपनानी चाहिए।

(viii) मजदूरी देने के लिए प्रयोग की जाने वाली विधि में लोच भी होनी चाहिए जिससे व्यापार की बदलती हुई आवश्यकतानुसार उसका प्रयोग किया जा सके।

(ix) मजदूरों को मजदूरी उसी पद्धति के अनुसार देना अधिक उपयोगी है जो उस प्रकार के उत्पादन के लिए अन्य उद्योगों में अपनाई जाती है।

यदि उपरोक्त बातों को ध्यान में रखा जाएगा तो उत्पादन में पर्याप्त वृद्धि होगी तथा किसी प्रकार का विवाद मजदूरी के कारण उत्पन्न नहीं होगा।

श्रमिकों का परिवर्तन
(Labour Turnover)

प्रत्येक संस्था में श्रमिकों का परिवर्तन प्रायः होता रहता है। कुछ श्रमिक संस्था को छोड़कर चले जाते हैं तथा कुछ नये श्रमिक संस्था में कार्य करने के लिए आ जाते हैं। श्रमिकों का यह परिवर्तन 'श्रमिक परिवर्तन' कहलाता है। श्रमिक परिवर्तन

दर का आशय संस्था में परिवर्तन होने वाले श्रमिकों का संस्था में कार्य करने वाले औसत श्रमिकों के अनुपात से है।

श्रमिक परिवर्तन के कारणों को दो भागों में विभक्त किया जा सकता है– 1. ऐसे कारण जिनको दूर नहीं किया जा सकता है। 2. वे कारण जिनको होने से रोका जा सकता है।

I. न रोके जाने वाले कारण–श्रमिकों के परिवर्तन के कुछ कारण इस प्रकार होते हैं जिनको कि पूर्ण प्रयत्न के बावजूद भी नहीं रोका जा सकता है अर्थात् इन कारणों से श्रमिकों में परिवर्तन अवश्यम्भावी है। ये कारण निम्नलिखित हैं–

1. श्रमिक द्वारा वृद्धावस्था, बीमारी व मृत्यु के कारण से निवृत्ति।

2. श्रमिकों के निजी लाभ के लिए किसी दूसरे स्थान पर परिवर्तन।

3. अनुशासनहीनता के कारण श्रमिक को अलग किया जाना।

4. लगातार अनुपस्थित रहने की प्रवृत्ति के कारण श्रमिक को कार्य से हटा दिया जाना।

II. रोके जाने वाले कारण–ये कारण ऐसे होते हैं जिनको, यदि पर्याप्त सावधानी रखी जाए, तो दूर किया जा सकता है। ये कारण संस्था के प्रबन्ध, नीति, योजना व व्यवहार के कारण उत्पन्न होते हैं। ये निम्नलिखित होते हैं:–

1. श्रमिकों को यदि पर्याप्त सुख-सुविधाएँ, मजदूरी, बोनस आदि नहीं दिया जाता तो वे संस्था छोड़कर चले जाते हैं।

2. श्रमिकों के भत्तों की गलत योजना के कारण भी मजदूरों में परिवर्तन होता रहता है।

3. प्रबन्धकों व सुपरवाइजरों का बुरा व्यवहार भी इसका कारण है।

4. श्रमिकों की नौकरी की सुरक्षा व उन्नति की आशा न होने पर भी श्रमिक संस्था को छोड़कर चले जाते हैं या निकाल दिये जाते हैं।

अधिक श्रमिक परिवर्तन के दोष
(Disadvantages of Excessive Labour Turnover)

यदि संस्था में बहुत अधिक श्रमिकों की संख्या में परिवर्तन होता है तो उससे निम्नलिखित हानियाँ होती हैं :

(क) नये श्रमिकों की बार-बार भर्ती करने पर उत्पादन अच्छा व अधिक नहीं हो पाता है क्योंकि नये श्रमिक अधिक कुशल नहीं होते हैं।

(ख) कार्य में कभी-कभी श्रमिकों की कमी के कारण रुकावट आ जाती है।

(ग) श्रमिकों के प्रशिक्षण के ऊपर अधिक खर्च करना पड़ता है।

(घ) संस्था की ख्याति का भी बुरा प्रभाव पड़ता है इससे अच्छा श्रमिक उस संस्था में आना नहीं चाहता है।

श्रमिक परिवर्तन दर को नापने की रीतियां
(Methods of Measuring the Labour Turnover Rate)

श्रमिकों में परिवर्तन पुराने श्रमिकों द्वारा संस्था छोड़ने से व नये श्रमिकों द्वारा संस्था में कार्य पर आने से होता है। इसी आधार पर श्रमिक परिवर्तन दर को मापा जा सकता है। इसे मापने की निम्नलिखित विधियाँ हैं :

(i) **श्रमिकों के अलग होने से परिवर्तन दर** (Separation Rate Method)–यह दर किसी निश्चित समय में संस्था को छोड़ने वाले श्रमिकों व उस संस्था में उस अवधि में कार्य करने वाले औसत श्रमिकों की संख्या में सम्बन्ध स्थापित करके निकाली जाती है। यदि इस सम्बन्ध को 100 से गुणा कर दिया जाता है तो इससे यह दर प्रतिशत में ज्ञात हो जाती है। औसत श्रमिकों का आशय किसी अवधि के आरम्भ में श्रमिकों की संख्या व अन्त में श्रमिकों की संख्या के औसत से है। इस विधि के द्वारा श्रमिक परिवर्तन को निम्नलिखित सूत्र से ज्ञात किया जा सकता है–

$$\text{श्रमिक परिवर्तन दर} = \frac{\text{किसी अवधि में संस्था को छोड़ने वाले श्रमिकों की संख्या}}{\text{उस अवधि में संस्था में कार्य करने वाले श्रमिकों की औसत संख्या}} \times 100$$

(ii) **नये श्रमिकों की भती से श्रमिकों में परिवर्तन दर** (Replacement Rate Method)–इस विधि के अन्तर्गत संस्था में नये आने वाले श्रमिकों की संख्या व उस समय में संस्था में कार्य करने वाले श्रमिकों की औसत संख्या के सम्बन्ध को ज्ञात किया जाता है। यह दर निम्नलिखित सूत्र से ज्ञात की जा सकती है।

$$\text{श्रमिक परिवर्तन दर} = \frac{\text{किसी अवधि में नये भर्ती किये श्रमिकों की संख्या}}{\text{उस अवधि में संस्था में कार्य करने वाले श्रमिकों की औसत संख्या}} \times 100$$

(iii) **सम्मिलित श्रमिक परिवर्तन** (Flux Rate Method)–जब किसी निश्चित समय में संस्था में छोड़ने वाले श्रमिकों की संख्या एवं संस्था में नये आने वाले श्रमिकों की संख्या का सम्बन्ध उस समय में संस्था में कार्य करने वाले श्रमिकों की औसत संख्या से मालूम किया जाता है तो उसे सम्मिलित श्रमिक परिवर्तन दर कहते हैं। इसके सम्बन्ध में निम्नलिखित सूत्र का प्रयोग किया जाता है।

$$\text{श्रमिक परिवर्तन दर} = \frac{\text{किसी अवधि में संस्था को छोड़ने वाले श्रमिकों की संख्या} + \text{उस अवधि में नये भर्ती किये श्रमिकों की संख्या}}{\text{उस अवधि में संस्था में काम करने वाले श्रमिकों की औसत संख्या}}$$

श्रमिक परिवर्तन की लागत (Cost of Labour Turnover)–परिवर्तन की लागत को दो भागों में विभक्त किया जा सकता सकता है :

1. रोकने की लागत (Preventive Costs)
2. प्रतिस्थापन लागत (Replacement Costs)

1. रोकने की लागत (Preventive Costs)–इस प्रकार की लागत के अन्तर्गत वे व्यय सम्मिलित किये जाते हैं जो कि अधिक श्रमिक परिवर्तन को रोकने के लिये आवश्यक हैं। इसमें श्रमिकों के कल्याण व उन्हें दी जाने वाली अन्य सुख-सुविधाओं से सम्बन्धित व्यय शामिल किये जाते हैं। इस प्रकार के व्ययों के कुछ उदाहरण निम्नलिखित हैं :

(अ) श्रमिक प्रशासन से सम्बन्धित व्यय।

(ब) श्रमिक कल्याण योजनाओं (Labour welfare schemes) पर किये जाने वाले व्यय।

(स) भविष्य निधि में अंशदान (Contribution to Provident Fund)।

(द) चिकित्सा सुविधाओं के व्यय आदि।

2. प्रतिस्थापन लागत (Replacement Costs)–इसके अन्तर्गत उन व्ययों तथा हानियों को सम्मिलित किया जाता है जो कि श्रमिकों के प्रतिस्थापन के कारण होते हैं। इन व्ययों में निम्नलिखित व्यय सम्मिलित होते हैं :

(अ) श्रमिक नियोजन विभाग के व्यय।

(ब) नये श्रमिकों के आने की अवधि में उत्पादन में होने वाली हानि।

(स) नये श्रमिकों की कम कार्य-कुशलता के कारण कम होने वाले उत्पादन की हानि।

(द) नये श्रमिकों को प्रशिक्षित करने के व्यय।

(य) नये श्रमिकों द्वारा उत्पादन साधनों में अधिक अपव्यय किये जाने से हानि आदि।

अधिक श्रमिक परिवर्तन को रोकने के उपाय (Measures to Check Excessive Labour Turnover)

यदि किसी संस्था में श्रमिक परिवर्तन दर अधिक होगी तो इससे संस्था को हानि उठानी पड़ेगी। अत: अत्यधिक श्रमिक परिवर्तन दर को रोकना अति आवश्यक है। अधिक श्रमिक परिवर्तन दर को निम्नलिखित उपायों द्वारा रोका जा सकता है :

1. उचित पारिश्रमिक विधि (Fair Remuneration Policy)–श्रमिक परिवर्तन रोकने के लिए श्रमिकों को मजदूरी दिये जाने वाली विधि उचित होनी चाहिए। विधि ऐसी होनी चाहिए जिससे श्रमिकों को उनकी उत्पादकता के अनुसार पर्याप्त मजदूरी मिल सके।

2. उचित स्थानांतरण व पदोन्नति की नीति (Fair policy for transfers and promotions)–श्रमिकों के स्थानांतरण व पदोन्नति के सम्बन्ध में उचित नीति अपनानी चाहिए। प्रत्येक श्रमिक को पदोन्नति के अवसर होने चाहिए।

3. पर्याप्त श्रमिक कल्याण योजनाएँ (Adequate welfare schemes for labour)–श्रमिकों को मजदूरी के रोकड़ भुगतान के साथ-साथ अन्य सुख-सुविधाएँ भी दी जानी चाहिएं जैसे बिना किराये का मकान, निःशुल्क शिक्षा सुविधा, आदि।

4. श्रमिकों का प्रबन्ध में सहयोग (Participation of labour in management)–श्रमिकों को संस्था के प्रबन्धकीय कार्यों में भी सम्मिलित करना चाहिए। इसमें श्रमिकों का प्रबन्धकों के साथ सहयोग बना रहेगा।

5. उचित नियोजन नीति (Fair appointment policy)–श्रमिकों के नियोजन के लिये उचित नियोजन नीति अपनानी चाहिए। नियोजन सिफारिशों के आधार पर न करके श्रमिकों की योग्यता, अनुभव, प्रशिक्षण तथा चरित्र के आधार पर करना चाहिए।

6. अयोग्यता तथा वृद्धावस्था के लिये उचित निधि योजना (Fair policy of funds for disabled and aged)–श्रमिकों की वृद्धावस्था के लिये तथा कार्य करते समय अयोग्य हो जाने पर श्रमिकों को पर्याप्त निधि की व्यवस्था होनी चाहिए। इसके अन्तर्गत उचित पेंशन नीति, भविष्य निधि योजना की बीमा योजनाएँ सम्मिलित हैं।

Illustration 7

Calculate the Labour Turnover Rate (under various methods) for the year ended on 31st December 2004, from the following particulars :

Number of workers at the beginning of the year	5100
Number of workers at the end of the year	4900
Number of workers who left the job during the year	300
Number of workers dismissed during the year	100
Number of workers appointed during the year	200

Solution

Calculation of Labour Turnover Rate for the year ended on 31st December 2004.

(i) Under Separation Rate Method

$$\text{Labours Turnover Rate} = \frac{\text{Number of separations during the year}}{\text{Average number of workers during the year}} \times 100$$

$$= \frac{400}{5000} \times 100 = 8\%$$

(ii) Under Replacement Rate Method

$$\text{Labours Turnover Rate} = \frac{\text{Number of Replacement during the year}}{\text{Average number of workers during the year}} \times 100$$

$$= \frac{200}{5000} \times 100 = 4\%$$

(iii) Under Flux Rate Method

$$\text{Labours Turnover Rate} = \frac{\text{Number of separations + Number of Replacement}}{\text{Average Number of workers during the year}} \times 100$$

$$= \frac{400 + 200}{5000} \times 100$$

$$= 12\%$$

Note : Calculation of Average Number of workers = No. of workers in the beginning of the year + No. of workers at the end of the year

$$= \frac{5100 + 4900}{2} = 5000.$$

मजदूरी सूची को तैयार करना
(Preparation of Wages Sheet)

प्रत्येक संस्था में मजदूरों को दी जाने वाली मजदूरी के लिए एक सूची तैयार की जाती है जिसे मजदूरी सूची कहते हैं। इस सूची के अन्तर्गत समस्त महत्वपूर्ण बातों को खानों में लिख लिया जाता है। इस सूची के आधार पर ही यह ज्ञात होता है कि श्रमिक को कितना भुगतान करना है। इस सूची को तैयार करते समय श्रमिक के समय लेखे को देखा जाता है। यदि उसको कार्यानुसार भुगतान किया जाना है तो उसके द्वारा किये गये कार्य का लेखा उसके कार्ड से देखकर मजदूरी ज्ञात की जाती है। इस सूची के अन्तर्गत श्रमिक का नाम, वर्ग, नम्बर, किसी अवधि में कार्य पर लगाये गये घण्टे अथवा उत्पादन की मात्रा, मिलने वाली मजदूरी, भत्ते, बोनस आदि के लेखों के अतिरिक्त यदि प्रोवीडेन्ट फण्ड, राज्य बीमा प्रीमियम, इत्यादि की कोई धनराशि काटनी होती है तो उसको भी दिखाया जाता है तथा कुल मजदूरी में से इस प्रकार की कटौतियों को काटकर जो धनराशि मजदूर को दी जाती है उसका उल्लेख इसके अन्तर्गत होता है।

मजदूरी सूची का नमूना अगले पृष्ठ पर दिया है।

मजदूरी सूची

(अवधि का अन्तिम दिन.................)

क्र. सं.	मजदूर का नाम	पद	नम्बर	कार्य की मात्रा/ कार्य के घण्टे	दर	मजदूरी			कटौतियां					भुगतान किये जाने वाली धनराशि	
						सकल मजदूरी	भत्ते	योग	प्रोवीडेंट फण्ड	राज्य बीमा	जुर्माना	अन्य	कुल		
						रु. पै.	रु. पै.	रु. पै.	रु. पै.	रु. पै.	रु. पै.	रु. पै.	रु. पै.	रु. पै.	रु. पै.

Illustration 8

Calculate the amount which is payable to a worker from the following information; under :

1. Time wages method
2. Price rate method
3. Halsey plan method
4. Rowan plan

Rate per hour — Rs. 2

Standard time produced per unit — 3 hours
Time taken — 50 hours
Unit produced — 20

Solution

(a) Under Time Wage Method

$$T\,T \times R$$
$$50 \times 2 = \text{Rs. } 100$$

(b) Under Piece Rate Method

Standard Time × Unit produced × Rate per hour

$$3 \times 20 \times 2 = \text{Rs. } 120$$

(c) Under Halsey Plan

$$\frac{TT \times R + ST - TT}{2} \times R$$

$$= 50 \times 2 + \frac{60 - 50}{2} \times 2$$

$$= 100 + \frac{10}{2} \times 2$$

$$= \text{Rs. } 110$$

(d) Under Rowan Plan

$$TT \times R + \frac{ST - TT}{ST} \times TT \times R$$

$$50 \times 2 + \frac{60 - 50}{60} \times 50 \times 2$$

$$100 + \frac{10}{3} \times 5 = 100 + 16.67$$

$$= \text{Rs. } 116.67$$

मजदूरी का भुगतान करते समय ध्यान रखने वाली बातें (Factors which should be taken into consideration for Payment of Wages)

श्रम लागत पर नियंत्रण करने के लिए यह भी आवश्यक है कि मजदूरी का भुगतान सही ढंग से किया जाए अर्थात् इस प्रकार करना चाहिए जिससे केवल सही व्यक्ति को सही धनराशि का भुगतान प्राप्त हो। इस सम्बन्ध में निम्नलिखित बातों का ध्यान रखना चाहिए।

1. **प्रत्यक्ष व्यक्तिगत भुगतान** (Payment in person)–मजदूरी का भुगतान केवल उसी व्यक्ति को करना चाहिए जिसके सम्बन्ध में वह हो। किसी श्रमिक की मजदूरी का भुगतान अन्य श्रमिक को नहीं करना चाहिए।

2. **श्रमिक का फोरमैन द्वारा परिचय** (Identification of worker by foreman)–भुगतान तभी करना चाहिए जब भुगतान लेने वाले व्यक्ति का परिचय (identification) उसके फोरमैन ने किया हो।

3. **मजदूरी सम्बन्धी कार्य का विभिन्न व्यक्तियों में विभाजन** (Distribution of work in different persons)–मजदूरी सम्बन्धी सभी कार्य एक ही व्यक्ति द्वारा नहीं किये जाने चाहिए बल्कि श्रमिकों के कार्य के घण्टे, किये गये उत्पादन की मात्रा, मजदूरी गणना तथा मजदूरी के भुगतान का कार्य अलग-अलग व्यक्तियों द्वारा किया जाना चाहिए।

4. **बिना भुगतान की मजदूरी की राशि का लौटाना** (Return of amount of unpaid wages)–यदि निश्चय तिथि पर कुछ मजदूरों ने अपनी मजदूरी का भुगतान नहीं लिया हो तो उसे उसी दिन खजान्ची को लौटा देना चाहिए तथा ऐसे मजदूरों को भुगतान फिर अन्य किसी निश्चित तिथि पर करना चाहिए।

5. **पेशगी मजदूरी** (Advance Salary)–पेशगी मजदूरी का हिसाब अलग रखना चाहिए तथा इस प्रकार की धनराशि को मजदूरी सूची (Pay Roll) में न तो समायोजित करना चाहिए और न उसको वापिस भुगतान करते समय लेना चाहिए।

Miscellaneous Illustrations

Illustration 9

Find out the wages cost per hour if a worker is paid Rs. 150 per month along with D.A. Rs. 50. He is entitled for bonus @ 20% on wages. Employer contributes 10% wages in Provident Contributory Fund and 2% in Employees' States Insurancc Scheme. Employee's contribution in E.S.I. is 1%. The worker is entitled to leave on full pay for 1/9th days worked. The average working days are 25 in a month of 9 hours. Free canteen facilities has provided by the employer of which expenses are Rs. 1,000 per month. There are 200 workers who take advantage of this canteen. Normal idle time is 5%.

Solution

	Rs.		
Wages	150	Number of working hours :	
		Working days in a month	25
D.A.	50	Working hour per day	9
		Total working hours	
Bonus @ 20% on 150	30	in a month	25 × 9 = 225
Contribution to C.P.F.		*Less* $\frac{1}{9}$ for Leave	25
			200
@ 10% on 150	15	*Less* 5% for idle time	10
Contribution to E.S.I.	3	Effective hours in a month	190
Share in canteen		Wages cost per hour	$\frac{253}{190}$
expenses $\frac{1000}{200}$	5		
Total	Rs. 253		= Rs. 1.33

Illustration 10

The following facts are extracted from the time and job card of a worker :

Day	In	Out	Output
Monday	9 A.M.	5 P.M.	100 Units
Tuesday	9 "	6 "	120 "
Wednesday	10 "	5 "	90 "
Thursday	10 "	6 "	130 "
Friday	9 "	2 "	60 "
Saturday	9 "	4 "	70 "

Normal working hours in a day	7 hours
Day rate per hour (Normal)	Re. 1
Day rate per hour (Overtime)	Rs. 2.50
Rate of Bonus	5 pairs per unit in excess of 500 units per week.

Calculate the wages of the workers from the above particulars.

Solution

Working time & units produced in the week :

	Hours	Units
Monday	8	100
Tuesday	9	120
Wednesday	7	90
Thursday	8	130
Friday	5	60
Saturday	7	70

Wages payable to the worker on the time basis

Day	Normal hours	Rate Rs.	Am. Rs.	Over-time	Rate Rs.	Am. Rs.	Total hours	Total Am. Rs.
Monday	7	1	7	1	2	2	8	9
Tuesday	7	1	7	2	2	4	9	11
Wednesday	7	1	7	0	—	—	7	7
Thursday	7	1	7	1	2	2	8	9
Friday	5	1	5	—	—	—	5	5
Saturday	7	1	7	—	—	—	7	7
Total	40		40	4		8	44	48

Total wages payable to worker :	Rs.
Payable on the time basis	48.00
Bonus @ 5 paise per unit on 70 units	3.50
	51.50
Actual production	570 units
Normal production	500 units
Excess production on which worker is entitled to get bonus @ 5 paise per unit.	70 units

प्रश्न
Questions

1. Explain the procedure for the selection of labourers adopted by a manufacturing concern.
   एक निर्माणी संस्था द्वारा श्रमिकों के चुनाव के सम्बन्ध में अपनाये जाने वाली प्रक्रिया का वर्णन कीजिए।
2. What are the different methods of time keeping of workers? Explain each method in detail.
   श्रमिकों के समय की रूपरेखा रखने के कौन-कौन से विभिन्न ढंग हैं? प्रत्येक विधि का विस्तारपूर्वक वर्णन कीजिए।
3. A comparatively small concern does not wish to apply a mechanical time recorder. In the following circumstances what method would you recommend for?
   (a) recording the arrival and departure time of workers;
   (b) accounting for their time in the works.

एक छोटी संस्था यांत्रिक समय रखने की पद्धति को अपनाना नहीं चाहती है। ऐसी परिस्थितियों में निम्नलिखित के लिये आप किस विधि का सुझाव देंगे?
(अ) ऑपरेटरों के आने-जाने के समय को लिखने के लिये।
(ब) उनके द्वारा कार्य पर लगाये समय का लेखा रखने के लिये।

4. Define idle time of labour. What are the causes of idle time? How will you treat idle time in cost accounting? Give some suggestions to minimise the idle time of labour.
कार्यहीन समय को परिभाषित कीजिये। कार्यहीन समय के क्या कारण होते हैं? कार्यहीन समय को आप लागत लेखों में कैसे लिखेंगे? श्रम के कार्यहीन समय को कम से कम करने के लिये आप कुछ सुझाव दीजिए।

5. What is idle time and how should it be treated in cost accounts? *(B.Com. Hons., Delhi)*
कार्यहीन काल से क्या आशय है? लागत लेखों में इसका लेखा किस प्रकार किया जाना चाहिए?

6. Write short notes on the following :
(a) Overtime, (b) Casual worker, (c) Out worker.
निम्नलिखित पर टिप्पणी लिखिये :
(अ) अधिसमय, (ब) आकस्मिक श्रमिक, (स) बाहरी श्रमिक।

7. Indicate how would you deal with the following in Cost Accounts :
(i) Overtime pay, (ii) Annual Bonus, (iii) Idle time wages, (iv) Leave wages. *(B.Com. Hons., Delhi)*
स्पष्ट कीजिए कि लागत-लेखा पालन में आप निम्नलिखित का विवरण किस प्रकार करेंगे :
(i) समयोपरि मजदूरी, (ii) वार्षिक बोनस, (iii) कार्यहीन काल की मजदूरी, (iv) छुट्टी के दिनों की मजदूरी।

8. What is idle time? Indicate the different categories in which idle time can be classified and state which of them can be effectively controlled and how?
कार्यहीन काल क्या है? ऐसे विभिन्न वर्गों को बताइए, जिनमें कार्यहीन काल को वर्गीकृत किया जा सकता है और बताइए कि इनमें किस वर्ग को प्रभावपूर्ण ढंग से नियन्त्रित किया जा सकता है तथा कैसे?

9. What is idle time and how it should be treated in cost accounts? *(B.Com. Hons., Delhi)*
खाली समय का आशय क्या होता है और लागत विषयक लेखों में इसे किस तरह ग्रहण किया जाना चाहिए?

10. Distinguish between 'Normal' and 'Abnormal' idle time. How would you deal with each one of them in Cost Accounts? *(B.Com. Pass, Delhi)*

'सामान्य' तथा 'असामान्य' निष्क्रिय समय में अन्तर बताइए। लागत लेखों में इनका लेखा किस प्रकार करेंगे?

11. Suggest a system by which you can prevent inclusion of dummy names in the wages sheets.

(*B.Com., Panjab*)

उस विधि को बताइये जिसके द्वारा आप मजदूरी सूची में फर्जी नामों को सम्मिलित होने से रोक सकते हैं।

12. How would you ensure that no 'dummy' workmen are included in the pay roll?

(*B.Com., Panjab*)

आप किस प्रकार निश्चित होंगे कि मजदूरी सूची में कोई भी फर्जी मजदूर सम्मिलित नहीं हुआ है?

13. "Therc is practice in some manufacturing concerns recording the time of labour at factory gate as well as in department." Explain this statement.

"कुछ निर्माणी संस्थाओं में श्रमिक के समय का लेखा फैक्ट्री के दरवाजे के साथ ही साथ विभाग में रखने की पद्धति प्रचलित है।" इस कथन की व्याख्या कीजिए।

14. What are the advantages of duplicate records of time of labour?

श्रम के समय में दोहरे लेखे रखने के क्या लाभ हैं?

15. It is necessary to control the cost of labour in a manufacturing concern. Explain the technique of controlling the labour cost.

एक निर्माण संस्था में श्रम की लागत को नियंत्रित करना अति आवश्यक है। श्रम की लागत को नियंत्रित करने की तकनीक का वर्णन कीजिए।

16. What do you mean by Labour Utilisation Chart? What are its advantages? Give a specimen of this chart.

'श्रम उपयोगिता चार्ट' से आप क्या समझते हैं? इसकी क्या उपयोगिताएँ होती हैं? इस चार्ट का एक नमूना दीजिए।

17. What are the different methods of wage payment to labour?

श्रमिकों को मजदूरी देने की कौन-कौन सी विभिन्न पद्धतियाँ हैं?

18. Describe those factors which should be kept in mind while adopting a particular type of wage method.

किसी मजदूरी भुगतान पद्धति को अपनाते समय ध्यान रखने योग्य बातों का वर्णन कीजिए।

19. Mention the principal methods of wage payment and explain any four of them. (*B.Com., Agra*)

मजदूरी भुगतान की मुख्य प्रणालियों को बताइये और उनमें से किन्हीं चार की व्याख्या कीजिए।

20. Distinguish between Time Sheet and Job Card. What are the advantages and defects of each?
समय तालिका और उपकार्य कार्ड में अन्तर बताइये। प्रत्येक के गुण व दोष क्या होते हैं?

21. What are the different types of Job Card? Give their rulings and state the circumstances in which each type is useful.
(*B.Com., Panjab*)
उपकार्य कार्ड कितने प्रकार के होते हैं? उनकी रूपरेखा प्रस्तुत कीजिए तथा उन परिस्थितियों को बताइये जिनमें प्रत्येक प्रकार का कार्ड उपयोगी है।

22. What is 'Time Wage Method'? What are its advantages and disadvantages? Explain the circumstances and the groups of workers in which this method is most suitable.
'समय-मजदूरी भुगतान विधि' क्या होती है? इसके कौन-कौन से गुण व दोष हैं? उन परिस्थितियों तथा श्रमिकों के वर्ग को बताइये जिनके लिए यह पद्धति सबसे उपयोगी है।

23. Define 'the Piece Wage System'. In which circumstances this system is advantageous? Explain the various advantages and disadvantages of this system.
'कार्यानुसार मजदूरी भुगतान विधि' को परिभाषित कीजिए, किन परिस्थितियों में यह विधि उपयोगी होती है। इस विधि के लाभ तथा हानियों का वर्णन कीजिए।

24. Distinguish between time wage and piece wage methods. Which method is suitable if you want to produce the quality goods and why?
समय मजदूरी भुगतान विधि व कार्यानुसार मजदूरी भुगतान-विधि में अन्तर कीजिए। यदि आप गुणात्मक वस्तुओं का उत्पादन करना चाहते हैं तो इन विधियों में से कौन-सी विधि उपयुक्त है और क्यों?

25. Payment by time is still a most prevalent method of remuneration. Give the advantages and defects of Time Rates and list the circumstances and classes of workers in which remuneration on this basis is most favoured.
समयानुसार मजदूरी देने की पद्धति अब बहुत प्रचलित है। समयानुसार मजदूरी के लाभ-हानियों को बताइये तथा उन परिस्थितियों व श्रमिक-वर्ग की एक सूची तैयार कीजिए जिनके लिये यह विधि सबसे अधिक हितकर हो।

26. "It is desirable to give an incentive to workers to increase the production and to minimise the wastage of resources of production." Do you agree with this statement? Explain.
"उत्पादन को बढ़ाने तथा उसके साधनों की बर्बादी को कम से कम करने के लिये श्रमिकों को प्रोत्साहन देना आवश्यक है।" क्या आप इस कथन से सहमत हैं? बताइये।

27. What are the different methods to give the incentive to workers? Explain the factors which are necessary for an ideal incentive scheme.
श्रमिकों को प्रोत्साहन देने की कौन-कौन सी विभिन्न विधियाँ हैं? उन तत्वों का वर्णन कीजिए जो एक आदर्श प्रोत्साहन विधि के लिए आवश्यक हैं।

28. Write short notes on the following :
(1) Halsey Plan, (2) Rowan Plan, (3) Taylor's Differential Piece Rate Plan, (4) Emerson's Efficiency Plan.
(1) हाल्से योजना, (2) रोवन योजना, (3) टेलर की विभेदात्मक कार्यानुसार मजदूरी योजना, (4) इमरसन की योजना।

29. What do you mean by 'Group Bonus Scheme?' In which circumstances this scheme is useful.
'समूह बोनस योजना' से आप क्या समझते हैं? किन परिस्थितियों में यह योजना उपयोगी है।

30. Explain the 'Profit Sharing Plan'. What are the advantages and disadvantages of this plan? Is it justifed to give a share of profit to the workers? Explain it critically.
'लाभ विभाजन योजना' का वर्णन कीजिए? इस योजना के कौन-कौन से लाभ तथा हानियाँ हैं? क्या श्रमिकों को लाभ में से हिस्सा देना न्यायोचित है? इसकी आलोचनात्मक व्याख्या कीजिए।

31. Define 'Laobur Turnover'. What are the different methods of measuring the Labour Turnover Rate? Describe the various disadvantages of high rate of labour turnover.
'श्रमिक अनुपात' को परिभाषित कीजिए। 'श्रमिक अनुपात दर' को मापने की कौन-कौन सी विभिन्न विधियाँ हैं? उच्च श्रमिक अनुपात दर के विभिन्न दोषों का वर्णन कीजिए।

32. What are the causes of Labour Turnover? What procedure should be adopted to check the increasing rate of labour turnover?
'श्रमिक हेर-फेर' के क्या कारण हैं? बढ़ती हुई श्रमिक हेर-फेर दर को रोकने के लिए क्या कार्यवाही करनी चाहिए?

33. How is labour tunrover measured? Why is high labour turnover a matter of serious concern to the management?
(B.Com. Hons., Delhi)
श्रमिक अनुपात का मापन कैसे किया जाता है? अधिक श्रमिक अनुपात प्रबन्धकों के लिए गम्भीर चिन्ता का विषय क्यों बन जाता है?

34. Explain the procedure of preparing the 'Wages Sheet'. Give a specimen of wage sheet.
'मजदूरी तालिका' को बनाने की विधि का वर्णन कीजिए। मजदूरी तालिका का एक नमूना भी दीजिए।

EXERCISES

1. Find out the earning of a worker from the following information under :

(a) Time Rate Method, (b) Piece Rate Method, (c) Halsey Plan, (d) Rowan Plan.

Information given :

Standard time	25 hours.
Time taken	20 hours.
Rate	Rs. 4/hour.

[**Ans.** Rs. 80, Rs. 100, Rs. 90 & Rs. 96]

2. In an engineering works, the standard time for a job is 16 hours and the basic wage is Re. 1 per hour. A bonus scheme is instituted so that the worker is to receive his normal rate for hours actually worked and for the hours saved. Material for the job cost Rs. 20 and for overhead is charged on a basis of Rs. 2 per labour hour.

Calculate the wages and effective rate of earning per hour if the job is completed (a) in 12 hours and (b) in 14 hours.

Also ascertain factory cost of the job on the same basis.

[**Ans.** (a) Rs. 1.17 and Rs. 58;
(b) Rs. 1.07 and Rs. 63]

3. A worker takes 12 hours to complete a job on the wages and 10 hours if he is paid with the piece wage method. The time rate is Rs. 2 per hour. Cost of material for the job is Rs. 16 and overhead charges are required to job equal to the 200% of the direct wages. Calculate the earnings and the factory cost of the production under :

(a) Time Rate Method, (b) Piece Rate Method, (c) Rowan Plan, (d) Halsey Plan.

	Factory cost	Wages
[**Ans.**	Rs. 88	(a) Rs. 24 for 12 hours.
	Rs. 88	(b) Rs. 24 for 10 hours.
	Rs. 82	(c) Rs. 22 for 10 hours.
	Rs. 77	(d) Rs. 20.33 for 10 hours.]

4. The normal working week in a factory is of 44 hours. A worker is paid 50 paise per hour, overtime at 1½ times the hourly rate and a bonus of 25 paise for every 100 articles produced in excess of 5000 per week. Calculate the wages for the week from the following particulars taken from his time and job card.

Day	In	Out	In	Out	Output
Friday	8.00	12.00	1.00	5.30	9.50
Saturday	8.00	11.30	—	—	545
Monday	8.30	12.00	1.00	8.00	1,106
Tuesday	8.00	12.00	1.00	6.00	1,052
Wednesday	8.00	12.00	1.00	6.30	1,002
Thursday	8.00	12.00	1.00	7.00	1,112

(*B.Com., Poona*)
[**Ans.** Rs. 29.17]

5. Production section of a factory working on a job order system pay their workers under the Rowan Premium Bonus Scheme. Workers are also entitled to a dearness allowance of Rs. 24 per week of 48 hours. A worker's basic wages is Rs. 4 per day of 8 hours and his time sheet for a week is summarised below :

Job No.	Time allowed	Time Taken
1	25 hours	20 hours
2	30 hours	20 hours
Idle time (waiting) :		8 hours

Calculate the gross wages he has earned for the week.

(*B.Com., Poona*)
[**Ans.** Rs. 22, Rs. 53.33]

6. Calculate the normal and overtime wages payable to a workman from the following data.

Day	Hours worked
Monday	8
Tuesday	10
Wednesday	9
Thursday	11
Friday	9
Saturday	4

Normal working hours 8 hours per day.

Normal Rate — 50 paise per hour.

Over Time Rate — Upto 9 hours in a day at single rate and over 9 hours in a day at double rate

OR

Upto 48 hours at a single rate and over 48 hours at double rate whichever is more beneficial to the worker.

[**Ans.** Rs. 27.00]

7. What will be the earning of a worker at 55 paise per hour, when he takes 140 hours to do a volume of work for which the standard time allowed is 200 hours. The plan of payment of bonus is on a sliding scale as under :

(a) Within the first 10% saving a standard time, the bonus is 40% of the time saved.

(b) Within the second 10% saving in standard time the bonus is 50% of the time saved.

(c) Within the third 10% saving in standard time the bonus is 60% of the time saved.

(d) Within the fourth 10% saving in standard time the bonus is 70% of the time saved.

(e) For the rest the bonus is 75% of the time saved.

(*B.Com., Poona*)

[**Ans.** Rs. 93.50]

8. A worker takes 9 hours to complete a job on daily wages and 6 hours on a scheme of payment by results. His day rate is 75 paise an hour, the material cost of the product is Rs. 4 and the overheads are recovered 150% of the total direct wages. Calculate the factory cost of the product under :

(i) Piece Work Plan

(ii) Rowan Plan

(iii) Halsey Plan

(*B.Com., Poona*)

[**Ans.** Rs. 15.25, Rs. 18.05, Rs. 19.00]

9. A worker is employed on the basic salary of Rs. 200 per month alongwith D.A. Rs. 120. He is entitled for the bonus @ 10% of wages. Employer contributes 8% in contributory provident fund and 3% in Employees State Insurance Scheme. Worker contributes 1% in E.S.I.S. Worker takes the advantages from a fair price shop run by the employer of which subsidy cost is Rs. 2000 per month. 200 workers were benefited with this shop. Worker is entitled for leave on full pay upto 20 hours in a month, the working hours in a month are 200. Rate of normal idle time is 5%. Calculate the wages which is to be debited regarding this worker, if he worked for 150 hours in the month.

[**Ans.** Wage Cost per hour Rs. 1.59]

5

उपरिव्यय
(Overheads)

वस्तु के निर्माण के लिए प्रत्यक्ष सामग्री, प्रत्यक्ष श्रम व अन्य प्रत्यक्ष व्ययों के अतिरिक्त भी कुछ खर्चे इस प्रकार के करने पड़ते हैं जिनका सम्बन्ध किसी उत्पादन विशेष से न होकर सभी उत्पादनों से होता है। इस प्रकार के खर्चे दिन प्रतिदिन की आवश्यकताओं को पूरा करने, उत्पादन के सम्बन्ध में प्रशासनिक कार्य करने व उत्पादन के विक्रय वितरण के सम्बन्ध में होते हैं। इन खर्चों को उपरिव्यय कहते हैं। इन खर्चों का ठीक-ठीक ज्ञान करना भी वस्तु की लागत निकालने के लिए आवश्यक है।

उपरिव्यय का अर्थ (Meaning of overheads)–उपरिव्यय का आशय उन व्ययों से होता है जिनको कि किसी उत्पादन विशेष पर प्रति इकाई वितरण नहीं किया जा सकता है बल्कि उनको प्रत्येक उत्पादन पर अभिभाजन अथवा संविलयन किया जाता है। उपरिव्यय उत्पादन के लिए प्रयोग की जाने वाली अप्रत्यक्ष सामग्री, अप्रत्यक्ष श्रम तथा अन्य अप्रत्यक्ष व्ययों का कुल योग होता है।[1]

उपरिव्यय के सम्बन्ध में एक बात और स्मरणीय है कि वे व्यय जो कि किसी उत्पादन विशेष से सम्बन्धित हैं लेकिन उनको सुगमतापूर्वक उत्पादन की इकाइयों पर वितरित नहीं किया जा सकता है तो उन्हें भी उपरिव्यय के अन्तर्गत शामिल करते हैं।

उपरिव्ययों का वर्गीकरण (Classification of overheads)–उपरिव्ययों का विभिन्न दृष्टिकोणों से निम्नलिखित वर्गीकरण किया जा सकता है :

1. **कार्यानुसार** (According to functions)
   (अ) कारखाना उपरिव्यय (Factory overheads)
   (ब) प्रशासनिक उपरिव्यय (Administration overheads)
   (स) विक्रय व वितरण उपरिव्यय (Selling and Distribution overheads)

---

1. "The aggregate of indirect materials, indirect labour and indirect expenses."

2. परिवर्तनानुसार (According to variability)

(अ) स्थायी उपरिव्यय (Fixed overheads)

(ब) परिवर्तनशील उपरिव्यय (Variable overheads)

(स) अर्द्ध परिवर्तनशील उपरिव्यय (Semi-variable overheads)

3. सामान्यतानुसार (According to normality)

(अ) सामान्य उपरिव्यय (Normal overheads)

(ब) असामान्य उपरिव्यय (Abnormal overheads)

4. नियंत्रण के अनुसार (According to controllability)

(अ) नियंत्रण योग्य उपरिव्यय (Controllable overheads)

(ब) अनियंत्रण योग्य उपरिव्यय (Uncontrollable overheads)

विभिन्न प्रकार के उपरिव्ययों का विस्तृत वर्णन द्वितीय अध्याय में किया जा चुका है।

उपरिव्ययों को परिवर्तनानुसार वर्गीकृत करने के लाभ (Advantages of classification of overheads according to variability)

एक उत्पादक को उत्पादन सम्बन्धी व्ययों को स्थायी तथा अस्थायी व्ययों के आधार पर अवश्य बाँट लेना चाहिए क्योंकि ऐसा करने से उत्पादक को निम्नलिखित लाभ होते हैं :

(i) **लागत के नियंत्रण में सुगमता** (Easy in controlling the cost)–व्ययों को स्थायी तथा परिवर्तनशील व्ययों के अन्तर्गत विभक्त करने से हमें यह ज्ञात हो जाता है कि कौन-से व्यय के मद ऐसे हैं जो नियंत्रण किये जा सकते हैं। ये व्यय परिवर्तनशील व्यय होते हैं तथा इन्हीं व्ययों को नियंत्रित करने का उत्पादक प्रयत्न कर सकता है।

(ii) **भविष्य के उत्पादन के लिए बजट तैयार करने में सुगमता** (Easy in preparing the budget for future production)–व्ययों को उक्त आधार पर वर्गीकृत करके बजट तैयार किया जा सकता है और यदि इस प्रकार के व्ययों को वर्गीकृत नहीं किया जाएगा तो यह सम्भव नहीं हो सकेगा। उदाहरण के लिए यदि 1000 यूनिट बनाने के लिए कुल 10,000 रु० का व्यय (4000 रु० स्थायी + 6000 रु० परिवर्तनशील) हुआ अर्थात् एक इकाई के लिए कुल 10 रु० और यदि भविष्य में 2000 यूनिट बनानी हो तो इसके व्यय का ठीक अनुमान स्थायी व परिवर्तनशील व्ययों को ध्यान में रखकर ही लगाया जा सकता है। यदि इसका ध्यान नहीं रखा जाएगा तो यह व्यय $2000 \times 10 = 20{,}000$ रु० होगा जबकि वास्तव में व्यय $4000 + 2000 \times 6 = 16{,}000$ रु० होता है।

(iii) **सीमान्त लागत ज्ञात करना** (Knowledge of marginal cost)–उत्पादन की सीमान्त लागत का ज्ञान भी व्ययों को स्थायी तथा अस्थायी व्ययों में विभक्त करने के पश्चात् ही किया जा सकता है।

(iv) **उत्पादन की मात्रा का निर्धारण** (Determination of volume of production)–इस प्रकार से व्ययों को विभक्त करने से यह ज्ञात किया जा सकता है कि कितनी मात्रा तक उत्पादन किया जाए जिससे स्थायी व्ययों का पूर्ण उपयोग किया जाना सम्भव होता है। साथ ही उत्पादन की मात्रा किस सीमा तक बढ़ायी जा सकती है। यदि एक निश्चित स्थायी व्ययों के आधार पर 2000 इकाई तक उत्पादन किया जा सकता है तो उत्पादन 2000 इकाई तक ही करना उपयोगी है और यदि 2200 इकाई उत्पादन किया जाएगा तो सम्भव है कि स्थायी व्ययों की एक दूसरी यूनिट और 2000 रु० के बराबर उत्पादन के लिए लगानी पड़े। इससे अतिरिक्त 200 इकाइयों के लिए 2000 रु० का व्यय पड़ जाएगा जो कि व्यापार के लिए लाभदायक नहीं होगा।

(v) **अवसाद काल में मूल्य निर्धारण** (Price determination in depression period)–उत्पादन का अवसाद काल में क्या मूल्य रखा जाए इस बात का भी ज्ञान इस प्रकार के वर्गीकरण से हो सकता है।

(vi) **सम विच्छेद बिन्दु का निर्धारण** (Ascertainment of break-even point)–व्ययों को स्थायी-अस्थायी व्ययों में विभक्त करने से उत्पादन की ऐसी सीमा का भी निर्धारण किया जा सकता है जिनको निर्माण करने से न संस्था को कोई लाभ होता है और न कोई हानि। यदि संस्था द्वारा उत्पादन उक्त मात्रा से कम करेगी तो उसे हानि होगी और यदि उक्त मात्रा से अधिक करेगी तो उसे लाभ होगा। अत: संस्था को हानि से बचाने के लिए तथा लाभ कमाने के लिए यह भी आवश्यक है कि उत्पादन एक निश्चित मात्रा से अधिक किया जाना चाहिए और उस मात्रा का निर्धारण 'सम-विच्छेद बिन्दु' से किया जा सकता है।

उपरिव्ययों को उत्पादित इकाइयों पर आवंटित (Allotment) करने के लिये निम्नलिखित क्रियाएँ करनी पड़ती हैं :

1. उपरिव्ययों का संग्रहण व वर्गीकरण (Collection and classification of overheads)
2. उपरिव्ययों का वितरण (Allocation and apportionment of overheads)
3. उपरिव्ययों का संविलयन (Absorption of overheads)

1. उपरिव्ययों का संग्रहण व वर्गीकरण (Collection and classification of overheads)–सबसे पहले उपरिव्ययों को संग्रहीत किया जाता है तथा उनका उद्देश्यानुसार वर्गीकरण किया जाता है। उपरिव्ययों का वर्गीकरण उपरिव्यय लागत को नियंत्रण करने के लिए विभिन्न दृष्टिकोणों से किया जाता है जिसका कि वर्णन पहले किया जा चुका है। उपरिव्ययों को विश्लेषित भी किया जाता है। इनको विश्लेषण करके एक स्थायी संख्या प्रदान कर दी जाती है जिसे स्थायी आदेश संख्या

(Standing Order Number) कहते हैं। इस संख्या की सहायता से इस उपरिव्यय के मद को आसानी से पहचाना जा सकता है। उपरिव्ययों का निम्नलिखित पुस्तकों व प्रपत्रों की सहायता से संग्रह किया जा सकता है :

1. सामग्री आवश्कता पत्र (Material requisition slip)
2. बीजक (Invoices)
3. रोकड़बही (Cash Book)
4. जनरल प्रविष्टियाँ (General Entries)
5. मजदूरी बही (Wages Analysis Book), आदि।

2. उपरिव्ययों का वितरण तथा अभिभाजन (Allocation and apportionment of overheads)–उपरिव्ययों के संग्रहण व वर्गीकरण के पश्चात् उन व्ययों को उत्पादन या लागत केन्द्रों पर डालने के लिये व्ययों का वितरण तथा अभिभाजन किया जाता है। वितरण तथा अभिभाजन का आशय निम्नलिखित है–

उपरिव्ययों का वितरण (Allocation of overheads)–वितरण का आशय उपरिव्ययों को किसी ऐसे उत्पादन विभाग या लागत केन्द्र पर आवंटित करने से होता है जिससे कि वह प्रत्यक्ष रूप से सम्बन्धित है। उदाहरण के लिए प्रशासन के सम्बन्ध में किये गए व्यय पूर्णरूप से प्रशासन विभाग पर ही डाले जायेंगे। वितरण केवल उन्हीं उपरिव्ययों का सम्भव है जिनको कि किसी विभाग या लागत केन्द्र से प्रत्यक्ष रूप से सम्बन्धित किया जा सकता है। चार्टर्ड इंस्टीट्यूट ऑफ मैनेजमैन्ट एकाउन्टेन्ट्स, लन्दन ने वितरण की व्याख्या निम्नलिखित की है :

"लागत के व्ययों के सम्पूर्ण मदों को उससे सम्बन्धित उत्पादन केन्द्र या विभागों में आवंटित करना 'उपरिव्ययों' का वितरण कहलाता है।"[2]

उपरिव्ययों का अभिभाजन (Apportionment of overheads)–जो उपरिव्यय किसी विभाग या लागत केन्द्र से प्रत्यक्ष रूप से सम्बन्धित नहीं होते हैं उनको अनुपातिक ढंग से विभिन्न विभागों व केन्द्रों में अभिभाजित किया जाता है। अभिभाजन का आशय उपरिव्ययों को उन समस्त उत्पादन केन्द्रों, विधियों तथा विभागों में बाँटने से होता है जिनको कि इन उपरिव्ययों से लाभ पहुँच रहा है। उदाहरण के लिए फैक्ट्री के उपरिव्यय उन समस्त उत्पादन केन्द्रों में अभिभाजित किये जायेंगे जिनमें कि इन व्ययों की सहायता से उत्पादन किया जा रहा है। चार्टर्ड इंस्टीट्यूट ऑफ मैनेजमैन्ट एकाउन्टेन्ट्स, लन्दन ने इसको निम्नलिखित ढंग से परिभाषित किया है–

"उत्पादन के विभिन्न केन्द्रों व विभागों में व्ययों के विभिन्न मदों को अनुपातिक रूप से आवंटित करने को 'अभिभाजन' कहते हैं।"[3]

---

2. "Cost Allocation—the allotment to whole items of cost to cost centres or cost units." —*Chartered Institute of Management Accountants, London*
3. "Cost Allocation—the allotment of proportions of items of cost to cost centres or cost units." —*Chartered Institute of Management Accountants, London*

3. उपरिव्ययों का संविलयन (Absorption of overheads)–उपरिव्ययों के वितरण तथा अभिभाजन के पश्चात् उनको अन्तिम रूप से लागत इकाइयों में आवंटित किया जाता है जिसे कि उपरिव्ययों का संविलयन कहते हैं। संविलयन की परिभाषा चार्टर्ड इंस्टीट्यूट ऑफ मैनेजमैन्ट एकाउन्टेन्ट्स, लन्दन ने निम्नलिखित दी है :

"उत्पादन की समस्त इकाइयों में उपरिव्ययों के आवंटन को संविलयन कहा जाता है।"[4]

उपरिव्ययों के संविलयन के अर्थ का स्पष्टीकरण एक उदाहरण के द्वारा किया जा सकता है।

उदाहरण के लिए एक फैक्ट्री का किराया 1000 रु० प्रति माह है और उसमें अ, ब, स, तीन प्रकार के उत्पादन होते हैं जिनमें क्रमशः ½ : ¼ : ¼ फैक्ट्री के क्षेत्र (Area) को प्रयुक्त किया जाता है तथा जनवरी 2004 में अ, ब, स, उत्पादन केन्द्रों में क्रमशः 500, 125, 100 इकाइयाँ बनाई गई तो 1000 रु० अ, ब, स केन्द्रों पर क्रमशः 500, 250, 250 रु० में अभिभाजित कर दिया जाएगा। यह क्रिया व्ययों का अभिभाजन कहलाएगी तथा अ, ब, स की उत्पादित इकाइयों में इनसे सम्बन्धित इस व्यय के बंटवारे को जो कि क्रमशः $\frac{500}{500}, \frac{250}{125}, \frac{250}{100}$ अर्थात् 1 रु०, 2 रु०, 2.50 रु० को संविलयन कहेंगे।

उपरोक्त परिभाषाओं को देखने के पश्चात् यह कहा जा सकता है कि वितरण किसी व्यय को उस विभाग व केन्द्र पर आवंटित करना है जिससे वह प्रत्यक्ष रूप से सम्बन्धित है। अभिभाजन व्ययों को उत्पादन के सभी केन्द्रों व विभागों में किसी निश्चित आधार पर आवंटित करना है जिससे वह सम्बन्धित है तथा संविलयन वितरण अथवा विभाजन अथवा दोनों के द्वारा आये अनुपातिक व्ययों को प्रत्येक उत्पादन केन्द्र या विभाग की उत्पादित इकाइयों में आवंटित करना होता है।

उपरिव्ययों का विभागीकरण
(Departmentalisation of Overheads)

कार्य की सुगमता, सुविधा, व्यवस्था, प्रशासन व नियंत्रण के दृष्टिकोण से उत्पादन को विभिन्न विभागों में संगठित कर लिया जाता है तथा प्रत्येक विभाग किसी विशिष्ट कार्य से सम्बन्धित होता है। जब उपरिव्यय का बँटवारा भी इन विभागों के अनुसार किया जाता है तो इसे उपरिव्यय का विभागीकरण कहते हैं। उपरिव्यय के विभागीकरण से निम्नलिखित लाभ हैं :

1. विभागीकरण से लागत के ऊपर नियंत्रण किया जा सकता है। इस प्रकार से उपरिव्यय का बंटवारा करने से प्रत्येक विभाग से सम्बन्धित व्ययों का ज्ञान हो जाता है और इन व्ययों की तुलना बजट से अथवा भूतपूर्व आँकड़ों से की

4. "Overhead Absorption—the allotment of overhead to cost units."
—*Chartered Institute of Management Accountants, London*

जाती है। ये आँकड़े अलग-अलग होते हैं। अत: अन्तर के कारणों को विभागानुसार ज्ञात किया जाता है और अपव्यय को रोकने के लिए प्रयत्न किये जा सकते हैं।

2. अर्द्धनिर्मित कार्य (Work-in-progress) **की लागत को ज्ञात करना आसान तथा सम्भव हो जाता है**, यदि व्ययों को विभागों में बांटा जाता है तो इस प्रकार कार्य की लागत निकालते समय केवल उन्हीं विभागों के व्ययों को ही लागत के लिए जोड़ा जाता है जिन विभागों के अन्तर्गत उत्पादन गुजर चुका है तथा जिन विभागों में अभी कार्य नहीं हुआ है उनके व्ययों को सम्मिलित नहीं किया जाता है।

3. उपरिव्यय के विभागीकरण करने से कार्य के सम्बन्ध में विभिन्न विभागों की जिम्मेदारी निश्चित की जा सकती है। उत्पादन का बजट बनाते समय विभागों की कार्यक्षमता तथा व्ययों के सम्बन्ध में भी बजट बनाया जा सकता है और फिर वास्तविक व्यय की तुलना करके यह देखा जा सकता है कि किस विभाग में व्यय अधिक अथवा कार्य क्षमता कम आ रही है। उस विभाग के विभागाध्यक्ष से इस सम्बन्ध में जानकारी ज्ञात की जा सकती है तथा इस प्रकार कार्य के सम्बन्ध में प्रत्येक विभाग की एक निश्चित जिम्मेदारी होती है।

4. उत्पादन की लागत का ठीक ज्ञान किया जा सकता है, क्योंकि इसके द्वारा उपरिव्यय को विभागों में विभक्त कर देने से उपरिव्यय का बँटवारा ठीक प्रकार हो जाता है। इस प्रकार विभिन्न प्रक्रियों की उत्पादन लागत उचित ज्ञात हो जाने का सबसे बड़ा लाभ यह होता है कि प्रबन्धकों को इस बात का निश्चय होना सुविधाजनक हो जाता है कि वे उत्पादन की विशेष प्रक्रिया को अपने यहाँ ही करें अथवा उस प्रक्रिया के द्वारा उत्पादन मंहगा पड़ने के कारण उससे सम्बन्धित उत्पादित माल को बाजार से खरीद कर अन्य प्रक्रियाओं के लिए प्रयोग करे। उदाहरण के लिए यदि कपड़ा उद्योग में कताई, बुनाई व रंगाई आदि विभाग अलग-अलग हैं और इन विभागों के उपरिव्ययों को बाँटने के पश्चात् यह ज्ञात होता है कि कताई विभाग में 1 किलो सूत की लागत 10 रु॰ आती है जबकि बाजार में इस प्रकार का सूत 9 रु॰ किलो मिल सकता है तो इस बात का निर्णय लेना कि सूत को बाजार से खरीदा जाए, उक्त विभागीकरण की व्यवस्था के आधार पर आसान हो जाता है।

5. उपरिव्यय को विभागों में बांटने से यह भी सुविधा रहती है कि भविष्य के उत्पादन के सम्बन्ध में लागत का अनुमान ठीक प्रकार लगाया जा सकता है।

उपरिव्यय के विभिन्न विभागों में अभिभाजन के मुख्य आधार (Principal basis of apportionment of overhead in departments)–उपरिव्यय को विभिन्न विभागों में बाँटने के अनेकों आधार हो सकते हैं लेकिन केवल ऐसे आधार का उपयोग इस कार्य के लिए करना चाहिए जिसके द्वारा विभाजन अधिक उचित होता है। विभाजन का आधार व्यय को प्रकृति व उससे होने वाले कार्य पर निर्भर करता है। विभिन्न विभागों के उपरिव्ययों को निम्नलिखित तत्वों के आधार पर बाँटा जा सकता है–

(i) **प्रयुक्त स्थान** (Floor Area)–कुछ उपरिव्यय इस प्रकार के होते हैं जिनका विभाजन विभिन्न विभागों में उनके द्वारा प्रयुक्त स्थान के आधार पर किया जाता है। इस प्रकार के व्ययों के अन्तर्गत भवन का किराया, कर, रोशनी तथा अन्य व्यय सम्मिलित होते हैं, जो कि स्थान से सम्बन्धित हैं।

(ii) **श्रमिकों की संख्यानुसार** (According to number of labourers)–सामाजिक सुरक्षा के आधीन एवं अन्य व्यवस्थाओं के अन्तर्गत यदि श्रमिकों को कोई सुविधा दी गई है तो उसके सम्बन्ध में होने वाले व्ययों को श्रमिकों की संख्या के अनुपात में विभिन्न विभागों में विभक्त करेंगे। मनोरंजन, नि:शुल्क चिकित्सा, शिक्षा, यातायात, उचित दर की दुकान आदि के व्ययों का बँटवारा इस आधार पर किया जाएगा।

(iii) **श्रमिक घण्टों के अनुसार** (According to labour hours)–श्रमिकों के प्रशासन तथा देख-रेख सम्बन्धी व्ययों को श्रमिक के घण्टों के अनुपात में विभागों में बाँटा जाएगा।

(iv) **मशीन के घण्टों के अनुसार** (According to machine hours)–यदि उत्पादन में मशीनों का प्रयोग किया जाता है और उनकी प्रधानता है तो उपरोक्त व्ययों को मशीन के घण्टों के अनुपात में विभिन्न विभागों में विभक्त किया जाएगा।

(v) **किलोवाट तथा पोइन्ट्स के आधार पर** (According to kilowatt and points)–बिजली तथा शक्ति के सम्बन्ध में किये गए खर्चों का बँटवारा विभिन्न विभागों द्वारा प्रयुक्त शक्ति व बिजली के किलोवाट अथवा पोइन्ट्स के आधार पर किया जाएगा।

(vi) **सम्पत्ति के मूल्य के अनुसार**(According to value of assets)–सम्पत्ति, सम्बन्धी कुछ व्ययों को, सम्पत्तियों के मूल्यों के अनुपात में, विभिन्न विभागों में बांट दिया जाता है। जितने मूल्य की सम्पत्ति का प्रयोग किसी विभाग में किया जाता है उसके लिए उसी अनुपात में सम्बन्धित व्ययों को बाँटा जाएगा। मशीन व भवन का ह्रास तथा बीमा की राशि इस प्रकार बाँटी जाती है।

(vii) **प्रत्यक्ष मजदूरी के अनुसार** (According to direct wages)–जो भुगतान श्रमिकों को मजदूरी के अतिरिक्त अन्य भत्तों इत्यादि के रूप में किया जाता है उसको यदि प्रत्यक्ष मजदूरी में सम्मिलित नहीं किया गया है तो उसे उपरिव्यय के अन्तर्गत रखा गया है तो इसका बँटवारा प्रत्यक्ष मजदूरी के अनुसार किया जाएगा।

(viii) **समयानुसार** (According to time)–कारखाना मैनेजर, तकनीकी प्रबन्धक व संचालकों के वेतन, भत्ते व कमीशन की राशि का बँटवारा उनके द्वारा विभागों में लगाये समय के अनुसार किया जाना चाहिए।

(ix) **सामग्री के मूल्यानुसार** (According to value of material consumed) –कुछ उपरिव्यय जो सामग्री के सम्बन्ध में हैं उनको विभिन्न विभागों में प्रयुक्त

सामग्री के मूल्य के अनुसार बाँटना चाहिए। आन्तरिक ढुलाई, सामग्री का अपव्यय व बर्बादी, क्रय सम्बन्धी व्यय इसी आधार पर बाँटे जाते हैं।

(x) **प्रबन्धकों के निणर्यानुसार** (According to judgment of management)–कुछ व्यय इस प्रकार के भी हो सकते हैं जिनका कि बंटवारा विभिन्न विभागों में प्रबन्धकों के निर्णय के अनुसार किया जाता है, जो अनुपात प्रबन्धक निश्चित करते हैं उसी के आधार पर व्ययों को बाँट दिया जाता है।

विभागों के प्रकार (Type of Departments)–एक फैक्ट्री के अन्तर्गत अनेकों प्रकार के विभाग हो सकते हैं लेकिन कार्य की पद्धति के अनुसार विभागों को दो भागों में बाँटा जा सकता है :

(i) उत्पादन विभाग (Production Department)

(ii) सेवा विभाग (Service Department)

(i) **उत्पादन विभाग**–ये विभाग वस्तु के उत्पादन की क्रियाओं से सम्बन्धित होते हैं। इन विभागों में वास्तव में उत्पादन कार्य किया जाता है। उत्पादन विभाग उत्पादन के विभिन्न पहलुओं व प्रकृतियों के अनुसार अनेकों हो सकते हैं।

(ii) **सेवा विभाग**–उत्पादन के लिए सुविधाएँ प्रदान करने वाले विभागों को सेवा विभाग कहते हैं। ये विभाग भी सुविधाओं की विभिन्नता के दृष्टिकोण से अनेक हो सकते हैं।

उत्पादन विभाग व लेखा विभाग का आशय व अन्तर निम्नलिखित उदाहरण से स्पष्ट किया जा सकता है :

एक तेल कम्पनी में उत्पादन की विभिन्न प्रक्रियाओं के आधार पर क्रशिंग, रिफाइनिंग व फिनिशिंग (Crushing, Refining, Finishing) तीन विभाग हैं तथा इसके अतिरिक्त कैन्टीन मरम्मत व यातायात व पावर के सम्बन्ध में भी अलग-अलग विभाग हैं। इस प्रकार पहले तीन विभाग तो उत्पादन विभाग कहलायेंगे क्योंकि इन विभागों में उत्पादन वास्तव में किसी न किसी रूप में होता है जबकि दूसरे प्रकार के विभाग सेवा विभाग कहे जायेंगे क्योंकि इन विभागों का कार्य उत्पादन सम्बन्धी सुविधाएँ प्रदान करना है।

समस्त उपरिव्ययों का बँटवारा पहले उत्पादन विभागों व सेवा विभागों दोनों ही प्रकार के विभागों से किया जाता है लेकिन अन्त में सेवा विभागों के व्ययों को पुनः उत्पादन विभागों में बांटा जाता है क्योंकि इन विभागों का व्यय उत्पादन विभागों की पूरक सहायता के लिए ही होता है। उत्पादन विभागों के अन्तर्गत सेवा विभागों के व्ययों का बँटवारा अनेक प्रकार से किया जा सकता है। उत्पादन विभागों में सेवा विभागों के व्ययों को बाँटने की प्रमुख विधियाँ निम्नलिखित हैं :

सेवा विभागों के व्ययों को उत्पादन विभागों में अभिभाजन की विधियां (Methods of apportionment of overheads of service department to production department)

1. सेवा-विभागों के व्ययों को केवल उत्पादन विभागों में अभिभाजन की विधि (Apportionment of services department overheads to production department only).

2. सेवा विभागों के व्ययों को उत्पादन विभागों व सेवा विभागों में अभिभाजन की विधि (Apportionment of service department overheads to production department and service department) :

(अ) महत्वानुसार सेवा विभागों के व्ययों का अंश सेवा विभागों में अभिभाजन।

(ब) सेवा विभागों के व्ययों का अन्तर्सेवा विभागों में अभिभाजन।

(i) बीजगणितीय आधार पर।

(ii) अनेक बार वितरण करके।

1. केवल उत्पादन विभागों में अभिभाजन–इस विधि के अन्तर्गत सेवा विभागों के व्ययों को केवल उत्पादन विभागों में ही अभिभाजन किया जाता है तथा विभिन्न सेवा विभागों को व्ययों को एक दूसरे सेवा विभागों से विभक्त नहीं किया जा सकता। इस पद्धति द्वारा सेवा विभाग के व्ययों का बँटवारा उत्पादन विभाग में करना आसान होता है लेकिन इसमें सबसे बड़ा दोष यह होता है कि इसके द्वारा बिल्कुल ठीक समय का बंटवारा नहीं हो पाता है क्योंकि सेवा विभागों के व्ययों को आपस में नहीं बाँटा जाता है जबकि एक सेवा विभाग का उपयोग अन्य सेवा विभागों द्वारा भी किया जाता है। अतः सेवा विभागों के व्ययों को अन्य सेवा विभागों में भी बाँटा जाता है और फिर अन्त में इस प्रकार निकाले गए व्ययों का बँटवारा उत्पादन विभागों से होना चाहिए तभी ठीक-ठीक बाँट हो सकती है।

Illustration 1

You are given the following data of overheads in different production and service department :

Production department	Rs.
A	5,000
B	6,000
C	3,000

Service deparment		Distribution in Production Departments		
	Rs.	A	B	C
Repairs and Maintenance	2,000	40%	20%	40%
Canteen	1,500	30%	30%	40%
Powerhouse	3,500	20%	50%	30%

Calculate the amount of overheads of A, B and C departments after taking into consideration the overheads of service department.

Solution

	A	B	C	Total
Own overheads	5,000	6,000	3,000	14,000
Share in Repairs and Maintenance	800	400	800	2,000
Canteen	450	450	600	1,500
Powerhouse	700	1,750	1,050	3,500
Total	6,950	8,600	5,450	21,000

2. सेवा विभागों के व्यय का उत्पादन विभाग व सेवा विभागों में अभिभाजन–जब इस पद्धति का उपयोग किया जाता है तो विभिन्न विभागों में उत्पादन की लागत बिल्कुल ठीक आती है अर्थात् इस पद्धति को अपनाने में उपरोक्त पद्धति का दोष दूर हो जाता है।

इस पद्धति के अनुसार व्ययों को बाँटने के लिए निम्नलिखित विधियाँ अपनाते हैं :

(अ) महत्वानुसार सेवा विभागों के व्ययों का अन्य विभागों में अभिभाजन–इस विधि के अन्तर्गत विभिन्न सेवा विभागों को क्रमशः उनकी उपयोगिता के आधार पर ज्ञात कर लिया जाता है। जो सबसे अधिक सेवा करने वाला विभाग है पहले उसके व्ययों को अन्य सेवा विभागों तथा उत्पादन विभागों में बाँट दिया जाता है फिर इसके पश्चात् इससे कम महत्व वाले सेवा विभाग के व्ययों को अन्य बाकी सेवा विभागों व उत्पादन विभागों में बाँटा जाता है। इसमें पहले सेवा विभाग के अन्तर्गत व्ययों को नहीं बांटा जाता है।

यह पद्धति सरल है लेकिन इस पद्धति का सबसे बड़ा दोष यह है कि इसमें सभी सेवा विभागों के व्ययों को एक दूसरे में नहीं बाँटा जाता है बल्कि महत्व के अनुसार क्रमशः सेवा विभागों के व्ययों का बंटवारा नहीं किया जाता है। इस पद्धति का स्पष्टीकरण निम्नलिखित उदाहरण से होता है।

Illustration 2

The following overheads were incurred during the month of June 2004 in various departments.

		Rs.
Production Department :	X	10,000
	Y	15,000
	Z	25,000
Service Department :	L	6,000
	M	8,000
	N	2,000

Distribute the expenses of service departments in the following order :

	X	Y	Z	M	N
Expenses of L Deptt.	20%	25%	30%	10%	15%
Expenses of M Deptt.	15%	30%	30%	—	25%
Expenses of N Deptt.	25%	25%	50%	—	—

Solution

Distribution of overheads in different departments

	X	Y	Z	L	M	N
Expenses as given in question	10,000	15,000	25,000	6,000	8,000	2,000
Distrbution of expenses of :						
L Deptt.	1,200	1,500	1,800	–6,000	600	900
M Deptt.	1,290	2,580	2,580	—	–8,600	2,150
N Deptt.	1,262.50	1,262.50	2,525	—	—	–5,050
Total overheads	13,752.50	20,342.50	31,905	—	—	—

(ब) सेवा विभागों के व्ययों का अन्त:सेवा विभागों में अभिभाजन–यह उपरोक्त पद्धति का ही एक सुधरा हुआ रूप है। इसमें उपरोक्त पद्धति की जो कमी है कि सबसे महत्व का सेवा विभाग का व्यय अन्य विभागों में शामिल हो जायेगा लेकिन अन्य विभागों के व्यय का बँटवारा पहले विभाग में नहीं होगा। चूंकि प्रत्येक विभाग एक दूसरे से लाभ उठाता है अत: व्ययों का विभाजन भी सभी विभागों में आपस में किया जाना चाहिए। इस पद्धति से व्ययों का बँटवारा करने के लिए निम्नलिखित विधियों का उपयोग किया जाता है–

(i) **बीजगणितीय आधार पर**–इस विधि के अन्तर्गत सेवा विभागों के व्ययों का आपस में बँटवारा बीजगणितीय क्रिया के द्वारा किया जाता है। यह पद्धति कठिन है तथा इसका प्रयोग केवल तभी किया जाना उचित होगा जबकि सेवा विभाग दो से अधिक न हों। सेवा विभाग के व्ययों का आपस में बँटवारा करने के लिए यह विधि उचित है।

Illustration 3

Following are the expenses of a cotton textile industry. You are required to distribute the expenses of service departments to production departments from given information :

Production Departments :

	Rs.
Spinning	20,000
Weaving	30,000
Finishing	50,000
Service Departments :	
Powerhouse	18,000
Repair & Maintenance	8,000

The ratios of distribution of overheads of powerhouse and maintenance departments are following :

	Spining	Weaving	Finishing	Powerhouse	Repair
Powerhouse	20%	20%	50%	—	10%
Repairs & Maintenance	10%	30%	40%	20%	—

Solution

Suppose x is the total overheads of Powerhouse and y is the total overheads of Repairs & Maintenance Department.

Therefore :

$$x = 18{,}000 + .2y$$
$$y = 8{,}000 + .1x$$

Or

$$10x - 2y = 1{,}80{,}000 \qquad \text{(i)}$$
$$-x + 10y = 80{,}000 \qquad \text{(ii)}$$

Or

$$10x - 2y = 1{,}80{,}000 \qquad \text{(iii)}$$
$$-10x + 100y = 8{,}00{,}000 \qquad \text{(iv)}$$
$$98y = 9{,}80{,}000$$

$$y = \frac{9{,}80{,}000}{98} = 10{,}000$$

Putting the value of y in equation (iii) we get the value of x as follows :

$$10x - 20{,}000 = 1{,}80{,}000$$
$$10x = 2{,}00{,}000$$
$$x = 20{,}000$$

Distribution of Overheads of Service Deptt. to Production Deptts.

	Total	Spinning	Weaving	Finishing	Power-house	Repairs & Maintenance Deptt.
Given Overheads	1,00,000	20,000	30,000	50,000	18,000	8,000
Powerhouse	18,000	4,000	4,000	10,000	–20,000	2,000
Repairs & Maintenance	8,000	1,000	3,000	4,000	2,000	–10,000
Total	1,26,000	25,000	37,000	64,000	—	—

(ii) **अनेक बार वितरण करके**–इस विधि के अन्तर्गत व्ययों का सेवा विभागों में आपस में बँटवारा बार-बार विभाजित करके किया जाता है। पहले एक विभाग के व्ययों को दूसरे विभाग में बांट दिया जाता है फिर दूसरे विभाग के व्ययों को अन्य विभागों में बाँटा जाता है जिसमें पहला विभाग भी सम्मिलित होता है। इस प्रकार पहले विभाग का खाता फिर खुल जाता है और इस खाते को फिर अन्य विभाग में बांटकर बन्द किया जाता है। यह क्रम तब तक चलता रहता है जब तक कि सभी व्यय उत्पादन विभागों में विभक्त न हों।

Illustration 4

Solve illustration 3 by repeated distribution method.

Solution

Distribution of Overheads of Service Deptts. to Production Deptts.

	Spinning	Weaving	Finishing	Power-house	Repair & Maintenance
As given question	20,000	30,000	50,000	18,000	8,000
Powerhouse	3,600	3,600	9,000	–18,000	1,800
Repair & Maintenance	980	2,940	3,920	1,960	–9,800
Powerhouse	392	392	980	–1,960	196
Repair & Maintenance	19.60	58.80	78.40	39.20	–196
Powerhouse	7.84	7.84	19.60	–39.20	3.92
Repair & Maintenance	0.56	1.36	2.00	—	–3.92
Total	25,000.00	37,000	64,000	—	—

Distribution of Rs. 3.92 is made approximately to production departments only.

Illustration 5

There are four departments in a factory namely A, B, C and D. The following expenses were incurred :

	Rs.
Rent, Rates & Insurance	1,000
Depreciation & Repairs of Machinery	1,500
Power Consumed	600
Supervisor's Salary	1,800
Foreman's Salary	2,000
Contribution to Provident Fund	1,200
Light	500
Contribution to Employees' Welfare Scheme	2,500
Administration Expenses	1,500
Fees to the Director	5,000
Works Manager's Salary	3,000
Carriage Inward	200
Wastage of Material	300

Apportion the above expenses in each department on the basis of the following information :

Details	Units	A	B	C	D
Floor area occupied by department	Meter	200	300	100	400
Value of Machinery	Rs.	20,000	25,000	15,000	40,000
No. of Persons	Persons	400	250	150	200
Power Consumed	Kilowatts	100	150	50	200
Direct wages	Rs.	4,500	3,000	2,000	5,500
Labour hours	Hours	3,000	2,000	1,500	3,500
Value of Material Consumed	Rs.	15,000	25,000	10,000	50,000
Time devoted by Works Manager & Director	%	25%	15%	10%	50%

Solution

Apportionment of Overheads

Items	Basis	A Rs.	B Rs.	C Rs.	D Rs.	Total Rs.
Rent, Rates & Insurance	Floor area	200	300	100	400	1,000
Depreciation & Repairs	Value of machinery	300	375	225	600	1,500
Power Consumed	Kilowatts	120	180	60	240	600
Forman's Salary	Labour hours	600	400	300	700	2,000
Supervisor's Salary	"	540	360	270	630	1,800
Contribution to Provident Fund	Direct wages	360	240	160	440	1,200
Light	Floor area	100	150	50	200	500
Contribution to Welfare Scheme	No. of workers	1,000	625	375	500	2,500
Administrative expenses	Labour hours	450	300	225	525	1,500
Fees to Director	Time devoted	1,250	750	500	2,500	5,000
Works Manager's Salary	"	750	450	300	1,500	3,000
Carriage Inward	Cost of material	30	50	20	100	200
Wastage of Material	"	45	75	30	150	300
Total		5,745	4,255	2,615	8,485	21,100

कारखाना उपरिव्ययों का संविलयन की विधियाँ (Methods of Absorption of Factory Overheads)

1. प्रत्यक्ष सामग्री लागत प्रतिशत दर (Direct Material Cost Percentage Rate)

2. प्रत्यक्ष श्रमिक लागत प्रतिशत दर (Direct Labour Cost Percentage Rate)

3. मूल लागत प्रतिशत दर (Prime Cost Percentage Rate)

4. मशीन घण्टा दर (Machine Hour Rate)

5. श्रम घण्टा दर (Labour Hour Rate)

6. मशीन घण्टा दर व श्रम घण्टा दर की मिश्रित विधि (Combined method of Machine Hour Rate & Labour Hour Rate)

7. उत्पादन की प्रति इकाई दर (Rate per unit of production)

1. प्रत्यक्ष सामग्री लागत प्रतिशत दर (Direct Material Cost Percentage Rate)–जब कारखाने सम्बन्धी उपरिव्ययों को विभिन्न विभागों या कार्यों में प्रयोग किये गए प्रत्यक्ष सामग्री के अनुपात में बाँटा जाता है तो उस अभिभाजन को प्रत्यक्ष सामग्री लागत प्रतिशत दर कहते हैं। उदाहरण के लिए यदि एक कारखाने के उपरिव्यय, 5,000 रु॰ है तथा इस कारखाने के चार विभाग अ, ब, स, द उत्पादन कर रहे हैं जिनमें क्रमश: 10,000, 15,000, 25,000, 50,000 रु॰ की सामग्री प्रयोग की गई तो इस विधि के अनुसार कारखाना उपरिव्यय के 5,000 रु॰ की प्रयुक्त सामग्री को अनुपात के अनुसार अ, ब, स, द विभागों में क्रमश: 2 : 3 : 5 : 10 के अनुपात में बांटेगा जो कि 500, 750, 1,250, 2,500 रु॰ होती है तथा भविष्य में इन विभागों के उत्पादनों की लागत का अनुमान लगाने के लिए सामग्री का $\left(\frac{5{,}000 \times 100}{1{,}00{,}000}\right)$ 5% कारखाना उपरिव्ययों के रूप में अन्य व्ययों में जोड़ दिया जायेगा।

इस विधि से उपरिव्यय दर की गणना निम्नलिखित सूत्र द्वारा दी जाएगी :

$$\text{Factory Overheads Rate} = \frac{\text{Total Factory Overheads}}{\text{Total Direct Material Cost}} \times 100$$

यह विधि निम्नलिखित परिस्थितियों में ही उपयोगी सिद्ध होती है :

1. जब सामग्री के मूल्य में अधिक परिवर्तन नहीं होता है।

2. यह विधि उन व्ययों के बंटवारे के लिए उचित है जो कि सामग्री को खरीदने, रखने इत्यादि के सम्बन्ध में है।

लेकिन जैसाकि हम जानते हैं कि कारखाने के व्ययों में बहुत से व्यय इस प्रकार के भी सम्मिलित होते हैं जो कि समयानुसार परिवर्तित होते हैं या श्रम की कुशलता से प्रभावित होते हैं। उदाहरण के लिए कारखाने का किराया, सुपरवाइजरी व्यय आदि। इन व्ययों के लिए इस विधि का प्रयोग उचित नहीं होगा।

इस विधि के प्रयोग से संस्था को निम्नलिखित लाभ व हानियां होती हैं :

लाभ–1. यह विधि प्रयोग में बहुत आसान तथा सरल है।

2. सामग्री से प्रभावित होने वाले व्ययों के बंटवारे के लिए यह विधि अधिक तर्क संगत है।

हानियाँ–1. यह उन व्ययों के बंटवारे के लिए उपयोगी नहीं है जो कि समयानुसार परिवर्तित होते हैं।

2. यह विधि उस समय प्रयोग में उचित नहीं होती है जब सामग्री के मूल्य में परिवर्तन बहुत जल्दी-जल्दी होते हैं।

3. यह विधि इस तर्क पर निर्भर है कि जिस विभाग या कार्य में अधिक सामग्री का प्रयोग होगा उसमें उपरिव्यय भी अधिक होंगे। यह तर्क न्यायसंगत नहीं है क्योंकि यह भी आवश्यक नहीं होता कि अधिक सामग्री प्रयोग करने वाले विभाग के उपरिव्यय भी अधिक हों क्योंकि सामग्री के मूल्यों में परिवर्तन बाजार की परिस्थितियों के अनुसार होते रहते हैं जबकि कारखाना उपरिव्ययों पर इन बाजारी परिस्थितियों का कोई विशेष प्रभाव नहीं पड़ता है।

2. प्रत्यक्ष श्रम लागत प्रतिशत दर (Direct Labour Cost Percentage Rate)–यह विधि इस तथ्य पर आधारित है कि कारखाना उपरिव्ययों का सम्बन्ध प्रत्यक्ष श्रम से बहुत होता है। अतः उपरिव्ययों को विभिन्न विभागों अथवा कार्यों में प्रत्यक्ष श्रम पर किये गए व्ययों के अनुपात में बाँटा जाना चाहिए। इस विधि के अन्तर्गत समस्त कारखाने के अप्रत्यक्ष व्ययों का बँटवारा उस कारखाने के अन्तर्गत होने वाले सभी प्रकार के उत्पादनों की प्रत्यक्ष श्रम की लागत के अनुपात में किया जाता है। उदाहरण के लिये एक कारखाने के उपरिव्यय 18,000 रु० हैं जिसमें तीन वस्तुओं अ, ब, स का उत्पादन होता है जिनका प्रत्यक्ष श्रम का व्यय क्रमशः 30,000, 60,000 तथा 90,000 रु० है। कारखाने के व्ययों की इस विधि के अनुसार अ, ब, स उत्पादनों में क्रमशः 1, 2, 3 के अनुपात में बांटा जायेगा जो कि 3,000, 6,000, 9,000 रु० होगा। भविष्य में इन उत्पादनों की लागत का अनुमान लगाने के लिए अन्य व्ययों में कारखाने व्ययों के लिए प्रत्यक्ष श्रम की लागत का 10% $\left(\frac{18,000 \times 100}{1,80,000}\right)$ जोड़ दिया जाएगा।

इस विधि के आधार पर उपरिव्यय दर निम्नलिखित सूत्र द्वारा ज्ञात की जा सकती है :

$$\text{Factory Overheads Rate} = \frac{\text{Total Factory Overheads}}{\text{Total Direct Labour Cost}} \times 100$$

यह विधि उन उत्पादनों के सम्बन्ध में प्रयोग की जानी चाहिए जिनमें श्रम लागत एक महत्वपूर्ण तत्व हो तथा श्रम की दर समय-समय व व्यक्तिगत आधार पर परिवर्तनशील नही हो तथा बोनस योजना का प्रयोग नहीं किया जाता हो।

लाभ–(i) यह पद्धति सरल है अत: इसके प्रयोग करने में कोई कठिनाई नहीं होती है।

(ii) यह पद्धति समय तत्व पर अधिक निर्भर करती है जो कि अधिक तर्कसंगत एवं उचित है क्योंकि कारखानों के व्यय अधिकतर समय के अनुसार परिवर्तित होते हैं।

(iii) यह पद्धति एक स्थायी पद्धति होती है क्योंकि सामान्यतया श्रम की दरों में अधिक परिवर्तन नहीं होते हैं।

(iv) इस विधि का प्रयोग उन उत्पादनों के लिए अधिक उपयोगी होता है जिनमें श्रमिकों की दरों में विभिन्नता नहीं होती है तथा श्रमिकों द्वारा किये जाने वाले कार्य में समानता होती है।

हानियाँ–(i) जिन उत्पादनों में श्रम महत्वपूर्ण तत्व नहीं होता है उनमें यह विधि उपयोगी नहीं है।

(ii) इस विधि के अनुसार यह माना जाता है कि सभी श्रमिकों द्वारा एक प्रकार का कार्य किया जाता है तथा कुशल-अकुशल श्रमिकों की मजदूरी दरें भी समान होनी चाहिए। यह मान्यता व्यवहारिक नहीं है। अत: इस कारण यह पद्धति दोषपूर्ण है।

(iii) जब श्रमिकों को कार्यानुसार भुगतान किया जाता है तो यह विधि कारखाने के उपरिव्ययों को बाँटने के लिए उचित नहीं है।

3. मूल लागत प्रतिशत दर (Prime Cost Percentage Rate)–यह पद्धति उपरोक्त दोनों पद्धतियों का मिश्रित रूप है। इस पद्धति में कारखाने के उपरिव्ययों को विभिन्न उत्पादनों, विभागों व कार्यों में उनकी मूल लागत के अनुपात में बाँटा जाता है। उदाहरण के लिए यदि कारखाने के उपरिव्यय 10,000 रु० हैं तथा उसमें होने वाले क, ख, ग तीन प्रकार के कार्यों की मूल लागत क्रमश: 50,000, 50,000, 1,00,000 रु० है। इस विधि के अनुसार कारखाना उपरिव्ययों को क, ख, ग कार्यों 1 : 1 : 2 के अनुपात में बाँटा जाएगा अर्थात् कारखाना उपरिव्यय क, ख, ग कार्यों के लिए 2,500, 2,500, 5,000 रु. होंगे। भविष्य में इन कार्यों की लागत का अनुमान लगाने के लिए अन्य व्ययों में कारखाना व्यय के सम्बन्धों में मूल लागत का $\left(\frac{10,000 \times 100}{2,00,000}\right)$ 5% कारखाना उपरिव्ययों के रूप में जोड़ दिया जाएगा।

इस विधि से उपरिव्यय दर निम्नलिखित सूत्र की सहायता से ज्ञात की जा सकती है :

$$\text{Factory Overheads Rate} = \frac{\text{Total Factory Overheads}}{\text{Total Prime Cost}} \times 100$$

लाभ–(i) यह पद्धति प्रयोग करने में आसान है।

(ii) यह पद्धति मितव्ययी भी है क्योंकि इसका प्रयोग करने के लिए किसी अतिरिक्त सूचना को नहीं ज्ञात करना पड़ता है। श्रम तथा सामग्री की सूचनाओं के आधार पर ही इसको प्रयोग किया जा सकता है।

(iii) इसमें सामग्री व श्रम दोनों तत्व को सम्मिलित रूप से प्रयोग किया जाता है जो कि अधिक उचित है क्योंकि उपरिव्यय समय व सामग्री पर सम्मिलित रूप से निर्भर होते हैं।

हानियाँ–(i) इसमें सामग्री व श्रम को बराबर महत्व दिया जाता है जबकि उपरिव्ययों पर श्रम का अधिक प्रभाव पड़ता है।

(ii) यदि उत्पादनों में सामग्री व श्रम एक प्रमापित मात्रा में प्रयोग नहीं हों तो यह पद्धति उपयोगी नहीं है।

(iii) इस पद्धति में प्रत्यक्ष श्रम व प्रत्यक्ष सामग्री के आधार पर वर्गीकरण करने वाली दोनों पद्धतियों के कुछ दोष सम्मिलित रूप से पाये जाते हैं।

Illustration 6

The following informations are given to you regarding the expenses incurred in factory which is producing three type of articles viz. A, B, C.

Items	Articles		
	A (Rs.)	B (Rs.)	C (Rs.)
Direct Material	8,000	12,000	20,000
Direct Labour	10,000	12,000	18,000
Factory Overheads (combined)		8,000	

You are required to distribute the factory overhead in three products (A, B, C) on the following basis :

(i) According to the value of direct material.

(ii) According to the value of direct labour.

(iii) According to prime cost.

Calculate the factory cost in various methods of A, B, C products.

Solution

(a) Absorption of Overheads

(i) *According to the value of direct material :* Rs. 8,000 will be divided in A, B, C products in ratio of 8,000, 12,000, 20,000 or say 2 : 3 : 5.

The amount of the factory overheads for different products will be as follows :

Product A $\frac{8{,}000 \times 2}{10} = \text{Rs. } 1{,}600$

$$B \quad \frac{8,000 \times 3}{10} = \text{Rs. } 2,400$$

$$C \quad \frac{8,000 \times 5}{10} = \text{Rs. } 4,000$$

$$\text{Factory Overheads Rate} = \frac{\text{Total Factory Overheads}}{\text{Total Direct Material Cost}} \times 100$$

$$= \frac{8,000}{40,000} \times 100 = 20\%$$

(ii) *According to the value of Direct Labour :* The ratio of cost of direct labour is 10,000, 12,000, 18,000 or say 5 : 6 : 9 respectively.

Therefore, the distribution of factory overheads will be as follows :

$$\text{Product } A \quad \frac{8,000 \times 5}{20} = \text{Rs. } 2,000$$

$$B \quad \frac{8,000 \times 6}{20} = \text{Rs. } 2,400$$

$$C \quad \frac{8,000 \times 9}{20} = \text{Rs. } 3,600$$

$$\text{Factory Overheads Rate} = \frac{\text{Total Factory Overheads}}{\text{Total Direct Labour Cost}} \times 100$$

$$= \frac{8,000}{40,000} \times 100 = 20\%$$

(iii) *According to Prime Cost :* Calculation of Prime cost

	A (Rs.)	B (Rs.)	C (Rs.)
Direct Material	8,000	12,000	20,000
Direct Labour	10,000	12,000	18,000
Prime Cost	18,000	24,000	38,000

The ratio of prime cost in products A, B, C is 18,000 : 24,000 : 38,000 or say 9 : 12 : 19. The overheads will be divided in these ratios as follows :

$$\text{Product } A = \frac{8,000 \times 9}{40} = \text{Rs. } 1,800$$

$$B = \frac{8,000 \times 12}{40} = \text{Rs. } 2,400$$

$$C = \frac{8,000 \times 19}{40} = \text{Rs. } 3,800$$

$$\text{Factory Overheads Rate} = \frac{\text{Total Factory Overheads}}{\text{Total Prime Cost}} \times 100$$

$$= \frac{8,000}{80,000} \times 100 = 10\%$$

(b) Calculation of Factory Cost

(i) *Where overheads are divided in the ratio of Direct Material :*

	A (Rs.)	B (Rs.)	C (Rs.)
Direct Material	8,000	12,000	20,000
Direct Labour	10,000	12,000	18,000
Prime Cost	18,000	24,000	38,000
+ Factory overheads (20% of direct material)	1,600	2,400	4,000
Factory Cost	19,600	26,400	42,000

(ii) *When overheads are divided in the ratio of Direct Labour :*

	A (Rs.)	B (Rs.)	C (Rs.)
Direct Material	8,000	12,000	20,000
Direct Labour	10,000	12,000	18,000
Prime Cost	18,000	24,000	38,000
+ Factory overheads (20% of direct labour)	2,000	2,400	3,600
Factory Cost	20,000	26,400	41,600

(iii) *When overheads are divided in the ratio of Prime Cost :*

	A (Rs.)	B (Rs.)	C (Rs.)
Direct Material	8,000	12,000	20,000
Direct Labour	10,000	12,000	18,000
Prime Cost	18,000	24,000	38,000
+ Factory overheads (10% of prime cost)	1,800	2,400	3,800
Factory Cost	19,800	26,400	41,800

4. मशीन घण्टा दर (Machine Hour Rate)–कारखाना उपरिव्ययों को विभिन्न कार्यों में बांटने का यह एक वैज्ञानिक ढंग है। इस विधि का प्रयोग उन उत्पादकों द्वारा करना उपयोगी है जिनके यहाँ उत्पादन कार्य में मशीनों की प्रधानता है अर्थात् उत्पादन कार्य अधिकृत मशीनों द्वारा किया जाता है। इस पद्धति के अन्तर्गत कारखाने के समस्त व्ययों को उत्पादन के लिए प्रयोग किये गए घण्टों से विभाजित करके 'प्रति मशीन घण्टा दर' निकाल ली जाती है। सी॰ आई॰ एम॰ ए॰ ने भी मशीन घण्टा दर को परिभाषित करते हुए यह व्याख्या की है कि मशीन घण्टा दर उपरिव्ययों को वितरित करने की एक ऐसी वास्तविक या पूर्ण निश्चित दर है जो कि प्रत्यक्ष व्ययों को किसी कारखाने में संचालित अथवा अनुमानतः संचालित मशीन या मशीनों के घण्टे से विभक्त करके निकाली जाती है।[5]

मशीन घण्टा दर को निम्नलिखित उदाहरण द्वारा स्पष्टतया समझा जा सकता है।

उदाहरण–एक कारखाने में माह दिसम्बर 2004 में 9,000 रु॰ के कारखाना उपरिव्यय हुए और उस कारखाने में 100 मशीनों को 90,000 घण्टे उत्पादन कार्य के लिए प्रयुक्त किया गया। यदि उपरिव्यय को 'मशीन घण्टा दर' के आधार पर विभिन्न कार्यों में विभक्त करना है तो 'मशीन घण्टा दर' निम्नलिखित होगी।

$$\text{दर} = \frac{\text{कुल उपरिव्यय}}{\text{कुल मशीन घण्टा}}$$

$$= \frac{9000}{90,000} = \text{Re. .10 प्रति घण्टा}$$

मान लीजिए उक्त अवधि में 'कार्य नं॰ 11' के लिए 10 मशीनों का उपयोग किया गया जिनके उत्पादन के लिए 8,000 घण्टे उपयोग किये गये तो 'कार्य नं॰ 11' के लिए कारखाना उपरिव्ययों के सम्बन्ध में 8,000 × .10 = 800 रु॰ सम्मिलित किये जायेंगे।

लाभ–(i) यह पद्धति वास्तविकता पर आधारित है क्योंकि अधिकांश कारखाने उपरिव्यय मशीनों के संचालन के कारण तथा उनकी देख-रेख व उनके कार्य के सम्बन्ध में होते हैं। अतः इस पद्धति से व्ययों को विभक्त करना उत्तम है।

(ii) यह एक वैज्ञानिक विधि है इसमें समस्त उपरिव्यय को बांटने का एक निश्चित व वैज्ञानिक आधार होता है।

(iii) जिन उत्पादकों के यहाँ उत्पादन कार्य मुख्यतः मशीनों के द्वारा होता है वहाँ उपरिव्यय के बंटवारे के लिए यह विधि उपयोगी है।

---

5. Machine hour rate is "An actual or predetermined rate of cost apportionment or overhead absorption which is calculated by dividing the cost to be apportioned or absorbed by the number of hours for which a machine or machines are operated or expected to be operated."

(iv) इस विधि का उपयोग करते समय समस्त व्ययों को स्थायी व अस्थायी व्ययों में बाँट लिया जाता है। ऐसा करने से स्थायी व्ययों को अधिकाधिक करने व अस्थायी व्ययों को कम करने की योजना व नीति बनाई जा सकती है।

दोष–(i) यह पद्धति गणना करने में कठिन है।

(ii) यह पद्धति उन उत्पादनों के व्ययों को वर्गीकरण करने के लिए उपयोगी नहीं है जिनमें मशीनों का प्रयोग नहीं होता है अथवा बहुत कम होता है।

मशीन घण्टा दर की गणना
(Computation of Machine Hour Rate)

'मशीन घण्टा दर' निकालते समय समस्त उपरिव्ययों को प्रायः दो भागों में विभक्त कर लेते हैं। 1. स्थिर व्यय (Standing Expenses) 2. संचालन-व्यय (Running Expenses)। स्थिर व्ययों के अन्तर्गत वे समस्त मद सम्मिलित होते हैं जिनका कि मशीन के उपयोग से कोई प्रभाव नहीं पड़ता है बल्कि वे स्थिर रहते हैं। ये खर्चे कारखाना किराया, देखभाल, निरीक्षण आदि के सम्बन्ध में होते हैं। दूसरे प्रकार के खर्चे मशीन के प्रयोग करने के सम्बन्ध में होते हैं। मशीन को प्रयोग करने के लिए जिन खर्चों को करना पड़ता है वे संचालन व्यय कहलाते हैं। उदाहरण के लिए ह्रास, मरम्मत, शक्ति आदि। 'मशीन घण्टा दर' विधि के अन्तर्गत विभिन्न अप्रत्यक्ष स्थिर व्ययों को बांटने का आधार निम्नलिखित है :

स्थिर व्यय (Standing Expenses)

(a) कारखाने का किराया, बीमा, कर आदि मशीन द्वारा घेरे जाने वाले स्थान के अनुपात से।

(b) देखभाल एवं निरीक्षण सम्बन्धी व्यय निरीक्षण कर्त्ताओं द्वारा लगाये गए समय के अनुपात में।

(c) प्रकाश को श्रमिकों की संख्या के अनुपात में।

संचालन व्यय (Running Expenses)

(i) **मशीन के ह्रास की धनराशि**–ह्रास की राशि की गणना प्रति मशीन घण्टा के लिए कर लेनी चाहिए। यह राशि मशीन के क्रय मूल्य में से उसके अवशेष मूल्य को घटाकर अनुमानित जीवन काल के घण्टों से भाग देकर ज्ञात की जा सकती है। ह्रास की गणना निम्नलिखित सूत्र से आसानी से की जा सकती है।

$$\text{ह्रास} = \frac{\text{मशीन का क्रय मूल्य अनुमानित अवशेष मूल्य}}{\text{अनुमानित जीवन काल}}$$

(ii) **मरम्मत व रख-रखाव**–किसी विशेष समय के लिए मशीन की मरम्मत पर जितना खर्चा किया गया है उसको उत्पादन के लिए प्रयोग किए गए मशीन के घण्टों से भाग देकर प्रति घण्टा दर निकाली जा सकती है।

(iii) **शक्ति**–प्रति घण्टा मशीन के चलाने के लिए प्रयोग की गई शक्ति की मात्रा को उसकी दर से गुणा करके यह राशि ज्ञात की जाती है।

(iv) अन्य स्थायी खर्चों जैसे अप्रत्यक्ष सामग्री आदि के सम्बन्ध में अलग-अलग मशीनों के लिए अलग-अलग हिसाब रखना चाहिए।

(v) **बीमा व्यय**–प्रत्येक प्रकार की मशीनों के सम्बन्ध में अलग-अलग वास्तविक प्रीमियम की राशि को उत्पादन में प्रयुक्त किये गए घण्टों से भाग देकर ज्ञात किया जाता है।

उपरोक्त विवरण से यह स्पष्ट है कि 'मशीन घण्टा दर' निकालते समय संचालन व्यय एवं स्थायी व्यय दोनों प्रकार के व्ययों को सम्मिलित कर लिया जाता है। लेकिन कुछ लोगों का यह मत है कि इस दर को निकालते समय केवल संचालन व्ययों का ही प्रयोग करना चाहिए, स्थायी व्ययों का नहीं। यदि इस मत के अनुसार उपरिव्ययों का विभाजन किया जाता है तो स्थायी व्ययों को किसी अन्य विधि के द्वारा विभिन्न उत्पादनों में बाँटना चाहिए।

Illustration 7

Compute the Machine Hour Rate from the following particulars :

Standing charges of the department for a month Rs. 5,000 of which 1/5th is regarding this machine.

Estimated cost of repairs and maintenance during the whole life of the machine Rs. 1,000, Power consumed by the machine 6 units per hour.

Rate of electricity — 12 p. per unit.
Working hours during this month — 200 hours.
Cost of machine — Rs. 30,000.
Scrap value — Rs. 5,000.
Estimated working life — 25,000 hours.

Solution

Computation of Machine Hour Rate

200 working hours in the month		
Standing Charges	Rs.	Rs.
Expenses for the department for a month Rs. 5,000 of which 1/5th is regarding this machine *i.e.,* Rs. 1,000 and working hours in the month — 200, therefore, hourly rate for standing charges is $\frac{1,000}{200}$ = Rs. 5		5.00

(Contd...)

Variable Expenses		
1. Depreciation : Rs. Cost of machine 30,000 *Less* scrap value – 5,000 25,000 Estimated working hours during the life of machine 25,000, therefore hourly rate for depreciation is $= \frac{25,000}{25,000} =$ Re. 1	1.00	
2. Power consumed by machine : per hour 6 units Rate 12 p. per unit. So hourly expenditure for power is 6 × 12	0.72	
3. Repairs and maintenance : Estimated expenditure for repair and maintenance for the whole life of machine Rs. 1,000 Estimated life of 25,000 hours. Therefore, hourly expenditure for repair and maintenance $\frac{1,000}{25,000} =$ Re. 0.04	0.04	1.76
Machine Hour Rate		6.76

Illustration 8

Calculate the Machine Hour Rate for Machine No. 10 installed in a factory from the following particulars :

	Per Annum (Rs.)	Per Hour
Supervisor's Salary	4,500	
Repairs & Maintenance	90	
Rent of Factory	2,400	
Insurance Premiums	150	
Running Hours	1,500 hours	
Electric Power consumed		15 units
Water		Re. 0.10
Steam		Re. 0.15

1/10th time was devoted by the supervisory staff for this machine. Machine No. 10 occupied 1/4th floor area of the factory, rate of electricity — Re. .10 per unit.

Original cost of machine	Rs. 15,000
Book value	Rs. 8,000

Present Replacement Cost Rs. 20,000

Depreciation @ 10% per annum on original cost.

Hire purchase instalment that being as financial matter has not been considered in computing the machines hour rate.

Solution

Computation of Machine Hour Rate for Machine No. 10

	Rs.	Rs.
Standing Charges		
1. Rent of the factory for a year Rs. 2,400 and area occupied by this machine ¼. Therefore, share of rent for this machine $\frac{2,400}{4}$ = Rs. 600		
Hourly expenditure for rent $= \frac{600}{1,500} = .40$	0.40	
2. Insurance Premium annual Rs. 150		
Per hour $\frac{150}{1,500}$ = Re. .10	0.10	
3. Supervisor's Salary Rs. 4,500 1/10th time was devoted for this machine, therefore, the share of supervisory staff salary for this machine $\frac{4,500}{10} = 450$		
Hourly expenditure $= \frac{450}{1,500}$ = Re. .30	0.30	
Total Standing charges		0.80
Variable Expenses		
1. Electricity power consumed 15 units per hour. Rate of electricity Re. .10		
Therefore, expenditure for power = 15×.10	1.50	
2. Water	0.10	
3. Steam	0.15	
4. Depreciation @ 10% on original cost $= \frac{15,000 \times 10}{100}$ = Rs. 1,500 per annum		
Therefore, hourly rate $= \frac{1,500}{1,500}$ = Re. 1	1.00	

(Contd...)

5. Repair and maintenance for a year Rs. 90 and for an hour $= \frac{90}{1,500} =$ Re. .06	0.06	2.81
Machine Hour Rate		3.61

Note : There will not be any use of book value and replacement cost of machine while calculating the Machine Hour Rate.

Illustration 9

Delhi Cotton Textile Co. used two identical big and four identical small machines during the month of March, 2004. The following expenses were incurred during this period in the factory :

	Rs.	
Rent of the factory	500	
Repair of maintenance	300	
Lighting	50	
Factory Manager's salary	1,500	
Foremen's remuneration	800	
Supervisory staff's salary	600	
Indirect Material	20	(Big machine)
" "	30	(Small machine)
Insurance Premium	150	(Big machine)
" "	100	(Small machine)

You are also supplied the following additional information :

Cost of each big machine	Rs. 20,000
Cost of each small machine	Rs. 8,000
Estimated scrap value of big machine	Rs. 2,000
Estimated scrap value of small machine	Rs. 1,000
Estimated life of each big machine	27,000 hours
Estimated life of each small machine	14,000 hours

Area occupied by each big machnie ¼th of the total area of factory.

Area occupied by each small machine 1/8th of the total area of factory.

Proportion of the repairs and maintenance for big and small machines is 1/3 and 2/3 respectively.

No. of workers employed for each big machine 4

No. of workers employed for each small machine 3

The amount of lighting will be divided in the ratio of workers employed for each machine.

Factory manager, supervisory staff and foremen devoted 2/5 and 3/5 of their time for big and small machines respectively.

Power consumed by big and small machines 10 and 6 units respectively.

Rate of electricity is 11 paise per unit.

Working hours in the month for every machine — 300 hours.

You are asked to compute the Machine Hour Rate for each type of machine from the above details.

Solution

Computation of Machine Hour Rate

Working hours 300 in the month	Big Machine		Small Machine	
	Two	One	Four	One
Standing Charges				
Rent of the factory for the month for all machines = 500				
Share of two big machines $500 \times \frac{1}{4} \times 2 = 250$	250	125		
Share of a small machine $500 \times \frac{1}{8} \times 4 = 250$			250	62.50
Lighting for the month Rs. 50				
For big machines $50 \times \frac{8}{20}$ Rs. 20	20	10		
For small machines $50 \times \frac{12}{20}$ Rs. 30			30	7.50
Factory Manager's salary for the month Rs. 1,500				
Share of big machines, $1{,}500 \times \frac{2}{5} = 600$	600	300		
Share of small machine, $1{,}500 \times \frac{2}{3} = 1{,}000$			1000	225.00
Supervisory staff's salary for the month Rs. 600				
Share of big machines $600 \times \frac{2}{5} = 240$	240	120		
Share of small machines $600 \times \frac{3}{5} = 360$			360	90.00
Foremen's salary for the month 800				
Share of big machines $800 \times \frac{2}{5} = 320$	320	160		

(Contd...)

Particulars					
Share of small machines $800 \times \frac{3}{5} = 480$				480	120.00
Indirect material					
For big machines	20	20	10		
For small machines	30			30	7.50
Insurance Premium					
Big machines	150	150	75		
Small machines	100			100	25.00
Total Standing charges for the month		1,600	800	2,250	537.50
Hourly rate of standing charges				Big	Small
Big machine $\frac{800}{300} = 2.67$				2.67	
Small " $\frac{537.50}{300} = 1.79$					1.79
Variable Expenses					
Depreciation					
Big machine cost	20,000				
–Scrap value	2,000				
	18,000				
Estimated life 27,000 hours					
Hourly Rate $\frac{18,000}{27,000}$				.67	
Small machine cost	8,000				
–Scrap value	1,000				
	7,000				
Estimated life 14,000 hours					
Hourly Rate $\frac{7,000}{14,000}$					.50
Repairs & Maintenance for the month 300					
Share of a big machine $\frac{300 \times 1}{3 \times 2} = 50$					
Hourly Rate $\frac{50}{300} = .17$				.17	

(Contd...)

Share of small machine $\frac{300\times 2}{3\times 4}=50$		
Hourly Rate $=\frac{50}{300}=$ Re. .17		.17
Units consumed by big machine 10 p. per hour @ of 11 paise	1.10	
Units consumed by small machine 6 p. per hour @ of 11 paise		.66
Machine Hour Rate	4.61	3.12

Illustration 10

Four machines namely A, B, C, D were used in a factory for the production during a certain period with and without use of crane. You are given the following list of expenses regarding these machines :

	A Rs.	B Rs.	C Rs.	D Rs.
Depreciation	15	12	18	10
Repairs and maintenance	8	7	9	6
Power	86	78	92	80
Oil and other indirect materials	10	6	12	8
Supervisor's Salary	120	110	150	115
Insurance	15	8	20	10
Foreman's Salary	125	110	160	120
Rent	45	30	50	40
Other Sundry expenses	18	10	20	15
	442	371	531	404

The expenses regarding crane are following :

	Rs.
Depreciation	125
Repairs and Maintenance	45
Oil and Sundry Materials	15
Sundry expenses	25
Power Consumed	10
Salary of Crane driver	110
	330

The machines were used for production for the following number of hours :

	A	B	C	D
Without use of crane	325	250	420	310
With use of crane	75	50	80	90
Total no. of hours	400	300	500	400

Compute the Machine Hour Rate regarding each machine.

(a) without use of crane and (b) with use of crane.

Solution

(a) Computation of Machine Hour Rate (without use of crane)

	A Rs.	B Rs.	C Rs.	D Rs.
Standing Expenses				
Oil and other indirect material	10	6	12	8
Supervisory's Salary	120	110	150	115
Insurance	15	8	20	10
Rent	45	30	50	40
Foreman's Salary	125	110	160	120
Other Sundry	18	10	20	15
Total	333	274	412	308
Variable Expenses				
Depreciation	15	12	18	10
Repairs & maintenance	8	7	9	6
Power	86	78	92	80
	109	97	119	96
Total of Standing expenses	333	274	412	308
Total expenses	442	371	531	404
Machine Hour Rate	$\frac{442}{400}$ =1.105	$\frac{371}{300}$ =1.24	$\frac{531}{500}$ =1.06	$\frac{404}{400}$ =1.01

(b) Machine Hour Rate (with use of crane)

	A Rs.	B Rs.	C Rs.	D Rs.
Total expenditure of crane 330 divided in the proportion of working hour of crane for different machines *i.e.* 15 : 10 : 16 : 18	82.50	55.00	88.00	104.50
Hourly Rate of crane expenses	$\frac{82.50}{75}$	$\frac{55.00}{50}$	$\frac{88.00}{80}$	$\frac{104.50}{90}$
Rs.	= 1.10	= 1.10	= 1.10	= 1.10
Hourly rate without use of crane	1.105	1.24	1.06	1.01
Machine Hour Rate with use of crane	2.205	2.34	2.16	2.11

Illustration 11

The following are extracted from the records of a cycle manufacturing concern regarding a machine used for the production during a month :

	Rs.
Repairs and maintenance	250
Rent	150
Organisational expenses	180
Supervisory expenses	160
Attendants remunerations	90
Insurance	30
Indirect material	10
Depreciation per annum	360
Power Consumed	240

Machine consumed 8 units per hour and the rate of electricity was 15 paise per unit.

Calculate the machine hour rate from the above details.

Solution

Computation of Machine Hour Rate

	Per month Rs.	Hourly Rate Rs.
Standing Charges		
Rent	150	
Organisational expenses	180	
Supervisory expenses	160	
Attendants remuneration	90	
Insurance	30	
Indirect material	10	
Total of standing expenses	620	
Hourly rate of standing exp. $\frac{620}{200}$ = Rs. 3.10		3.10
Variable Expenses		
Repair and maintenance	250	
Depreciation per annum Rs. 360		
Therefore for a month $\frac{360}{12}$ = Rs. 30	30	
Power Consumed	240	
Total of variable expenses	520	
Hourly rate of variable expenses $\frac{520}{200}$ = Rs. 2.60		2.60
Machine Hour Rate		5.70

Note : Calculation of working hour during the month : Power consumed of Rs. 240 and machine consumed 8 units in an hour @ 15 paise. Therefore, the expenses of Rs. 240 is related to 200 hours *i.e.* $\left(\frac{240}{1.20} = 200 \text{ hours}\right)$.

5. प्रत्यक्ष श्रम घण्टा दर (Direct Labour Hour Rate)–इस पद्धति के अन्तर्गत कारखाने के समस्त उपरिव्ययों को श्रमिकों के द्वारा कारखाने में किये गए कार्य के घण्टों के अनुसार विभिन्न उत्पादक विभागों या उत्पादनों में विभाजित किया जाता है। यह पद्धति उस उत्पादन संस्था के लिए बहुत उपयोगी होती है जिसमें उत्पादन कार्य मुख्यत: श्रमिकों के द्वारा किया जाता है। इस प्रकार की संस्था में कारखाने के अधिकांश व्ययों का सम्बन्ध प्रत्यक्ष रूप से श्रमिकों से होता है। इस पद्धति में सबसे बड़ा गुण यह पाया जाता है कि इसके अनुसार उत्पादन लागत के दृष्टिकोण से कुशल-अकुशल श्रमिक का अन्तर किया जाता है तथा यह बात इस प्रकार के विभाजन से स्पष्ट होती है कि कुशल श्रमिकों को अधिक दर पर भुगतान करने के पश्चात् भी उत्पादन लागत कम आती है। अत: कुशल श्रमिकों को ही

उत्पादन कार्य के लिए लगाना चाहिए तथा साथ ही श्रमिकों को कार्य-कुशलता में वृद्धि करने के लिए प्रोत्साहन दिया जाना चाहिए जिससे उत्पादन लागत कम हो सके। इस पद्धति के अन्तर्गत समय तत्व का भी ध्यान रखा जाता है। 'प्रत्यक्ष श्रम घण्टा दर' निम्नलिखित सूत्र के आधार पर ज्ञात की जा सकती है :

$$\text{प्रत्यक्ष श्रम घण्टा दर} = \frac{\text{कुल कारखाना उपरिव्यय}}{\text{कुल प्रत्यक्ष श्रम घण्टा}}$$

उदाहरण—यदि एक कारखाने के 1 महीने के उपरिव्यय 5,000 रु० है तथा उस महीने में प्रत्यक्ष श्रम घण्टा 2,000 है तो प्रत्यक्ष श्रम घण्टा दर 2.50 रु० $\left(\frac{5,000}{2,000}\right)$ होगी और यदि 'अ' उत्पादन के लिए श्रमिकों ने 800 घण्टे लगाये तो इस उत्पादन की लागत में कारखाना उपरिव्यय के रूप में 2,000 रु० (800 × 2.50 = Rs. 2,000) जोड़ दिये जाएंगे।

Illustration 12

The following expenses were incurred in a leather manufacturing concern during the month of December 2004.

	Rs.
Factory Rent	1,200
Lighting	200
Supervisory expenses	800
Factory manager's salary	1,200
Workers' welfare expenses	600
Organisation expenses	950
Contribution of social security schemes	650

There were 3,000 working hours during the month. Calculate the Direct Labour Hour Rate from the above particulars.

Solution

Calculation of Direct Labour Hour Rate

3,000 direct labour hours	Rs.
Factory Rent	1,200
Lighting	200
Supervisory expenses	800
Factory manager's salary	1,200
Workers' welfare expenses	600
Organisation expenses	950
Contribution of social security scheme	650
Total expenses for the month	5,600
Therefore, Hourly Rate is $\frac{5,600}{3,000}$ = Rs. 1.87	1.87

Illustration 13

There were three production departments in a factory namely A, B, C, the total factory expenses were Rs. 79,500 during a month.

The working hours in the different departments were as follows :

Department A

50 skilled workers worked 8 hours per day for 25 days in the month.

20 untrained workers worked 10 hours per day for 25 days in the month.

10 casual workers worked 5 hours per day for 20 days in the month.

Department B

80 skilled workers worked 8 hours per day for 25 days in the month.

30 untrained workers worked 10 hours per day for 22 days in the month.

15 casual workers worked 8 hours per day for 20 days in the month.

Department C

40 skilled workers worked 8 hours in a day for 25 days in the month.

15 untrained workers worked 10 hours in a day for 24 days in the month.

5 casual workers worked for 5 hours per day for 16 days in the month.

Calculate the 'Man Hour Rate' and distribute the factory overheads in different department on the basis of the Man Hour Rate.

Solution

Computation of total man hours in the factory

			Hours
Department A			
(a) Skilled workers hours	50 × 8 × 25	10,000	
(b) Untrained workers hours	20 × 10 × 25	5,000	
(c) Casual workers hours	10 × 5 × 20	1,000	
			16,000

(Contd...)

Department B			
(a) Skilled workers hours	80 × 8 × 25	16,000	
(b) Untrained workers hours	30 × 10 × 22	6,600	
(c) Casual workers hours	15 × 8 × 20	2,400	
			25,000
Department C			
(a) Skilled workers hours	40 × 8 × 25	8,000	
(b) Untrained workers hours	15 × 10 × 24	3,600	
(c) Casual workers hours	5 × 5 × 16	400	12,000
	Total working hours		53,000

Therefore Man Hour Rate is $= \frac{79,500}{53,000} = \text{Rs. } 1.50$

Distribution of factory overhead in different departments :

		Rs.
Department A	16,000 × 1.50 =	24,000
Department B	25,000 × 1.50 =	37,500
Department C	12,000 × 1.50 =	18,000
		79,500

6. प्रत्यक्ष श्रम घण्टा दर व मशीन घण्टा दर की मिश्रित विधि–यदि उपरोक्त दोनों विधियों का प्रयोग एक साथ फैक्ट्री के उपरिव्ययों को विभिन्न विभागों व उत्पादनों में विभाजित करने के लिए प्रयोग किया जाए तो उस विधि को प्रत्यक्ष श्रम घण्टा दर व मशीन घण्टा दर की मिश्रित विधि कहते हैं। इस विधि के अनुसार कारखाने के समस्त उपरिव्ययों को इस प्रकार विभाजित कर लिया जाता है कि उसमें कौन-से व्यय मशीनों से सम्बन्धित हैं तथा कौन-से व्ययों का प्रत्यक्ष श्रम से सम्बन्ध है। जो व्यय मशीनों के सम्बन्ध में होता है उनको मशीन घण्टा दर से विभाजित कर लिया जाता है तथा श्रम से सम्बन्धित व्ययों के सम्बन्ध में प्रत्यक्ष श्रम घण्टा दर निकाल ली जाती है। यह प्रणाली बहुत उपयोगी व लाभप्रद तथा आदर्श है। वर्तमान काल में अधिकांश उत्पादन संस्थानों में मशीनों व श्रमिक दोनों का ही महत्वपूर्ण योग व प्रतिनिधित्व होता है। अत: कारखाने के समस्त उपरिव्ययों को दोनों विधियों से विभाजित किया जाना चाहिए। मशीन घण्टा दर व श्रम घण्टा दर दोनों विधियाँ परस्पर विरोधी न होकर सहयोगी हैं अर्थात् यह नहीं मानना चाहिए कि यदि कुछ उपरिव्ययों को मशीन घण्टा दर से विभाजित किया गया है तो दूसरों को श्रमिक घण्टा दर से विभाजित नहीं किया जा सकेगा।

Illustration 14

The following records are extracted from the books of a concern :

	Rs.
Factory Rent ($\frac{1}{3}$ area occupied by machine)	450
Supervisory Salary	650
Depreciation of Machinery	150
Lubrication	30
Power	125
Repairs and Maintenance of machines	75
Indirect Material used for machines	25
Canteen Expenses	250
Insurance Premium	50
Engineer's Salary	1,000
Total man hours	2,000 hours
Total machines hours	700 hours

Find out the amount of overheads regarding Job No. 5 in which 2 identical machines were used for 10 days working 12 hours in a day and 10 workers worked for 12 hours for 10 days, adopting a suitable basis of distribution.

Solution

The total overheads of the factory should be distributed on the basis of Combined method of 'Machine Hour Rate' and 'Direct Labour Hour Rate' because work was done both with the help of machine as well as labour.

A. Calculation of Machine Hour Rate

	700 machine hours in 10 days	
	700 hours Rs.	Per hour Rs.
Standing Expenses		
Factory Rent $450\times\frac{1}{3}=150$	150	
Indirect Material	25	
Lubrication	30	
Engineer's Salary	1,000	
Insurance Premium	50	
Total standing expenses	1,255	
Therefore, hourly rate of standing expenses $=\frac{1,255}{700}=$ Rs. 1.79		1.79

(Contd...)

Variable Expenses		
Depreciation	150	
Power	125	
Repairs and Maintenance	75	
Total variable expenses	350	
Therefore, hourly rate of variable expenses $= \frac{350}{700} =$ Re. 0.50		0.50
Machine Hour Rate		2.29

B. Calculation of Direct Labour Hour Rate

2,000 labour hours	For 3,000 hours Rs.
Factory Rent $\frac{450 \times 2}{3} =$ Rs. 300	300
Supervisor's salary	650
Canteen expenses	250
Total expenses	1,200
Therefore, hourly rate is $\frac{1,200}{2,000} =$ Re. 0.60	

Calculation of proportion of overheads which is chargeable to Job No. 5

	Rs.
(A) Total machine hour regarding Job No. 5 = 2 × 10 × 12 = 240 hours Therefore, share of overheads which are to be charged on the basis of machine hour rate = 240 × 2.29	549.60
(B) Total labour hours regarding Job No. 5 = 10 × 12 × 10 = 1,200 hours Therefore, shares of overheads which are to be charged on the basis of labour hour rate = 1,200 × .60	720.00
Total overheads chargeable to Job No. 5	1,269.60

7. उत्पादन की प्रति इकाई दर (Rate per unit of production)—इस पद्धति के अनुसार कारखाना उपरिव्ययों को उत्पादन की इकाइयों की मात्रा के अनुसार भाग देकर प्रति इकाई दर ज्ञात कर ली जाती है तथा इसके आधार पर प्रत्येक विभाग में उत्पादित इकाइयों को गुणा करके इसके सम्बन्ध में उपरिव्यय की राशि ज्ञात कर ली जाती है। उदाहरण के लिए यदि किसी कारखाने के क, ख, ग विभाग में क्रमश: 2,000, 5,000, 3,000 इकाइयों का उत्पादन किया गया है तथा उस कारखाने के उपरिव्यय 15,000 रु० हैं तो इस पद्धति के अनुसार प्रति इकाई दर 1.50 रु० $\left(\frac{15,000}{2,000+5,000+3,000}\right)$ आयेगी तथा क, ख, ग के सम्बन्ध में कारखाना उपरिव्यय क्रमश: 3,000 रु०, 7,500 रु०, 4,500 रु० होगा।

प्रशासन उपरिव्यय
(Administration Overheads)

वस्तुओं के निर्माण करने के लिए केवल ऐसे व्यय ही नहीं करने पड़ते हैं जिनसे कि प्रत्यक्ष रूप से वस्तु का निर्माण होता है बल्कि निर्माण कार्य के प्रबन्ध व प्रशासन के सम्बन्ध में भी प्राय: प्रत्येक संस्था को कुछ न कुछ खर्च करना पड़ता है। ये व्यय प्रशासन उपरिव्यय में सम्मिलित किये जाते हैं। कुछ उत्पादकों को यह व्यय थोड़ी मात्रा में करना पड़ता है जबकि कुछ निर्माताओं के यहाँ इस प्रकार के व्ययों की मात्रा बहुत अधिक होती है। कहने का तात्पर्य यह है कि ये व्यय भी आजकल उत्पादन के लिए आवश्यक हो गए हैं, अत: इन व्ययों का भी विभिन्न उत्पादन क्रियाओं में उचित रूप से बाँटना उचित लागत जानने के लिए आवश्यक हो गया है। प्रशासन उपरिव्ययों को विभिन्न उत्पादनों व विभागों में बांटने के सम्बन्ध में अलग-अलग विद्वानों के अलग-अलग मत हैं। कुछ विद्वानों के अनुसार इस प्रकार के व्ययों को वस्तु की लागत निकालने के लिए कुल लागत में सम्मिलित नहीं किया जाना चाहिए। जबकि दूसरे मत के अनुसार ये उत्पादन लागत के ही अंग माने गये हैं। इन विभिन्न मतों के आधार पर इन व्ययों के बंटवारे की निम्नलिखित विधियाँ हैं :

1. व्यापारिक लाभ हानि खाते में सम्मिलित करना (Inclusion in Profit and Loss Account)—इस विचारधारा के लोगों का यह कथन है कि चूँकि इन व्ययों का प्रयोग प्रत्यक्ष रूप से उत्पादन कार्य के लिए नहीं किया जाता है अत: इन्हें उत्पादन की लागत में सम्मिलित नहीं किया जाना चाहिए। इनको व्यापारिक लाभ हानि खाते में नाम पक्ष में उसी प्रकार से लिख दिया जाना चाहिए, जिस प्रकार कि अन्य व्यापारिक खर्चों को लिखा जाता है। यदि इस कथन को आलोचनात्मक दृष्टि से देखें तो पता लगेगा कि यह मत उचित प्रतीत नहीं होता है क्योंकि लागत लेखों में उन समस्त व्ययों को सम्मिलित किया जाना चाहिए जो कि उत्पादन से सम्बन्धित हैं चाहे उनका उपयोग उत्पादन के लिए प्रत्यक्ष रूप से किया गया हो या नहीं।

2. लागत लेखों में सम्मिलित करना (Inclusion in Cost Account)–कुछ विद्वानों का यह विचार है कि प्रशासन व्ययों को निश्चित रूप से उत्पादन की लागत में सम्मिलित किया जाना चाहिए क्योंकि ये उत्पादन कार्य में प्रबन्ध व्यवस्था में सुगमता व कार्यकुशलता प्रदान करते हैं, तथा उत्पादन कार्य को प्रभावशाली ढंग से सम्भव बनाते हैं। अतः इनको लागत लेखों में सम्मिलित किया जाना चाहिए। इस विचारधारा के लोगों में भी इन व्ययों को सम्मिलित करने की विधियों के सम्बन्ध में विभिन्न मत हैं जो कि निम्नलिखित हैं–

(अ) कारखाना व्ययों व विक्रय एवं वितरण व्ययों में विभाजित करके–इस विधि के अनुसार यह माना जाता है कि प्रशासन व्यय उत्पादन एवं विक्रय व वितरण दोनों ही क्रियाओं में अपना योगदान करते हैं। अतः इस प्रकार के व्ययों को सेवा विभाग के व्यय की भांति उसके उपयोग की मात्रा के अनुसार कारखाना व्ययों व विक्रय एवं वितरण व्ययों में अलग-अलग सम्मिलित कर दिया जाना चाहिए। इस प्रकार से उन व्ययों को सम्मिलित करने से कारखाने के तथा विक्रय एवं वितरण के ठीक-ठीक व्यय ज्ञात हो जायेंगे और वस्तु की लागत ठीक निकलेगी।

(ब) प्रशासन उपरिव्ययों को अलग से लागत में सम्मिलित करके–जब इस प्रकार के व्ययों की मात्रा बहुत अधिक हो तो उस समय यही उचित है कि ये व्यय अलग से लागत में 'प्रशासन व्यय' के नाम से उसी प्रकार से जोड़े जाएं जिस प्रकार से अन्य व्ययों को सम्मिलित किया जाता है। ऐसा करने से यह लाभ होगा कि इन व्ययों में मितव्ययता लायी जा सकेगी व इन व्ययों में होने वाली किसी भी अपव्ययता व लापरवाही को आसानी से ज्ञात किया जाना सम्भव होगा। यदि इस प्रकार इन व्ययों को लागत के अन्तर्गत सम्मिलित किया जाना निश्चित हो जाता है तो फिर कुल प्रशासन व्ययों को अलग-अलग विभागों व उत्पादनों में वितरित करने के लिये निम्नलिखित आधार अपनाए जाते हैं :

(i) कारखाना लागत के आधार पर–जब प्रशासन व्ययों को अलग स्वतंत्र रूप से लागत में सम्मिलित किया जाता है तो उसे विभिन्न उत्पादनों में बाँटने के लिये यह तरीका सर्वोत्तम माना जाता है। इस विधि के अनुसार प्रशासन सम्बन्धी समस्त व्ययों को विभिन्न उत्पादनों की कारखाना लागत की मात्रा के अनुपात में बाँटा जाता है। उदाहरण के लिये यदि किसी उत्पादक के प्रशासन सम्बन्धी व्यय 5,000 रु० हैं तथा उसके यहां निर्माण की जाने वाली अ, ब, स वस्तुओं की कारखाना लागत क्रमशः 20,000 रु०, 25,000 रु० व 5,000 रु० है तो इस पद्धति के आधार पर प्रकाशन व्यय के सम्बन्ध में अ, ब, स वस्तुओं के उत्पादन के लिये क्रमशः 2,000 रु०, 2,500 रु० व 500 रु० सम्मिलित कर लिये जायेंगे जो कि उनकी कारखाना लागत की मात्रा के अनुपात (4 : 5 : 1) में है।

Illustration 15

Prepare Cost Sheet from the following details :

	X Rs.	Y Rs.
Raw Material	10,000	12,000
Direct Labour	15,000	8,000
Works overheads	5,000	4,000

Total administrative expenses were Rs. 3,600. Distribute the administrative expenses in ratio of factory cost of X and Y production.

Solution

Cost Sheet

	X Rs.	Y Rs.
Raw Material	10,000	12,000
Direct Labour	15,000	8,000
Prime Cost	25,000	20,000
+ Works overheads	5,000	4,000
Works Cost	30,000	24,000
+ Administrative overheads	2,000	1,600
(Rs. 3,600 divided in the ratio of 5 : 4)		
Total Cost of Production	32,000	25,600

Illustration 16

Find out the total cost of production on the basis of information given below :

	Rs.
Direct Material	18,000
Wages	16,000
Direct Expenses	6,000
Factory overheads	10,000
Administration overheads	10% of works cost

Solution

Calculation of Total Cost

	Rs.
Direct Material	18,000
Wages	16,000
Direct Expenses	6,000
Prime Cost	40,000
+ Factory overheads	10,000
Works Cost	50,000
+ Administration overheads (10% of Works Cost)	5,000
Total Cost	55,000

(ii) उत्पादित इकाइयों की मात्रा के आधार पर—इन व्ययों का बंटवारा विभिन्न विभागों व उत्पादनों में उनके अन्तर्गत उत्पादित की गई इकाइयों की संख्या के अनुपात में भी किया जा सकता है लेकिन इस विधि का प्रयोग केवल तभी किया जाना चाहिए जबकि विभिन्न विभागों में उत्पादित इकाइयों की प्रकृति समान हो। इस पद्धति के आधार पर व्ययों का बंटवारा बहुत सरल है।

(iii) बिक्री की मात्रा के आधार पर—इसके अन्तर्गत विभिन्न प्रकार की वस्तुओं की बिक्री की हुई मात्रा के आधार पर इन व्ययों का बंटवारा किया जाता है। यह विधि उस समय अधिक उपयोगी होगी जबकि इन व्ययों का अधिकांश उपयोग वस्तु के विक्रय व वितरण के लिये किया गया हो।

(iv) वस्तु के विक्रय मूल्य के आधार पर—यह पद्धति भी उक्त पद्धति से मिलती जुलती है। इसमें विक्रय मूल्य के अनुपात में व्ययों को विभिन्न उत्पादनों व विभागों में बाँटा जाता है।

उपरोक्त सभी पद्धतियों में जैसाकि पहले बताया जा चुका है कि प्रथम पद्धति (कारखाना लागत के आधार पर) ही सर्वोत्तम है और इसी विधि का अधिकतर उपयोग किया जाता है।

विक्रय एवं वितरण सम्बन्धी उपरिव्यय
(Selling and Distribution Overheads)

प्रत्येक उत्पादक का उद्देश्य उत्पादित वस्तुओं को अधिक से अधिक मात्रा में अच्छे मूल्य पर बेचना होता है जिससे कि उसे लाभ प्राप्त हो सके। आधुनिक युग में वस्तु को बेचने के लिये उत्पादकों को अनेकों प्रकार के व्यय करने पड़ते हैं। तभी उनकी वस्तुओं का उचित विक्रय हो पाता है। अतः इस प्रकार के व्ययों का

भी उत्पादक के लिये बहुत महत्व है। किसी भी वस्तु का विक्रय मूल्य ज्ञात करने के लिये यह आवश्यक हो जाता है कि उस वस्तु की कुल उत्पादन लागत में विक्रय एवं वितरण सम्बन्धी व्ययों को और सम्मिलित कर दिया जाये। इसलिए इन व्ययों का विभिन्न विक्रय वस्तुओं में उचित बंटवारा आवश्यक है। इन व्ययों को विभिन्न विक्रय वस्तुओं में बांटने की निम्नलिखित विधियाँ हैं :

1. **विक्रय की गई वस्तुओं की इकाइयों की संख्या के अनुसार**–इस विधि के अनुसार समस्त विक्रय व्ययों को विभिन्न प्रकार की वस्तुओं की बेची गई इकाइयों की संख्या के अनुपात में बाँटा जाता है। इस प्रकार का विभाजन विक्रय वस्तुएँ समान प्रकृति की होने पर उचित है।

2. **विक्रय मूल्य के अनुपात में**–इसके अन्तर्गत विक्रय सम्बन्धी व्ययों का बंटवारा विभिन्न वस्तुओं के विक्रय मूल्य के अनुपात में किया जाता है। यह पद्धति इस प्रकार के व्ययों को वितरित करने के लिए अधिक प्रयोग की जाती है।

3. **वस्तुओं की कारखाना लागत के अनुपात में**–इसमें इन व्ययों को विभिन्न वस्तुओं की कारखाना लागत के अनुपात में बाँटा जाता है। उदाहरण के लिये यदि उत्पादनों की कारखाना लागत 5,000 रु॰ व 4,000 रु॰ हो और विक्रय व्यय 1,800 रु॰ हो तो इस विधि के अनुसार अ, ब उत्पादन के सम्बन्ध में विक्रय व्यय क्रमश: 1,000 रु॰ व 800 रु॰ माना जाएगा।

4. **वस्तुओं की कुल उत्पादन लागत के अनुपात में**–यह विधि उपरोक्त विधि के ही अनुरूप है। इसमें विभाजन का आधार कारखाना लागत न होकर कुल लागत होती है।

उपरोक्त किसी भी एक पद्धति के द्वारा कुल विक्रय एवं वितरण सम्बन्धी व्ययों को विभिन्न उत्पादनों में वितरित किया जा सकता है।

उपरिव्ययों की दर
(Overhead Rate)

सम्पूर्ण अप्रत्यक्ष व्ययों को विभिन्न उत्पादनों व इकाइयों में वितरित एवं सम्मिलित करने के लिए निश्चित दर का प्रयोग किया जाता है जिससे कि व्ययों का उचित संविलयन उत्पादनों व इकाइयों में हो सके। अत: व्ययों का बंटवारा करने से पूर्व इस दर को निश्चित कर लेना आवश्यक है। अप्रत्यक्ष व्ययों से सम्बन्धित दर दो प्रकार की हो सकती है–

1. वास्तविक व्ययों पर आधारित दर (Rate based on actual data)
2. पूर्व निश्चित दर (Predetermined rate)

1. **वास्तविक व्ययों पर आधारित दर** (Rate based on actual data)–इस दर की गणना उत्पादन कार्य समाप्त करने के पश्चात् की जा सकती है क्योंकि यह दर उत्पादन पर हुए वास्तविक व्ययों के आधार पर निकाली जाती है। इस दर को

निकालने के लिये किसी समय में उत्पादन में हुए समस्त वास्तविक उपरिव्ययों को उत्पादन की इकाइयों की संख्या या अन्य किसी वितरण के आधार से भाग दे दिया जाता है। यह दर निम्नलिखित सूत्र से ज्ञात की जा सकती है :

$$\text{दर} = \frac{\text{वास्तविक उपरिव्यय}}{\text{वितरण का आधार}}$$

इस पद्धति के द्वारा वितरण करने से उत्पादन की लागत बिल्कुल ठीक निकलती है। लेकिन इस विधि की सबसे बड़ी कमी यह है कि इसके द्वारा उत्पादन का मूल्य उत्पादन कार्य समाप्त होने पर ही ज्ञात किया जा सकता है पहले नहीं। इसी प्रकार इस दर के आधार पर किसी टेन्डर का मूल्य भी नहीं ज्ञात किया जा सकता है।

2. पूर्व निश्चित दर (Predetermined rate)–वास्तविक दर की सीमाओं के कारण इस दर का प्रयोग किया जाता है। यह दर वास्तविक आंकड़ों पर आधारित नहीं होती है बल्कि इस विधि के अनुसार दर का निश्चय उपरिव्ययों के होने से पहले ही कर लिया जाता है। यह दर बजट में दिये गये आंकड़ों के आधार पर व पूर्व अनुभव के आधार पर निकाली जाती है। इस दर से शीघ्र लागत वितरण तैयार कर लिये जाते हैं तथा लागत का अनुमान उद्धरण व विक्रय मूल्य का निश्चय भी आसानी से किया जा सकता है। इस दर के आधार पर विभिन्न समयों में वस्तुओं की लागत प्रायः एक सी आती है। लेकिन कभी-कभी इस विधि के आधार पर उपरिव्ययों का इकाइयों में से विभिन्न वास्तविक व्ययों से बहुत अधिक या कम हो जाता हो तो उसको समायोजित करना आवश्यक है। इस अंतर को समायोजित करने की विधियों का वर्णन आगे किया गया है–

उपरिव्ययों का अधिक व कम संविलयन (Over and under-absorption of overheads)–जैसा पहले बताया जा चुका है कि उपरिव्ययों का संविलयन विभिन्न उत्पादनों तथा इकाइयों में दो आधार पर किया जा सकता है। प्रथम वास्तविक दर के अनुसार तथा द्वितीय पूर्व निश्चित दर के अनुसार। उदाहरण के लिए यदि किसी समय में 500 इकाई वस्तुओं का उत्पादन किया गया तथा उस समय में 5,000 रु० उपरिव्यय के हैं तो उपरिव्ययों को यदि वास्तविक दर के आधार पर इकाइयों में संविलयन किया जाएगा तो दर 10 रु० प्रति इकाई आयेगी। लेकिन यदि पूर्व अनुभव के आधार पर यह माना गया कि उपरिव्ययों के लिये 9 रु० प्रति इकाई उत्पादन में सम्मिलित करना हो तो इस पद्धति के अनुसार 500 इकाइयों पर 9 रु० की दर से 4,500 रु० उपरिव्ययों के रूप में संविलयन किये जाएंगे। व्ययों का संविलयन पूर्व निश्चित दर के अनुसार करने की प्रथा बहुत-सी संस्थाओं में है और यह लाभदायक भी है क्योंकि इस दर के आधार से वस्तु की लागत शीघ्र ही कभी भी ज्ञात की जा सकती है। साथ ही टेन्डर मूल्य भी निश्चित किये जा सकते हैं। लेकिन यदि पूर्व निश्चित दर के अनुसार उपरिव्ययों को विभिन्न इकाइयों में बाँटा जाएगा तो निश्चय ही बाँटे गये व्ययों की राशि वास्तविक व्ययों से कुछ कम या अधिक आयेगी अर्थात् पूर्व निश्चित दर की राशि वास्तविक उपरिव्ययों की राशि

से भिन्न होगी। इस प्रकार के बंटवारे के कारण ही उपरिव्ययों के अधिक व कम संविलयन की समस्या उत्पन्न होती है। उपरिव्ययों के अधिक व कम संविलयन का आशय उत्पादन की इकाइयों में उपरिव्यय का बंटवारा पूर्व निश्चित दर के अनुसार वास्तविक अप्रत्यक्ष व्ययों की राशि से अधिक व कम होना होता है। अर्थात् यदि उत्पादन के लिये वास्तव में उपरिव्यय कम खर्च हुए हैं और पूर्व निश्चित दर से इकाइयों में अधिक संविलयन हो गया हो तो इसे उपरिव्ययों का अधिक संविलयन कहेंगे। इसके विपरीत यदि उत्पादन की इकाइयों में संविलयन की गई उपरिव्ययों की राशि वास्तविक उपरिव्ययों की राशि से कम हो तो यह उपरिव्ययों का कम संविलयन कहलायेगा। उपरोक्त तथ्य का स्पष्टीकरण उदाहरण द्वारा किया जा सकता है। मान लीजिए कि किसी उत्पादन के सम्बन्ध में उपरिव्ययों की दर 5 रु० प्रति इकाई है तथा किसी अवधि में यदि 1,000 इकाइयों का उत्पादन हुआ है और वास्तविक उपरिव्यय 4,000 रु० है तो इस परिस्थिति में चूंकि व्ययों की दर पूर्व निश्चित दर 5 रु० है अत: 5,000 रु० उपरिव्ययों के लिये उत्पादन में सम्मिलित कर लिये जायेंगे जबकि वास्तविक व्यय 4,000 रु० है। यह व्ययों का अधिक संविलयन हुआ। इसके विपरीत यदि वास्तविक व्यय 6,000 रु० हो तो उस स्थिति में व्ययों का कम संविलयन होगा क्योंकि वास्तविक व्यय संविलयन किये व्यय से अधिक हैं।

उपरिव्ययों के अधिक व कम संविलयन कारण (Causes of under and over absorption of overheads)–उत्पादन में उपरिव्ययों का अधिक व कम संविलयन निम्नलिखित कारणों से होता है।

1. उत्पादन की मात्रा में किसी अवधि में आकस्मिक रूप से परिवर्तित होने के कारण।
2. व्ययों की दर में किसी मौसम विशेष में परिवर्तन हो जाने के कारण।
3. उत्पादन सम्बन्धी उपरिव्ययों की दर गलत निश्चित करने के कारण।
4. उत्पादन क्षमता का पूर्ण उपयोग न करके बहुत कम उपयोग करने के कारण।
5. उत्पादन की विधि में ऐसा परिवर्तन करने के कारण जिससे उपरिव्ययों की मात्रा प्रभावित होती हो।

उपरिव्ययों के इकाइयों में अधिक व कम संविलयन हो जाने से उत्पादन की लागत वास्तविक लागत से कम या अधिक आती है। अत: इस अन्तर को दूर करना उचित होता है और यदि अन्तर बहुत अधिक है तो इस स्थिति में तो इकाइयों की ठीक लागत निकालने के लिए निश्चित रूप से कुछ न कुछ प्रयत्न करना चाहिए। उपरिव्ययों के कम व अधिक संविलयन को निम्नलिखित विधियों से समायोजित किया जा सकता है–

1. लाभहानि खाते में हस्तांतरण–यदि संविलयन की राशि तथा वास्तविक राशि में अन्तर बहुत कम हो तो इस अन्तर की राशि को लाभ-हानि खाते में हस्तांतरित

कर देना चाहिए। लेकिन यदि असामान्य कारणों से किसी समय यह अन्तर बहुत अधिक है तो इस अन्तर की राशि को भी लाभ-हानि खाते में ही हस्तांतरित करना चाहिए।

2. अगले वर्ष के लिये आगे ले जाना–इस पद्धति के अनुसार अन्तर की राशि को अगले वर्ष के व्ययों में सम्मिलित करके समायोजित कर लिया जाता है। यह विधि प्रायः उत्पादन के प्रारम्भिक वर्ष उपयुक्त रहती है। इस पद्धति का सबसे बड़ा दोष यह होता है कि उत्पादन में एक समय के व्ययों को दूसरे समय के व्ययों में समायोजन करने से उत्पादन की लागत दोनों समयों की वास्तविक लागत से मेल नहीं खाती है।

3. संविलयन के लिये अतिरिक्त दर का प्रयोग करके–यदि सामान्य कारणों से ही वास्तविक उपरिव्ययों का व संविलयन किये गये व्ययों का अन्तर बहुत अधिक है तो इस अन्तर को समायोजित करने के लिये एक अतिरिक्त दर का प्रयोग किया जाना चाहिए। पूर्व निश्चित दर से अधिक संविलयन होने की स्थिति में पूर्व दर में से घटा दिया जाना चाहिए। तथा कम संविलयन की परिस्थिति में जोड़ दिया जाना चाहिए। अतिरिक्त दर की गणना निम्न विधि द्वारा की जा सकती है–

$$\text{अतिरिक्त दर} = \frac{\text{वास्तविक व्यय-संविलयन किये हुए व्यय}}{\text{संविलयन का आधार}}$$

संविलयन के आधार से आशय उस पद्धति से है जिसके द्वारा सम्पूर्ण व्ययों का विभिन्न उत्पादनों में बंटवारा किया गया है। उदाहरण के लिए मशीन घण्टा दर, श्रमिक घण्टा दर आदि।

सम्पत्तियों की क्षमता के प्रकार
(Types of Capacity of Assets)

सभी मशीनों व अन्य सम्पत्तियों की उत्पादन की कुछ क्षमता होती है। यह क्षमता विभिन्न परिस्थितियों में व विभिन्न दृष्टिकोणों से अलग-अलग होती है। सम्पत्तियों की क्षमता के निम्नलिखित प्रकार हैं :

1. अधिकतम क्षमता (Maximum capacity or Rated capacity)–यह सम्पत्ति या मशीन की वह क्षमता होती है जो कि उसके उत्पादक ने निश्चित की है। यह क्षमता अधिकतम होती है। यदि प्रतिदिन की कार्य प्रणाली में कोई बन्धन उपस्थित न हो तो वह सम्पत्ति अधिकतम इस क्षमता तक कार्य कर सकती है।

2. क्रियात्मक क्षमता (Practical capacity)–यह क्षमता वह होती है जो कि वास्तव में किसी सम्पत्ति द्वारा उत्पादन के अन्तर्गत प्रदान की जाती है। यह क्षमता उपरोक्त क्षमता से कम होती है क्योंकि अधिकतम क्षमता में दिन प्रतिदिन के उत्पादनों के व्यवधानों के कारण कमी आ जाती है और उन व्यवधानों के बाद जिस क्षमता के द्वारा कोई सम्पत्ति कार्य करती है वह क्रियात्मक क्षमता कहलाती

है। इस क्षमता की गणना के लिये उत्पादन के व्यवधानों के अन्तर्गत केवल उनको ही सम्मिलित किया जाता है जो कि सामान्य है। असामान्य कारणों से यदि उत्पादन में कोई रुकावट आती है तो उसके कारण क्षमता के ह्रास को इसमें सम्मिलित नहीं किया जाएगा। उदाहरण के लिये अधिकतम क्षमता में से मांग की कमी या कच्चे माल की कमी के आने के कारण जो क्षमता की कमी आयेगी उसे नहीं घटाया जाएगा।

3. **व्यर्थ क्षमता** (Idle capacity)–यह उस क्षमता से सम्बन्धित होती है जिसका कि प्रयोग असामान्य कारणों से उत्पादन के लिये नहीं किया जा सकता है। इस क्षमता के कारण जो स्थायी खर्चे हुए हैं उनको उत्पादन की लागत के अन्तर्गत सम्मिलित नहीं किया जाना चाहिए।

4. **सामान्य क्षमता** (Normal capacity)–सामान्य क्षमता का आशय ऐसी दीर्घकालीन औसत क्षमता से होता है जो कि विक्रय के ऊपर आधारित होती है। लेकिन कुछ लोगों का सामान्य क्षमता से आशय क्रियात्मक क्षमता से भी है।

उपरिव्ययों का नियंत्रण (Control on overheads)–अप्रत्यक्ष व्यय लागत का एक महत्वपूर्ण अंग होते हैं। अतः प्रबन्धकों के लिये यह आवश्यक हो जाता है कि इन व्ययों के ऊपर वे पूर्ण रूप से नियंत्रण करें तथा उन्हें सदैव इस बात का प्रयत्न करना चाहिए कि इन व्ययों का पूर्ण उपयोग किया जा रहा है। यदि उन व्ययों पर नियंत्रण नहीं रखा जाएगा तो वस्तु की लागत बढ़ जाएगी। इस प्रकार के व्ययों के ऊपर प्रभावपूर्ण नियंत्रण रखने के लिये कई बातों का ध्यान रखना पड़ता है। सर्वप्रथम व्ययों को उनकी स्थायी व अस्थायी प्रकृति के अनुसार वर्गीकृत कर लेना चाहिए। इसके अतिरिक्त इन व्ययों पर नियंत्रण 'उपरिव्यय बजट' बनाकर, विभिन्न अनुपातों का प्रयोग करके व विभिन्न समयों के व्ययों की तुलना करके तथा प्रमापित लागत से तुलना करके भी किया जा सकता है। कहने का तात्पर्य यह है कि इन व्ययों पर प्रभावपूर्ण नियंत्रण अवश्य रखा जाना चाहिए।

कुछ विशिष्ट व्यय के मद
(Some Special Items of Expenditure)

1. **मालिक द्वारा श्रमिकों के लिये कैन्टीन तथा सस्ते दर की दुकान चलाने का व्यय**–(Expenses of subsidised canteen and cheap shops)–यदि मालिक ने अपने श्रमिकों की सुविधा के लिये कारखाने के अन्तर्गत सस्ते दर की दुकान तथा कैन्टीन आदि चला रखी है तो उसके सम्बन्ध जो व्यय होते हैं वह कारखाने के उपरिव्यय माने जाते हैं।

2. **मैनेजर का पारिश्रमिक** (Remuneration of manager)–मैनेजर को जो पारिश्रमिक दिया जाता है उसके सम्बन्ध में यह ज्ञात किया जाना चाहिए कि मैनेजर ने अपना कितना समय कारखाने की देखभाल के लिये दिया है तथा कितना समय सामान्य व्यवस्था व प्रशासन के लिये। जितना समय कारखाने के प्रबन्ध के लिये

दिया है उतना भाग उसके पारिश्रमिक का कारखाने के उपरिव्ययों में सम्मिलित किया जाता है।

3. फैक्ट्री का किराया (Factory rent)–यदि फैक्ट्री का भवन किराये पर हो तो जो किराया दिया जाता है उसे कारखाने के उपरिव्ययों में सम्मिलित कर लेना चाहिए। यदि भवन उत्पादक का अपना है तो भी एक उचित किराया उत्पादन के व्ययों में सम्मिलित किया जाना चाहिए अर्थात् किराया उत्पादन की लागत में अवश्य शामिल किया जाना चाहिए चाहे वह बाहरी किसी संस्था को दिया जाता है या नहीं।

4. विज्ञापन (Advertisement)–विज्ञापन पर खर्चा विक्रय बढ़ाने के लिये किया जाता है अत: इस व्यय को विक्रय एवं वितरण के उपरिव्ययों में जोड़ दिया जाना चाहिए। लेकिन यदि किसी वर्ष विज्ञापन पर बहुत अधिक व्यय किया गया है तो इस व्यय को पूँजीगत व्यय की तरह मानकर आगे के कुछ वर्षों में विक्रय एवं वितरण के व्ययों को सम्मिलित करके अपलिखित करना चाहिए। सम्पूर्ण व्यय को उसी वर्ष की लागत में सम्मिलित नहीं कर लेना चाहिए।

5. पैकिंग व्यय (Packing expenses)–पैकिंग के सम्बन्ध में व्यय दो प्रकार का हो सकता है। (अ) वस्तुओं की सुरक्षा के लिये (ब) वस्तु के उचित वितरण के लिये। जो व्यय वस्तु की सुरक्षा के लिए किया गया है। उसे सामग्री के मूल्य की तरह मूल लागत में ही जोड़ लेना चाहिए तथा जो व्यय वितरण के लिये किया गया है उसे वितरण सम्बन्धी खर्चों में सम्मिलित कर देना चाहिए। उदाहरण के लिये सुगन्धित तेल के सम्बन्ध में तेल को बोतलों में रखने पर जो व्यय हुआ है वह उसकी मूल लागत में सम्मिलित होगा तथा बोतलों को बड़ी-बड़ी लकड़ी की पेटियों में रखकर क्रेता तक पहुंचाने के लिए पैंकिग पर जो व्यय हुआ है वह विक्रय तथा वितरण सम्बन्धी व्ययों में सम्मिलित किया जाएगा।

6. अधिकार शुल्क (Royalty)–अधिकार शुल्क का भुगतान उत्पादन अथवा विक्रय के आधार पर किया जाता है। यदि भुगतान उत्पादन के आधार पर किया गया हो तो उसे मूल लागत में सम्मिलित किया जाना चाहिए और यदि अधिकार शुल्क का भुगतान विक्रय की मात्रा के अनुसार होता है तो उसको विक्रय एवं वितरण का व्यय माना जाएगा।

7. डूबत ऋण (Bad debts)–डूबत ऋण उधार किये हुए विक्रय के कारण होता है। उधार विक्रय इसलिये किया जाता है जिससे कि विक्रय की मात्रा में वृद्धि हो। अत: इस राशि को विक्रय एवं वितरण सम्बन्धी व्ययों में जोड़ लेना चाहिए।

8. भाड़ा (Carriage)–भाड़े का भुगतान दो प्रकार का हो सकता है :

(अ) माल आगमन पर भाड़ा (Carriage inwards)–जब बाहर से माल क्रय किया गया है और उस पर भाड़ा दिया गया है, तो उसे आगमन पर भाड़ा कहते हैं। यदि क्रय करने के लिए भाड़े का भुगतान किया गया हो तो उसको क्रय की गई सामग्री के मूल्य में जोड़ देना चाहिए। लेकिन यदि विभिन्न प्रकार की सामग्री

क्रय की गई हो जिसमें प्रत्यक्ष व अप्रत्यक्ष माल सम्मिलित हो तथा अलग-अलग सामग्री के सम्बन्ध में भाड़े की राशि ज्ञात नहीं की जा सकती हो तो समस्त भाड़े की राशि को कारखाना उपरिव्यय में सम्मिलित कर देना चाहिए। भाड़े का भुगतान विक्रय किये माल को वापिस मंगाने के लिये किया गया हो तो यह देखना चाहिए कि माल की वापिसी का कारण क्या है। वापिसी दोषपूर्ण विक्रय नीति के कारण है या दोषपूर्ण निर्माण के कारण। यदि वापिसी का कारण दोषपूर्ण विक्रय नीति हो तो इसे विक्रय व्ययों के अन्तर्गत सम्मिलित करना चाहिए और दोषपूर्ण निर्माण के कारण हो तो यह कारखाना उपरिव्यय का अंग माना जाएगा।

(ब) माल के निर्गमन पर भाड़ा (Carriage outwards)–निर्मित माल को क्रेता तक पहँचाने में जो भाड़े पर व्यय किया जाता है उसे निर्गमन पर भाड़ा कहते हैं। यह भाड़ा विक्रय एवं वितरण उपरिव्यय का एक अंग होता है।

9. खराब माल में सुधार करने के व्यय (Cost of rectification of defective work)–यदि किसी वस्तु का निर्माण खराब हुआ हो तो इसे सुधारने पर जो व्यय होंगें वे कारखाना उपरिव्यय में शामिल किये जायेंगे।

10. छूट (Discount)–छूट दो प्रकार की हो सकती है। (अ) नकद छूट तथा (ब) व्यापारिक छूट। (अ) **नकद छूट** एक आर्थिक समस्या है। इसको लागत लेखों में सम्मिलित करने व नहीं करने के सम्बन्ध में विभिन्न विद्वानों के अलग-अलग मत हैं। कुछ लोगों का विचार है कि इसे लागत लेखों में लिखा जाना चाहिए तथा कुछ के अनुसार नहीं।

(ब) **व्यापारिक छूट**–व्यापारिक छूट लागत लेखों का अंग होती है। यदि यह छूट क्रय किये गये माल पर मिली है तो इसे क्रय मूल्य में से घटा लेना चाहिए और यदि इस प्रकार की छूट विक्रय की जाने वाली वस्तुओं पर दी जाती है तो विक्रय मूल्य में से इस छूट की राशि को घटा दिया जाता है।

11. अनुसंधान एवं विकास सम्बन्धी व्यय (Research and development expenses)–वर्तमान काल में लगभग प्रत्येक उन्नतिशील निर्माण कार्य में लगी संस्था अपने यहाँ अनुसंधान एवं विकास विभाग रखती है। इन क्रियाओं के द्वारा उत्पादन की नई पद्धतियों की खोज की जाती है जिससे उत्पादन व्यय में कमी व किस्म में सुधार होता है। इस प्रकार की क्रियाओं पर बहुत बड़ी मात्रा में व्यय होता है चूँकि यह व्यय उत्पादन सम्बन्धी खोज से सम्बन्धित है अत: यह उत्पादन का एक अंग माना जाता है। इस प्रकार के व्यय को पूँजीगत व्यय की तरह माना जाता है जिसको आगे के कुछ वर्षों में उत्पादन पर डाला जाता है। इस व्यय को कारखाना उपरिव्ययों में सम्मिलित कर लिया जाता है। लेकिन यदि किसी अनुसन्धान की कोई योजना असफल हो जाती है तो उस योजना पर किये गये व्ययों को लागत लेखों में सम्मिलित करने के सम्बन्ध में प्रबन्धकों पर निर्भर करता है। वे इस व्यय को सम्मिलित कर भी सकते हैं और असामान्य व्यय (Abnormal expenses) मानते हुए लागत लेखों में से अलग भी रख सकते हैं।

12. पूँजी पर ब्याज (Interest on capital)–उत्पादन कार्य को चलाने के लिए जो धन लगाया जाता है उसे पूँजी कहते हैं। यह पूँजी उत्पादक अपने पास से लगा सकता है। उत्पादक पूर्णतः या अंशतः किसी बाहरी साधन से प्राप्त कर सकता है जिसके लिए उसे ब्याज भी देना पड़ता है। अतः ब्याज भी उत्पादन की लागत का एक अंग हो जाता है। लेकिन पूँजी पर ब्याज को उत्पादन की लागत में सम्मिलित करने अथवा नहीं करने के सम्बन्ध में अलग-अलग लोगों की अलग-अलग धारणायें हैं। कुछ लोग इसको लागत में सम्मिलित करने के लिए तर्क देते हैं जबकि अन्य लोगों के विचार के अनुसार यह लागत में सम्मिलित नहीं की जानी चाहिए। नीचे पूँजी पर ब्याज को सम्मिलित करने व न करने के सम्बन्ध में प्रस्तुत किए जाने वाले तर्कों का वर्णन किया जा रहा है।

पूँजी के ब्याज को लागत में सम्मिलित करने के पक्ष में तर्क

1. जिस प्रकार से भूमि व श्रम उत्पादन के तत्व हैं और उनको उत्पादन में योगदान करने के फलस्वरूप किराया व पारिश्रमिक दिया जाता है जो कि उत्पादन की कुल लागत में शामिल होता है। उसी प्रकार पूँजी भी उत्पादन का महत्वपूर्ण तत्व है। अतः पूँजी के लिए दिए जाने वाले ब्याज को भी उत्पादन की लागत में शामिल किया जाना चाहिए।

2. जब उत्पादक ने पूँजी बाहर से ऋण लेकर नहीं लगाई हो तथा अपने पास से ही लगाई हो तो भी उसका उचित ब्याज उत्पादन की लागत में शामिल होना चाहिए क्योंकि यदि उत्पादक इस पूंजी को उत्पादन में न लगाकर कहीं अन्य स्थान पर विनियोग कर देता तो वहाँ से उसे ब्याज मिलता।

3. उत्पादक द्वारा पूँजी को एकत्रित करने में जो कठिनाई हुई है उसका प्रतिफल उसे ब्याज के रूप में अवश्य मिलना चाहिए। अतः ब्याज को लागत में शामिल किया जाना चाहिए।

4. लागत लेखों का मुख्य उद्देश्य उत्पादन की ठीक लागत ज्ञात करना है। अतः यदि पूंजी पर ब्याज लागत में सम्मिलित नहीं किया जायेगा तो ये लेखे अपने मुख्य उद्देश्य को पूरा करने में असफल रहेंगे। इसलिए ब्याज को लागत में सम्मिलित करना चाहिए।

5. टेन्डर का मूल्य उद्धृत करते समय पूँजी के ब्याज को अनुमानित लागत में सम्मिलित करना आवश्यक होता है अन्यथा लाभ के स्थान पर हानि होने की भी सम्भावना है।

6. यदि किसी साधन को दूसरे साधन से परिवर्तित करना है तो इस बात का निर्णय लेना कि साधन उत्पादन के लिए महंगा तो नहीं पड़ेगा बहुत जरूरी है। इसका उचित निर्णय तभी किया जा सकता है जबकि दोनों साधनों के अन्य व्ययों के साथ-साथ उन पर विनियोजित पूँजी के ब्याज को भी सम्मिलित कर लिया गया हो। अतः इस कारण से भी पूँजी के ब्याज को लागत में जोड़ना आवश्यक है।

7. यदि ऐसे उत्पादकों की कार्यक्षमता व लाभदायकता की तुलना करनी है जिनमें कि विभिन्न मात्रा में पूँजी की आवश्यकता होती है तथा जिनके पूर्ण होने में विभिन्न अवधि लगती हो तो यह तुलना तभी ठीक ढंग से की जा सकती है जब दोनों उत्पादनों में पूँजी के ब्याज को भी उनकी लागत में सम्मिलित कर लिया गया हो।

पूँजी के ब्याज को लागत में सम्मिलित करने के विपक्ष में तर्क

जो व्यक्ति पूँजी के ब्याज को लागत में सम्मिलित करने के विपक्ष में हैं उनका यह मत है कि पूँजी का ब्याज पूर्णतः एक आर्थिक समस्या है। अतः इसे लागत में सम्मिलित नहीं करना चाहिए। उनके द्वारा निम्नलिखित तथ्य अपने विचार की पुष्टि के लिए प्रस्तुत किये जाते हैं–

1. उत्पादन के लिए स्थायी तथा क्रियाशील दोनों ही प्रकार की पूँजी की आवश्यकता पड़ती है लेकिन क्रियाशील पूँजी की मात्रा में दिन प्रतिदिन अन्तर होता है जिसकी गणना करना बहुत कठिन है तथा उन पर व्यवहारिक रूप से ब्याज लगाना भी कठिन कार्य है। अतः ब्याज को लागत में सम्मिलित नहीं करना चाहिए।

2. पूँजी के ब्याज को लागत में सम्मिलित करने से अन्तिम रहतिया तथा चालू कार्य के मूल्य में अनावश्यक रूप में वृद्धि हो जाती है जो कि उचित नहीं है। इसलिए ब्याज को लागत में जोड़ना ठीक नहीं है।

3. पूँजी के ब्याज की दर में भी समय-समय पर व संस्था-संस्था में अन्तर होता है अतः ब्याज को सम्मिलित कर लेने से प्रतियोगिता का मुकाबला करना कठिन हो जाता है।

4. यदि पूँजी को उत्पादक ने किसी बाहरी साधन से प्राप्त नहीं किया है तो उस पर किस दर से ब्याज लगाना चाहिए, एक समस्या हो जाती है। अतः इसे लागत में सम्मिलित नहीं करना चाहिए।

5. पूँजी के ब्याज को ध्यान रखकर व्यापार के शुद्ध लाभ ज्ञात करने के लिए तो उचित भी है। लेकिन लागत ज्ञात करने के लिए उचित नहीं है। अतः इसको लागत में नहीं जोड़ना चाहिए।

6. उत्पादक द्वारा जो निजी पूँजी लगायी जाती है उसके लिये उसे लाभ प्राप्त होता है। इसलिए ब्याज का लागत में सम्मिलित करना ठीक नहीं है।

उपरोक्त तर्कों के आधार पर इस विचारधारा के लोग ब्याज को लागत में सम्गिलित होने के पक्ष में नहीं हैं। जब पक्ष एवं विपक्ष के दोनों तर्कों को गम्भीर रूप से देखा जाए तो यह निश्चय रूप से कहा जा सकता है कि सामान्य परिस्थितियों में पूँजी की ब्याज को कुल लागत में सम्मिलित नहीं करना चाहिए क्योंकि ब्याज की गणना का कार्य मुश्किल भी है तथा विभिन्न ब्याज दरों के कारण एक प्रतियोगी कीमत का निश्चय उत्पादक नहीं कर सकता है। लेकिन कुछ असामान्य परिस्थितियों में पूँजी के ब्याज का अवश्य ध्यान रखना चाहिए। उदाहरण के लिए साधन के

प्रतिस्थापन के निर्णय करते समय दोनों साधनों के विनियोजित पूँजी के ब्याज को सम्मिलित कर लेना आवश्यक है। साथ ही यदि पूँजी के ब्याज को उत्पादन की लागत में सम्मिलित करना है तो सम्पूर्ण विनियोजित पूँजी के ब्याज को सम्मिलित करना चाहिए चाहे वह पूँजी उत्पादक ने अपने निजी साधनों से लगाई हो अथवा किसी से ऋण लेकर लगाई हो। निष्कर्ष में यह कह सकते हैं कि पूँजी पर ब्याज की समस्या एक आर्थिक समस्या है और इसको लागत में सम्मिलित करने अथवा न करने के सम्बन्ध में उत्पादक के निजी निर्णय पर निर्भर करता है।

ह्रास
(Depreciation)

उत्पादन के लिये सम्पत्तियों का प्रयोग करने से उनके मूल्य में निरन्तर कमी होती रहती है तथा एक निश्चित समय के पश्चात् सम्पत्तियों की कोई कीमत नहीं रह जाती है अथवा बहुत कम रह जाती है उक्त समय के पश्चात् सम्पत्ति में कमी होती रहती है तथा उत्पादन के लिए उपयोगी नहीं रहती है। सम्पत्तियों के मूल्य में यह कमी सम्पत्ति के उपयोग तथा समय के कारण होती है अतः यह आवश्यक होता है कि वस्तु के उत्पादन के लिये प्रयोग की जाने वाली सम्पत्तियों के मूल्य में होने वाली कमी की धन राशि को भी लागत निकालते समय सम्मिलित किया जाए। उपयोग तथा समयान्तर के कारण सम्पत्ति के मूल्य में होने वाली कमी को ह्रास (Depreciation) कहते हैं। सम्पत्ति की उचित देखरेख, उपयोग व मरम्मत के द्वारा ह्रास की राशि में पर्याप्त कमी की जा सकती है।

उत्पादन की उचित लागत के लिए समस्त सम्पत्तियों में से प्लांट तथा मशीनरी पर ह्रास की गणना करने के लिए पूर्ण सावधानी व वैज्ञानिक विधि का प्रयोग करना चाहिए।

ह्रास की राशि पर सम्पत्ति के सम्बन्ध में अनेकों तत्व प्रभाव डालते हैं। इनमें सम्पत्ति का मूल्य, मरम्मत व देखभाल पर व्यय, सम्पत्ति के कार्य की अवधि, सम्पत्ति के विनियोग पर मिलने वाला ब्याज, नये आविष्कार, मशीन के सम्बन्ध में किये जाने वाले अन्य पूंजी व्यय।

संयंत्र रजिस्टर–प्रत्येक संस्था में उत्पादन के लिये अनेकों प्लांट व मशीनरी का उपयोग होता है, अतः यह आवश्यक होता है कि उन सब प्लांट तथा मशीनों के सम्बन्ध में अलग-2 पूर्ण विवरण रखा जाए जिससे इस बात का ज्ञान हो सके कि उस प्लांट तथा मशीन का किसी उत्पादन के उपयोग में कितना योगदान है अर्थात् उत्पादन लागत में कितने व्यय उस संयंत्र के उपयोग के कारण जोड़े जाएं। संयंत्र रजिस्टर में प्रत्येक प्लांट तथा मशीनरी को खरीदने की तिथि, उसका मूल्य, प्रयोग अवधि, मरम्मत तथा देखभाल के व्यय, प्रतिस्थापन, विस्तार की तिथि तथा लागत, अन्त में सम्पत्ति का रह जाने वाला मूल्य आदि बातें लिखी जाती हैं। इस रजिस्टर का स्वरूप निम्न है :

संयंत्र रजिस्टर

संयंत्र रजिस्टर पृष्ठ सं..................	अनुमानित जीवन-काल..................
मशीन की संख्या..................	क्रय मूल्य..................
मशीन का नाम..................	प्रतिस्थापन मूल्य..................
क्रय की तिथि..................	ह्रास का आधार..................
विक्रेता का नाम व पता..................	अन्त में अवशेष मूल्य..................

तिथि	विवरण	सम्पत्ति का मूल्य	ह्रास की राशि	सम्पत्ति का शेष मूल्य	मरम्मत व देखभाल सम्बन्धी व्यय	सम्पत्ति में विस्तार की राशि	अन्य बातें

जैसा पहले कहा जा चुका है कि उत्पादन की उचित लागत के लिए मशीनरी पर ह्रास की राशि की गणना बिल्कुल ठीक की जानी चाहिए। इस कार्य को ठीक प्रकार से करने के लिये प्रत्येक उत्पादक संस्था उत्पादन के लिए प्रयोग की जाने वाली प्लांट तथा मशीनरी के सम्बन्ध में एक रजिस्टर रखती है। जिसे संयंत्र रजिस्टर कहते हैं। इस रजिस्टर को इसलिए रखना आवश्यक है क्योंकि कभी-कभी यह भी होता है कि किसी मशीनरी के सम्बन्ध में ह्रास की राशि विभिन्न वर्षों में इस मात्रा तक पहुंच जाती है कि उस मशीनरी का शेष शून्य रह जाता है अर्थात् उसके समस्त मूल्य के बराबर कुछ वर्षों में ह्रास का प्राविधान कर लिया जाता है और इसके बाद भी मशीनरी उत्पादन के लिए प्रयोग की जाती है। ऐसी परिस्थिति में यह प्रश्न उठता है कि क्या उस मशीनरी के सम्बन्ध में ह्रास की राशि को उत्पादन की लागत में सम्मिलित किया जाना चाहिए अथवा नहीं। इस दृष्टिकोण से यह कहा जा सकता है कि उस मशीनरी पर ह्रास नहीं लगाना चाहिए क्योंकि गलत ह्रास नीति अपनाने के कारण उस मशीनरी के खाते को पहले ही अपलिखित किया जा चुका है, लेकिन इस सम्बन्ध में निर्णायक तौर पर यही कहा जायेगा कि वस्तु की लागत

में प्रयोग की जाने वाली मशीनरी के ह्रास की धनराशि को अवश्य शामिल करना चाहिए।

सम्पत्तियों पर ह्रास निम्नलिखित कारणों से लगाया जाता है :

1. चूंकि सम्पत्ति को उत्पादन के लिए प्रयोग किया जाता है। अतः इस प्रयोग के कारण सम्पत्ति के मूल्य में होने वाली कमी को लागत में सम्मिलित करना आवश्यक है।

2. सम्पत्ति के मूल्य में होने वाली कमी की जो समयान्तर के कारण होती है धीरे-धीरे उसे जीवन-काल में लागत में सम्मिलित करना चाहिए जिससे उसके अन्तिम वर्ष के लाभ पर इसका अधिक प्रभाव नहीं पड़े।

3. पुरानी सम्पत्ति के स्थान पर एक निश्चित समय बाद नयी सम्पत्ति खरीदने के लिए पहले से ही थोड़ा-2 फण्ड एकत्रित करना आवश्यक है। जिससे पुरानी सम्पत्ति का प्रतिस्थापन आसानी से किया जा सकता है।

4. कम्पनी अधिनियम के अन्तर्गत यह दिया हुआ है कि कम्पनी का लाभ-हानि निकालने से पूर्व सम्पत्तियों पर उचित ह्रास लगा लेना चाहिए।

ह्रास लगाने की पद्धतियां (Methods of Providing Depreciation)

सम्पत्तियों पर ह्रास लगाने की अनेकों पद्धतियाँ प्रचलित हैं। उत्पादक उन पद्धतियों में से अपनी आवश्यकता व सुविधानुसार कोई पद्धति अपना सकता है। ह्रास लगाने के लिए प्रयोग की जाने वाली पद्धतियां निम्नलिखित हैं:-

(i) स्थायी ह्रास पद्धति (Straight-line method or fixed rate method)

(ii) क्रमागत शेष पद्धति (Diminishing balance method)

(iii) उत्पादन घण्टा दर पद्धति (Production hour rate method)

(iv) उत्पादन इकाई दर पद्धति (Production unit rate method)

(v) मरम्मत संचय पद्धति (Repair reserve method)

(vi) समय व प्रयोग मिश्रित पद्धति (Time and use mixed method)

(vii) वार्षिक वृद्धि पद्धति (Annuity method)

(viii) सिंकिंग फण्ड पद्धति (Sinking fund method)

(ix) बीमा पालिसी पद्धति (Insurance policy method)

(x) पुनर्मूल्यांकन पद्धति (Revaluation method)

(i) स्थायी ह्रास पद्धति (Fixed rate method or straight-line method)–इस पद्धति के अन्तर्गत ह्रास की राशि प्रतिवर्ष एक निश्चित दर से लगायी जाती है। इस राशि की गणना सम्पत्ति के क्रय मूल्य, अवशेष मूल्य व जीवन-काल के आधार पर निकाली जाती है। इस विधि के द्वारा ह्रास निकालने के लिए सम्पत्ति के क्रय

मूल्य में से उसके अवशेष मूल्य को घटाकर जीवन-काल से भाग दिया जाता है। इस विधि से ह्रास निकालने के लिए निम्नलिखित सूत्र का प्रयोग करते हैं :

$$\text{ह्रास} = \frac{\text{सम्पत्ति का क्रय} - \text{सम्पत्ति का अवशेष मूल्य}}{\text{सम्पत्ति का अनुमानित जीवन-काल}}$$

OR

ह्रास = सम्पत्ति का क्रय मूल्य – सम्पत्ति का अवशेष मूल्य × ह्रास का प्रतिशत

Illustration 17

A machinery was purchased in 2004 at Rs. 5,000. The estimated life of this machinery is 10 years and scrap value after 10 years will be Rs. 500. Calculate the amount of depreciation chargeable every year with straight-line method.

Solution

$$\text{Depreciation} = \frac{\text{Purchase Price of Assets} - \text{Scrap value}}{\text{Estimated Life}}$$

$$= \frac{5{,}000 - 500}{10} = \text{Rs. } 450$$

Rs. 450 per year.

Hint : The above question may also be asked as follows : Charge depreciation @ 10% per year on the basis of straight-line method. We will solve the problem as follows :

Depreciation = Purchase price – Scrap value × % of Dep.

$$= 5{,}000 - 500 \times \frac{10}{100}$$

$$= \frac{4{,}500 \times 1}{10} = \text{Rs. } 450$$

लाभ–इस पद्धति के निम्नलिखित लाभ हैं :

1. यह पद्धति सरल है। अतः ह्रास की राशि की गणना आसानी से की जा सकती है।

2. चूंकि इस पद्धति के अन्तर्गत प्रत्येक वर्ष के लिए ह्रास की राशि का अनुमान पहले से ही लगाया जा सकता है, अतः यह पद्धति लागत का बजट बनाने व प्रमापित लाभ ज्ञात करने में बहुत उपयोगी सिद्ध होती है।

3. इस पद्धति के अन्तर्गत सम्पत्ति के सम्पूर्ण जीवन-काल में एक-सी ह्रास की राशि लागत में सम्मिलित की जाती है।

4. यह विधि उन सम्पत्तियों पर ह्रास लगाने के लिए अधिक उपयोगी है जिन पर समय का प्रभाव पड़ता है प्रयोग का नहीं। उदाहरण के लिए भवन, फर्नीचर आदि।

हानियाँ–यद्यपि यह पद्धति सरल है लेकिन इसमें कुछ कमियां इस प्रकार की हैं जिनके कारण अधिकांश संस्थाएं इस विधि को ह्रास के लिए प्रयोग नहीं करती हैं। ये कमियाँ निम्नलिखित हैं :

(1) इस विधि के अन्तर्गत प्रत्येक वर्ष एक समान राशि ह्रास के लिए लगायी जाती है यह उचित नहीं है। प्रथम वर्ष में सम्पत्ति का मूल्य अधिक होने के कारण उस वर्ष ह्रास की राशि आगे आने वाले वर्षों से अधिक होगी क्योंकि आने वाले वर्षों में सम्पत्ति की राशि क्रमशः कम होती है। अतः ह्रास का प्राविधान क्रय मूल्य के ऊपर न करके प्रतिवर्ष सम्पत्ति खाते के शेष मूल्य पर करना चाहिए क्योंकि उस वर्ष विशेष में पुस्तकों में दिखायी मूल्य की सम्पत्ति का ही प्रयोग उत्पादन के लिए किया गया है।

(2) यह विधि उन सम्पत्तियों पर ह्रास लगाने के लिये बिल्कुल उपयोगी नहीं है जिन पर ह्रास उपयोग (use) के कारण लगता है। उदाहरण के लिये प्लान्ट तथा मशीनरी। किसी वर्ष यदि मशीन का उपयोग अधिक उत्पादन करने के लिए किया जाएगा तो उस पर अधिक ह्रास लगाना चाहिए।

(ii) क्रमागत शेष पद्धति (Diminishing balance method)–इस विधि के द्वारा ह्रास की राशि की गणना करते समय ऐसी ह्रास की एक निश्चित दर को आधार माना जाता है जो दर प्रतिवर्ष के लिए समान रहती है। इस दर से सम्पत्ति के घटते मूल्य पर ह्रास लगाया जाता है। सम्पत्ति का किसी वर्ष के प्रारम्भ में जो पुस्तक मूल्य का शेष होता है उस पर उक्त दर से ह्रास लगाया जाता है। दूसरे शब्दों में यह कहा जा सकता है कि इस विधि के अन्तर्गत सम्पत्ति के क्रय मूल्य में से उस पर लगाये गए ह्रास की राशि को घटाकर प्राप्त होने वाले मूल्य पर प्रतिवर्ष एक निश्चित दर से ह्रास लगाया जाता है। इस पद्धति के अन्तर्गत ह्रास की दर को ज्ञात करना आवश्यक होता है जिसके आधार पर ह्रास लगाना है। ह्रास की दर को निम्नलिखित सूत्र द्वारा ज्ञात किया जा सकता है।

$$\text{सूत्र: सम्पत्ति का क्रय-मूल्य} \times \left(\frac{100 - \text{ह्रास की दर}}{100}\right)^{\text{अनुमानित जीवन-काल}} = \text{अवशेष मूल्य}$$

Illustration 18

Calculate the rate of depreciation from the following facts :

Purchase Price of Assets	Rs. 5,000
Residual value	Rs. 2,560
Estimated life	3 years
Method of Depreciation	Diminishing method

You are also required to charge depreciation for different years.

Solution

Rate of Depreciation :

Purchase price × $\left(\frac{100 - \text{Rate}}{100}\right)$ Estimated life = Residual value

Putting the values in the formula we get,

$$5,000 \times \left(\frac{100 - \text{Rate}}{100}\right)^3 = 2,560$$

$$\text{or} \quad \frac{100 - R}{100} = 3\sqrt{\frac{25,600}{5,000}}$$

$$\text{or} \quad \frac{100 - R}{100} = 8$$

$$\text{or} \quad 100 - R = 80$$

$$\text{or} \quad -R = 80 - 100 \quad \text{or } R = 20$$

Therefore, rate of depreciation is 20%

Calculation of depreciation for different years :

$$\text{First year} = \frac{5,000 \times 20}{100} = \text{Rs. } 1,000$$

$$\text{Second year} = 5,000 - 1,000 \times \frac{20}{100} = \text{Rs. } 800$$

$$\text{Third year} = 5,000 - (1,000 + 800) \times \frac{20}{100}$$

$$3,200 \times \frac{20}{100} = \text{Rs. } 640$$

Therefore, depreciation for first, second, third year will be Rs. 1,000, Rs. 800 and Rs. 640 respectively.

लाभ : 1. यह पद्धति उन सम्पत्तियों पर ह्रास लगाने के लिए उपयोगी है जिन पर प्रयोग का प्रभाव पड़ता है; उदाहरण के लिए मशीनरी।

2. इस पद्धति से प्रति वर्ष ह्रास की राशि कम होती जाती है जो कि न्याय संगत है क्योंकि सम्पत्ति की कार्यक्षमता की कमी के कारण कम लगाया जाना चाहिए।

3. इस पद्धति के ह्रास लगाने पर प्रतिवर्ष व्यापारिक लाभ-हानि पर एक समान भार पड़ता है।

4. यह पद्धति ह्रास की अन्य बहुत-सी पद्धतियों की तुलना में सरल भी है।

हानियाँ : 1. इस विधि के लिये ह्रास की दर का निश्चय करने का कार्य आसान नहीं है।

2. जिस सम्पत्ति पर ह्रास समय तत्व के कारण लगाया जाता है उसके लिए यह विधि अधिक उपयोगी नहीं है।

(iii) उत्पादन घण्टा दर पद्धति (Production hour rate method)–यह पद्धति स्थायी ह्रास दर पद्धति की ही भांति है। इसमें मशीन के जीवन-काल का अनुमान वर्षों में न लगाकर उत्पादन घण्टों में लगाया जाता है अर्थात् यह ज्ञात किया जाता है कि एक मशीन अनुमानतः कितने घण्टे उत्पादन करेगी। मशीन की लागत (अवशेष मूल्य घटाकर) को अनुमानित उत्पादन घण्टों में विभक्त करके प्रति घण्टा ह्रास की दर ज्ञात कर ली जाती है और फिर किसी निश्चित समय में जितने घण्टे उत्पादन कार्य मशीन से किया गया है उस दर से गुणा कर दिया जाता है। यह राशि उस समय विशेष के लिए ह्रास से सम्बन्धित होती है इस विधि के द्वारा ह्रास की राशि निम्नलिखित सूत्र से ज्ञात की जा सकती है–

$$\text{ह्रास} = \frac{\text{सम्पत्ति की कीमत} - \text{अवशेष मूल्य}}{\text{अनुमानित उत्पादन घण्टा}} \times \text{वास्तविक उत्पादन घण्टे}$$

Illustration 19

The purchase price of a machine is Rs. 10,000 and its scrap value is estimated Rs. 1,000. The estimated life of this machinery is 90,000 working hours. This machinery was utilised for production to 500 hours during the month of March 2004. Calculate the amount of depreciation from the given information.

Solution

$$\text{Depreciation} = \frac{\text{Purchase Price of Machinery} - \text{Scrap value}}{\text{Estimated working hours during life of machines} \times \text{Actual working hours}}$$

$$= \frac{10{,}000 - 1{,}000}{90{,}000} \times 500$$

$$= .10 \times 500 = \text{Rs. } 50$$

लाभ व हानियाँ–इस पद्धति के भी वही लाभ तथा हानियाँ हैं जो कि स्थायी ह्रास दर पद्धति के हैं। लेकिन यह पद्धति स्थायी ह्रास दर पद्धति से कुछ अच्छी इसलिए है कि इसमें ह्रास की राशि उत्पादन घण्टों के आधार पर निकाली जाती है जबकि स्थायी ह्रास दर पद्धति में उत्पादन घण्टों का कोई ध्यान नहीं दिया जाता है।

(iv) उत्पादन इकाई पद्धति (Production unit rate methods)–इस विधि को ह्रास की राशि निकालने के लिए अपनाते समय इस बात का अनुमान लगाना पड़ता है कि मशीन अपने अनुमानित जीवन-काल में कितनी इकाइयों का उत्पादन कर सकती है और इन उत्पादन इकाइयों का मशीन की लागत में भाग देकर प्रति इकाई ह्रास की दर ज्ञात की जाती है अर्थात् इस विधि के अन्तर्गत एक मशीनरी

की उसके जीवन-काल की क्षमता का अनुमान इकाइयों में लगाया जाता है। किसी समय में जितनी उत्पादन की इकाइयाँ बनायी जाती हैं उनका प्रति इकाई दर से गुणा करके उस समय के लिए ह्रास की दर ज्ञात की जाती है। इसके अन्तर्गत ह्रास की गणना निम्न सूत्र से की जा सकती है–

$$\text{ह्रास} = \frac{\text{सम्पत्ति की कीमत} - \text{अवशेष मूल्य}}{\text{सम्पत्ति के जीवन-काल में अनुमानित उत्पादन इकाइयां}} \times \text{किसी समय में उत्पादित वास्तविक इकाइयाँ}$$

Illustration 20

A machinery costing Rs. 2,000 produced 1,000 articles during year ending on 31st March 2004. The estimated production is 10,000 units during the lifetime of machinery. It is also estimated that the residual value of machinery will be Rs. 100. Find out the amount of depreciation.

Solution

$$\text{Depreciation} = \frac{\text{Cost of Machinery} - \text{Residual value}}{\text{Estimated production during lifetime of machinery}} \times \text{Actual production in given period}$$

$$= \frac{2{,}000 - 100}{10{,}000} \times 1{,}000$$

$$= \frac{1{,}900}{10{,}000} \times 1{,}000 = \text{Rs. } 190$$

लाभ–1. यदि उत्पादन अधिक मात्रा में किया जाना है तो इस पद्धति को अपनाना उपयोगी है।

2. यह पद्धति सरल है।

3. यदि समय तत्व का सम्पत्ति के ऊपर कोई प्रभाव नहीं पड़ता है तो उन सम्पत्तियों के लिए भी यह उपयोगी है।

हानि–इस पद्धति की सबसे बड़ी कमी यह है कि यह पद्धति समय तत्व पर कोई ध्यान नहीं देती है। जिसका कि ह्रास के ऊपर बहुत असर होता है।

(v) मरम्मत संचय पद्धति (Repair reserve method)–इस पद्धति को अपनाने पर उसके जीवन-काल में मरम्मत पर खर्च होने वाले व्यय को भी अनुमान लगाकर जोड़ दिया जाता है और फिर इस प्रकार प्राप्त राशि को सम्पत्ति के जीवन-काल से भाग दे दिया जाता है जो कि उस वर्ष की ह्रास की राशि को बताता है। इस पद्धति को प्रयोग करने से ह्रास तथा मरम्मत के व्ययों का भार समान रूप से प्रतिवर्ष पड़ता है। यह पद्धति उन्हीं सम्पत्तियों के लिए उपयोगी है जिनकी कार्य क्षमता उनके जीवन-काल में प्रायः समान बनी रहती है। उदाहरण के लिए यदि

एक सम्पत्ति जिसे 8,000 रु० में खरीदा गया है और उसका जीवन-काल 10 वर्ष है तथा इन दस वर्षों में उस सम्पत्ति की मरम्मत दर 1,000 रु० व्यय होने का अनुमान है तो उस सम्पत्ति के सम्बन्ध में ह्रास की राशि प्रतिवर्ष 900 रु० $\left(\frac{8,000+1,000}{10}\right)$ होगी। सूत्र के रूप में इस पद्धति की व्याख्या निम्न प्रकार की जा सकती है।

$$\text{ह्रास} = \frac{\text{सम्पत्ति की कीमत} + \text{सम्पत्ति के जीवन-काल में अनुमानित मरम्मत व्यय} - \text{अवशेष मूल्य}}{\text{अनुमानित जीवन-काल}}$$

लाभ तथा दोष–इस पद्धति का सबसे बड़ा लाभ यही है कि सम्पत्ति का मरम्मत व्यय समान रूप से सभी वर्षों में लगाया जाता है जिससे उत्पादन की लागत में मरम्मत व्यय के कारण विभिन्न वर्षों में अन्तर नहीं आता है।

(vi) समय व प्रयोग मिश्रित पद्धति (Time and use mixed method)–उत्पादन में प्रयोग की जाने वाली बहुत-सी सम्पत्तियाँ इस प्रकार की होती हैं जिनकी कार्यक्षमता व कीमत में कमी समयान्तर व सम्पत्ति के प्रयोग दोनों के कारण आती है। अर्थात् इन सम्पत्तियों की कीमत में कमी समय के साथ-साथ एक निश्चित दर से आती रहती है साथ ही साथ यदि सम्पत्ति का उपयोग अधिक किया जाएगा तो कमी और भी अधिक आयेगी। अतः इस प्रकार की सम्पत्ति का ह्रास समय व प्रयोग दोनों के आधार पर एक मिश्रित विधि द्वारा ज्ञात किया जाना चाहिए। इस पद्धति के अन्तर्गत ह्रास की राशि को इसी आधार पर ज्ञात किया जाता है। इसके अनुसार ह्रास को निकालने पर यह ज्ञात होता है कि ह्रास का एक भाग तो स्थायी रहता है जो कि समय तत्व के कारण प्रभावित होता है। तथा दूसरा भाग परिवर्तित होता रहता है जो प्रयोग के आधार पर निकाला जाता है। इससे सम्पत्ति की लागत के एक भाग को समय के अनुसार अपलिखित किया जाता है तथा दूसरे भाग को प्रयोग के अनुसार ह्रास लगाते हैं।

Illustration 21

Calculate the amount of depreciation from the following details :

Cost of machinery	Rs. 35,000
Residual value	Rs. 5,000
Estimated life	10 years
Estimated working hours during lifetime	10,000 hours
Machinery worked in the year 2004	900 hours

1/7th cost of the machinery will be depreciated on the basis of use.

Solution

Depreciation (on time basis) :

$$\frac{\text{Cost of machinery (which is to be depreciated on time basis)}}{\text{Estimated life}} = \text{residual value}$$

$$\frac{\frac{6}{7} \text{ of Rs. } 35{,}000 - 5{,}000}{10}$$

$$= \frac{30{,}000 - 5{,}000}{10} = \text{Rs. } 2{,}500$$

Depreciation (on usage basis) :

$$\frac{\text{Cost of machine (which is to be depreciated on the basis of use)}}{\text{Working hour during lifetime}} \times \text{Actual working hours during the year}$$

$$= \frac{\frac{1}{7}\text{th of } 35{,}000}{10{,}000} \times 900$$

$$= \frac{5{,}000}{10{,}000} \times 900 = \text{Rs. } 450$$

Therefore, total depreciation for the year 2003 will be Rs. 2,500 + 450 = Rs. 2,950.

लाभ व दोष–इस पद्धति को अपनाने से समय व प्रयोग के आधार पर ह्रास लगाने वाली विधियों के लाभ प्राप्त हो जाते हैं। लेकिन इस विधि का सबसे बड़ा दोष यह है कि इस बात का निश्चय करना कि सम्पत्ति का कितना भाग समय के आधार पर अपलिखित करना है तथा कितना भाग प्रयोग के आधार पर बहुत कठिन है। इस प्रकार के निश्चय का वैज्ञानिक आधार नहीं होता है।

(vii) वार्षिक वृद्धि पद्धति (Annuity method)–इस विधि के अन्तर्गत ह्रास केवल सम्पत्ति के मूल्य के आधार पर ही नहीं निकाली जाती है बल्कि उस सम्पत्ति को प्राप्त करने में लगाए गए धन के ब्याज का भी ह्रास लगाते समय ध्यान रखते हैं। अर्थात् यह माना जाता है कि ह्रास सम्पत्ति की कीमत + उस धन पर मिलने वाले ब्याज दोनों के आधार पर निकाला जाना चाहिए। क्योंकि यदि इस सम्पत्ति को नहीं प्राप्त किया जाता तो उस धन पर एक निश्चित प्रतिशत से ब्याज भी प्राप्त होता है। अतः सम्पत्ति को प्राप्त किये जाने वाले धन को विनियोग मानकर उस पर ब्याज सहित ह्रास लगाना चाहिए। इस विधि के अन्तर्गत ह्रास की राशि की गणना करने के लिए वार्षिक दर से सारिणी का प्रयोग किया जा सकता है।

इस पद्धति की सबसे बड़ी विशेषता यह है कि इसमें सम्पत्ति के मूल्य के ब्याज को भी अपलिखित करने की व्यवस्था होती है। इस पद्धति का प्रयोग करना कठिन है।

(viii) सिंकिंग फण्ड पद्धति (Sinking fund method)–यह विधि सम्पत्ति के प्रतिस्थापन के सिद्धान्त पर आधारित है। इस विधि को अपनाते समय यह माना जाता है कि प्रत्येक सम्पत्ति को एक निश्चित समय बाद बदलने की आवश्यकता पड़ती है तथा उसके स्थान पर नई सम्पत्ति खरीदी जाती है। अतः वर्तमान सम्पत्ति पर इस प्रकार ह्रास लगाना चाहिए जिसको विनियोग करने पर सम्पत्ति के जीवन-काल के अन्त में विनियोग तथा उसके ब्याज से सम्पत्ति की लागत के बराबर धनराशि प्राप्त हो सके। इस विधि के अन्तर्गत उक्त सिद्धान्त के आधार पर प्रतिवर्ष ह्रास का फण्ड आता है तथा उस फण्ड को प्रतिभूतियों में विनियोग कर दिया जाता है। सम्पत्ति के अनुमानित जीवन-काल के समाप्त होने पर विनियोग को बेच कर उस प्राप्त धन से तथा उस धन के ब्याज की राशि से नई सम्पत्ति खरीदने की व्यवस्था की जा सकती है। इस विधि से ह्रास निम्न सूत्र द्वारा ज्ञात किया जा सकता है :

$$\text{ह्रास (Depreciation)} = \frac{\text{सम्पत्ति की लागत} \times \text{ब्याज दर}}{(+\text{ ब्याज दर}) \text{ सम्पत्ति का जीवन-काल}}$$

लाभ तथा हानियाँ–इस पद्धति से संस्था को पुरानी सम्पत्ति के अप्रचलित होने पर नई सम्पत्ति खरीदने के लिए फण्ड आसानी से प्राप्त हो जाता है। यही इसका सबसे बड़ा लाभ है। लेकिन यदि विनियोगों के बाजार मूल्य गिर जाएं तो इस पद्धति का मुख्य उद्देश्य पूरा नहीं हो पाता है साथ ही पद्धति गणना करने में भी कठिन है।

(ix) बीमा पालिसी पद्धति (Insurance premium method)–यह पद्धति सिंकिंग फण्ड पद्धति का ही अनुरूप है। इसमें एक निश्चित राशि प्रतिवर्ष बीमा कम्पनी को प्रीमियम के रूप में दी जाती है जो कि सम्पत्ति का जीवन-काल समाप्त होने पर संस्था को सम्पत्ति की लागत के बराबर की राशि दे देती है। इस पद्धति के अन्तर्गत उक्त पद्धति में पाये जाने वाली विनियोगों की दरों की अनिश्चितता नहीं रहती है। अन्य लाभ तथा हानि इस पद्धति में उसी प्रकार हैं जिस प्रकार कि फण्ड पद्धति में होते हैं।

(x) पुनर्मूल्यांकन पद्धति (Revaluation method)–इस पद्धति के आधार पर छोटे-छोटे यंत्र व औजारों का ह्रास लगाना उपयोगी है। इसमें प्रतिवर्ष सम्पत्ति का मूल्यांकन किया जाता है और पिछले समय से वर्तमान समय में सम्पत्ति के मूल्य में जो कमी आती है वही उसका ह्रास माना जाता है। यह पद्धति गणना में सरल है।

उपरोक्त विभिन्न विधियों के द्वारा सम्पत्तियों पर ह्रास लगाया जाता है और इस प्रकार प्रतिवर्ष ह्रास लगाकर सम्पत्तियों को उसके अनुमानित जीवन-काल में पूर्णतः

अपलिखित कर दिया जाता है। लेकिन कभी-कभी यह भी होता है कि कोई सम्पत्ति किसी कारण अपने जीवन-काल से पूर्व ही उत्पादन के योग्य नहीं रहती है तो प्रश्न यह उठता है कि इस प्रकार उस सम्पत्ति के होने वाली हानि को किस प्रकार खातों में दिखाया जाए। उसे ह्रास की राशि मानकर उस वर्ष की उत्पादन की लागत में जोड़ा जाए या नहीं। इस प्रश्न के उत्तर में यह कहा जा सकता है कि यह राशि ह्रास की राशि नहीं मानी जानी चाहिए बल्कि यह तो आकस्मिक कारणों से होती है। अतः इस को संस्था की हानि मानकर लाभ-हानि खाते में हस्तांतरित कर दिया जाना चाहिए।

क्या ह्रास प्रतिस्थापन मूल्य पर लगाना उचित है? (Is it justified to depreciate the assets on its replacement cost?)–प्रायः ह्रास सम्पत्ति की मूल लागत पर लगाया जाता है। लेकिन कुछ लोगों का यह मत है कि सम्पत्ति की मूल लागत पर ह्रास लगाना अधिक उचित नहीं है क्योंकि इससे आवश्यकता पड़ने पर सम्पत्ति को पुनः खरीदने के लिए आवश्यक धनराशि प्राप्त नहीं हो पाती है। अतः सम्पत्ति पर ह्रास उसके प्रतिस्थापन मूल्य पर लगाया जाना चाहिए। जिससे प्रतिवर्ष लाभ-हानि खाते में एक ऐसी राशि की योजना कर ली जाए जो कि आवश्यकता पड़ने पर सम्पत्ति को खरीदने के लिए पर्याप्त हो। सम्पत्ति पर ह्रास उसकी प्रतिस्थापन दर लागत लगाने के सम्बन्ध में विभिन्न व्यक्तियों द्वारा पक्ष व विपक्ष दोनों ही ओर विचार व्यक्त किए गए हैं। इस बात पर विचार करने के लिए कि क्या प्रतिस्थापन मूल्य पर ह्रास लगाना उचित है। सबसे पहले प्रतिस्थापन मूल्य का अर्थ समझना आवश्यक है उसके पश्चात् इस सम्बन्ध में दिए गए पक्ष व विपक्ष के तर्कों पर ध्यान देकर कोई निष्कर्ष निकालना उचित होगा।

प्रतिस्थापन मूल्य का अर्थ (Meaning of replacement cost)–सम्पत्ति के प्रतिस्थापन मूल्य का आशय किसी समय विशेष पर उस सम्पत्ति को प्राप्त करने के लिए आवश्यकता पड़ने वाली राशि से है अर्थात् उस समय विशेष पर उस सम्पत्ति को जितने रुपये में बाजार से खरीदा जा सकता है वही उसका प्रतिस्थापन मूल्य है।

प्रतिस्थापन मूल्य पर ह्रास लगाने के पक्ष में दिए जाने वाले तर्क–सम्पत्ति के प्रतिस्थापन मूल्य के आधार पर ह्रास लगाने के पक्ष में निम्नलिखित तर्क दिए जाते हैं :

1. इससे आवश्यकता पड़ने पर सम्पत्ति खरीदने के लिए प्रर्याप्त फण्ड प्राप्त हो जाते हैं।

2. इसके आधार पर ह्रास लगाने से संस्था को होने वाले लाभ हानि का ठीक ज्ञान हो जाता है।

3. इस आधार पर ह्रास लगाकर जो वस्तु की लागत आती है वह वर्तमान विक्रय मूल्य के संदर्भ में ही आती है।

4. मूल लागत पर ह्रास लगाने से लाभ की राशि बढ़ाकर दिखायी जाती है तथा हानि को नहीं दिखाया जाता है क्योंकि इस लागत पर ह्रास की राशि कम आती है।

5. ह्रास की राशि कम लगाने से संस्था का कुल लाभ बढ़ जाता है। जिससे संस्था को अधिक कर देना पड़ता है।

6. ह्रास की राशि प्रतिवर्ष कम लगाने से (जो कि मूल लागत पर लगाने से आती है) लाभ अधिक हो जाता है जिनको कि अंशधारियों में लाभांश के रूप में बाँट दिया जाता है। इसमें लाभ का विभाजन पूँजी में से हो जाता है, जो कि कम्पनी अधिनियम के अन्तर्गत दोषपूर्ण कार्य है। साथ ही साथ संस्था की वित्तीय स्थिति खराब हो जाती है।

उपरोक्त तर्क मुद्रा प्रसार के समय उचित प्रतीत होते हैं।

प्रतिस्थापन मूल्य पर ह्रास लगाने के विपक्ष में दिए जाने वाले तर्क

1. इस मूल्य पर ह्रास लगाना भारत के कुछ अधिनियमों में मान्य नहीं है। उदाहरण के लिए आय कर अधिनियम के अन्तर्गत ह्रास मूल लागत पर लगाया जाना चाहिए।

2. सम्पत्ति का प्रतिस्थापन करने के लिए प्रतिस्थापन मूल्य पर ह्रास के स्थान पर एक प्रतिस्थापन संचय कोष बनाकर फण्ड प्राप्त किया जा सकता है जो कि अधिक उचित है। क्योंकि इससे न तो लाभांश का विभाजन अधिक दर से हो पाएगा और प्रतिस्थापन के समय आवश्यक फण्ड भी प्राप्त हो जाएंगे।

3. सम्पत्ति का प्रतिस्थापन मूल्य क्या होगा यह तय करना भी बहुत कठिन कार्य है।

4. यदि इस प्रकार ह्रास लगाकर वस्तु की लागत ज्ञात की जाएगी तो वह लागत वास्तविक लागत के बराबर नहीं होगी।

5. सैद्धांतिक दृष्टिकोण से भी ह्रास मूल लागत को अग्रलिखित करने के लिए लगाया जाता है न कि प्रतिस्थापन मूल्य के लिए फण्ड प्राप्त करने के लिए। अतः प्रतिस्थापन मूल्य पर ह्रास लगाना उचित नहीं है।

उपरोक्त पक्ष व विपक्ष तर्कों के आधार पर यह निष्कर्ष निकाला जा सकता है कि सम्पत्ति पर ह्रास उसके प्रतिस्थापन मूल्य पर लगाना न तो सैद्धांतिक दृष्टिकोण से उचित है और न ही व्यवहारिक दृष्टिकोण से। अतः ह्रास केवल सम्पत्ति की मूल लागत पर ही लगाया जाना चाहिए।

लागत लेखों में सम्मिलित नहीं किये जाने वाले मदों की सूची

बहुत से आय व्यय इस प्रकार के होते हैं जिनको कि लागत लेखों में सम्मिलित नहीं किया जाता है। यद्यपि वे व्यापार से सम्बन्धित होते हैं। इन आय व्यय के मदों को केवल आर्थिक लेखों में ही लिखा जाता जिससे व्यापार का शुद्ध लाभ हानि

ज्ञात किया जा सके। ऐसे मदों को जो कि लागत लेखों में सम्मिलित नहीं किये जाते हैं निम्नलिखित तीन भागों में विभक्त कर सकते हैं :

1 ऐसे मद जो पूर्णतया आर्थिक प्रकृति के हैं।

2. ऐसे मद जो कि लाभ के बंटवारे (Appropriation of Profit) से सम्बन्धित हैं।

3. ऐसे मद जो कि असामान्य प्रकृति के हैं।

उपरोक्त प्रकार के कुछ मदों की एक सूची नीचे दी जा रही है।

1. पूँजी पर ब्याज।
2. रोकड़ी कटौती।
3. पूँजीगत लाभ तथा हानियाँ।
4. दान तथा पुण्यार्थ संस्थाओं को चन्दा।
5. आयकर।
6. विनियोगी से प्राप्त ब्याज।
7. विनियोगों के विक्रय से लाभ तथा हानि।
8. किसी सम्पत्ति के अप्रचलन से होने वाली हानि।
9. कर्मचारियों को दिया गया बोनस।
10. बैंक से प्राप्त ब्याज।
11. पूँजी तथा ऋण एकत्रित करने के खर्चे, कमीशन तथा फीस आदि।
12. संचयों व फण्डों में हस्तांतरित लाभ की राशि।
13. कानून के आधार पर दी गई क्षतिपूर्ति की राशि।
14. असामान्य व्यय, आय, लाभ तथा हानियाँ।
15. सम्पत्तियों के मूल्य में वृद्धि।
16. आकस्मिक हानियों व व्ययों के लिए किये प्रावधान की राशि।
17. किराये से प्राप्त राशि।
18. गुप्त संचय के लिए किये गए प्रावधान।
19. ख्याति की राशि।
20. अन्य कोई अवास्तविक सम्पत्ति की राशि तथा उसको अपलिखित करने का धन।

उपरोक्त मदों के अतिरिक्त वे सभी मद जो कि पूर्णतया वित्तीय ढंग के हों तथा लाभों के निपटारे से सम्बन्ध रखते हों, लागत लेखों में सम्मिलित नहीं किये जायेंगे।

प्रश्न
Questions

1. What do you mean by Overheads? What are the classification of overheads?
   उपरिव्ययों से आप क्या समझते हैं? उपरिव्ययों के कौन-कौन से वर्गीकरण होते हैं?
2. What do understand by 'Fixed' and 'Variable' overheads? Why it is important to distinguish between two types of expenses for purpose of costing? Give some examples.
   'स्थायी' व 'परिवर्तनशील' उपरिव्ययों से आप क्या समझते हैं? लागत निर्धारण के उद्देश्य से व्ययों को इन दो प्रकारों में विभक्त करना क्यों आवश्यक है? कुछ उदाहरण दीजिए।
3. Classification of overheads into fixed and variable is highly helpful to the management for the efficient running of the factory. Discuss.
   उपरिव्ययों का स्थायी व परिवर्तनशील वर्गीकरण प्रबन्धकों को कारखाने के कुशल संचालन में बहुत सहायता प्रदान करता है।
4. Distinguish between allocation, apportionment and absorption of overheads.
   उपरिव्ययों के वितरण, अभिभाजन व संविलयन में अन्तर बताइए।
5. Enumerate the advantages of departmentalisation of overhead expenses.
   उपरिव्ययों का विभागीकरण करने के लाभों का वर्णन कीजिए।
6. What are the principal bases or methods for apportionment of overheads expenses among departments? Name the overheads for which each basis or method will be suitable.
   (*B.Com. Hons., Delhi*)
   उपरिव्ययों को विभागों में अभिभाजन करने के लिए कौन-कौन से मुख्य आधार या विधियाँ हैं? प्रत्येक आधार या विधि से अभिभाजित होने वाले व्ययों के नाम बताइये।
7. What are the methods of distribution of service department overheads to production departments?
   सेवा विभाग के उपरिव्ययों को उत्पादन विभागों में बाँटने की कौन-कौन सी विधियाँ हैं?
8. What are the various methods of allocating works overhead charges? Give the relative merits and demerits of each.
   (*B.Com., Agra*)
   कारखाना उपरिव्ययों को वितरण करने की कौन-कौन सी विभिन्न विधियाँ हैं? प्रत्येक की तुलनात्मक लाभ-हानियों को बतलाइये।

9. Works overhead expenditure is frequently charged out as a percentage on direct labour. Give two specific examples (with figures) where this method would yield misleading results.
अधिकांशतया कारखाना उपरिव्ययों को प्रत्यक्ष श्रम के प्रतिशत के आधार पर विभिन्न उत्पादनों पर डाला जाता है। दो उदाहरण (अंकों सहित) देकर बताइये जिनमें कि यह विधि गलत परिणाम देती है।

10. Give a critical estimation of labour hour and machine hour method of absorption overhead.
उपरिव्ययों के संविलयन की श्रम घण्टा दर व मशीन घण्टा दर विधि का आलोचनात्मक वर्णन कीजिए।

11. Describe briefly the methods of absorption works overheads as a charge to production, stating the advantages and disadvantages of earth.
(*B.Com., Delhi*)
कारखाना उपरिव्ययों को उत्पादन पर संविलयन करने के लिए प्रयोग की जाने वाली विभिन्न विधियों का संक्षेप में वर्णन कीजिए तथा उनके लाभ तथा हानियों को भी बतलाइये।

12. What is machine hour rate method? Mention the circumstances where it may suitably be used. Explain the principal factors considered while using this method. How is it computed?
(*B.Com., Delhi*)
मशीन घण्टा दर क्या होती है? उन परिस्थितियों को बताइये जिनमें इस विधि का प्रयोग उचित रूप से किया जा सकता है। इस विधि को प्रयोग करते समय ध्यान रखने वाली मुख्य बातों को बताइये। यह किस प्रकार ज्ञात की जाती है?

13. What are the methods of absorption of administration overheads to different products?
विभिन्न उत्पादनों में प्रशासन उपरिव्ययों को संविलयन करने की कौन-कौन सी विधियाँ हैं?

14. What do you mean by over-absorption and under-absorption of overheads? Explain the causes and methods of dealing with them.
(*B.Com., Panjab*)
उपरिव्ययों के अधिक संविलयन व कम संविलयन से आप क्या समझते हैं? इनके कारण व इनको लेखा करने की विधियों को बताइये।

15. What do you mean by overhead rates? Distinguish between actual rate and predetemined rate of overheads.
उपरिव्यय दरों से आप क्या समझते हैं? उपरिव्ययों की वास्तविक दर व पूर्ण निर्धारित दरों में अन्तर बताइये।

16. What do you mean by term 'Rated Capacity', 'Practical Capacity', 'Normal Capacity' and 'Idle Capacity'. How is idle capacity cost ascertained?
'अधिकतम क्षमता', 'क्रियात्मक क्षमता', 'सामान्य क्षमता', तथा 'व्यर्थ क्षमता' से आप क्या समझते हैं? 'व्यर्थ क्षमता' की लागत किस प्रकार निर्धारित की जाती है।

17. How would you deal with the following items of expenditure in cost accounts?
(i) Interest on capital, (ii) Packing charges, (iii) Cash and trade discount, (iv) Cost of rectification of defective work, (v) Depreciation, (vi) Bad debts, (vii) Advertising, (viii) Royalty, (ix) Research and development expenses.
लागत लेखों में आप निम्नलिखित का किस प्रकार व्यवहार करेंगे?
(i) पूंजी पर ब्याज, (ii) पैकिंग व्यय, (iii) नकद व व्यापारिक छूट, (iv) खराब माल के सुधारने में व्यय, (v) ह्रास, (vi) डूबत ऋण, (vii) विज्ञापन, (viii) अधिकार शुल्क, (ix) अनुसंधान व विकास व्यय।

18. Give a list of those items which are usually excluded from cost accounts.
उन व्ययों की एक सूची दीजिए जिनको प्रायः लागत लेखों में सम्मिलित नहीं किया जाता है।

EXERCISES

1. Following details were extracted from the books of Fancy Textile Limited :

	Rs.
Material consumed	15,000
Wages paid	16,000
Fixed overheads	8,000
Variable overheads @ Rs. 2 per unit	6,000
Sales @ Rs. 20 per unit	60,000
Units produced and sold during 1973	3,000 units

If management decides to sell the units @ Rs. 15 per unit in future and wants to earn the same total amount of profit as in the year 1973, you are to suggest that how many additional units should be produced in future to earn the same amount of profit.

[**Ans.** 5,625 additional units]

2. Four types of commodities were produced in a factory during the month of December, 2004 with the following expenditure :

	A	B	C	D
	(Rs.)	(Rs.)	(Rs.)	(Rs.)
Material consumed	10,000	12,000	8,000	10,000
Wages	12,000	15,000	9,000	14,000
Work's overhead (combined)	Rs. 20,000			

Calculate the work cost for the each types of article apportioning the works overhead on the following basis :

(i) In the ratio of material consumed.
(ii) In the ratio of direct labour.
(iii) In the ratio of prime cost.

[**Ans.** (i) 27,000, 33,000, 21,000, 29,000
(ii) 26,800, 33,000, 20,600, 29,600
(iii) 26,889, 33,000, 20,778, 29,333]

3. List of indirect expenses :

	Rs.
Factory Rent	2,000
Factory Insurance	200
Organisational Expenses	1,500
Works Manager's Salary	2,500
Lighting	800
Contribution to Social Security Scheme	800
Welfare Expenses	2,200
Total Labour Hours	5,000 hours

Calculate the Labour Hour Rate from the above figures.

[**Ans.** Rs. 2]

4. You are supplied the following details regarding indirect expenditure of a concern for the period ending on March, 2004.

	Rs.
Factory Rent (¼th area occupied by machinery)	1,000
Supervisor's Salary	1,500
Canteen Expenses	800
Contribution to welfare schemes	1,200
Lubrication	150
Indirect material used for machinery	50
Insurance premium for machinery	10
Depreciation on machinery	190
Power	100
Repairs and maintenance	200
Total labour hours	1,000
Total machine hours	5,000

Find out the amount of overheads for a job in which 3 identical machines were used for 8 days working 10 hours in a day and

12 workers worked for 10 hours for 8 days using a suitable method of apportionment of overheads.

[**Ans.** Rs. 1,044]

(**Hints.** The overheads should be apportioned on the basis of the combined method of Labour Hour Rate and Machine Hour Rate.)

5. The following figures have been extracted from the books of a manufacturing company. All jobs pass through the company's two departments:

	Working Deptt. (Rs.)	Finishing Deptt. (Rs.)
Material used	6,000	500
Direct Labour	3,000	1,500
Factory overheads	1,800	1,200
Direct Labour Hours	12,000	5,000
Machine Hours	10,000	2,000

The following information relates to Job No. 17 :

	Working Deptt. (Rs.)	Finishing Deptt. (Rs.)
Material used	120	10
Direct Labour	65	25
Direct Labour hours	265	70
Machine hours	255	25

You are required :

(a) to enumerate four methods of absorbing factory overheads by jobs, showing the rates for each department under the methods quoted;

(b) to prepare a statement showing the different cost results for Job No. 17 under each of four methods referred to.

(*B.Com., Delhi*)

[**Ans.**

	Working Deptt.	Finishing Deptt.
(a) Direct Material basis	30%	240%
Direct Labour basis	60%	80%
Labour Hour Rate	Re. .15	Re. .24
Machine Hour Rate	Re. .18	Re. .60

	Working Deptt. Rs.	Finishing Deptt. Rs.	Total Rs.
(b) Cost for Job No. 17			
(i) Direct Material basis	221	59	280
(ii) Labour basis	224	55	279
(iii) Labour Hour Rate basis	224.75	51.80	276.55
(iv) Machine Hour Rate basis	230.90	50.00	280.90]

6. From the following information, compute a Machine Hour Rate in respect of Machine A for the month of January, 2003 :

Cost	Rs. 6,000
Estimated scrap value	Rs. 1,000
Effective working life	5,000 hours
Hours worked in January, 2003	100 hours
Estimated cost of repairs and maintenance over life of machine	Rs. 1,250
Standing charges allocated to this machine for January, 2003	Rs. 50

Power used by the Machine :

10 units per hour at cost of 10 p. per unit.

[**Ans.** Rs. 2.75]

7. Prepare a Machine Hour Rate computation for the month of January, 2004 to cover the overhead expenses indicated below, relating to the particular machine :

	Per annum (Rs.)
Rent of Department (space occupied by machine 1/5 of the department)	780
Lighting (No. of men in the department 12. Two men engaged on this machine)	288
Insurance etc.	36
Cotton waste, oil etc.	60
Salary of Foreman (one fourth of the Foreman's time is occupied by this machine and the remainder equally upon the other two machines)	6,000

The cost of machine is Rs. 9,200 and has an estimated scrap value of Rs. 200.

It is assumed from past experiences :

(a) That the machine will work for 1,800 hours per annum;

(b) That it will incur expenditure of Rs. 1,125 for repairs and maintenance;

(c) That it consumes 5 units of power per hour at the cost of 6 paise per unit; and

(d) That the working life of machine will be 10 years.

(*B.Com., Delhi & Raj.*)

[**Ans.** Rs. 1.86]

8. The following information relates to the activities of a production deparmtent for a certain period in a factory :

	Rs.
Material used	72,000
Direct wages	60,000
Hours of machine operation	20,000 hours
Labour hours worked	24,000 hours
Overheads chargeable to the department	48,000

On one order carried out in the department during the period, the relevant date were :

Material used	Rs. 4,000
Labour hours	1,650
Direct wages	Rs. 3,300
Machine hours	1,200

Prepare a comparative statement of cost of this order by using the following three methods of recovery of overheads :

(i) Direct Labour Hour Rate Method; (ii) Direct Labour Cost Rate Method; (iii) Machine Hour Rate Method.

(*B.Com., Raj.*)

[**Ans.** (i) Rs. 10,600
(ii) Rs. 9,940
(iii) Rs. 10,180]

9. The following is a schedule of expenses allocated to three machines A, B and C *viz.* :

	A Rs.	B Rs.	C Rs.
Rent and rates	75	59	120
Insurance	2	1	4
Power	128	146	273
Supervision	40	30	60
Organisation (wages, clerks, time-keeper, foreman etc.)	10	7	15
Store Services	20	29	46
Tool Services	93	78	129
Tool Makers	194	145	214
Repairs	29	63	15
Oil and Sundries	8	12	7
Depreciation	40	37	68
	639	607	951

In addition to these expenses, there was the expense of operating an overhead crane, which was necessary to carry heavy materials to the machine. This expense was as follows :

	Rs.
Power consumed by crane	227
Wages of crane driver	216
Repairs	28
Depreciation	49
Oil and Sundries	5
Sundry charges allocated to crane	45
	570

The number of hours the machines were in use during the period represented by the above expenditure was as follows :

	A	B	C
With use of crane	160	130	480
Without use of crane	428	577	Nil
	588	707	480

Calculate the Machine Hour Rate applicable to each machine, distinguishing between the hours in which the crane was used and the hours in which it was not.

	A	B	C
	Rs.	Rs.	Rs.
[**Ans.** Without use of crane	1.09	.86	1.98
With use of crane	1.83	1.60	2.72]

10. Calculate the Machine Hour Rate for machine A from the following data :

Cost of Machine	Rs. 16,000
Estimated scrap value	Rs. 1,000
Effective working life	10,000 hours
Running time per four weekly period	160 hours
Average cost of repairs and maintenance charges per four weekly period	Rs. 120
Standing charges allocated to machine per four weekly period	Rs. 40
Power used by machine	4 units per hour at a cost of 5 paise an hour.

(*B.Com., Delhi*)

[**Ans.** Rs. 2.55]

11. Calculate from the following data the Machine Hour Rate for Machine A :

Cost of machine	Rs. 1,050
Estimated scrap value	Rs. 50
Effective working life	20,000 hours
Running time per 4 weekly period	150 hours
Weekly amount payable under a maintenance agreement covering all repairs	Rs. 7.50
Standing charges allocated to machine per 4 weekly period	Rs. 5
Power used by machine	5 units per hour at a cost 6 paise per unit

(*B.Com., Delhi*)

[**Ans.** Re. .43]

12. A manufacturing company uses two identical large and four identical small machines. Each large machine occupies one quarter of the workshop and employs fully three workers; each small machine occupies half the space of a large machine and employs full two workers, the workers were paid by piece work.

Each of the six machines is estimated to work 1,440 hours per year, while the effective working life is taken as 12,000 working hours for each large machine and 9,000 hours for each small machine. Large machines cost Rs. 20,007 each and small machines Rs. 4,000 each. Scrap values are Rs. 4,000 and Rs. 100 respectively.

Repairs, maintenance and oil are estimated to cost for each large machine Rs. 4,000 and small machines Rs. 1,200 during its effective life.

Power consumption costs 5 p. per unit and amounts for a large machine 20 units per hour and for a small machine 2 units per hour.

The manager is paid Rs. 4,800 a year and workshop supervision occupies ½ of his time, which is divided equally among the six machines.

Details of other expenses are :

Rent and Rates to workshop : Rs. 64,000 a year, lighting (to be apportioned) in the ratio of workers employed : Rs. 1,820 a year.

Taking a period of three months as a basis, calculate the Machine Hour Rate for a large machine and a small machine respectively.

(*B.Com., Agra*)

[**Ans.** Rs. 44.32; Rs. 1.67]

13. Calculate the Machine Hour Rate for machine X from the following data :

	Rs.
Cost of machine	19,200
Estimated scrap value	1,200
Average repairs and maintenance charges per month	150
Standing charges allocated to machine per month	50
Effective working life of machine	10,000 hours
Running time per month	160 hours
Power used by machine 5 units per hour at a cost of 19 paise per unit.	

[**Ans.** Rs. 4.00]

14. The following particulars refer to process used in the treatment of material subsequently incorporated in a component forming part of an electrical appliance :

(a) The original cost of the machine used (Purchased in June, 2003) was Rs. 10,000. Its estimated life is 10 years, the estimated scrap value at the end of its life is Rs. 1,000, and the estimated working time per year (50 weeks of 44 hours) is 2,200 hours of which machine maintenance etc., is estimated to take up 200 hours.

No other loss of working time is expected, setting up time, estimated a 5% of total productive time (Bank holidays are to be ignored).

(b) Electricity used by the machine during production is 16 units per hour at a cost of 9 p. per unit. No current is taken during maintenance of setting up.

(c) The machine requires a chemical solution which is replaced at the end of each week at a cost of Rs. 20 each time.

(d) The estimated cost of maintenance per year is Rs. 1,200.

(e) Two attendants control the operation of the machine together with the five other identical machines. Their combined weekly wages, insurance and the employer's contributions to holiday pay amount to Rs. 120.

(f) Departmental and general works overheads allocated to this machine for the year 2003-04 amount to Rs. 2,000.

You are required to calculate the Machine Hour Rate necessary to provide for recoupment of the costs of operating the machine.

[**Ans.** Rs. 4.65]

15. The New Enterprises Ltd. has three Production Departments A, B, C and two Service Departments D and E. The following figures are extracted from the records of the company :

	Rs.
Rent and rates	5,000
General lighting	600
Indirect wages	1,500
Power	1,500
Depreciation of Machinery	10,000
Sundries	10,000

The following further details are available :

	Total	A	B	C	D	E
Floor space (sq. ft.)	10,000	2,000	2,500	3,000	2,000	500
Light points	60	10	15	20	10	5
Direct wages (Rs.)	10,000	3,000	2,000	3,000	1,500	500
H.P. of Machines	150	60	30	50	10	—
Value of Machinery (Rs.)	2,50,000	60,000	80,000	1,00,000	5,000	5,000
Working hours	—	6,226	4,028	4,066	—	—

The expenses of D and E are allocated as follows :

	A	B	C	D	E
D	20%	30%	40%		10%
E	40%	20%	30%	10%	

What is the total cost of an article if its raw material cost is Rs. 50, labour cost Rs. 30 and it passes through Departments A, B and C for 4, 5 and 3 hours respectively?

[**Ans.** Rs. 106.25]

16. A, B, C and one service department S. The following figures are available for one month of 25 working days of 8 hours each day. All departments work all these days with full attendance :

Expenses	Total Rs.	Service Deptt. S Rs.	Prod. Deptt. A Rs.	Prod. Deptt. B Rs.	Prod. Deptt. C Rs.
Power and Lighting	1,100	240	200	300	360
Supervisor's salary	2,000	—	—	—	—
Rent	500	—	—	—	—
Welfare	600	—	—	—	—
Others	1,200	200	200	400	400
	5,400				

Supervisor's salary	20%	30%	30%	20%
Number of workers	10	30	40	20
Floor area in sq. ft.	500	600	800	600
Service rendered by Service Deptt. to Production Deptt.	—	50%	30%	20%

Calculate Labour Hour Rate for each of the Departments, A, B, C.

[**Ans.** A 30 Paise
B 25 Paise
C 40 Paise]

6

इकाई लागत विधि
(Unit Costing Method)

जब किसी उत्पादन की इकाइयाँ छोटी व समान प्रकृति की होती हैं तो उस उत्पादन की लागत निकालने के लिए लागत लेखों में इकाई लागत विधि को अपनाया जाता है। यह विधि क्रिया में बहुत ही सरल होती है। इसके अन्तर्गत उत्पादन पर होने वाले समस्त व्ययों को जोड़ दिया जाता है जिससे किसी विशेष अवधि में होने वाले कुल उत्पादन की कुल लागत ज्ञात हो जाती है तथा प्रति इकाई लागत निकालने के लिए कुल लागत को उत्पादन की कुल इकाइयों की संख्या से भाग दे दिया जाता है–

इकाई लागत पद्धति द्वारा उत्पादन की लागत निकालने के लिए प्राय: दो विधियाँ अपनायी जाती हैं :

1. लागत पत्र या लागत विवरण (Cost Sheet or Statement of Cost)
2. उत्पादन खाता (Production Account)

लागत पत्र
(Cost Sheet)

पिछले अध्यायों में लागत के विभिन्न तत्वों का विवरण हम पढ़ चुके हैं। इन तत्वों को जब एक निश्चित ढंग से प्रस्तुत किया जाता है तो उससे उत्पादन की लागत ज्ञात की जा सकती है। इकाई लागत विधि के अन्तर्गत उत्पादन की लागत निकालने के लिए एक विवरण बनाया ज़ाता है जिसे लागत का विवरण (Statement of Cost) या लागत पत्र (Cost Sheet) कहते हैं। इस विवरण की डब्ल्यू॰ डब्ल्यू॰ बिग ने निम्नलिखित परिभाषा दी है :

"उत्पादन पर होने वाले समान व्ययों को, जो कि किसी निश्चित अवधि से सम्बन्धित होते हैं, एक स्मरण विवरण के रूप में आर्थिक पुस्तकों तथा स्टोर के लेखों से उद्धृत किया जाता है और यदि यह विवरण उस समय में निर्मित इकाइयों की लागत को बतलाता है तो उसे लागत पत्र के नाम से जाना जाता है।"[1]

---

1. "The expenditure, which has been incurred upon production for a period, is extracted from the financial books and the stock records, and set out in a memorandum statement. If this statement is confined to the discloser of the cost of the units produced during the period it is termed a Cost Sheet."

—*W.W. Bigg*

इस परिभाषा के अनुसार लागत पत्र का आशय ऐसे प्रपत्र से होता है जो कि किसी निश्चित समय में उत्पादित इकाइयों की लागत को बतलाता है। इस परिभाषा को देखने के पश्चात् यह कहा जा सकता है कि लागत पत्र का आशय एक ऐसे विवरण से होता है जिसमें कि किसी निश्चित समय में होने वाले उत्पादन के विभिन्न व्ययों को एक विशेष ढंग से लिखा जाता है। ये उत्पादन व्यय सम्बन्धी सूचनाएँ वित्तीय लेखों व स्टोर के लेखों से ली जाती हैं। इस प्रपत्र को प्रबन्धक उत्पादन की कार्यक्षमता पर नियंत्रण करने व विभिन्न समयों की उत्पादन लागत की पारस्परिक तुलना करने के लिये प्रयोग करते हैं। इस प्रपत्र के द्वारा प्रति इकाई उत्पादन लागत भी निकाली जाती है। लागत पत्र एक निश्चित अवधि के अन्तर से निरन्तर बनाए जाते हैं। यह अवधि प्रायः साप्ताहिक, पाक्षिक, मासिक, त्रैमासिक, अर्द्धवार्षिक तथा वार्षिक होती है। लागत पत्र की मुख्य विशेषताएँ निम्नलिखित होती हैं :

1. लागत पत्र में उत्पादन व्ययों को लिखा जाता है।

2. लागत पत्र एक निश्चित अवधि के अन्तर से बनाए जाते हैं।

3. इसके अन्तर्गत उत्पादन की लागत विभिन्न अवस्थाओं (stages) में अलग-अलग ज्ञात की जाती है।

4. इस प्रपत्र के द्वारा प्रति इकाई लागत की भी गणना की जाती है।

5. विभिन्न समयों की लागत की तुलना करने के उद्देश्य से प्रायः लागत पत्र में वर्तमान उत्पादन की लागत के साथ ही पिछले समय की लागत भी लिखी जाती है।

6. लागत पत्र के लिये सूचनाएँ भंडार गृह के लेखों तथा वित्तीय लेखों से भी ली जाती हैं।

लागत पत्र के उद्देश्य
(Objects of Cost Sheet)

लागत पत्र के निम्नलिखित मुख्य उद्देश्य होते हैं–

1. सही लागत की गणना (Calculation of correct cost)–लागत पत्र का प्रथम उद्देश्य उत्पादन की सही लागत ज्ञात करना होता है। इसके अन्तर्गत उत्पादन के विभिन्न तत्वों को लिखकर लागत ज्ञात कर ली जाती है।

2. प्रति इकाई लागत की गणना (Calculation of cost per unit)–लागत पत्र का द्वितीय उद्देश्य उत्पादन की जाने वाली प्रति इकाई लागत ज्ञात करना है। इसमें कुल लागत ज्ञात करने के साथ ही साथ प्रति इकाई लागत भी ज्ञात की जा सकती है।

3. उत्पादन की लागत विभिन्न अवस्थाओं में ज्ञात करना (Calculation of cost in various stages)–इस पत्र का एक उद्देश्य उत्पादन की विभिन्न

अवस्थाओं (stages) पर भी लागत ज्ञात करना होता है। इससे उत्पादन की मूल लागत, कारखाना लागत तथा कुल लागत ज्ञात की जाती है।

4. लागत की तुलना करना (Comparison of cost)–लागत पत्र के द्वारा विभिन्न समयों की लागत की तुलना की जा सकती है जिससे संस्था की कार्यक्षमता को बनाए रखा जा सकता है तथा अपव्ययों को रोका जा सकता है।

लागत पत्र का एक नमूना नीचे दिया जा रहा है।

Cost Sheet of...........

For the period ending on..............

Output.............

Cost of Previous Period	Particulars	Cost of Production Amount (Rs.)	Cost per unit Amount (Rs.)
...	Material consumed	...	...
...	Direct labour	...	...
...	Direct expenses	...	...
...	**Prime Cost**	...	...
...	+ Works overheads	...	...
	Works Cost	...	...
...	+ Administrative overheads	...	...
...	**Total Cost**	...	...

Illustration 1

Prepare a Cost Sheet from the following particulars for the period ended on 31st March, 2004 :

	Rs.
Direct materials	25,000
Direct wages	22,000
Direct expenses	8,000
Factory expenses	15,000
Administration expenses	11,000
Units produced	1,000

Solution

Cost Sheet For the period ended on 31st March, 2004 Output 1000 Units		
Particulars	Cost of Production Amount (Rs.)	Cost of one unit (Rs.)
Direct materials	25,000	25.00
Direct wages	22,000	22.00
Direct expenses	8,000	8.00
Prime Cost	55,000	55.00
+ Factory expenses	15,000	15.00
Factory Cost	70,000	70.00
+ Administration expenses	11,000	11.00
Total Cost of Production	81,000	81.00

प्रयुक्त सामग्री के मूल्य की गणना
(Calculation of Cost of Material Consumed)

लागत पत्र बनाते समय यह ज्ञात करना भी आवश्यक होता है कि उत्पादन के लिये कितनी सामग्री प्रयोग की गई। प्रयुक्त सामग्री के मूल्य की गणना करने के लिये कच्चे माल के प्रारम्भिक शेष में उत्पादन अवधि में खरीदी गई सामग्री के मूल्य को जोड़ कर कच्चे माल के अन्तिम शेष को घटा दिया जाता है। यदि सामग्री को क्रय करने के लिये ढुलाई के सम्बन्ध में भी कोई व्यय किया गया है तो इसे भी सामग्री के मूल्य में जोड़ देते हैं। प्रयुक्त सामग्री के मूल्य की गणना निम्नलिखित विधि से की जा सकती है।

	धनराशि
कच्चे माल का प्रारम्भिक शेष	...
+ कच्चे माल का क्रय मूल्य	...
+ क्रय पर ढुलाई व्यय (यदि कोई हो)	...
–कच्चे माल का अन्तिम शेष	...
प्रयुक्त सामग्री की लागत	...

Illustration 2

Calculate the amount of material consumed for the production during the month of September, 2004 from the following particulars :

	Rs.
Stock of Raw Material (1-9-2004)	10,000
Purchases	14,000
Carriage inwards	2,000
Stock of Raw Material (30-9-2004)	8,000

Solution

Calculation of Cost Material Consumed

(For the month of September, 2003)

	Rs.
Opening stock of Raw Material	10,000
+ Purchases	14,000
+ Carriage inwards	2,000
	26,000
– Closing Stock of Raw Material	8,000
Cost of Material Consumed	18,000

Illustration 3

The following information is shown in the books of manufacturing concern for the year ending on 31st March, 2004 :

	Rs.
Stock of Raw Material (1-4-2003)	10,500
Stock of Raw Material (31-3-2004)	8,200
Purchases	11,700
Carriages thereon	500
Direct wages	14,000
Chargeable expenses	8,500
Factory expenses	9,200
Administrative expenses	4,800

Prepare a Cost-sheet from the above details.

Solution

Cost Sheet

For the year ending on 31st March, 2004

Particulars		Cost of Production Rs.
Value of Material Consumed :		
Opening Stock of Raw Material	10,500	
+ Purchases	11,700	
+ Carriage	500	
	22,700	
– Closing Stock of Raw Material	8,200	
		14,500
Direct wages		14,000
Chargeable expenses		8,500
Prime Cost		37,000
+ Factory expenses		9,200
Works Cost		46,200
+ Administration expenses		4,800
Total Cost of Production		51,000

प्रतिशतों का प्रयोग
(Use of Percentages)

लागत पत्र बनाते समय प्रतिशतों का प्रयोग भी बहुत किया जाता है। प्रतिशतों का प्रयोग निम्नलिखित कार्यों के लिये करते हैं–

(अ) विभिन्न अवधियों के व्ययों की आपस में तुलना करने के लिये यह ज्ञात किया जाता है कि किसी समय में उत्पादन पर किसी विशेष प्रकार का व्यय अधिक तो नहीं किया जा रहा है।

(ब) विभिन्न व्ययों के सम्बन्ध में यह ज्ञात करने के लिये कि वे कुल लागत का कितना भाग है अर्थात् कुल लागत पर उत्पादन के प्रत्येक व्यय का प्रतिशत क्या है। इसे निम्नलिखित विधि से ज्ञात किया जा सकता है।

$$\% = \frac{\text{व्यय}}{\text{कुल लागत}} \times 100$$

(स) कारखाना उपरिव्यय का प्रत्यक्ष श्रम से सम्बन्ध स्थापित करने के लिये निम्नलिखित विधि का प्रयोग करते हैं।

$$\% = \frac{\text{कारखाना उपरिव्यय}}{\text{प्रत्यक्ष श्रम}} \times 100$$

(द) प्रशासनिक व्ययों के सम्बन्ध में कारखाना लागत से प्रतिशत ज्ञात करने के लिए निम्न विधि का प्रयोग करते हैं–

$$\% = \frac{\text{प्रशासनिक उपरिव्यय}}{\text{कारखाना लागत}} \times 100$$

(य) उत्पादन के विभिन्न व्ययों का विक्रय मूल्य के साथ प्रतिशत को निम्न विधि से निकालते हैं–

$$\% = \frac{\text{व्यय}}{\text{विक्रय मूल्य}} \times 100$$

(र) विक्रय मूल्य पर लाभ का प्रतिशत ज्ञात करने के लिये निम्न विधि का प्रयोग करते हैं–

$$\% = \frac{\text{लाभ}}{\text{विक्रय मूल्य}} \times 100$$

Illustration 4

The following expenses are related to the production of 1000 units during the month of August 2004.

	Rs.
Direct Material	12,000
Wages	10,000
Factory Rent & Rates	1,000
Depreciation on Machinery	500
Supervisor's Salary	1,500
Indirect Material	200
Indirect Labour	300
Office Expenses	1,500
Other Factory Expenses	500
Office Salaries	1,800
Printing and Stationery	200
Administrative Expenses	2,500

Prepare a Statement of Cost showing :

(a) Prime Cost, (b) Works Cost, (c) Total Cost of Production, (d) Cost of one unit, (e) Percentage of various expenses on Total Cost.

Solution

Statement of Cost

For the month of August, 2004

Output 1000 units

Items of Expenditure	Cost of 1000 units (Rs.)	Cost of one unit (Rs.)	% of Total Cost
Direct Material	12,000	12.00	37.50
Wages	10,000	10.00	31.25
Prime Cost	22,000	22.00	68.75
+ Works overheads :			
Factory Rent & Rates	1,000	1.00	3.13
Depreciation on machinery	500	.50	1.56
Supervisor's Salary	1,500	1.50	4.68
Indirect Material	200	.20	.63
Indirect Labour	300	.30	.94
Other Factory Expenses	500	.50	1.56
Works Cost	26,000	26.00	81.25
+ Administrative Overheads :			
Office Expenses	1,500	1.50	4.68
Office Salaries	1,800	1.80	5.62
Printing & Stationery	200	.20	.63
Administrative Expenses	2,500	2.50	7.82
Total Cost	32,000	32.00	100.00

चालू कार्य
(Work-in-Progress)

चालू कार्य से आशय उस कार्य से होता है जो कि लागत पत्र बनाने के समय तक प्रारम्भ तो कर दिया गया है लेकिन पूर्ण नहीं हुआ है। ऐसे कार्य को अर्द्धनिर्मित कार्य भी कहते हैं। उत्पादन की ठीक लागत ज्ञात करने के लिए यह बहुत आवश्यक है कि इस प्रकार के कार्य के सम्बन्ध में भी उचित क्रिया अपनायी जाए अर्थात् इस प्रकार के कार्य की लागत भी मालूम की जाए। चालू कार्य दो प्रकार का हो सकता है। वह कार्य जो कि उत्पादन प्रारम्भ करते समय अर्द्धनिर्मित था तथा वह कार्य जो कि लागत पत्र बनाने की तिथि पर अर्द्धनिर्मित है। इन दोनों प्रकार के कार्य को क्रमशः चालू कार्य का प्रारम्भिक शेष तथा चालू कार्य का अन्तिम शेष कहते हैं। चालू कार्य के मूल्यांकन का कार्य बहुत कठिन होता है क्योंकि इस प्रकार के कार्य के सम्बन्ध में यह ज्ञात नहीं हो पाता है कि इस कार्य के लिए वास्तव में कितने व्यय किए गए हैं। चालू कार्य के मूल्यांकन के सम्बन्ध में दो मत प्रचलित

हैं। प्रथम मत के अनुसार चालू कार्य की गणना मूल लागत (Prime Cost) के आधार पर की जाती है तथा दूसरे मतानुसार चालू-कार्य की गणना करते समय फैक्ट्री के व्ययों को भी शामिल किया जाता है अर्थात् इस मत के अनुसार चालू-कार्य का मूल्यांकन फैक्ट्री लागत (Works Cost) के आधार पर करते हैं। प्राय: द्वितीय विधि के अनुसार ही चालू कार्य का मूल्यांकन करते हैं। चालू कार्य के दोनों शेषों को लागत पत्र में निम्नलिखित ढंग से दिखाते हैं :–

	धनराशि
मूल लागत	...
+ फैक्ट्री उपरिव्यय	...
+ चालू कार्य का प्रारम्भिक शेष	...
– चालू कार्य का अन्तिम शेष	...
फैक्ट्री लागत	...

Illustration 5

The following data are extracted from the books of a television manufacturing company related to the year 2004.

	Rs.
Purchases of Material	3,50,000
Direct Labour employed	4,20,000
Direct Expenses	80,000
Factory Rent	25,000
Foreman's Salary	35,000
Production Manager's Salary	84,000
Other Factory Expenses	16,000
Factory Lighting	7,000
Supervisory Expenses	23,000
Stock on 1st January, 2004 :	
Raw Material	1,50,000
Work-in-Progress	90,000
Stock on 31st December, 2004 :	
Raw Material	1,00,000
Work-in-Progress	1,20,000
Director's Fees	50,000
Legal Expenses	12,000
Office Rent	23,000
Office Expenses	10,000
Printing & Stationery	5,000

Number of televisions produced during the year 500 units.

Find out the cost of a television from the above particulars with the help of Statement of Cost.

Solution

Statement of Cost
For the year 2003
(Output 500 Televisions)

Particulars	Rs.	Cost of 500 units (Rs.)	Cost of one unit (Rs.)
Value of Material Consumed :			
Opening Stock of Raw Material	1,50,000		
+ Purchases	3,50,000		
	5,00,000		
– Closing Stock of Raw Material	1,00,000	4,00,000	800
Direct Labour		4,20,000	840
Direct Expenses		80,000	160
Prime Cost		9,00,000	1,800
+ Factory Overheads :			
Factory Rent	25,000		
Foreman's Salary	35,000		
Production Manager's Salary	84,000		
Other Factory Expenses	16,000		
Factory Lighting	7,000		
Supervisory Expenses	23,000	1,90,000	380
		10,90,000	2,180
+ Opening Stock of Work-in-Progress		90,000	180
		11,80,000	2,360
– Closing Stock of Work-in-Progress		1,20,000	240
Works Cost		10,60,000	2,120
+ Administrative Expenses :			
Director's Fees	50,000		
Legal Expenses	12,000		
Office Rent	23,000		
Office Expenses	10,000		
Printing & Stationery	5,000	1,00,000	200
Total Cost of Production		11,60,000	2,320

विक्रय मूल्य तथा लाभ की गणना
(Calculation of Selling Price and Profit)

लागत पत्र के अन्तर्गत यदि कुछ अन्य सूचनाओं को भी सम्मिलित कर लिया जाता है तो उसके द्वारा विक्रय मूल्य तथा लाभ की गणना की जा सकती है। ये सूचनाएँ निर्मित माल के प्रारम्भिक व अन्तिम शेष तथा विक्रय एवं वितरण के उपरिव्ययों के सम्बन्ध में होती हैं। विक्रय मूल्य तथा लाभ की गणना करने के लिये उत्पादन की कुल लागत में निम्नलिखित समायोजन किये जाते हैं–

	रु०
उत्पादन की कुल लागत	...
+ निर्मित माल का प्रारम्भिक शेष	...
– निर्मित माल का अन्तिम शेष	...
बेचे हुए माल की लागत	...
+ विक्रय तथा वितरण उपरिव्यय	...
विक्रय लागत	...
+ लाभ	...
विक्रय मूल्य	...

कभी-कभी प्रश्न में लाभ का प्रतिशत विक्रय मूल्य पर दिया होता है लेकिन विक्रय मूल्य नहीं दिया होता तो उस समय लाभ की गणना करने के लिये विक्रय लागत का प्रयोग करते हैं तथा निम्नलिखित सूत्र की सहायता से लाभ की धनराशि का पता लगा लेते हैं।

$$\text{लाभ} = \frac{\text{विक्रय लागत} \times \text{विक्रय मूल्य पर लाभ का प्रतिशत}}{100 - \text{विक्रय मूल्य पर लाभ का प्रतिशत}}$$

उपरोक्त सूत्र का स्पष्टीकरण निम्नलिखित उदाहरण की सहायता से हो जाएगा।

Example : Calculate the amount of Profit from the following information :

Selling Cost	Rs. 20,000
Percentage of Profit on Sales	20%

$$\text{Profit} = \frac{\text{Selling Cost} \times \% \text{ of Profit on Sales}}{100 - \% \text{ of Profit on Sales}}$$

$$= \frac{20{,}000 \times 20}{100 - 20}$$

$$= \frac{20{,}000 \times 20}{80}$$

$$= \text{Rs. } 5{,}000$$

Illustration 6

You are given the following details of expenses incurred in a factory during the six monthly period ending on 30th June, 2004.

	Rs.		Rs.
Opening Stock of Raw material	23,200	Factory Cleaning	100
Purchases	31,700	Factory Rent & Rates	1,800
Carriages thereon	1,300	Repairs and maintenance	150
Productive wages	32,000	Factory Lighting and Heating	250
Royalty paid	6,000	Power Consumed	3,100
Non-productive wages	1,200	Foreman's Salary	1,900
Indirect Material	1,300	Depreciation on Machinery	400
Haulage	500	Estimating Expenses	440
Drawing Office Salary	800	Salesman's Salary	1,300
Director's Fees (Director Devoted 1/3 of his time for factory)	3,600	Travelling Expenses	700
		Advertising Expenses	600
		Carriage outward	200
Interest on Capital	2,000	Cash discount allowed	1,500
Supervisor's Salary	1,200	Warehouse Rent	300
Loose Tools written off	300	Delivery Van's Depreciation	150
Bank Charges	150	Unkeep of Delivery Vans	50
Legal Expenses	350	Sales Manager's Salary	1,500
Printing and Stationery (Office)	500	Commission on Sales	270
		Opening Work-in-Progress	9,900
Printing and Stationery (Factory)	100	Opening Stock of Finished goods	28,200
Postages	150	Closing Stock of Raw Material	13,100
Bad Debts	830	Closing Work-in-Progress	8,900
Water Supply	260	Closing Stock of Finished Goods	32,100
Office Rent	1,200		
Depreciation on Office Furniture	190	Units Produced during the Period	2,000 units
Chargeable Expenses	2,900	Sales	Rs. 1,30,000
Office Superintendent's Salary	1,000		
Miscellaneous Office Expenses	2,060		

Find out the following from the above details :

(a) Cost of material consumed, (b) Prime cost, (c) Factory cost, (d) Cost of production, (e) Cost of goods sold, (f) Selling cost, (g) Profit, (h) Percentage of Profit on sales, (i) Cost per unit.

Solution

Statement of Production
For the six months ending on 30th June, 2004
Output 2000 units

Particulars		Cost of 2000 units (Rs.)	Cost of one unit (Rs.)
Cost of Material Consumed :	Rs.		
Opening Stock of Raw Material	23,200		
+ Purchases	31,700		
+ Carriage	1,300		
	56,200		
– Closing Stock of Raw Material	13,100	43,100	21.55
Productive wages		32,000	16.00
Royalty		6,000	3.00
Chargeable Expenses		2,900	1.45
Prime Cost		84,000	42.00
+ Factory Overheads :			
Non-productive wages	1,200		
Indirect Material	1,300		
Factory Cleaning	100		
Factory Rent & Rates	1,800		
Repairs & maintenance	150		
Factory Lighting & Heating	250		
Power Consumed	3,100		
Foreman's Salary	1,900		
Depreciation on Machinery	400		
Haulage	500		
Drawing Office Salary	800		
1/3 of Director's Fees (3,600)	1,200		
Supervisor's Salary	1,200		
Loose Tools written off	300		
Printing and Stationery (Factory)	100		
Water Supply	260		
Estimating Expenses	440	15,000	7.50
		99,000	49.50
+ Opening Work-in-Progress		9,900	4.95
		1,08,900	54.45
– Closing Work-in-Progress		8,900	4.45
Factory Cost		1,00,000	50.00

(*Contd...*)

	Rs.	Rs.	Rs.
+ Administrative Expenses :			
2/3rd of Director's Fees	2,400		
Bank Charges	150		
Legal Expenses	350		
Printing & Stationery (Office)	500		
Postages	150		
Office Rent	1,200		
Depreciation of Office Furniture	190		
Office Superintendent's Salary	1,000		
Misc. Office Expenses	2,060	8,000	4.00
Total Cost of Production	1,08,000	54.00	
+ Opening stock of finished goods		28,200	
	1,36,200		
– Closing stock of finished goods		32,100	
Cost of Goods Sold	1,04,100		
+ Selling and Distribution Expenses :			
Bad Debts	830		
Salesman's Salary	1,300		
Travelling Expenses	700		
Advertising Expenses	600		
Carriage Outward	200		
Warehouse Rent	300		
Delivery Van's Depreciation	150		
Upkeep of Delivery Vans	50		
Sales Manager's Salary	1,500		
Commission on Sales	270	5,900	
	Selling Cost	1,10,000	
	Profit (15.4% on sales)	20,000	
Sales		1,30,000	

Note : Cash discount and interest on capital will not be included in Cost Sheet as these are purely financial items.

Illustration 7

The cooks and records of Anand Manufacturing Co. present the following data for the month of August 2004 :

Direct Labour Cost Rs. 16,000 (160% of factory overheads)
Cost of Goods Sold Rs. 56,000

Inventory accounts showed these opening and closing balances :

	August 1 (Rs.)	August 31 (Rs.)
Raw Materials	8,000	8,600
Work-in-Progress	8,000	12,000
Finished Goods	14,000	18,000

Other data :

Selling Expenses	Rs. 3,400
General and Administration Expenses	Rs. 2,600
Sales for the month	Rs. 75,000

You are required to prepare a statement showing cost of goods manufactured and sold and profit earned.

Solution

Statement of Cost and Profit
(For the month of August, 2004)

Particulars		Amount (Rs.)
Cost of Materials Consumed :		
	Rs.	
Opening Stock of Raw Material	8,000	
+ Purchases of Raw Material	36,000*	
	44,000	
– Closing Stock of Raw Material	8,600	35,400
Direct Labour		16,000
Prime Cost		51,400
Add : Factory Overheads $\left(\frac{16,000\times100}{160}\right)$		10,000
Gross Works Cost		61,400
Add : Opening Work-in-Progress		8,000
		69,400
Less : Closing Work-in-Progress		12,000
Works Cost		57,400
Add : Administration Overheads		2,600
Total Cost of Production		60,000
Add : Opening Stock of Finished Goods		14,000
		74,000
Less : Closing Stock of Finished Goods		18,000
Cost of Goods Sold		56,000
Add : Selling Overheads		3,400
Cost of Sales		59,400
Add : Profit		15,600
Sales		75,000

*Note : The amount of purchase of raw materials is being calculated as follows :

	Rs.
Cost of Goods Sold	56,000
+ Closing Stock of Finished Goods	18,000
	74,000
– Opening Stock of Finished Goods	14,000
Cost of Production	60,000
– Administration Overheads	2,600
Works Cost	57,400
+ Closing Work-in-Progress	12,000
	69,400
– Opening Work-in-Progress	8,000
Gross Works Cost	61,400
– Factory Overheads	10,000
Prime Cost	51,400
– Direct Labour	16,000
Cost of Material Consumed	35,400
+ Closing Stock of Raw Material	8,600
	44,000
– Opening Stock of Raw Material	8,000
Purchase of Raw Material	36,000*

Illustration 8

A factory produces 100 units of a commodity. The cost of production is :

	Rs.
Direct Materials	10,000
Direct Wages	5,000
Chargeable Expenses	1,000
The Overhead Expenses are :	
(a) Factory	6,500
(b) Administration	3,480

If profit of 25% on sales is to be realised what would be the selling price of each unit of the commodity?

(B.Com. Pass, Supple., Delhi)

Solution

Statement Showing Cost and Profit

Output 100 units

Particulars	Cost of Production (Rs.)	Cost of one unit (Rs.)
Direct Materials	10,000	100.00
Direct Labour	5,000	50.00
Chargeable Expenses	1,000	10.00
Prime Cost	16,000	160.00
+ Factory overheads	6,500	65.00
Factory Cost	22,500	225.00
+ Administration overheads	3,480	34.80
Total Cost of Production	25,980	259.80
+ Profit (25% on sales)	8,660	86.60
Sales	34,640	346.40

Illustration 9

The following data related to manufacture of a standard product during the month of April, 2004 :

Raw materials	Rs. 80,000
Direct wages	Rs. 48,000
Machine hours worked	8000
Machine hour rate	Rs. 4.00
Administration overhead 10% of works cost.	
Selling overheads	Rs. 1.50 per unit
Units produced	4000
Units sold	3600 @ Rs. 50 each

You are required to prepare a cost sheet in respect of the above showing :

(i) Cost per unit, (ii) Profit for the month.

(*B.Com. Pass, Delhi*)

Solution

(i) Cost Sheet for the month of April, 2004

Output 4000 units

Particulars	Cost of Production (Rs.)	Cost per unit (Rs.)
Raw materials	80,000	20.00
Direct wages	48,000	12.00
Prime Cost	1,28,000	32.00
+ Factory overheads	32,000	8.00
Works Cost	1,60,000	40.00
+ Administration overheads (10% on works cost)	16,000	4.00
Total Cost of Production	1,76,000	44.00

(ii) Statement showing profit for the month of April, 2004

Particulars	Amount Rs.
Cost of units sold (3600 units @ Rs. 44 each)	1,58,400
+ Selling overheads	5,400
Selling Cost	1,63,800
+ Profit	16,200
Sales	1,80,000

Illustration 10

In a factory two types of radios are manufactured, viz., Orient and Sujon Models. From the following particulars prepare a statement showing cost and profit per radio sold. There is no opening or closing stock.

	Orient Rs.	Sujon Rs.
Labour	15,600	62,920
Materials	27,300	1,08,680

Works overhead is charged at 80% on labour and administration overhead is taken at 15% on works cost. The selling price of both radios is Rs. 1,000. 78 Orient radios and 286 Sujon radios were sold.

(B.Com. Pass, Delhi)

Solution

Statement of Cost

Particulars	Orient		Sujon	
	Cost of 78 Radios (Rs.)	Cost of one Radio (Rs.)	Cost of 286 Radios (Rs.)	Cost of one Radio (Rs.)
Labour	15,600	200.00	62,920	220.00
Materials	27,300	350.00	1,08,680	380.00
Prime Cost	42,900	550.00	1,71,600	600.00
+ Works overhead (80% on Labour)	12,480	160.00	50,336	176.00
Works Cost	55,380	710.00	2,21,936	776.00
+ Administration overhead **(15% on Works Cost)**	8,307	106.50	33,290.40	116.40
Total Cost of Production	63,687	816.50	2,55,226.40	892.40

Statement of Profit per Radio

Particulars	Orient Rs.	Sujon Rs.
Selling Price	1,000.00	1,000.00
– Cost of production per radio	816.50	892.40
Profit	183.50	107.60

उपरिव्ययों का बंटवारा
(Distribution of Overheads)

यदि किसी प्रश्न में कई प्रकार की वस्तुओं के उत्पादन से सम्बन्धित सूचनाएं दी हुई हैं और साथ ही साथ उपरिव्यय मिश्रित दिये हुए हैं तो प्रत्येक उत्पादन की लागत निकालने के लिये उन व्ययों को विभिन्न उत्पादनों में बंटवारा करना अति आवश्यक है। बंटवारे के लिए कोई उचित आधार प्रयोग करना चाहिए। प्रायः कारखाना उपरिव्ययों को प्रत्यक्ष श्रम के अनुपात में, प्रशासन उपरिव्ययों को कारखाना लागत के अनुपात में तथा विक्रय एवं वितरण सम्बन्धी उपरिव्ययों को विक्रय की गई इकाइयों के अनुपात में बाँटा जाता है। लेकिन यदि प्रश्न में कोई आधार दिया हो तो केवल उसी आधार का प्रयोग करना चाहिए।

Illustration 11

Trading & Profit and Loss A/c of
Electric Engineering Limited

For the year ending on 31st December, 2004

		Rs.			Rs.
To Cost Material :			By Sales :		
A	10,000		A	31,000	
B	8,000		B	25,000	
C	6,000	24,000	C	24,000	80,000
To Wages :					
A	12,000				
B	7,000				
C	11,000	30,000			
To Manufacturing Expenses		6,000			
To Gross Profit c/d		20,000			
		80,000			80,000
To General Expenses		1,200	By Gross Profit b/d		20,000
To Staff Salaries		2,300			
To Director's Fees		2,500			
To Office Expenses		3,300			
To Selling Expenses		2,700			
To Net Profit		8,000			
		20,000			20,000

Prepare a statement showing a cost and profit of different articles A, B, C separately, if :

(i) Units manufactured and sold of A, B, C articles were 1600, 800 and 600 respectively.

(ii) Manufacturing expenses are to apportioned in the ratio of direct wages.

(iii) General expenses, staff salaries, director's fees and office expenses should be distributed in the ratio of works cost of different articles.

(iv) Selling expenses incurred equally on per unit sold.

Solution

Statement Showing Cost and Profit of Articles A, B and C

Produced and sold during the year ended on 31st December, 2004

Particulars		Article A		Article B		Article C	
		Cost of 1600 units (Rs.)	Cost of one unit (Rs.)	Cost of 800 units (Rs.)	Cost per unit (Rs.)	Cost of 600 units (Rs.)	Cost per unit (Rs.)
Direct Material		10,000	6.25	8,000	10.00	6,000	10.00
Direct Labour		12,000	7.50	7,000	8.75	11,000	18.33
Prime Cost		22,000	13.75	15,000	18.75	17,000	28.33
+Manufacturing cost (12 : 7 : 11)		2,400	1.50	1,400	1.75	2,200	3.67
Works Cost		24,400	15.25	16,400	20.50	19,200	32.00
+Administrative Expenses (61 : 41 : 48)							
General Expenses	1,200						
Staff Salaries	2,300						
Director's Fees	2,500						
Office Expenses	3,300						
	9,300	3,782	2.36	2,542	3.18	2,976	4.96
Total Cost of Production		28,182	17.61	18,942	23.68	22,176	36.96
+Selling Expenses (8 : 4 : 3)		1,440	.90	720	.90	540	.90
Cost of Sales		29,622	18.51	19,662	24.58	22,716	37.86
Profit		1,378	.86	5,338	6.67	1,284	2.14
Sales		31,000	19.37	25,000	31.25	24,000	40.00

Illustration 12

A company makes two types of toys A and B. The total expenses during a period as shown by the books for assembly of 3000 units of A and 4000 units of B are as under :

	Rs.
Material	9,90,000
Direct Wages	60,000
Stores Overheads	99,000
Running Expenses of Machine	22,000
Depreciation	11,000
Labour amenities	7,500
General Works Expenses	1,50,000
Administration and Selling Expenses	1,34,000

Other data available to you are :

	A		B
Material cost ratio per unit	1	:	2
Direct Labour ratio per unit	2	:	3
Machine utilisation ratio per unit	1	:	2

Calculate the cost of each vehicle per unit giving reason for the basis of apportionment adopted by you.

Solution

Statement of Cost

Particulars	Toy A Units = 3000		Toy B Units = 4000	
	Total Cost (Rs.)	Cost per unit (Rs.)	Total Cost (Rs.)	Cost per unit (Rs.)
Direct Material	2,70,000	90.00	7,20,000	180.00
Direct Wages	20,000	6.67	40,000	10.00
Prime Cost	2,90,000	96.67	7,60,000	190.00
Add : Works Overheads :				
Stores Overheads	27,000	9.00	72,000	18.00
Running Expenses of Machine	6,000	2.00	16,000	4.00
Depreciation	3,000	1.00	8,000	2.00
Labour Amenities	2,500	0.83	5,000	1.25
General Works Exp.	50,000	16.67	1,00,000	25.00
Works Cost	3,78,500	126.17	9,61,000	240.25
Add : Administration and Selling Overheads	37,864	12.62	96,136	24.03
Total Cost	4,16,364	138.79	10,57,136	264.28

Working Note

In this problem joint expenses for both types of toys are given. These expenses will be apportioned on the basis of weighted ratios as follows :

(i) *Material Cost*

Total Rs. 9,90,000

Material Cost Ratio per unit of A and B 1 : 2

Considering Units Weighted ratio of

A and B will be = 1 × 3000 : 2 × 4000

= 3 : 8

$\therefore$ Cost of Material for $A = 9{,}90{,}000 \times \frac{3}{11} = \text{Rs. } 2{,}70{,}000$

$B = 9{,}90{,}000 \times \frac{8}{11} = \text{Rs. } 7{,}20{,}000$

(ii) *Direct Wages*

Total Rs. 60,000

Per unit Ratio of A and B = 2 : 3

Weighted Ratio of A and B = 2 × 3000 : 3 × 4000

$\therefore$ Direct wages for $A = 60{,}000 \times \frac{1}{3} = \text{Rs. } 20{,}000$

$B = 60{,}000 \times \frac{2}{3} = \text{Rs. } 40{,}000$

(iii) *Stores Overheads* = 6 : 12 or 1 : 2

These should be divided on the basis of material cost ratio :

$\therefore$ For $A = 99{,}000 \times \frac{3}{11} = \text{Rs. } 27{,}000$

$B = 99{,}000 \times \frac{8}{11} = \text{Rs. } 72{,}000$

(iv) *Running Expenses for Machine*

Total Rs. 22,000

Ratio per unit for A and B = 1 : 2

Weighted Ratio for A and B = 1 × 3000 : 2 × 4000

= 3 : 8

$\therefore$ Running expenses for $A = 22{,}000 \times \frac{3}{11} = \text{Rs. } 6{,}000$

$B = 22{,}000 \times \frac{8}{11} = \text{Rs. } 16{,}000$

(v) *Depreciation*

It should be divided in the ratio of running expenses of machine :

$\therefore$ For $A = 11{,}000 \times \frac{3}{11} = \text{Rs. } 3{,}000$

$B = 11{,}000 \times \frac{8}{11} = \text{Rs. } 8{,}000$

(vi) *Labour Amenities*

This should be divided in Labour Cost ratio :

$\therefore$ For $A = 7{,}500 \times \frac{3}{11} = \text{Rs. } 2{,}500$

$$B = 7,500 \times \frac{2}{3} = \text{Rs. } 5,000$$

(vii) *General Works Expenses*

This should be divided in Labour Cost ratio

$$\therefore \text{For A} = 1,50,000 \times \frac{1}{3} = \text{Rs. } 50,000$$

$$B = 1,50,000 \times \frac{2}{3} = \text{Rs. } 1,00,000$$

(viii) *Administration and Selling Expenses*

These should be divided in Works Cost ratio :

$$\therefore \text{For A} = 1,34,000 \times \frac{3,785}{13,395} = \text{Rs. } 37,864$$

$$B = 1,34,000 \times \frac{9,610}{13,395} = \text{Rs. } 96,136$$

अवशेष की बिक्री
(Sale of Scrap)

कुछ उत्पादन इस प्रकार के होते हैं जिनको करने पर प्रयुक्त सामग्री का कुछ अवशेष (Scrap) बच जाता है और उस अवशेष को बेच दिया जाता है। इस परिस्थिति में अवशेष की बिक्री से प्राप्त धनराशि को किस प्रकार लागत पत्र में दिखाया जाए यह महत्वपूर्ण हो जाता है। इस सम्बन्ध में यह देखना चाहिए कि अवशेष की प्राप्ति यदि प्रमुख प्रत्यक्ष सामग्री से हुई है तो उसे प्रयुक्त सामग्री की लागत (cost of material consumed) में से घटा देते हैं। अन्यथा अवशेष की बिक्री से प्राप्त धनराशि को कारखाना लागत ज्ञात करने से पूर्व घटा देते हैं।

अवशेष की बिक्री से प्राप्त धनराशि को लागत पत्र में समायोजित करने के सिद्धांत का स्पष्टीकरण निम्नलिखित उदाहरणों से हो जाएगा।

Illustration 13

Calculate the factory cost from the following particulars :

	Rs.
Opening Balance of Raw Materials	20,000
Purchases of Raw Materials	50,000
Closing stock of Raw Materials	25,000
Direct wages	35,000
Factory overheads	20% on wages
Sale of Scrap of Materials	Rs. 5,000

Solution

Cost Sheet

Particulars	Rs.	Amount (Rs.)
Cost of materials consumed :		
Opening stock of raw materials	20,000	
+ Purchases of raw materials	50,000	
	70,000	
– Sale of scrap of materials	5,000	
	65,000	
– Closing stock of raw materials	25,000	40,000
Direct wages		35,000
Prime Cost		75,000
+ Factory overheads (20% on wages)		7,000
Factory Cost		82,000

Illustration 14

Prepare a cost sheet from the following particulars :

	Rs.
Raw Materials	25,000
Direct Labour	30,000
Chargeable Expenses	15,000
Factory Overheads	20,000
Administration Overheads	10,000
Selling and Distribution Overheads	6,000
Profit	20% on sales
Realisation from sale of scrap	Rs. 2,000

Solution

Cost Sheet

Particulars	Amount (Rs.)
Raw Materials	25,000
Direct Labour	30,000
Chargeable Expenses	15,000
Prime Cost	70,000
+ Factory Overheads	20,000
	90,000
– Sale of scrap	2,000
Factory Cost	88,000
+ Administration Overheads	10,000
Total Cost of Production	98,000
+ Selling & Distribution Overheads	6,000
Selling Cost	1,04,000
+ Profit (20% on Sales)	26,000
Sales	1,30,000

अस्वीकृत व दोषयुक्त उत्पादन
(Rejected and Defective Production)

यदि कभी किये गये उत्पादन का कुछ अंश इस प्रकार का पाया जाता है जो कि एक निश्चित प्रमाप (Standard) का नहीं है तो उसे विक्रय के लिए नहीं भेजा जाता है। उत्पादन के उस अंश को अस्वीकृत कर दिया जाता है तथा अस्वीकृत अंश का विक्रय अवशेष माल की भाँति किया जाता है तथा इस प्रकार के विक्रय की राशि को उत्पादन की कुल लागत में से घटा देते हैं। शेष धनराशि अच्छे उत्पादन (सकल उत्पादन – अस्वीकृत उत्पादन) की लागत को प्रदर्शित करती है। इसी प्रकार यदि किस्म नियंत्रक (Quality Controller) को यह पता लगता है कि उत्पादन का कुछ अंश दोषयुक्त (Defective) है और उसके दोषों को कुछ अतिरिक्त उत्पादन क्रियाएँ करके दूर किया जा सकता है तो अतिरिक्त उत्पादन क्रियाओं पर किए गए व्यय को और उत्पादन की कुल लागत ज्ञात करने के लिये जोड़ लिया जाता है।

Illustration 15

Prepare a statement showing sales price of a saleable article from the following particulars :

Materials consumed	Rs. 27,000
Direct wages	Rs. 30,000
Chargeable expenses	Rs. 5,000
Overheads	20% on Direct wages
Gross output	5000 units
Percentage of units rejected as not up to the specification	15%
Percentage of units found defective	10%
Additional expenses required for rectification of defective units	10% on proportionate Direct wages
Sale of rejected units	@ Rs. 6 per unit
Profit	16-2/3% on Sales

Solution

Statement showing Selling Price of a Saleable Article

Particulars	Units	Amount (Rs.)
Gross Output	5000	
Materials Consumed		27,000
Direct Wages		30,000
Chargeable Expenses		5,000
Prime Cost		62,000
+ Overheads (20% on Direct wages)		6,000
Total Cost of Gross Output	5000	68,000
– Sale of rejected units	750	4,500
	4250	63,500
+ Additional expenses for rectification of 425 defective units (10% of 4250)		255*
	4250	63,755
+ Profit (16 2/3% on Sales)		12,751
Selling Price		76,506

$$\text{Selling price of one article} = \frac{76,506}{4250}$$

$$= \text{Rs. } 18$$

**Note* : Calculation of additional expenses for rectification of defective articles is made as follows :

$$\text{Additional Cost} = \frac{30,000}{5000} \times 425 \times 10\%$$

$$= \text{Rs. } 255$$

अनुमानित लागत तथा टेन्डर मूल्य की गणना (Calculation of Estimated Cost and Tender Price)

लागत पत्र की सहायता से भविष्य में किए जाने वाले उत्पादन की लागत तथा टेन्डर मूल्यों की गणना भी की जा सकती है। कभी-कभी विक्रेताओं को क्रेताओं के लिये अपने उत्पादन के सम्बन्ध में यह बताना पड़ता है कि वे किस कीमत पर उन्हें माल देने के लिए तैयार हैं। इस कार्य को भी लागत पत्र की सहायता से किया जा सकता है अर्थात् टेण्डर मूल्यों की गणना लागत पत्र के द्वारा की जा सकती है। इस मूल्य को ज्ञात करने के लिये लागत पत्रों के आधार पर यह ज्ञात किया जा सकता है कि एक इकाई पर कितनी सामग्री, श्रम व अन्य खर्चे आते हैं। उसी के आधार पर निश्चित इकाइयों की कीमत निकाली जा सकती है तथा कीमत में एक निश्चित प्रतिशत से लाभ जोड़कर टेन्डर मूल्य ज्ञात हो जाता है। कभी-कभी बनाई जाने वाली वस्तुओं के सम्बन्ध में सामग्री एवं श्रम का मूल्य प्रश्न में ही दिया होता है तो ऐसी परिस्थिति में टेन्डर मूल्य ज्ञात करने के लिए एक निश्चित प्रतिशत

अन्य व्ययों के लिए और जोड़ दिया जाता है। उत्पादन के विभिन्न साधनों एवं तत्वों के मूल्यों में भविष्य में परिवर्तन होने की सम्भावना को भी ध्यान में रखकर टेन्डर मूल्य निश्चित किये जाने चाहिए।

Illustration 16

200 electric fans were manufactured and sold during the month of July, 2004 with the following expenditure :

	Rs.
Material	12,000
Wages	13,000
Direct Expenses	2,000
Overhead :	
Factory	3,500
Office	2,500
Selling and distribution	2,000
Sales	40,000

Find out the cost of production during the month and also calculate the price for 500 fans which are to be supplied in the next month charging the same percentage of profit as it was in the month of July, assuming that there is no change in the rates of various expenditure in future.

Solution

Statement of Cost

For the month of July and estimated cost for the month of August, 2004

Particulars	Cost of 200 fans Rs.	Cost of one fan Rs.	Estimated cost for 500 fans Rs.
Material	12,000	60.00	30,000
Wages	13,000	65.00	32,500
Direct Expenses	2,000	10.00	5,000
Prime Cost	27,000	135.00	67,500
+ Factory Overhead	3,500	17.50	8,750
Factory Cost	30,500	152.50	76,250
+ Office Overhead	2,500	12.50	6,250
Cost of Production	33,000	165.00	82,500
+ Selling and Distribution Overheads	2,000	10.00	5,000
Cost of Sales	35,000	175.00	87,500
Profit	5,000	25.00	12,500
Sales	40,000	200.00	1,00,000

Illustration 17

What will be the tender price of 1,400 Sewing Machines on the following information :

	Rs.
Raw Material for one machine	120
Direct wages for one machine	130
Factory overheads	30% on Direct wages
Administrative overheads	10% on works cost
Selling and Distribution Expenses	Rs. 5 per machine
Profit	25% on sales

Solution

Statement showing Tender Price of 1,400 Machines

Particulars	Amount (Rs.)
Direct Material	1,68,000
Direct wages	1,82,000
Prime Cost	3,50,000
+ Factory Overheads (30% on wages)	54,600
Works Cost	4,04,600
+ Administrative Overheads (10% on works cost)	40,460
Cost of Production	4,45,060
+ Selling and Distribution Overheads (Rs. 5 per article)	7,000
Selling Cost	4,52,060
Profit (25% on sales)	1,50,687
Sales	6,02,747

Illustration 18

The accounts of a machine manufacturing company disclose the following information for the six months ending 31st December, 2004 :

	Rs.
Material used	1,50,000
Direct wages	1,20,000
Factory overheads	30,000
Administrative expenses	15,000

Prepare the Cost Sheet of the machines and calculate the price which the company should quote for the manufacture of a machine requiring materials valued Rs. 1,250 and expenditure in productive wages Rs. 750 so that the price might yield a profit of 20% on the selling price.

(*B.Com., Panjab*)

Solution

Cost Sheet For the period of six months ending on 31st December, 2004	
Particulars	Amount (Rs.)
Material used	1,50,000
Direct wages	1,20,000
Prime Cost	2,70,000
+ Factory Overheads	30,000
Factory Cost	3,00,000
+ Administrative Expenses	15,000
Total Cost of Production	3,15,000

Statement showing Quotation Price of a Machine	
Particulars	Amount (Rs.)
Materials	1,250
Wages	750
Prime Cost	2,000
+ Factory Overheads (25% of wages)	187.50
Factory Cost	2,187.50
+ Administrative Expenses (5% of Factory cost)	109.38
	2,296.88
+ Profit (20% on selling price)	574.22
Selling Price	2,871.10

Note : Calculations of estimated factory overheads and administrative overheads are made on the basis of percentage on direct wages and factory cost respectively as follows :

1. Factory overheads Rate $= \frac{\text{Actual Factory overheads}}{\text{Actual Direct wages}} \times 100$

$$= \frac{30,000}{1,20,000} \times 100$$

$$= 25\%$$

2. Administrative Expenses $= \frac{\text{Actual Administrative Expenses}}{\text{Actual Factory Cost}} \times 100$

$$= \frac{15,000}{3,00,000} \times 100$$

$$= 5\%$$

Illustration 19

Following is a schedule of expenses incurred during three months ending on 31st March, 2004 in Modern Chemical Industries :

		Rs.
Direct Material		18,900
Labour		19,000
Direct Expenses		5,100
Overheads —		
Fixed	6,200	
Variable @ Rs. 4 per unit	4,800	11,000
Units produced		1200 units
Sales (Rs. 50 per unit)		Rs. 60,000

Find out (i) Total cost of the production (ii) % of Profit on Sale (iii) Estimated price of a commodity if 2000 units were produced during the next quarter ending on 30th June, 2004.

Solution

Statement of the Cost and Profit
For the quarter ending on 31st March, 2004

Particulars		Cost of 1200 units Rs.	Cost of one unit Rs.
Direct Material		18,900	15.75
Labour		19,000	15.83
Direct Expenses		5,100	4.25
Prime Cost		43,000	35.83
+ Overheads :			
Fixed	6,200		
Variable	4,800	11,000	9.17
Total Cost of Production		54,000	45.00
Profit (10% on sales)		6,000	5.00
Sales		60,000	50.00

Statement showing the Estimated Cost of 2000 units

Particulars		Cost of 2000 units Rs.	Cost of one unit Rs.
Direct Material		31,500	15.75
Labour		31,660	15.83
Direct Expenses		8,500	4.25
Prime Cost		71,660	35.83
+ Overheads			
Fixed	6,200		
Variable	8,000	14,200	7.10
Cost of Production		85,860	42.93
Profit 10% on sales		9,540	4.77
Sales		95,400	47.70

Illustration 20

The cost of manufacturing 5000 units of a commodity comprises :

	Rs.
Materials	20,000
Wages	25,000
Chargeable expenses	400
Fixed Overheads	16,000
Variable Overheads	4,000

For manufacturing every 1000 extra units of the commodity the cost of production increases as follows :

Materials proportionately
Wages 10% less than proportionately
Chargeable expenses : No extra cost
Fixed overheads : Rs. 200 extra
Variable overheads : 25% less than proportionately

Calculate the estimated cost of producing 8000 units of the commodity and show by how much it would differ if a flat rate of factory overhead based on the wages were charged.

(B.Com., Rajasthan)

Solution

Statement showing the Estimated Cost of 8000 Units of a Commodity

Particulars	Given cost of 5000 units Rs.	Estimated cost of additional 3000 units Rs.	Total estimated cost of 8000 units Rs.
Materials	20,000	12,000	32,000
Wages	25,000	13,500	38,500
Chargeable Expenses	400	—	400
Prime cost	45,400	25,500	70,900
+ Factory Overheads :			
Fixed	16,000	600	16,600
Variables	4,000	1,800	5,800
Factory cost	65,400	27,900	93,300

Statement of Estimated Cost of 8000 Units if Factory Overheads are Based on Direct Wages

Particulars	Amount (Rs.)
Materials	32,000
Wages	38,500
Chargeable Expenses	400
Prime cost	70,900
+ Factory Overheads (80% on wages)	30,800
Factory cost	1,01,700

Difference between above two costs : Rs.

	Rs.
Cost when factory overheads are recovered on wages	1,01,700
" " " " " " proportionately	93,300
	8,400

Note : Calculations of cost of various elements for 3000 units are made as follows :

1. Materials (Proportionality) $= \frac{20,000}{5,000} \times 3000 =$ Rs. 12,000

2. Wages (10% less than proportionately) $= \frac{25,000}{5,000} \times 3000 - \left[10\% \text{ of } \frac{25,000}{5,000} \times 3000\right]$

$= 15,000 - [10\% \text{ of } 15,000]$

$= 15,000 - 1,500 =$ Rs. 13,500

3. Fixed factory overheads (Rs. 200 extra for every additional 1000 units) $= 200 \times 3 =$ Rs. 600

4. Variable factory overheads (25% less than proportionately) $= \frac{4,000}{5,000} \times 3000 - \left[25\% \text{ of } \frac{4,000}{5,000} \times 3000\right]$

$= 2,400 - [25\% \text{ of } 2,400]$

$= 2,400 - 600 =$ Rs. 1,800

5. Percentage of factory overheads on wages =

$$\frac{\text{Factory overheads (Fixed + Variables)}}{\text{Wages}} \times 100$$

$$= \frac{20,000}{25,000} \times 100 = 80\%$$

Illustration 21

X Limited manufactured and sold 1000 radios in the year 2004. The following is a list of expenditure regarding this production :

	Rs.
Material	15,000
Productive Wages	14,000
Factory Expenses	2,900
Selling and Distribution Expenses	3,000
Administration Expenses	1,600
General Expenses	3,200
Sales Price	43,670

Prepare a statement showing profit for the year 2004. Also estimate the sales price for 2005, if the following facts are given to you.

(a) The cost of material will be increased by 10%.
(b) Rate of productive wages will be increased by 5%.
(c) Selling and distribution expenses per unit will remain unchanged.
(d) Factory expenses will be changed in the proportion to the combined cost of direct material and productive wages.
(e) Other expenses will remain fixed.
(f) Management decides to increase the profit upto 20% on sales.
(g) Production and sales will be of 1600 radios during the year 2005.

Solution

Statement of Cost for the year 2004

Output 1000 radios

Particulars	Cost of 1000 radios (Rs.)	Cost of one radio (Rs.)
Material	15,000	15.00
Productive Wages	14,000	14.00
Prime Cost	29,000	29.00
+ Factory Expenses	2,900	2.90
Works Cost	31,900	31.90
+ Administration Expenses	1,600	1.60
General Expenses	3,200	3.20
Total Cost of Production	36,700	36.70
+ Selling and Distribution Expenses	3,000	3.00
Selling Cost	39,700	39.70
Profit 10% on Cost	3,970	3.97
Sales	43,670	43.67

Statement showing Estimated Cost of 1600 Radios for the year 2005

Particulars	Cost for 1600 units (Rs.)	Cost of one unit (Rs.)
Material : $15 \times 1600 + \frac{1}{10}(15 \times 1600)$	26,400	16.50
Productive Wages : $14 \times 1600 + \frac{1}{20}(14 \times 1600)$	23,520	14.70
Prime Cost	49,920	31.20
+ Factory Expenses (10% on Prime Cost)	4,992	3.12
Factory Cost	54,912	34.32
+ Administration Expenses	1,600	1.00
General Expenses	3,200	2.00
Cost of Production	59,712	37.32
+ Selling and Distribution Expenses (3×1600)	4,800	3.00
Cost of Sales	64,512	40.32
+ Profit 20% on sales	16,128	10.08
Sales	80,640	50.40

Illustration 22

The following is the summarised Trading and Profit and Loss A/c of X Ltd. for the year ending on 31st March, 2004 in which 400 TV sets were sold by this company :

Trading and Profit & Loss A/c

	Rs.		Rs.
To Cost of Materials	3,20,000	By Sales	16,00,000
To Direct Wages	4,80,000		
To Manufacturing Charges	2,00,000		
To Gross Profit c/d	6,00,000		
	16,00,000		16,00,000
To Office Salaries	2,40,000	By Gross Profit b/d	6,00,000
To Rent and Taxes	40,000		
To Selling Expenses	80,000		
To General Expenses	1,20,000		
To Net Profit	1,20,000		
	6,00,000		6,00,000

Following estimates were made by the costing department of the company for the year ending 31st March, 2005 :

(a) The output and sales with be of 500 TV Sets.

(b) The price of materials will rise by 25% on the previous year's level.

(c) Wages during the year will rise by 12½%.

(d) Manufacturing cost will rise in proportion to the combined cost of materials and wages.

(e) Selling cost per unit will remain unchanged.

(f) Other expenses will remain unaffected by the rise in output.

From the above information prepare a Cost Statement showing the price at which the TV Set would be marketed so as to show a profit of 10% on the selling price.

Solution

Statement of Cost and Profit

Particulars	Actual Cost of 2003-04 Units : 400		Estimated Cost of 2004-05 Units : 500	
	Total Cost (Rs.)	Per Unit Cost (Rs.)	Total Cost (Rs.)	Per Unit Cost (Rs.)
Direct Material	3,20,000	800.00	5,00,000	1,000.00
Direct Wages	4,80,000	1,200.00	6,75,000	1,350.00
Prime Cost	8,00,000	2,000.00	11,75,000	2,350.00
Add : Manufacturing Overheads	2,00,000	500.00	2,93,750	587.50
Works Cost	10,00,000	2,500.00	14,68,750	2,937.50
Add : Administration Overheads :				
Office Salaries	2,40,000	600.00	2,40,000	480.00
Rent and Taxes	40,000	100.00	40,000	80.00
General Expenses	1,20,000	300.00	1,20,000	240.00
Total Cost of Production	14,00,000	3,500.00	18,68,750	3,737.50
Add : Selling Overheads	80,000	200.00	1,00,000	200.00
Cost of Sales	14,80,000	3,700.00	19,68,750	3,937.50
Add : Profit	1,20,000	300.00	2,18,750	437.50
Sales	16,00,000	4,000.00	21,87,500	4,375.00

Working Notes

1. *Direct Material Cost* : $800 \times 500 + (800 \times 500)\dfrac{25}{100}$

$= 4,00,000 + 1,00,000 = \text{Rs. } 5,00,000$

2. *Direct Wages Cost* : $1,200 \times 500 + (1,200 \times 500)\dfrac{25}{2\times100}$

$= 6,00,000 + 75,000 = \text{Rs. } 6,75,000$

3. *Manufacturing Overheads* : $\dfrac{2,00,000}{8,00,000}\times 11,75,000$

$= \text{Rs. } 2,93,750$

4. *Selling Overheads* : 200×500

$= \text{Rs. } 1,00,000$

Illustration 23

A factory's normal capacity is 60000 units per annum. The estimated costs of production are as under :

Direct Material Rs. 6 per unit; Diect Labour Rs. 4 per unit (subject to a minimum of Rs. 12,000 p.m.).

Indirect expenses — Fixed Rs. 3,20,000 per annum; Variable Rs. 4 per unit; Semi-variable Rs. 1,20,000 upto 50% capacity and an additional Rs. 40,000 for every 20% increase in capacity.

Each unit of raw material yields Scrap which is sold at the rate of 40 paise each unit.

In 2004, the factory worked at 50% capacity for the first 3 months but it was expected that it would work @ 80% capacity for the remaining 9 months.

During the first 3 months, the selling price per unit was Rs. 35. What should be the price in the remaining nine months to produce a total profit of Rs. 3,00,000?

Solution

Statement of Cost and Profit

Particulars	For first 3 months 50% capacity i.e. 7500 units		Net 9 months 80% capacity i.e. 36000 units	
	Total Cost (Rs.)	Cost per unit (Rs.)	Total Cost (Rs.)	Cost per unit (Rs.)
Direct Material	45,000	6.00	2,16,000	6.00
– Sale of Scrap	3,000	0.40	14,400	0.40
	42,000	5.60	2,01,600	5.60
Direct Labour	36,000	4.80	1,44,000	4.00
Prime Cost	78,000	10.40	3,45,600	9.60
Add : Overheads :				
Fixed	80,000	10.67	2,40,000	6.67
Variables	30,000	4.00	1,44,000	4.00
Semi-Variables	30,000	4.00	1,50,000	4.16
Total Cost	2,18,000	29.07	8,79,600	24.43
Add : Profit	44,500	5.93	2,55,500	7.10
Sales	2,62,500	35.00	11,35,100	31.53

∴ Selling Price for next 9 months will be Rs. 31.53 per unit.

Working Note

1. *Capacity*

100% = 60000 Units per annum

∴ Units produced in first 3 months (with 50% capacity)

$$= 60000 \times \frac{3}{12} \times \frac{50}{100} = 7500 \text{ units}$$

Units to be produced in next 9 months (with 80% capacity)

$$= 60000 \times \frac{9}{12} \times \frac{80}{100} = 36000 \text{ units}$$

2. *Direct Labour*

For first 3 months

7500 × 4 or Rs. 12,000 P.M. (whichever is more)
= 30,000 or 12,000 × 3 (,, ,, ,,)
= 30,000 or 36,000 (,, ,, ,,)
= Rs. 36,000

3. *Fixed Overheads*

$$\text{For first 3 months} = 3,20,000 \times \frac{3}{12} = \text{Rs. } 80,000$$

$$\text{For next 9 months} = 3,20,000 \times \frac{9}{12} = \text{Rs. } 2,40,000$$

4. *Semi-Variable Overheads*

Upto 50% capacity = Rs. 1,20,000 per annum

$$\therefore \text{For first 3 months} = 1,20,000 \times \frac{3}{12} = \text{Rs. } 30,000$$

For 80% capacity = 1,20,000 + 40,000 + 40,000
= Rs. 2,00,000 P.A.

$$\therefore \text{For next 9 months} = 2,00,000 \times \frac{9}{12} = \text{Rs. } 1,50,000$$

5. *Profit*

Total Profit required in the year	=	Rs. 3,00,000
– Profit for first 3 months	=	44,500
∴ Profit required in next 9 months		2,55,500

उत्पादन खाता
(Production Account)

जब उत्पादन की लागत तथा विक्रय मूल्य को एक खाता बनाकर ज्ञात किया जाता है तो उसे 'उत्पादन खाता' कहते हैं। उत्पादन खाते में विभिन्न उत्पादन व्यय, विक्रय, एवं वितरण व्यय, लाभ तथा विक्रय मूल्य को दिखाते हैं। उत्पादन खाते एवं लागत पत्र में कोई विशेष अन्तर नहीं होता है। इन दोनों में पहला अन्तर तो यह होता है कि लागत पत्र एक विवरण के रूप में बनाया जाता है जबकि उत्पादन खाता एक खाते के रूप में तैयार किया जाता है। दूसरा अन्तर यह होता है कि लागत पत्र में प्राय: केवल उत्पादन सम्बन्धी व्ययों को ही सम्मिलित करते हैं जबकि उत्पादन खाते में विक्रय एवं वितरण सम्बन्धी व्यय, लाभ व विक्रय मूल्य भी दिखाते हैं। लेकिन इस सम्बन्ध में यह ध्यान रखना चाहिए कि यदि लाभ या विक्रय मूल्य की मात्रा ज्ञात करनी होती है तो लागत पत्र में भी उपरोक्त सूचनाओं को सम्मिलित कर लिया जाता है।

उत्पादन खाते का नूमना नीचे दिया जा रहा है।

Production Account of..................
(For the period ending on.................)

Particulars	Cost of Production Rs.	Cost of one unit Rs.	Particulars	Cost of Production Rs.	Cost of one unit Rs.
To Material Consumed			By Cost of Production	—	—
Opening Stock of Raw Material	—	—			
+ Purchases	—	—			
– Closing Stock of Raw Material	—	—			
To Direct Wages	—	—			
To Direct Expenses	—	—			
Prime Cost	—	—			
To Work Overheads	—	—			
Works Cost	—	—			
To Administrative Exp.	—	—			
	—	—		—	—
To Opening stock of Finished goods			By Sales	—	—
To Cost of Production during the period	—	—	By Closing stock of finished goods	—	—
To Selling and Distribution Overheads	—	—			
To Profit	—	—		—	—

Illustration 24

The following are the balances of the impersonal ledger of a colliery relating to revenue at the end of the year :

	Rs.
Wages paid for coal production	5,80,000
Coal for colliery consumption	45,000
Timber used in coal production	64,000
Ropes used in coal production	12,000
Stores used in coal production	76,000
Royalties paid	42,000
General charges (for coal production)	70,000
Salaries	36,000
Coal sold (including colliery) 112000 tonnes	8,84,000
Wages paid for coke making	50,000
Stores used for coke making	37,000
Salaries for coke making	8,000
Coke sold (43500 tonnes)	5,40,000

The stock of coal at the beginning of the year amounted to 7000 tonnes valued at Rs. 5 per tonne and at the end of the year 15000 tonnes valued at the same rate. The stock of coke at the beginning of the year amounted to 2000 tonnes valued at Rs.10 per tonne and at the end of the year 500 tonnes valued at the same rate.

The total production of the colliery was 185000 tonnes of coal and 42000 tonnes of coke, 65000 tonnes of coal being used for coke making.

Prepare separate Production Accounts for coal and coke, showing the cost of each item of expense per tonne of coal and coke respectively, taking coal used for coke making at cost price.

(*B.Com., Delhi*; *M.Com., Agra*)

Solution

Coal Production Account

For the year ending on.......

Output 185000 tonnes

Particulars	Per Tonne Rs.	Total Rs.	Particulars	Per Tonne Rs.	Total Rs.
To Wages paid	3.14	5,80,000	By Cost of production of 185000 tonnes c/d	5.00	9,25,000
" Coal for colliery consumption	0.24	45,000			
" Timber used	0.35	64,000			
" Ropes used	0.06	12,000			
" Stores used	0.41	76,000			
" Royalties paid	0.23	42,000			
" General charges	0.38	70,000			
" Salaries	0.19	36,000			
	5.00	9,25,000		5.00	9,25,000

(*Contd...*)

To Opening stock (7000 tonnes)	5.00	35,000	By Sales (112000 tonnes)		8,84,000
" Cost of production of 185000 tonnes during the year	5.00	9,25,000	" Coke Production A/c (65000 tonnes)	5.00	3,25,000
" Profit on Coal Production		3,24,000	" Closing stock (15000 tonnes)	5.00	75,000
	5.00	12,84,000		5.00	12,84,000

Coke Production Account

For the year ending on..........

Output 42000 tonnes

Particulars	Per Tonne Rs.	Total Rs.	Particulars	Per Tonne Rs.	Total Rs.
To Coal used (65000 tonnes at Rs. 5 per tonne)	7.74	3,25,000	By Cost of Production of 42000 tonnes of Coke c/d	10.00	4,20,000
" Wages paid	1.19	50,000			
" Stores used	0.88	37,000			
" Salaries	0.19	8,000			
	10.00	4,20,000		10.00	4,20,000
To Opening stock (2000 tonnes)	10.00	20,000	By Sales of 43500 tonnes		5,40,000
" Cost of production of 42000 tonnes of coke b/d	10.00	4,20,000	" Closing stock 500 tonnes	10.00	5,000
" Profit on Coke Production		1,05,000			
		5,45,000			5,45,000

Illustration 25

Mody & Co.'s Pig Iron Production for the quarter ending 31st March, 2004, amounted to 32000 tons. The Standard Cost of Production i.e., the price charged by Production Account to Trading Account of one ton of pig iron is Rs. 21.

From the particulars given below prepare a Trading Account showing trading profit and a Production Account showing profit on production and cost per ton of each item of expenditure :

	Stock on 1-1-2004 (Rs.)	Purchases during the quarter (Rs.)	Stock on 31-3-2004 (Rs.)
Limestone	3,100	42,300	5,400
Coal and Coke	17,400	2,93,500	14,900
Iron Ore	14,600	1,77,200	27,800
Pig Iron	2,97,000	10,33,000 (Sales during the Quarter)	2,99,000

Other production expenses during the quarter were : Furnace wages Rs. 92,000, Carriage inwards Rs. 22,000; Furnace Repairs Rs. 26,000.

(*B.Com., Bombay*)

Solution

Production Account for the Quarter ended 31st March, 2004 (Output 32000 Tons)

		Per Ton Rs.	Total Amount Rs.		Per Ton Rs.	Total Amount Rs.
To Limestone Consumed :				By Transfer to Trading A/c (32000 Tons @ Rs. 21 per ton)	21.00	6,72,000
	Rs.					
Opening stock	3,100					
Purchases	42,300					
	45,400					
Less Closing stock	5,400	1.2500	40,000			
To Coal & Coke Consumed :						
Opening Stock	17,400					
Add Purchases	2,93,500					
	3,10,900					
Less Closing Stock	14,900	9.2500	2,96,000			
To Iron Ore Consumed :						
Opening Stock	14,600					
Add Purchases	1,77,200					
	1,91,800					
Less Closing Stock	27,800	5.1250	1,64,000			
To Carriage Inwards		0.6875	22,000			
" Furnace Wages		2.8750	92,000			
" Furnace Repairs		0.8125	26,000			
		20.0000	6,40,000			
" Profit on Production		1.0000	32,000			
		21.0000	6,72,000		21.00	6,72,000

Trading A/c for the Quarter ended 31st March, 2004

	Rs.		Rs.
To Stock on 1-1-2004	2,97,000	By Sales	10,33,000
" Transfer from Production A/c	6,72,000	" Closing Stock on 31-3-1971	2,99,000
" Gross Profit	3,63,000		
	13,32,000		13,32,000

प्रश्न
Questions

1. What do you mean by 'Cost Sheet'? Give specimen of Cost Sheet.
   लागत पत्र से आप क्या समझते हैं? लागत पत्र का एक नमूना दीजिए।
2. What is Production Account? State the differences of Cost Sheet and Production Account.
   उत्पादन खाता क्या होता है? लागत पत्र तथा उत्पादन खाते में अन्तर बताइए।
3. Write short notes on the following :
   (a) Material consumed (b) Work-in-Progress (c) Tender Price.
   निम्नलिखित पर संक्षिप्त टिप्पणियां लिखिये :
   (अ) प्रयुक्त सामग्री, (ब) चालू कार्य, (स) टेन्डर मूल्य।

EXERCISES

1. The following particulars have been extracted from the books of M. Manufacturing Co. Ltd., Kolkata, for the year ended 31st March, 2003.

	Rs.
Stock of Materials as on 1st April, 2003	47,000
Stock of Materials as on 31st March, 2004	50,000
Materials Purchased	2,08,000
Drawing Office Salaries	9,600
Counting House Salaries	14,000
Carriage inwards	8,200
Carriage outwards	5,100
Cash discounts allowed	3,400
Bad Debts written off	4,700
Repairs of plants, machinery and tools	10,600
Rent, Rates, Taxes and Insurance (Factory)	3,000
Rent, Rates, Taxes and Insurance (Office)	1,000
Travelling Expenses	3,100
Traveller's Salaries and Commission	8,400
Production wages	1,40,000
Depreciation written off on machinery, plant and tools	7,100
Depreciation written off on furniture	600

	Rs.
Director's Fees	6,000
Gas and water charges (Factory)	1,500
Gas and water charges (Office)	300
General charges	5,000
Manager's salary	12,000

Out of 48 working hours in a week, the time devoted by the manager to the factory and office was on average 40 hours and 8 hours respectively throughout the accounting year.

Prepare a statement giving the following information :

(a) Prime cost.

(b) Factory Overheads and the percentage on production wages.

(c) Factory cost.

(d) General overheads and the percentage on factory cost.

(e) Total cost.

(B.Com., Delhi)

[**Ans.** (a) Rs. 3,53,200, (b) Rs. 41,800 and 29.85%, (c) Rs. 3,95,000, (d) Rs. 50,200 and 12.7%, (e) Rs. 4,45,200]

2. The account of Zenith Manufacturing Company for the year ended 31st December, 2004 show the following :

	Rs.
Drawing Office Salaries	6,500
Counting House Salaries	12,600
Cash Discounts allowed	2,900
Carriage and Cartage—Outwards	4,300
Carriage and Cartage—Inwards	7,150
Bad Debts written off	6,500
Repairs of Plant, Machinery and Tools	4,450
Rent, Rates, Taxes and Insurace—Factory	8,500
Rent, Rates, Taxes and Insurance—Office	2,000
Sales	4,61,100
Stock of Materials, 31st December, 2003	62,800
" " " " 2004	48,000
Materials Purchased	1,85,090
Travelling Expenses	2,100
Traveller's Salaries and Commission	7,700
Productive wages	1,26,000
Depreciation written off—Plant, Machinery and Tools	6,500
Depreciation written off—Office Furniture	300
Director's Fees	6,000
Gas and water—Factory	1,200
Gas and water—Office	400
Manager's Salary (three-fourths Factory—one-fourth Office)	10,000
General Expenses	3,400

Prepare statement giving the following informations :

(a) Materials consumed

(b) Prime cost

(c) Factory overheads and the percentage on wages

(d) Factory cost

(e) General overheads and the percentage on Factory cost

(f) Total Cost

(g) Net profit.

(*B.Com., Bombay*)

[**Ans.** (a) Rs. 1,99,800, (b) Rs. 3,25,800, (c) Rs. 41,800 and 33.17%, (d) Rs. 3,67,600, (e) Rs. 50,700 and 13.99%, (f) Rs. 4,18,300, (g) Rs. 42,800]

Note : Carriage Inward has been assumed to be incurred on items other than materials.

3. The following extract of costing information relates to Commodity A for the year ending 31-12-2004 :

	Rs.
Purchase—raw materials	60,000
Direct wages	50,000
Rent, rates, insurance and works overheads	20,000
Carriage inwards	1,000
Stocks—1st January, 2004	
Raw materials	10,000
Finished products—2000 tonnes	8,000
Stock—31st December, 2004	
Raw materials	11,000
Finished products—4000 tonnes	
Work-in-Progress—1st January, 2004	2,400
Work-in-Progress—31st December, 2004	8,000
Cost of factory supervision	4,000
Sales—finished products	1,50,000

Advertising, discount allowed and selling costs Rs. 6.40 per tonne sold. 32000 tonnes of the commodity were produced during the period.

Ascertain :

(a) the cost of the output for the period and the cost per tonne of production,

(b) the net profit per tonne of the commodity.

(*B.Com., Delhi*)

[**Ans.** (a) Rs. 1,28,400, Rs. 4.01, (b) Re. .588 per tonne]

4. The following extract of costing information relates to commodity for the half-year ended 30th June, 2004.

	Rs.
Purchase of Raw Materials	1,32,000
Direct wages	1,10,000
Rent, Rates, Insurance and works—Overheads	44,000
Carriage inward	1,584
Stock on 1st January, 2004 :	
Raw materials	22,000
Finished products (1600 tons)	17,600
Stock on 30th June, 2004 :	
Raw materials	24,464
Finished products (3200 tons)	35,200
Work-in-progress—1st January, 2004	5,280
Work-in-progress—30th June, 2004	17,600
Cost of factory supervision	8,800
Sales—Finished products	3,30,000

Advertising, Discounts allowed and selling cost 75 paise per tonne sold. 25,600 tonnes of commodity was produced during the period :

You are required to ascertain :

(a) Value of raw materials used;

(b) Cost of output for the period;

(c) Cost of turnover for the period;

(d) Net profit for the period; and

(e) Net profit per tonne of the commodity.

[**Ans.** (a) Rs. 1,31,120, (b) Rs. 2,81,600, (c) Rs. 2,64,000, (d) Rs. 48,000, (e) Rs. 2.00]

5. Cool Air Ltd. are manufacturing room coolers and the following details are given in respect of its factory operations for the year ended 31st Dec., 2004 :

			Rs.
Work-in-process, 1st January, 2004 :			
At Prime cost	25,500		
Manufacturing Exp.	7,500	—	33,000
Work-in-process, 31st December, 2003 :			
At Prime cost	22,500		
Manufacturing Exp.	4,500	—	27,000

Stock of raw materials 1st Jan., 2004	1,12,500
Purchase of Raw materials	2,38,500
Direct labour	85,500
Manufacturing Expenses	42,000
Stock of raw materials on 31st Dec., 2004	1,02,000

On the basis of the above data prepare a statement showing the cost of production. Also indicate separately the amount of manufacturing expenses which enter into cost of production.

(*B.Com., Meerut*)

[**Ans.** Rs. 3,82,500]

6. A company manufactures an engineering speciality, selling at Rs. 10 per unit. The Trading and Profit & Loss Account of the company is given below :

	Rs.		Rs.
To Opening stock of raw materials	3,520	By Sales	25,250
To Purchases	6,280	By Closing stock of Raw Materials	3,100
To Wages	9.500		
To Gross Profit c/d	9,050		
	28,350		28,350
To Salaries	1,850	By Gross Profit b/d	9,050
To Sundry Expenses	1,925		
To Depreciation	1,345		
To Director's Fees	920		
To Net Profit	3,010		
	9,050		9,050

Prepare a cost sheet showing the cost of production and distribution per unit.

(*B.Com., Panjab*)

[**Ans.** Rs. 8.81]

7. The cost accounts of a manufacturing company give the following information :

	Rs.
Closing stock of raw materials	25,150
Closing stock of finished goods	14,650
Purchase of raw materials	20,800
Work-in-progress—1st Jan., 2004	8,220
Work-in-progress—31st Jan., 2004	8,000
Opening stock of raw materials	24,000
Opening stock of finished goods	16,200
Sales of finished goods	62,800
Office Expenses	2,150

Selling and distribution expenses	4,000
Direct wages	16,000
Works expenses	9,000

Prepare Statement of Cost for the month of Jan. 2004 and show :

(a) the materials consumed, (b) the total cost of production, (c) the cost of goods sold, (d) the profit on goods sold, and (e) the net profit.

(B.Com. (Supp.), Panjab)

[**Ans.** (a) Rs. 19,650, (b) Rs. 47,020, (c) Rs. 48,570, (d) Rs. 14,230, (e) Rs. 10,430]

8. From the following particulars of Rosa Rum Ltd. for the three months ending 31st March, 2004 prepare :

(a) Cost sheet for the period giving various costs and

(b) Profit and Loss Account for the quarter showing profit per barrel.

Wages Rs. 12,000; Coal and Oil Rs. 11,200; Cooperage, Corks and Shives Rs. 4,000; Malt Rs. 40,000; Hops Rs. 10,800; Beer Duty Rs. 2,80,000; Water Rs. 1,000; Rent and Taxes Rs. 6,000; By-product Rs. 3,600; Sugar Rs. 14,000; Preservatives Rs. 1,600; Other Materials Rs. 1,200; Repairs Rs. 1,800; Depreciation Rs. 1,200; Office Establishment Expenses Rs. 24,000; Selling and Distribution Expenses Rs. 30,000.

Opening stock of beer Rs. 40,500 (300 barrels); Closing stock of beer Rs. 67,500 (500 barrels); Beer Sales Rs. 4,98,000 (2800 barrels); Beer brewed during the period 3,000 barrels.

(B.Com., Panjab)

[**Ans.** Prime Cost Rs. 3,57,000; Factory Cost Rs. 3,81,200; Total Cost Rs. 4,06,200; Profit per barrel Rs. 32.07]

9. From the following particulars, prepare a Statement of Cost of manufacture for the year 2004 and show what precentage each individual item of cost bears to the total cost. Calculate Factory overhead at 20 per cent on Prime Cost and Office overheads at 80 per cent on Factory overheads.

	Rs.
Opening stock of raw meterials	1,44,000
Purchase of raw materials	8,64,000
Stock of raw materials at end	2,16,000
Wages	3,60,000

(B.Com., Agra)

[**Ans.** Prime cost Rs. 11,52,00; Works cost Rs. 13,82,400; Total cost Rs. 15,66,720; Matcrials 50.55%; Wages 22.97%; Factory Overheads 14.7%; Office Overheads of total cost 11.76%]

10. The directors of a manufacturing business require a statement showing the production results of the business for the month of March, 2004. The Cost Accounts reveal the following information :

	Rs.
Stock on hand, 1st March, 2004 :	
Raw Materials	25,000
Finished Goods	17,360
Stock on hand, 31st March, 2004 :	
Raw Materials	26,250
Finished Goods	15,750
Purchases of Raw Materials	21,900
Work-in-progress, 1st March, 2004	8,220
Work-in-progress, 31st March, 2004	9,100
Sales of Finished Goods	72,310
Direct Wages	17,150
Non-productive Wages	830
Works Expenses	8,340
Office and Administrative Expenses	3,160
Selling and Distribution Expenses	4,210

You are requested to construct the statement so as to show :

(a) the total cost of production; (b) the cost of goods sold; (c) the profit on goods sold; (d) the net profit for the month.

(B.Com., Agra)

[**Ans.** (a) Rs. 49,250 (b) Rs. 50,860 (c) Rs. 21,450 (d) Rs. 17,240]

11. In a factory 15000 units of an article were manufacutred during the month of December 2004, 13500 units were sold at Rs. 7 per unit. The following figures are obtained from the costing records :

Raw material consumed	Rs. 52,000
Direct Wages	Rs. 15,600

Work indirect expenses are allocated to production by means of a machine hour rate. This rate for December 2004 was Rs. 4 per hour and 1100 hours were worked during the month.

Office overhead is charged on the basis of 15 per cent on works cost and selling overhead at 25 P. per unit.

Compile a cost sheet showing (a) Cost per unit; and (b) Profit for the month.

(B.Com., Panjab; Vikram, B.Com.; B.H.U. III Sem.)

[**Ans.** (a) Rs. 5.52, (b) Rs. 16,605]

12. The following data relate to the manufacture of standard product during the four weeks to 19th October, 2004 :

Raw materials consumed	Rs. 20,000
Direct wages	Rs. 12,000
Machine Hours worked	950
Machine Hour rate	Rs. 2
Office overhead	15% on works cost
Selling overhead	37 p. per unit
Units produced	20000
Units sold	18000 @ Rs. 2.50 each

You are required to prepare a cost sheet in respect of the above showing :

(a) the cost per unit, and
(b) the profit for the period.

(*B.Com., Meerut*; *B.Com., Agra*)
[**Ans.** (a) Rs. 1.94, (b) Rs. 3,253.50]

13. Ram Prakash manufactures three types of fans : table fans, ceiling fans and man cooler. The material and wages costs are separated as follows :

	Materials Rs.	Wages Rs.
Table fan	12	16
Ceiling fan	20	20
Man cooler	180	40

His total factory overhead in the month of August, 2004 was Rs. 20,000. You are asked to determine the Factory cost of each type of fan after assuming that one ceiling fan is equivalent to two table fans, and one man cooler is equivalent to five table fans for the purpose of overhead allocation. The production in the month of August was Table fans 200; Ceiling fans 100; Man coolers 20.

(*B.Com., Agra*)
[**Ans.** Rs. 68, Rs. 120 and Rs. 420]

14. In a factory two grades of pianos are manufactured viz. Grade No. 1 and Grade No. 2. The cost of building 40 pianos of which 20 are of Grade No. 1 and the remainder of Grade No. 2 is Rs. 80,000. Pianos of Grade No. 1 cost 55 per cent and Pianos of Grade No. 2 cost 45 per cent of the total.

Ascertain the cost of each grade and add thereto 15 per cent for indirect expenses. Transport to and space in the show room cost Rs. 60 per piano. Selling and advertising are 15 per cent on the selling price which is Rs. 4,000 in the case of Grade No. 1 and Rs. 3,800 in case of Grade No. 2.

Write up a cost sheet, showing percentage of profit on the total cost and selling price respectively on each grade.

(B.Com., Bihar)

[**Ans.** (1) Percentage of profit on total cost :

Grade No. 1	25.29
Grade No. 2	40.74

(2) Percentage of Profit on selling Price :

Grade No. 1	20.25
Grade No. 2	28.95]

15. The following figures are collected from the books of an Iron Foundry on 31st December, 2004 :

	Rs.
Opening stock of Raw Material in the beginning of the year	7,000
Purchases during the year	50,000
Closing stock of Raw Materials at the end of the year	5,000
Direct wages	10,000
Works overhead 50% of direct wages	

Stores overhead on materials 10% on cost of materials consumed.

10% of the castings were rejected being not upto the specification and a sum of Rs. 400 was realised on sale as scrap.

10% of the finished castings were found to be defective in manufacture and were rectified by expenditure of the additional works overhead charges to the extent of 20% on the proportionate direct wages.

The total gross output of casting during the year was 1,000 tons.

Find out the manufacturing cost of saleable casting per ton.

(M.Com., Agra)

[**Ans.** Rs. 80 per ton]

16. The following particulars are obtained from the records of a factory :

Materials issued Rs. 64,000, Wages paid Rs. 56,000; Factory overheads 60% of Wages. Out of the materials issued Rs. 800 worth of goods have been returned to the store and Rs. 400 transferred to other jobs.

10% of the production has been scrapped as bad and a further 20% has been brought up to the specification by increasing the factory overhead to 80% of the wages.

If the scrapped production fetches only Rs. 470, find the production cost per unit of the finished product if the total product (including the quantity scrapped) be 100 units.

(*M.Com., Agra*)

[**Ans.** Production cost per unit Rs. 1713]

17. The following figures relate to the costings of a manufacturer of electric fans (of one uniform quality) for the period of three months :

	Rs.
Completed stock on 1st October, 2004	Nil
Completed stock on 31st December, 2004	20,250
Stock of raw material 1st October, 2004	5,000
Stock of raw material 31st December, 2004	3,500
Factory wages	75,000
Indirect charges	12,500
Material purchased	32,500
Sales	1,12,500

The number of fans manufactured during the three months were 3000.

Prepare a statement showing the cost per fan and the price to be quoted for 750 fans to realise the same percentage of profit as was realised during the three months referred to above assuming identical costs. (*B.Com., Panjab*)

[**Ans.** Cost per fan Rs. 40.50,
Quotation Price of 750 fans Rs. 33,750]

18. The following figures relate to the costing of a tarpaulin in respect of a certain type of sheet for a period of three months.

	Rs.
Stock of Raw material—1st Jan.	5,550
Stock of Raw material—31st Mar.	3,500
Factory wages	83,000
Materials purchased	61,500
Sales	1,41,000
Indirect expenses	13,000
Completed stock—1st Jan.	Nil
Completed stock—31st Mar.	29,000

The number of sheets manufactured during the three months was 2200 and the price was to be quoted for 648 sheets in order to realise the percentage of profit as for the period under review assuming no alternation in rates of wages and cost of materials.

(*B.Com., Panjab; B.Com., Agra*)

Prepare a statement of cost for the manufacture of 2200 sheets and quotation for 648 sheets.

[**Ans.** Cost of 2200 sheets Rs. 1,59,500;
Price of 684 sheets Rs. 50,760]

19. The accounts of the Products Ltd. who are engaged in the manufacture of electric pumps, show for 2004 :

	Rs.
Materials used	1,00,000
Direct Wages	2,00,000
Works Overhead Expenses	50,000
Office Overhead Expenses	35,000

Show the Prime Cost, the Works Cost and the Total Cost of manufacture, the percentage that the works overhead expenses bear to the direct wages and the percentage that office overhead expenses bear to the works cost.

What price should the company quote to manufacture an electric pump which, it is estimated, will require material worth Rs. 800 and Rs. 1,000 for wages, so that it will yield a profit of 10 per cent on the selling price?

(*B.Com., Meerut*; *B.Com., B.H.U.*; *B.Com., Agra*)

[**Ans.** Prime Cost Rs. 3,00,000, Works Cost Rs. 3,50,000, Total Cost Rs. 3,85,000; Percentages—20% and 10% respectively. Amount of estimate for an Electric pump—Rs. 2,505.55]

20. The accounts of machine manufacturing company disclose the following information for the six months ending 31st Dec., 2004 :

	Rs.
Material used	1,50,000
Productive wages	1,20,000
Factory Overhead Expenses	24,000
Administration Expenses	17,640

Prepare the cost sheet of the machines and calculate the price which the company should quote for the manufacture of a machine requiring the materials valued at Rs. 1,250 and expenditure in productive wages of Rs. 750 so that the price may yield a profit of 20% on the selling price.

(*B.Com., Delhi*)

[**Ans.** Rs. 2,848.75]

21. On 30th April, 2004, a manufacturer was required to quote for a contract to supply 1000 Electric Stoves. From the following data prepare a statement showing the price to be quoted to give the same percentage of net profit on turnover as was realized during the six months to 31st March, 2004 :

	Rs.
Stock of Materials, 1st October, 2003	35,000
Stock of Materials, 31st March, 2004	4,900
Purchase of Materials, six months to 31st March, 2004	52,500
Factory wages	95,000
Factory expenses	17,500
Establishment expenses	10,000
Completed Stock in Hand, 1st October, 2003	Nil
Completed Stock in Hand, 31st March, 2004	35,000
Sales	1,89,000

The number of stoves manufactured during the six months was 4000 including those sold and those in stock at the close of the period. The stoves to be quoted are of uniform quality and make, and similar to those manufactured during the six months to 31st March, 2004. As from 1st April, 2004, the cost of factory labour had increased by 10% and material cost by 15%.

(M.Com., Agra)
[**Ans.** Rs. 63,052.78]

22. You are given the following details of expenses incurred during three months ending on 31st December, 2004 in Standard Plastic Manufacturing & Co :

		Rs.
Raw material		5,000
Direct wages		6,000
Overheads :		1,000
Fixed	2,000	
Variable @ Rs. 3 per unit	3,000	5,000
Units produced		1000 units
Sales		Rs. 20,000

Find out (i) total cost of production, (ii) % of profit on sale, and (iii) estimated cost of a commodity if 500 units were produced during next three months ending on 31st March, 2004.

[**Ans.** (i) Rs. 17,000, (ii) 15%, (iii) Rs. 9,500]

23. A manufacturer of scooters finds that in 2003, it cost him Rs. 6,16,000 to manufacture 200 scooters which he sold at Rs. 4,000 each. Cost was made up of :

	Rs.
Materials	2,00,000
Direct Wages	3,00,000
Factory Overhead Expenses	60,000
Office Overhead Expenses	56,000
	6,16,000

For 2004 season he estimates :

(a) That each scooter will require materials to the value of Rs. 1,000 and wages of Rs. 1,500.

(b) That the Factory overhead expenses will bear the same relation to direct wages as in the previous year.

(c) The percentage of office overhead expenses on factory cost will be the same as in the previous year.

Prepare a statement showing the profit he should make per unit if he enhances the price of the scooter by Rs. 80.

(B.Com., B.H.U.; B.Com., Raj.)

[**Ans.** Prime Cost Rs. 2,500; Factory Cost Rs. 2,800; Total Cost Rs. 3,080; Profit Rs. 1,000; Amount of estimate Rs. 4,080]

24. The accounts of the Progressive Co. Ltd. for 2004 show :

	Rs.
Materials used	7,00,000
Direct Manual and Machine Labour Wages	5,40,000
Works Overhead Expenditure	1,62,000
Establishment and General Expenses	1,12,160

Show the works cost and the total cost of manufacture, the percentage that the works overhead cost bears to the Manual and Machine Labour Wages, and the percentage Establishment and General Expenses bear to the Works cost.

What price should the company quote to manufacture a refrigerator, which it is estimated, will require an expenditure of Rs. 720 in material, and Rs. 600 in wages so that it will yield a profit of 15% on the total cost? *(B.Com., Panjab)*

[**Ans.** Rs. 14,02,000; Rs. 15,14,160; 30%, 8%; Rs. 1,863]

25. Find out in the appropriate Cost Sheet cost and selling rate per ton of special paper manufactured by the Crompton Paper Mills Ltd. for the Government in January, 2004, under the following divisions of cost :

(a) Prime Cost, (b) Works Cost, (c) Total Cost and (d) Selling Price.

The Cost Sheet is to be prepared with reference to the following data :

Direct Materials : Paper pulp—1000 tons @ Rs. 50 per ton.

Other miscellaneous materials—200 tons @ Rs. 30 per ton.

Direct Labour : 220 skilled men @ Rs. 5 per day for 25 days, and 110 unskilled men @ Rs. 4 per day for 25 days.

Direct Expenses : Special equipments—Rs. 10,000; Special dyes—Rs. 5,000.

Works Overhead : Variable @ 100 per cent and Fixed @ 50 per cent on direct wages.

Office Overhead : Administrative Overhead @ 10 per cent on Works Cost and Selling and Distribution Overhead @ 20 per cent on Works Cost.

Profit : 10 per cent on Selling Price.

Finished paper manufactured : 1,000 tons.

Credit on account of sale of manufacture of waste—Rs. 2,000.

There was no work-in-progress at the beginning or at the end of the month.

The scrap value of the special equipment after utilization in manufacture is nil.

(*M.Com., Agra*)

[**Ans.** Cost per ton Rs. 214.825; Selling Rate per ton Rs. 238.694]

26. From the following particulars you are required to prepare a statement showing (a) the cost of materials consumed, (b) Prime Cost, (c) Works Cost, (d) Total Cost, (e) the percentage of work overhead to productive wages and (f) the percentage of general overhead to works cost :

	Rs.
Stock of Finished Goods on 1-1-2004	72,800
Stock of Raw Materials on 1-1-2004	33,280
Purchases of Raw Materials	7,59,200
Productive Wages	5,16,880
Sales of Finished Goods	15,39,200
Stock of Finished Goods on 31-12-2004	78,000
Stock of Raw Materials on 31-12-2004	35,360
Works Overhead Charges	1,29,600
Office and General Expenses	70,161

The Company is about to send a tender for a large plant. The Costing Department estimated that the materials required would cost Rs. 52,000 and the wages to workmen for making the plant would cost

Rs. 31,200. The tender is to be made at net profit of 20% on the selling price. Show what the amount of tender would be, if based on the above percentages.

(*B.Com., Panjab*)
[**Ans.** Tender Price Rs. 1,19,438]

27. A factory's normal capacity is 120000 units per annum. The estimated costs of production are as under :

Direct material Rs. 3 per unit; Direct labour Rs. 2 per unit (subject to a minimum of Rs. 12,000 p.m.).

Indirect expenses—Fixed Rs. 1,60,000 per annum; Variable Rs. 2 per unit; semi-variable Rs. 60,000 upto 50% capacity and an additional Rs. 20,000 for every 20% increase in capacity.

Each unit of raw material yields scrap which is sold at the rate of 20 paise.

In 2004, the factory worked at 50% capacity for the first three months but it was expected that it would work @ 80% capacity for the remaining 9 months.

During the first three months, the selling price per unit was Rs. 12. What should be the price in the remaining nine months to produce a total profit of Rs. 2,18,000?

(*B.Com., Udaipur*)
[**Ans.** Rs. 12.30]

28. The Managing Director of a small manufacturing concern consults you as to the minimum price at which he can sell the output of one of the departments of the company which is intended for mass production in future. The company's records show the following particulars for this department for the past year :

Production and sales	100 Units
	Rs.
Materials	13,000
Direct Labour	7,000
Direct Charges	1,000
Works Overheads	7,000
Office Overheads	2,800
Selling Overheads	3,200
Profit	5,000
Total	39,000

You ascertain that 40 per cent of the works overhead fluctuates directly with the production and 70 per cent of the selling overhead fluctuates with sales. It is anticipated that the department would produce 500 units per annum and that direct labour charges per unit will be reduced by 20 per cent while fixed works overhead charge will increase by Rs. 3,000. Office overheads and fixed selling overhead charges are expected to show increase of 25 per cent but otherwise no charges are anticipated.

(*M.Com., Agra*)

[**Ans.** Selling price for 500 units Rs. 1,54,960]

29. Following are the particulars for the production of 2000 sewing machines of Nath Engineering Co. Ltd., for the year 2004 :

	Rs.
Cost of materials	1,60,000
Wages	2,40,000
Manufacturing expenses	1,00,000
Depreciation	1,20,000
Rent, Rates and Insurance	20,000
Selling expenses	60,000
General expenses	40,000
Sales	8,00,000

The Company plans to manufacture 3000 Sewing machines during 2005. You are required to submit a statement showing the price at which machines would be sold so as to show a profit of 10% on selling price. The following additional information is supplied to you :

(a) Price of materials is expected to rise by 20%.

(b) Wages rates are expected to show an increase of 5%.

(c) Manufacturing expenses will rise in proportion to the combined cost of material and wages.

(d) Selling expenses per unit will remain the same.

(e) Other expenses will remain unaffected by the rise in output.

(*B.Com., Panjab*)

[**Ans.** Estimated price Rs. 12,25,000]

30. In respect of a factory the following figures have been obtained for the year 2004 :

	Rs.
Cost of materials	6,00,000
Direct wages	5,00,000
Factory Overheads	3,00,000
Administrative Overheads	3,36,000
Selling expenses	2,24,000
Distribution expenses	1,40,000
Profit	4,20,000

A work order has been executed in 2005. The following expenses have been incurred : Materials Rs. 8,000 and wages Rs. 5,000.

Assuming that in 2005, the rate of the factory overheads has been increased by 20%, distribution charges have gone down by 10% and selling and administration charges have each gone up by 12½%; at what price should the product be sold so as to earn the same rate of profit on the selling price as in 2004?

Factory Overheads are based on the direct wages while all other overheads are based on factory cost.

(M.Com., Raj.; B.Com., Agra)

[**Ans.** Rs. 30.67]

31. On 31st July, 2004, a carpet manufacturer desired to quote for contract for supply of 2000 carpets. From the following particulars, prepare a statement showing the price to be quoted to give the same percentage of net profit on the turnover as was realized during the six months ending 30th June, 2004 :

	Rs.
Stock of materials on 1st Janurary, 2004	2,00,000
Stock of materials on 30th June, 2004	28,000
Purchase of materials during six months	3,00,000
Factory wages during six months	6,00,000
Indirect wages during six months	1,00,000
Sales during six months	10,80,000
Stock of finished carpets on 1-1-2004	Nil
Stock of finished carpets on 30-6-2004	2,00,000

The number of carpets manufactured during the six months was 24,000 including those sold and those in stock at the close of the period. The carpets to be quoted are of uniform size and quality and similar to those manufactured during the six months to 30th June, 2004. As from 1st July, 2003 the cost of factory labour has increased by 10% and of materials by 5%.

(B.Com., Meerut)

[**Ans.** Rs. 1,16,252 Approx.]

32. You are the accountant of India Structurals Ltd. The Contract Department seeks your advice about the quotation to be submitted in a tender for 1000 tons of structural material. Following figures are available to you for the purpose :

Output of structural material per year	20000 tons
	Rs.
Yearly consumption of raw materials	2,00,00,000
Yearly Wage bill	2,50,00,000
Yearly Depreciation of Plant	50,00,000
Annual Dividend to Shareholders	30,00,000
Income-tax (annual)	50,00,000
Salaries of supervisory staff for a year	50,00,000
Remuneration and perquisites of Managing Director for a year	1,00,000

The company adds 20% to its cost as its margin of profit.

Tender your advice about the per ton rate to be quoted.

[*B.Com.* (*Pass*), *Delhi*]

[**Ans.** Tender Price Rs. 3,306]

33. Pleasant Cold Limited manufactured and sold 1,000 Refrigerators in the year ended 31st March, 2004. The summarised Trading and Profit and Loss Account is set out below.

	Rs.		Rs.
To Cost of Materials	80,000	By Sales	4,00,000
To Direct wages	1,20,000		
To Manufacturing cost	50,000		
To Gross profit c/d	1,50,000		
	4,00,000		4,00,000
To Management and staff salaries	60,000	By Gross Profit b/d	1,50,000
To Rent, Rates and Insurance	10,000		
To Selling Expenses	30,000		
To General Expenses	20,000		
To Net profit	30,000		
	1,50,000		1,50,000

For the year ended 31st March, 2005; it is estimated that :

(1) Output and sales will be 1,200 refrigerators.

(2) Prices of raw materials will rise by 20% on the previous year's level.

(3) Wages rates will rise by 5%.

(4) Manufacturing cost will rise in proportion to the combined costs of materials and wages.

(5) Selling expenses per unit will remain unchanged.

(6) Other expenses will remain unaffected by the rise in output.

You are required to submit a statement for the Board of Directors showing the price at which the refrigerators should be marked so as to show a profit of 10% on selling price.

(*B.Com., Panjab*)

[**Ans.** Rs. 425]

34. From the following particulars prepare a Production Account showing the various costs, production profit on stock actually sold and net profit for the year :

	Rs.
Raw Materials purchased	6,60,000
Direct wages	5,25,000
Indirect wages	27,500
Stock of Raw Materials on 1-1-2004	7,50,000
Stock of Raw Materials on 31-12-2004	9,15,000
Stock of Finished Goods on 1-1-2004	5,40,000
Stock of Finished Goods on 31-12-2004	3,10,000
Work-in-progress on 1-1-2004	2,80,000
Work-in-progress on 31-12-2004	3,50,000
Sales	21,10,000
Factory Rent, Rates, Power and Heating	1,50,000
Depreciation of Plant and Machinery	35,000
Buying Expenses	15,000
Sundry Factory Expenses	1,00,000
Office Rent, Rates etc.	2,50,000
Sundry Office Expenses	65,000
Travellers, Wages and Commission	65,000
Advertising Expenses	35,000
Outwards carriage	25,000

(*B.Com., Panjab*)

[**Ans.** Prime Cost Rs. 10,20,000;
Works Cost Rs. 12,77,500;
Total Cost Rs. 15,92,500;
Cost of Goods Sold Rs. 18,22,500;
Selling Cost Rs. 19,47,500;
Gross Profit Rs. 2,87,500;
Net Profit Rs. 1,62,500]

35. Prepare the Production Account from the following information for the period ended on 30th June, 2004.

	Rs.
Opening Balances :	
Raw Material	17,000
Work-in-Progress	8,200
Purchases of Raw Material	22,000
Carriage	1,000
Productive wages	32,000
Non-productive wages	5,000
Factory expenses	3,000
Dircct expenses	8,000
Factory Rent and Rates	1,500
Office expenses	2,500
Manager's salary	1,800
Advertisement	2,250
Bad Debts	1,125
Salesman's salary	450
Staff Salaries	1,500
Closing Balances :	
Raw material	15,200
Work-in-Progress	5,000
Finished goods 500 units @ 16.66 per unit	8,330
Units produced	5,000 units
Units sold	4,500 units
Sales price @ Rs. 20 per unit	Rs. 90,000

[**Ans.** Profit Rs. 11,205, Profit per unit Rs. 2.49]

36. Given below is the Cloth and Yarn Manufacturing account of Arvind Mills for the year ended 31st December, 2004.

	Rs.		Rs.
To Opening Stock : Yarn 44800 lbs Rs. 33,600 Cloth 88,200 lbs Rs. 88,200	1,21,800	By Sales of 224000 lbs of waste being that portion of 1153600 lbs of cotton as per contra which could not be utilized in yarn manufacture	28,000
To Cotton Consumed 1153600 lbs	9,01,250	" Yarn sales 168000 lbs	1,89,000
" Spinning wages	57,050	" Cloth sales 756000 lbs	8,97,750
" Weaving wages	91;700	" By Closing Stock : Yarn lbs 140000 Rs. 1,48,750 " Cloth 190400 lbs Rs. 2,14,200	3,62,950
" Stores Consumed in spinning which increased yarn 5600 lbs in weight	41;300		
" Stores and sizing materials consumed in weaving which increased cloth by 186200 lbs in weight	1,48,400		
" Spinning fuel	36,050		
" Weaving fuel	22,400		
" Gross Profit	57,750		
	14,77,700		14,77,700

In the above Manufacturing A/c (where the closing stock of yarn and cloth is taken at actual cost (it is contended by the Income-Tax Authorities that the closing stock is valued below cost price, in order to suppress the gross profit actually made.

For the satisfaction of the authorities you are required to prepare from the above Manufacturing A/c, a separate Yarn Production A/c and separate Cloth Production A/c showing the following details :

(a) Gross Profit of the departments

(b) Total Quantity produced (including the opening balance)

(c) Total Cost of Production (including the value of Opening Stock which was at Cost)

(d) Cost of production per pound (including the quantity of the opening stock in total quantity, and the cost of opening stock in the total cost.

In manufacturing cloth 672000 lbs. of Yarn was consumed which is to be adjusted at the actual cost arrived at in the manner.

[Ans.	Gross Profit Rs.	Total Quantity Produced Lbs.	Total Cost of Production Rs.	Cost of Production per pound
Yarn A/c	10,500	9,80,000	10,41,250	1.0625
Cloth A/c	47,250	9,46,400	10,64,700	1.250]